일본제국의 대외 침략과 동방학 변천

일제 식민사학 비판 총서 8

**일본제국의 대외 침략과
동방학 변천**

외무성 관리 '동방학'에서 문부성 · 제국대학 '대동아학'까지

2022년 4월 25일 초판 1쇄 찍음
2022년 5월 16일 초판 1쇄 펴냄

지은이 이태진
책임편집 최세정 · 엄귀영
편집 이소영 · 김혜림
표지·본문 디자인 김진운
마케팅 최민규

펴낸이 윤철호 · 고하영
펴낸곳 (주)사회평론아카데미
등록번호 2013-000247(2013년 8월 23일)
전화 02-326-1545
팩스 02-326-1626
주소 03993 서울특별시 마포구 월드컵북로6길 56
이메일 academy@sapyoung.com
홈페이지 www.sapyoung.com

* 이 저서는 2016년 대한민국 교육부와 한국학중앙연구원(한국학진흥사업단)의 한국학총서
  사업의 지원을 받아 수행된 연구임(AKS-2016-KSS-1230007)

일본제국의 대외 침략과
동방학 변천

외무성 관리 '동방학'에서
문부성·제국대학 '대동아학'까지

이태진 지음

사회평론아카데미

'일제 식민사학 비판 총서'를 출간하면서

2016년 한국학중앙연구원에 '한국학총서' 지원사업으로 「일제 식민주의 역사학의 연원과 기반에 관한 연구」를 제출하였다. 일제 식민사학을 총괄적으로 다루어보자고 7명의 연구자가 모였다. "조선·지나(支那)·만몽(滿蒙)·동남아시아 통합지배를 향한 '동양사'와 식민사학 비판"이라는 부제가 출발 당시의 의욕을 상기시킨다.

일본제국은 한국의 국권을 빼앗은 뒤, 식민지로 영구 통치하기 위해 한국사를 왜곡하였다. 한국은 반도라는 지리적 조건으로 대외적으로 자주성을 잃고, 대내적으로는 당파적인 민족성으로 정쟁을 일삼다가 일본의 통치를 받게 되었다는 것이 골격이다. 1960년대에 접어들어 한국 역사학계는 이를 바로잡는 '식민주의 역사 비판'을 시작하여 한국사의 모습을 크게 바꾸어놓았다. 그런데 1960~1970년대에 확보된 비판의 틀은 시간이 지나서도 확장성을 보이지 못하였다. 한국은 일본제국의 대외 침략에서 가장 큰 피해국이었던 만큼 식민사학의 실체와 왜곡의 뿌리를 바닥까지 헤집어보는 확장력을 발휘할 권리와 의무가 있었다. 그러나 시간이 흘러도 그런 기세는 보이지 않았다. 비판의 시선도 한국사에서 좀체 벗어나지 못하였다. 만주 지역이 포함되었지만, 그것은 '만선사(滿鮮史)'가 제국 일본 역사 왜곡의 주요한 주제의 하나였기 때문이다. 일제의 대외 침략은 동아시아 전체를 대상으로 한 만큼 역사 왜곡이 조선, 만주에만 한정되었을 리 만무하다.

이 총서는 지금까지의 식민주의 역사학 비판의 틀에서 벗어나 제국 일본의 '동양' 제패 이데올로기 생산의 주요 조직, 곧 제국의 대학과 언론계(『일본제국의 '동양사' 개발과 천황제 파시즘』, 이태진), 조선총독부박물관(『조선총독부박물관과 식민주의』, 오영찬), 남만주철도주식회사의 조사부(『제국 일본의 동아시아 공간 재편과 만철조사부』, 박준형), 조선총독부 중추원과 조선사편수회(『조선총독부의 조선사 자료 수집과 역사편찬』, 서영희), 경성제국대학(『경성제국대학 법문학부와 조선 연구』, 정준영), 외무성 산하의 동방문화학원(『일본제국의 대외 침략과 동방학 변천』, 이태진) 등의 연구 및 홍보조직을 조사 대상으로 삼았다. 이 조직들에서 누가, 어떻게 역사 왜곡에 나섰는지, 일본의 대륙 침략에 따라 이를 역사적으로 옹호하며 조선과 만주는 물론 대륙 전체를 아우르려 하고(『만선사, 그 형성과 지속』, 정상우), 동남아와 태평양으로 '남진'하면서 '대동아공영권'을 내세우는 과정(『남양과 식

민주의』, 허영란), 이 단계에서 새로 발족한 도쿄, 교토 양 제국대학의
동양문화·인문과학연구소(『일본제국의 대외 침략과 동방학 변천』, 이
태진) 등을 살폈다. 일본제국 침략주의의 실체를 말 그대로 머리에서
발끝까지 뒤져본다는 심정으로 연구에 임하였다.

　일본제국의 침략주의는 두 개의 베일에 가려져 있다. 하나는 '메
이지유신'이란 '신화'이고, 다른 하나는 무임승차하듯 편승한 제국주
의 일반론이다. 일본제국은 구미 바깥 세계에서 유일하게 근대화(서
구화)에 성공한 나라라는 신화가 일본의 반성을 거의 기대할 수 없게
만들었다. 침략을 받은 나라에서조차 부러워하는 신화였다. 그리고
19세기 말, 20세기 전반기는 약육강식의 신제국주의 시대로서 일본
제국의 대외 침략은 그중 하나일 뿐이라는 변론이 엄연하게 힘을 발
휘했다. 이런 잘못된 인식의 덫이 그 엄청난 범죄적 침략 행위에 면
죄부 효과를 가져와 비판의식을 더욱 흐리게 하였다. 일본제국의 대
외 팽창은 천황의 영광을 위해 기획되었고, 그 천황제 국가주의는 구
미 제국주의와는 뿌리가 다르고 행위 양상이 달랐다. 그래서 파시즘
의 실황도 일본제국이 앞섰고, 더 무서웠다. 이 총서는 동아시아 세
계의 평화공존 질서 확립을 위해 일본 역사학계가 서둘러 처리했어
야 할 숙제를 대신하는 것일지 모른다.

　한·중·일 3국의 동아시아는 현재 국제적으로 비중이 매우 커져
있다. 3국 관계는 전통적인 민족국가 기반 위에 냉전 시대 이데올로
기 분쟁으로 빚어진 대치 관계가 복합하여, 새로운 평화공존의 질서

를 세우기가 매우 불투명한 상황에 놓여 있다. 평화공존 체제의 확립을 위해서는 무엇보다도 과거 민족국가 시대의 패권주의 의식을 떨쳐버려야 한다. 중국은 지금 사회주의 국가이면서 역사적으로 오랜 종주국 의식이 남아 있는 실태를 자주 드러낸다. 일본 또한 제국 시대의 '영광'에 대한 기억을 쉽게 버리려 하지 않는다. 두 나라가 이렇게 과거의 유산에 묶여 있는 상황은 동아시아의 미래에 도움이 되지 않는다. 지난 세기 일본제국이 동아시아 세계에 끼친 악영향은 너무나 크기 때문에 일본의 반성 순위는 첫 번째가 되어야 한다. 이 총서는 같은 역사학도로서 일본 역사학계가 지금이라도 제국 시대 역사학의 잘못을 실체적으로 살펴 동아시아의 바람직한 질서 확립에 새로운 추동력을 발휘하기를 바라는 절실한 바람을 담았다. 바른 역사를 밝혀 바른 교육으로 일본 국민의 역사 인식과 의식을 바꾸어주기를 바라는 마음이다.

'일제 식민사학 비판 총서'는 5년여의 각고의 노력 끝에 세상에 나왔다. 무엇보다도 한국학중앙연구원의 지원에 감사한다. 공동연구에 참여한 연구원 모두 최선을 다하였으나 부족함이 많이 남아 있을 것이다. 이에 대한 강호 제현의 따뜻한 질정과 격려를 바라 마지 않는다.

공동연구 책임
이태진

책머리에

필자는 국사편찬위원회 위원장 재임(2010~2013) 중, 위원회 도서관에서 조선사편수회 작업 자료를 접하면서 이른바 일제 식민주의 역사학을 주도한 연구기관들에 대해 더 구체적인 연구가 필요하다는 소감을 가졌다. 나중에 조선사편수회 자료를 대폭 활용한 서울과학기술대학교 정상우 교수의 박사학위논문(「조선총독부의『조선사』편찬사업」, 2011)을 읽으면서 그 필요성을 더욱 절실하게 느꼈다. 그래서 재임 중에 일본의 주요 연구기관 자료조사를 목적으로 편사(編史) 연구원 2인과 함께 도쿄대학(東京大學)의 사료편찬소(史料編纂所)를 비롯해 동양문화연구소, 교토대학(京都大學)의 인문과학연구소, 그리고 간사이대학(關西大學) 도서관의 나이토 고난(內藤湖南) 문고 등을 찾았다.

도쿄대학을 방문해서는 세키노 다다시(關野貞)에 관한 자료 실태를 파악하는 것이 목표였는데, 마침 이 대학에 재직 중인 한국·조선 문화학과 로쿠탄다 유타카(六反田豊) 교수가 안내를 맡아주었다. 그의 연구실에서 세키노 다다시 연구에 공적이 많은 사오토메 마사히로(早乙女雅博) 교수, 후지이 게이스케(藤井惠介) 교수 두 분을 만나 많은 의견을 들었다. 동양문화연구소에서는 성균관대학교의 미야지마 히로시(宮嶋博史) 교수의 소개로 히라세 다카오(平勢隆郎) 교수를 만나 여러 가지 도움을 받았다. 히라세 교수는 우리 일행을 동양문화연구소 자료실로 안내하여 둘러보게 하고, 동양문화연구소 관련 자료와 자신이 집필한 세키노 다다시에 관한 논문도 여러 편 건네주었다. 로쿠탄다, 미야지마, 히라세, 사오토메, 후지이 교수 등 여러 분에게 감사를 표한다.

도쿄 체류 중, 하루는 지도에 의존하여 현재 다쿠쇼쿠대학(拓殖大學)에서 사용하고 있는 동방문화학원 옛 건물을 찾았다. 일본제국 외무성 관하 동방문화학원의 본원 및 도쿄연구소는 이 책의 주요 연구 대상의 하나이므로 그 건물이 남아 있다고 하니 꼭 찾아볼 필요가 있었다. 화풍(和風)을 곁들인 3층 건물은 사진에서 본 그대로 건축 당시의 모습을 유지하고 있었다. 우리 일행은 건물 내부를 둘러보는 시간도 가졌다. 바로 옆 다쿠쇼쿠대학 본관 앞마당에는 초대 학교장 가쓰라 다로(桂太郎) 동상이 서 있었는데, 고색창연한 본관 건물과 어울려 제국 시대의 분위기를 자아내는 듯하였다.

도쿄에서의 일정을 마치고 교토로 가서 먼저 간사이대학(關西大

學)을 찾았다. 이 대학의 도서관에 비치되어 있는 나이토 고난 문고를 직접 보기 위해서였는데, 도서관 사서의 안내로 나이토 고난의 서간(書簡) 등 문서 자료가 정돈된 서가들이 즐비한 문고실을 실견하고 돌아왔다. 저녁에는 미리 약속한 대로 교토대학 인문과학연구소 미즈노 나오키(水野直樹) 교수를 만났다. 그는 한국 근현대사에 관해 많은 업적을 낸 저명한 역사학자이다. 뜻밖에도 그는 지금 막 북조선 평양에서 돌아온 길이라고 하였다. 북조선에 남아 있는 일본인 묘소를 조사하는 방문단의 책임자로 참가하여 평양, 개성, 함흥 등지의 일본인 무덤 수십 기를 실사하였다는 것이다. 그는 우리에게 카메라에 담긴 북한 실황을 보여주기도 하였다. 원산, 함흥 쪽의 사진은 접하기 어려운데, 귀한 기회였다. 그런데 불행하게도 거리 풍경은 매우 음산하여 1950년대 한국의 도시들 같았다. 그것도 퇴락한 형상이어서 마음이 씁쓸하였다.

이튿날 미즈노 교수는 우리 일행을 옛 동방문화학원 교토연구소 건물로 안내해주었다. 지금도 인문과학연구소 자료실로 사용하고 있는데, 스페인풍의 중정(中庭)이 있는 고색창연한 건물로 매우 인상적이었다. 도쿄의 동방문화학원과 함께 건물 답사는 이 책의 집필에 큰 도움이 되었다. 미즈노 나오키 교수의 친절한 안내와 도움에 감사를 표한다.

필자는 이 여행을 마친 뒤 얼마 되지 않아서 국사편찬위원장 임기를 마치고 퇴임하였다. 이후 한두 해 전에 어렵게 공간을 확보하여

'한국역사연구원'이란 이름을 붙이고 작업 공간으로 삼았다. 그동안 뜻을 둔 일제 식민지의 역사학에 대한 새로운 비판 작업을 이 연구원 활성화의 계기로 삼아볼 생각이 들었다. 그래서 한국학중앙연구원에서 추진 중인 '토대연구 지원사업'에 연구 계획서를 제출하였다. 아쉽게도 낙방 소식이 왔다. 실망하지 않고 자료 수집을 계속하던 중에 서영희 교수가 연구원을 찾아와서 반가운 소식을 전하였다. 한국학중앙연구원에 연구 과제 심사 일로 방문하였는데, 연구사업 운영팀에서 지난번에 제출한 나의 연구 계획서 주제는 '총서' 간행사업에 더 부합하는 것이라는 의견을 전해달라는 부탁을 받았다고 말해주었다. 요컨대 식민주의 역사학은 여러 부면에 걸치는 주제이므로 토대연구보다 공동연구 형태인 '총서' 쪽에 더 부합한다는 의견이었다. 수긍이 가는 의견이어서 곧 서영희 교수와 함께 공동연구팀 구성에 관해 의논을 시작하였다. 총서 프로젝트 '일제 식민사학 비판'은 대략 이와 같은 3~4년의 고심 끝에 이루어졌다.

서영희 교수는 연구팀을 의논하는 자리에서 필자에게 정년퇴임으로 시간 여유가 있을 것이니 두 책을 담당하라고 강권하였다. 그동안 국내외의 자료를 조사하면서 포착한 내용을 한 권에 담기는 어려울 것 같다는 어림짐작이 있기도 하여 이를 받아들이는 만용을 부렸다. 필자가 제1권『일본제국의 '동양사' 개발과 천황제 파시즘』에 이어 제8권『일본제국의 대외 침략과 동방학 변천』을 맡게 된 사정이다. 만용으로 고생도 많았지만, 연구를 통해 얻은 것이 많아서 두 책을 감당하기를 잘했다는 것이 사후 소감이다. 무엇보다, 제1권과 제

8권은 내용에서 전편과 후편의 관계가 된 점이 만족스러웠다. 제1권이 메이지 시대에 비중을 크게 두었다면 제8권은 쇼와 시대에 역점을 두었다.

이 프로젝트 수행을 통해 필자는 1960년대 이래 한국 역사학계가 진행한 '식민주의 역사학 비판'은 한국사 발전의 중요한 계기가 되었지만 어디까지나 일부분을 파악하는 데 그쳤다는 사실을 깨달았다. 일본제국의 역사학은 천황제 파시즘을 키운 온상으로, 그 침략 정책에 가장 큰 희생을 당했던 우리로서는 그 실체 파악에 더 적극적일 필요가 있었다. 그것은 동아시아의 평화공존체제 확립을 위해 반드시 이루어져야 할 가장 중요한 정지 작업이라고 말할 수 있다. 한일 간의 진정한 유대 확립을 위해 무엇부터 해야 하는지도 이제 알게 된 듯하여 총서 전체에 붙인 글 「'일제 식민사학 비판 총서'를 출간하면서」에 그 뜻을 담아보았다.

'일제 식민사학 비판 총서'(전8권)는 어디까지나 학술 연구서로서, 뜻있는 출판사가 아니고서는 선뜻 출판을 맡아줄 대상이 아니다. 이를 쾌히 수락해준 (주)사회평론아카데미 공동대표 윤철호, 고하영 두 분에게 감사의 뜻을 표한다. 편집팀에서는 총서 전체를 총괄하는 것에서 더 나아가 세심하게 원고를 살펴주었는데, 그 노고에 대해 이 책의 필자로서 그리고 연구 책임자로서 특별한 감사를 전한다. 이 여덟 권의 책이 동아시아의 과거와 미래에 관한 새로운 화두가 되어 출판 관계자 여러분과 보람을 함께 나누는 순간이 있기를 기대한다.

같은 공동연구원인 정준영 교수가 세미나 때 아베 히로시(阿部洋)의 『'대지문화사업'의 연구('對支文化事業'の研究)』(2004, 규코쇼인汲古書院)를 소개해주었다. 이 책의 주제인 동방문화학원의 실체를 파악하는 데 큰 도움이 되는 자료였다. 공동연구의 효과를 크게 누렸다.

부록의 표 작성을 도와준 서울대학교 대학원 박사과정의 김신회, 「동방문화학원 도쿄·교토 연구소 주요 인력 정보 모음」 작성에 도움을 준 김선영에게도 고마움을 전한다. 끝으로 중국 현대사 전공자로서 중국 현대사와 관련된 부분을 읽고 여러 가지 지적과 의견을 보내준 서상문 박사에게 특별한 감사를 전한다.

적고신신당(積古新新堂)에서

이태진

차례

현대 일본 역사학의
새로운 출발을 바라며

I.

　필자는 총서 제1권 『일본제국의 '동양사' 개발과 천황제 파시즘』
에 이어 제8권 『일본제국의 대외 침략과 동방학 변천』을 집필하게
되었다. 제1권은 메이지(明治) 시대의 '동양사' 개발의 정황을 살피
고 그것이 쇼와(昭和) 시대에 언론인 도쿠토미 소호(德富蘇峰, 1863~
1957)를 통해 천황제 초국가주의 곧 황도(皇道) 파시즘으로 가는 과
정을 고찰하였다. 이 책(제8권)은 쇼와 시대에 외무성이 관리한 동방
문화학원(東方文化學院) 및 산하 도쿄연구소와 교토연구소를 고찰의
대상으로 삼고, 1939년 문부성 지원으로 도쿄, 교토 두 제국대학 아
래 동양문화연구소, 인문과학연구소가 각각 설립된 경위와 연구 성
향을 살폈다. 양자는 내용 면에서 전, 후편의 관계가 되었다.

1929년에 출범한 동방문화학원은 외무성이 주관한 것이 눈길을 끌었다. 그리고 산하 도쿄연구소와 교토연구소에서 활동한 30여 명의 역사학자와 고고학자는 모두 도쿄제국대학(이하 '도쿄제대')과 교토제국대학(이하 '교토제대') 출신이자 현직 교수로서 제국 시대 일본의 '동양학'을 이끈 사람들이었다. 동방문화학원 창설 때부터 1939년 사망할 때까지 원장(이사장)을 맡은 핫토리 우노키치(服部宇之吉, 1867~1939)를 비롯해 도쿄제대의 시라토리 구라키치(白鳥庫吉, 1865~1942), 교토제대의 나이토 고난(內藤湖南, 1866~1934) 등 기라성(綺羅星) 같은 인력 구성이었다.

동방문화학원은 1920년대 의화단(義和團) 사건의 배상금과 「21개조 요구」의 권익금을 근거로 출범하여 외무성 소관이 되었다. 당초에 일본 외무성은 '대지(對支)문화사업'으로 이름을 붙였으나 중국 측이 '지나(支那)'란 비칭에 반발하여 '동방문화사업'으로 바꾸었다. 이 타협이 이루어진 시점에 관동군(關東軍)의 산둥(山東) 출병(出兵)이 단행되는 바람에 중국 측이 불참을 선언하여 양국 공조 방식은 깨어지고 이름만 동방문화학원으로 남았다. 동방문화학원이란 이름은 침략주의 본색을 감추는 데도 편한 점이 있었다. 어떻든 이러한 침략주의 관부(官府) 연구기관을 빼놓고 일본제국의 역사학 또는 동양학을 말할 수는 없다.

동방문화학원의 정체와 함께 도쿄제대의 동양문화연구소와 교토제대의 인문과학연구소에 대해서도 필자는 궁금한 것이 많았다. 두 제국대학의 교사(校史) 차원의 글에 따르면, 두 연구소는 중일전쟁, 태평양전쟁(대동아전쟁) 시기에 창설되어 지금도 각각 두 대학의 대표적인 연구소로서 지위를 유지하고 있다. 창설 시기가 제국 말기이

그림 1. 동방문화학원 본관·도쿄연구소

출처: 東方文化學院東京硏究所, 1933年 11月 19日, 『東方文化學院東京硏究所開所式記事』.

기 때문에 혹시나 파시즘을 극복하려는 순수 아카데미즘 차원의 노력은 아니었을까 하는 생각이 들기도 하였다. 그러나 두 연구소의 짧은 기간의 실적은 쇼와 천황이 추구하는 '대동아공영(大東亞共榮)'에 이바지하는 문부성의 방침에 따른 것이었다. 앞의 동방문화학원의 주역들이 이미 연로해진 가운데 차세대 현역 중견 교수들이 새롭게 나서는 선수 교체 현상일 뿐이었다. 제국 시대 일본 동양학의 어용성을 비판하고 이를 극복하려면 이 연구기관들에 관한 연구는 반드시 이루어져야 할 과제란 것이 확실해졌다. 그런데 전후(戰後) 일본 역사학계가 내놓은 사학사(史學史)에서 이런 시각의 글은 찾아보기 어려웠다.

그림 2. 동방문화학원 교토연구소
출처: 京都大學人文科學硏究所, 1979, 『人文科學硏究所50年』.

II.

1960년대 한국 역사학계에서 '일제 식민주의 역사학의 비판' 움직임이 일어났을 때, 일본 역사학계 일각으로부터 공명(共鳴)이 있었다. 예를 들면 하타다 다카시(旗田巍)가 『일본인의 조선관(日本人の朝鮮觀)』(1969, 게이소쇼보勁草書房)을 내놓았다. 그러나 그것은 한국, 한국사에 한정하는 자성의 소리였다. 나가하라 게이지(永原慶二)·가노 마사나오(鹿野政直) 편저 『일본의 역사가(日本の歷史家)』(1976, 니혼효론샤日本評論社)는 제국 시대 역사학에 대한 전후 역사학계의 인식 일단을 살필 수 있는 텍스트이다. 이 책은 다음과 같이 5개 장으로 나누어 전체 45명의 역사가를 다루었다.

1. 「근대 역사학의 탄생」: 7명 (메이지 20년대)
2. 「근대 역사학의 확립」: 12명 (메이지 30년대)
3. 「근대 역사학의 변용과 분화」: 12명 (다이쇼 시기)
4. 「마르크스주의 사학과 민중사」: 11명 (쇼와 시기)
5. 「전후 역사학으로의 전개」: 3명 (전후)

필자는 이 책을 서평할 힘이나 자격이 없다. 또 이 지면이 서평을 늘어놓을 자리도 아니다. 그래도 전전과 전후의 대표적인 일본 역사학자들을 정리한 최초의 전후 출간물이므로 제국 시대 역사학에 대한 전후 역사학계의 시선을 알아보는 데 현재로서는 가장 적합한 텍스트라고 판단하였다. 각 시기마다 머리에 실린 편집자의 의견을 중심으로 필자의 관점에서 비평하며 전후 일본 역사학계의 상황을 읽어보기로 한다.

1. 「근대 역사학의 탄생」: 메이지 전반기의 역사학을 정리하였다. 역사학 아카데미즘을 건설하는 시기, 다시 말하면 역사학이 과학이 될 수 있도록 실증을 강조한 시기라고 하였다. 먼저 도쿄제대의 시게노 야스쓰구(重野安繹, 1827~1910), 구메 구니타케(久米邦武, 1839~1931) 두 교수를 들었다. 도쿄제대가 독일의 저명한 역사학자이자 랑케(Leopold von Ranke)의 제자인 루드비히 리스(Ludwig Rieß)를 초빙하여 그로부터 실증주의 역사학을 배운 것을 시발로 과학으로서의 역사학이 처음 도입된 사실을 언급하였다. 그리고 이와는 별도

로 '민간사학(民間史學)'의 수립자로 5인(다구치 우키치田口卯吉, 도쿠토미 소호德富蘇峰, 다케코시 요사부로竹越三叉, 야마지 아이잔山路愛山, 미야케 세쓰레이三宅雪嶺)을 들었다. 앞의 2인이 제국대학의 정규 역사학을 대표한다면 이들은 그 바깥 세계에서 역사를 연구하고 논한 사람들이다.

그런데 이들을 메이지 시대에 등장한 '민간사학'으로만 구분하는 것에는 여러 가지 충돌 요소가 있다. 예컨대 도쿠토미 소호는 청년 시절에는 자유민권운동에 투신하여 민간사학의 범주에 들지만, 청일전쟁 이후로는 천황제 국가주의에 앞장서고 다이쇼(大正) 시기를 거쳐 쇼와 시기에 이르러서는 황도 파시즘 역사학을 창립하고 보급한 인물이 되었다. 필자가 총서 제1권에서 특별히 주목하여 비중을 두고 다룬 인물이다. 다케코시 요사부로(竹越三叉, 1865~1950), 야마지 아이잔(山路愛山, 1865~1917) 등도 비슷한 행로를 걸었으며, 저널리스트 미야케 세쓰레이(三宅雪嶺, 1860~1945)는 처음부터 국가주의 또는 국수주의 편에 섰다. 5인은 모두 시대의 변전에 따라 변신을 거듭한 인물들이므로 '근대 역사학의 탄생'이란 범주에 가두기에는 어려운 점이 많다.

메이지 시대는 1870년대에서 1880년대 초반까지는 자유민권운동의 비중이 컸고, 1885년 이후는 '제학교령'(1886), 「대일본제국헌법」(1889), 「교육에 관한 칙어(教育ニ關スル勅語, 이하 '교육칙어')」(1890) 등의 반포로 천황제 국가주의가 강화되었다. 위 역사가들은 '민간사학'에서 출발했으나 시대의 변화에 맞추어 그 역사학의 성격이 바뀌었다. 제국대학의 시게노 야스쓰구, 구메 구니타케 2인도 「대일본제국헌법」, 「교육칙어」 반포를 전후하여 국가신도(國家神道)를 비판하다가 제국대학에서 축출되었다.

메이지 시대 역사학은 오히려 자유민권운동과 천황제 국가주의 두 가지를 분류 기준으로 삼는 것이 타당할 것 같다. 자유민권운동에 대한 배려가 없는 구분은 이후의 역사학의 흐름을 가늠하는 데도 여러 가지 어려움을 준다.

2. 「**근대 역사학의 확립**」: 메이지 30년대(1897년 이후)를 기준으로 앞과 구분하여 역사학의 "큰 비약의 시기"라고 하였다. 엄밀한 고증주의와 분방한 사론 사학 위에 유럽 근대 사학의 여러 가지 성과를 깊이 있게 흡수하였다고 하였다. 구미 유학을 통해 획득한 방법론과 문제의식 위에 비교사적 관점을 가진 독자적인 연구가 동양사 분야에서 이루어졌다며, 나카 미치요(那珂通世, 1851~1908)의 뒤를 이어 시라토리 구라키치, 나이토 고난 등이 등장하였다고 소개하였다. 시라토리는 만선(滿鮮)의 여러 민족사의 고증적 연구로서 미개척 분야를 개척하고, 나이토는 동양 문화 파악에 화려한 사론을 전개하여, 두 사람의 학풍은 서로 달랐지만, 각자 도쿄와 교토 두 제국대학의 사풍(史風)을 대표하였으며, 이 시기에 일본의 동양사는 세계 최고 수준에 올랐다고 해도 좋다고 평가하였다(62쪽).

위의 소개는 일본 학계의 통설을 반영한 것으로 생각되나 필자의 견해로는 반쪽의 진실로서 바로 이 점이 현대 일본 동양사학계가 다시 살펴야 할 국면의 하나라고 지적하고 싶다. 필자는 앞에서 밝혔듯이 총서 제1권에서 바로 이 시기 일본제국의 '동양사', '동양학'을 다루었다. 필자의 검토 결과로는 나카 미치요는 '지나사'의 현대화에 문을 연 업적이 있지만, 그의 중등 역사교과서 3분과(일본사, 동양사, 서양사) 체제에서 '동양사'는 당시 정부의 대륙 침략정책을 뒷받침하는 어용성이 확인되었다. 나카 미치요는 메이지 천황의 「교육칙어」에 '연의(衍義)'를 붙이기도 하였다. 3분과 체제에서 조선사(한국사)는 마땅히 동양사에 들어가야 할 것인데도 일본사에 편입되었다. 4세기 진구(神功) 황후의 '신라 정벌'로 이미 한국사는 일본에 편입된 역사로 간주하였다. 동양사는 기존의 '지나사'에 만몽(滿蒙) 지역의 유목민족 역사를 합한 것으로, 그 '동양'은 앞으로 일본 천황의 지배를 받게 될 '팔굉위우(八紘爲宇)'의 세계였다.

총서 제1권을 통해 드러난 메이지 시대 동양학의 이와 같은 정체는 본서 제8권에서 시라토리 구라키치나 나이토 고난 같은 대표적 동양사학자들에 관한 고찰을 엄중한 시각으로 살피게 하였다. 시라토리의 만선사(滿鮮史)와 만몽사(滿蒙史)는 실제로 동양이 천황의 세계가 되어야 할 역사적 당위성을 추구하는 것으로 드러나고, 나이토 고난 또한 타이완(대만)과 조선 식민지배의 정당성을 부여하는 강고한 시각을 가진 사실이 확인되었다. 그는 만주 지역사 연구에 특별한 공적을 쌓으면서 일만문화협회(日滿文化協會) 상임이사로서 만주국 건국에 직접적인 영향을 준 사실도 새롭게 밝혀졌다. 그의 '당송(唐宋) 변혁론'은 중국사의 발전성을 인정한 사론으로 유명하지만, 결코 중국사의 자주적 발전을 용인하는 것은 아닌 것으로 확인되었다. 그는 현대 중국의 명운과 관련해 국민혁명으로서의 신해혁명(辛亥革命)보다 위안스카이(袁世凱) 통치체제를 더 긍정적으로 평가하면서 일본제국과의 협력만이 중국의 미래를 보장하는 것으로 파악했다.

「근대 역사학의 확립」에서 편자가 소개하였듯이, 메이지 30년대 이후 일본 역사학은 근대 역사학으로서 뼈대를 갖추었다. 도쿄, 교토 두 제국대학을 중심으로 이루어진 성과였다. 그러나 그것은 반도 및 대륙 침략이란 천황 지배의 '동양'을 개척하는 데 이바지해야 하는 사명을 안고 있었다. 이는 본서 제8권이 구명하고자 하는 주요한 연구 과제로서 지금까지 이 시대 역사학의 침략주의에 대한 인식의 결여는 전후 일본 역사학의 큰 맹점이 된 것으로 판단되었다.

  3. 「**근대역사학의 변용과 분화**」: 다이쇼 시기를 중심으로 역사학이 새롭게 전개된 것을 다룬 부분이다. 이 시기에는 앞 시기의 발달 성과가 '변용과 분화' 곧 메이지의 정치사 우위에 대해 사상사, 문화사, 사회경제사 등의 분야에서 각각의 전문가 그룹이 형성되어 본격적으로 호미질을 하기 시작한 것이 큰 특징으로, 역사학이란 알프스가 여러 다양한 산 모양을 이루었다고 평가하였다(164쪽). 이는 곧 '다이쇼 데모크라시'란 정치적 사조 속에서 일어난 자유주의적 역사학 분위기를 언급하는 것으로 생각된다.

  다이쇼 시기에 정치적으로 앞 시기 곧 메이지 후반의 국가주의를 극복하려는 움직임이 있었던 것은 사실이다. 그러나 다이쇼 데모크라시는 천황제 국가주의를 데모크라시 체제로의 완전한 대체를 지향하는 것은 결코 아니었다. 천황제 국가주의는 여전히 저류로 남아 다이쇼 데모크라시의 수명을 재촉하였다. 1925년 쇼와 시대에 들어가면서 다이쇼 데모크라시가 추구한 정당정치는 10년을 넘기지 못하고 끝나고, 군부 내에 천황의 절대성을 강조하는 황도 사상이 팽배하여 대외 침략정책이 다시 표면화했다. 다이쇼 데모크라시는 기본적으로 1880년대 초반 국가주의 체제 확립으로 꺾였던 자유민권운동의 맥락이다. 앞의 「근대 역사학의 탄생」에서 소개한 '민간사학'을 자유민권운동 사상으로 간주한다면 이는 쉽게 포착될 수 있는 흐름이다. 그러나 메이지 시대의 천황제 국가주의가 곧 일본 근대의 실체라고 보는 기본 시각이 그 맥락에 대한 포착을 어렵게 한 것으로 보인다. 자유민권운동과 다이쇼 데모크라시와의 관계는 일본 역사학계가 자유주의 역사학의 시각에서 더 주목해야 할 과제가 아닐까 생각되었다. 필자는 본서를 통해 1910년대 '데모크라시'와 '국가주의' 두 사조의 대립관계를 나름대로 구명해보고자 노력하였다.

4. 「마르크스주의 사학과 민중사」: 쇼와 시기의 역사학계에 불어닥친 마르크스주의 열기를 다루었다. 메이지 이래 근대 역사학의 주류가 고증(考證)을 주로 한 것에 대해, 이 시기에 마르크스주의 역사학이 급속히 방법적 기초를 확립하여 계급투쟁을 축으로 하는 역사의 총체 파악을 진행하여, 그 관점에서 사료 분석 방법을 개척함과 동시에 천황제 권력과의 본격적인 대립, 그리고 그것이 일본제국의 패전 후 역사학에 압도적 영향을 준 배경 등을 간추려 제시하였다(256쪽). 쇼와 시대의 천황제 파시즘은 '황도'의 이름으로 사회주의뿐만 아니라 자유주의까지 탄압하였다. 메이지 시대 제국대학에 처음 도입된 랑케 사학은 서구에서는 자유주의 역사학의 방법적 기초가 되었으나 일본제국에서는 천황제 국가주의 역사학을 수립하는 기초로 이용되었다. 따라서 자유주의 역사학의 독자적 세계는 따로 구축되지 못하였다. 1920년대 다이쇼 데모크라시가 천황제 국가주의를 극복하지 못한 한계도 이러한 왜곡에서 비롯한 것으로 생각되기도 한다. 마르크스주의가 그 빈자리를 채우면서 확장력을 발휘하여 황도주의(皇道主義)의 초국가주의와 맞섰다. 도쿠토미 소호처럼

자유민권운동의 '민간사학' 창시자들 다수가 황도사관(皇道史觀)의 선봉이 되어 자유주의와 사회주의를 압박하였다. 하지만 『일본의 역사가』는 일본 근현대에 흐르는 이 맥락을 주목하지 않았다.

　5. 「전후 역사학으로의 전개」: 1937년 중일전쟁 이후 전시 중의 황도 파시즘의 유산을 서두에 첫 문장으로 언급하였다. 히라이즈미 기요시(平泉澄, 1895~1984)로 대표되는 천황제, 초국가주의적 역사관으로 황국사관(皇國史觀)이 횡행한 사실을 지적하였다. 황국사관의 우세 속에 아카데미즘 사학은 고증적 연구로 도피하여, 싸움을 포기하고 마르크스주의 역사학이 이에 맞서다가 철저하게 탄압받았다고 하였다. 그래서 1945년 패전 후에는 마르크스주의 역사학이 전후 역사학의 중핵적 지위를 차지하였다고 하였다.

　이 논평에는 몇 가지 문제점이 발견된다. 앞에서 지적하였듯이 천황제 국가주의 역사관은 일본제국 관부 역사학 즉 도쿄제대, 교토제대 역사학의 기본이었다. 히라이즈미 또한 도쿄제대 교수로서, 그가 국가주의를 넘어 초국가주의 황국사관을 스스로 표방했다는 점에서 차이가 있을지 몰라도, 제국대학 소속 동양사학자들은 대부분 전시 중의 보국(報國) 캠페인에 순응하였다. 히라이즈미 한 사람으로 황국사관을 언급하고 마는 것은 제국 시대 어용 역사학의 규모를 의도적으로 줄이는 결과를 가져올 수 있다.

　본서 제8권은 그 어용의 실제로서 동방문화학원의 도쿄, 교토 두 연구소가 만몽 진출 정책에 연루된 점, 중일전쟁 이후 문부성의 독려에 따라 도쿄제대 동양문화연구소, 교토제대 인문과학연구소가 '대동아공영권(大東亞共榮圈)' 논리 개발에 나선 사실 등을 주요 연구 주제로 삼았다.

「전후 역사학으로의 전개」는 오쓰카 히사오(大塚久雄, 1907~1996), 니이다 노보루(仁井田陞, 1904~1966), 우에하라 센로쿠(上原專祿, 1899~1975) 3인을 다루었다. 필자는 이 3인의 역사학에 대한 소감을 순서를 바꾸어 니이다 노보루, 오쓰카 히사오, 우에하라 센로쿠 순으로 제시해보기로 한다.

니이다 노보루는 1925년 도쿄제대 법학부에 입학하여 다이쇼 데모크라시 시기에 '학생빈민구제운동(student settlement)'에 참여하면서 자유주의적인 인도주의의 공기를 마시면서 학창 시절을 보낸 것으로 소개되었다. 그의 학문이 자유주의적인 학풍이란 관점에서 나온 소개로 보인다. 대학 졸업 후 그는 1929년에 창설된 동방문화학원 도쿄연구소의 조수로 취직하여 이 연구원에서 중국 법제사에 관한 업적을 쌓고, 대동아전쟁기에는 교수급으로서 동양문화연구소를 이끌었다. 필자의 소견으로는 유감스럽게도 그는 천황제 국가주의 체제를 지원한 관부 역사학자 분류에서 벗어나기 어렵다. 그는 그 체제 수립에 선봉은 아니었지만 묵종하는 연구자였다. 그를 자유주의 아카데미즘의 범주로 분류하는 것은 자유주의 역사학을 무력의 학문으로 만드는 결과를 가져올 수 있다. 그는 '지나(支那)' 법제사 연구를 통해 중국 사회 내의 고대 노예제 요소의 잔존을 부각하였다. 그래서 그는 전후에 '당송 변혁론'을 주창한 교토제대 측의 나이토 고난 학통과 충돌하기도 하였다. 나이토 고난의 학통도 중국 중세사에서 한 차례의 큰 변혁(발전)을 인정하였으나 현대사에서는 민국혁명(신해혁명)의 자립성을 부정하면서 위안스카이 체제 아래 일본제국과의 제휴가 곧 중국의 장래를 보장할 수 있다는 견지에 섰다. 결과적으로 제국 정부의 중일전쟁을 지지하는 역사관 창출을 도왔다. 니이다 노보루는 고대 노예제 속성의 잔존을 강조함으로써 '당송 변혁론'조차 과장된 것으로 보는 견해의 소지자였다. 그는 어쩌면 중국은 일본제국의 보호가 필요하다는 인식의 소지자였을지도 모른다. 그런 역사관을 견지했기에 전후에 일어난 중국의 '혁명'은 큰 충격일 수밖에 없었다. 전전의 제국 패권주의 역사학의 통념으로는 이 역사적 '변혁'을 감당하기 어려웠을 것이다. 그의 역사학은 '지나 법제사'를 중심으로 하는 많은 개척적 실증 성과에도 불구하고 전후 일본이 갈 길을 열어주는 것은 될 수 없었다.

오쓰카 히사오는 다이쇼 말기에서 쇼와 초기에 걸쳐 민중운동이 고조하고 이에 대한 권력의 탄압이 강하던 시대 분위기에서 서양 경제사에 뜻을 두고 도쿄제대 경제학부를 졸업하고 호세이대학(法政大學) 교수가 되었다. 그는 쇼와 시기 마르크스주의 탄압의 치열한 현실 속에 독창성이 풍부한 경제사 연구를 발표하면서 해당 학계에서 지도적 역할을 이룬 것으로 소개되었다. '오쓰카 사학'은 마르크스(Karl Marx)와 베버(Max Weber)를 절충하여 전후 일본 사회의 민주화, 근대화의 지도적 이론을 제공하는 역할을 한 것으로 평가되었다. 그의 이런 절충주의는 어쩌면 눈앞에 벌어지고 있는 마르크스 역사학의 우세를 차감하는 방향에서 자유주의 방향의 여망을 건 것이었을지도 모른다. 천황제 파시즘이 붕괴하고 마르크스주의 열풍이 일고 있는 상황에서 자유민주주의의 기반이 그만큼 취약했음을 보여주는 단면은 아니었을까? 그가 우치무라 간조(內村鑑三)의 무교회 기독교 신앙을 가진 것은 황도 초국가주의에 대한 비판의식을 유지하는 힘이 되었을 것이다.

끝으로 우에하라 센로쿠에 대해서 필자는 그의 역사학이 바로 전후 일본의 자유민주주의 국가 수립 방향에 대한 역사학의 진정한 반성을 담았다고 생각한다. 그에 관한 소개를 옮기면서 필자의 견해를 덧붙여보기로 한다. 우에하라는 다이쇼 데모크라시 상황에서 학문에 뜻을 가지고 1922년 도쿄상과대학(東京商科大學, 지금의 히토쓰바시대학—橋大學) 전문부를 졸업하고 1923~1926년 오스트리아 빈에 유학하여 알폰스 도프슈(Alfons Dopsch, 1868~1953) 교수 지도로 유럽 중세사를 전공하였다. 그는 귀국 후 모교인 도쿄상과대학의 강사를 거쳐 1928년 교수로 취임하였다. 종전 후 대학의 학장이 되고(1949년까지), 신제(新制) 대학 체제에 따라 히토쓰바시대학으로 이름이 바뀐 뒤에도 사회학부·경제학부 교수로 활동하다가 1960년 60세로 퇴직하였다. 그는 서양 경제사와 사학사를 강의하면서, 패전과 외국군에 의한 일본 점령이라는 현실에서 독립 일본을 평화에의 의지로 군비(軍備) 없는 국가로 재건하는 과제에 응하는 새로운 국민 창조라는 문제를 역사적 과제로 삼으면서 학교교육, 국민교육 전체를 숙고하였다. 현대는 민족·국민·종교의 구별을 초월하여 인류를 생각하는 시대로서 현실적으로도 세계·민족·개인이 불가분으로 연결되어 있어서 역사인식은 세계사적 인식이 되지 않을 수 없다고 하여 새로운 국민 창조를 위한 역사교육을 중요시한 것으로 소개되었다.

그는 일본사·동양사·서양사의 3분과 체제를 중지하고, 세계·일본·개인의 삼위일체적 연구가 필요하다는 결론을 제시하였다. 필자는 총서 제1권에서 청일전쟁 전후에 확립된 일본제국 중등 교육과정의 역사교과서 3분과 체제를 구체적으로 검토하여 그것이 침략주의의 대표적 산물인 것을 지적하였다. 또한 역사 3분과 체제가 제국 일본의 신민을 천황제 절대주의 속에 가둔 중심틀이란 것을 주목하여 그 문제점을 비판하였다. 우에하라 센로쿠가 자유주의 국가 일본의 수립을 위해 그 틀을 버릴 것을 주장한 사실은 필자로서는 너무나 반갑고 놀라웠다. 그는 전쟁 시기에 정신적 고투로 연구자의 금욕적인 자세, 국가로 치우친 '사고의 정지'를 부르짖으면서 제국의 위기를 경고하고, 그 위에서 새로운 일본 건설을 위한 국민교육을 외쳤다는 편자의 소개를 접하면서 경외감을 금치 못하였다.

우에하라 센로쿠는 개인의 자유, 민족의 자립, 세계평화의 실현이라는 새로운 인류 역사의 상을 구축하기 위하여 '국민교육'이 이루어져야 한다고 보았다. 제국 시대 초국가적인 황도주의 '신민교육'의 폐단이 얼마나 시대에 역행했는가를 느끼게 하는 고뇌라고 하지 않을 수 없다. 그 모색 과정에서 그는 마르크스의 '법칙화' 방법, 베버의 '개성화' 방법에 대하여 자신의 방법을 '과제화' 방법으로 규정하였다. 그의 교육론은 패전까지의 일본 교육, 곧 충량한 신민이나 효자, 입신출세주의 등을 추구하던 것을 철저하게 비판하고, 개인의 자유, 민족의 완전한 자립, 세계평화를 자주적으로 실현하는 힘 있는 인간으로서 일본인 창출을 목표로 일본인의 개조를 역설하였다.

「전후 역사학으로의 전개」의 소개에 따르면, 전후를 대표하는 위 3인의 역사학자들은 모두 다이쇼 데모크라시 시대에 청소년기를 보낸 공통점이 있으면서도 성장 과정에는 차이가 있다. 니이다 노보루가 제국대학 교육을 받고 제국 관부 연구기관에서 연구생활을 한 것과 달리, 오쓰카 히사오와 우에하라 센로쿠는 비(非)제국대학 출신으로, 다이쇼 데모크라시의 자유주의적 분위기를 포기하지 않는 학문의 길을 걸었다. 그리고 오쓰카는 무교회 기독교, 우에하라는 니치렌

(日蓮, 일본 불교 종파인 니치렌종의 창시자)의 정신세계를 주목하여 국가신도와 거리를 두어 전후 일본에서 탈제국(脫帝國)의 역사학의 문을 열 수 있었던 것도 주목할 만하다.

두 사람 모두 서양사 전공자란 점도 일본사, 동양사 중심의 관부 역사학의 함정으로부터 자신을 지킬 수 있는 바탕이 되었을지도 모른다. 우에하라의 경우, 관부 역사학의 기본틀이었던 일본사, 동양사, 서양사 3분과 체제의 타파를 직접 부르짖기도 하였다. 그가 '국가 중심의 사고 정지'를 부르짖기까지 한 것은 인상적이다. 그는 서양사학자이면서도 일본 역사에서 니치렌이 몽골(몽고)·고려의 국서(國書)가 통교 우선을 강조한 것을 믿고, 가마쿠라막부(鎌倉幕府)가 전쟁이 아니라 평화 관계를 맺기를 간청한 사실을 높이 평가하였다. 전쟁을 일삼은 제국 일본의 역사를 비판하고 극복하는 역사적 교훈의 소재로 삼은 이 감각도 탁월하다. 전후 일본 역사학이 우에하라 센로쿠를 모범으로 삼아 전전의 천황제 파시즘을 극복하는 길을 찾았다면 주변국과의 관계에서 훨씬 더 평화적인 성과를 올렸을 것 같은 소감이다. 적어도 필자는 이를 정답으로 삼아 본서에서 동방문화학원, 도쿄제대 동양문화연구소, 교토제대 인문과학연구소 세 기관에 관한 고찰을 수행하고자 한다.

III.

『일본의 역사가』 이후 1992년에 에가미 나미오(江上波夫)가 엮은 『동양학의 계보(東洋學の系譜)』(다이슈칸쇼텐大修館書店)가 나왔다. 이 책은 나카 미치요를 비롯한 제국 시대 동양학자 24인을 소개하였다. 이들의 태반은 필자가 여러 차례 언급한 1929년 창설된 동방문화학원의 주요 구성원들이었다. 편자 에가미 나미오는 1906년생으로 앞의 니이다 노보루와 마찬가지로 동방문화학원의 조수로 참여하여 북방 문화 연구에 종사하였다. 에가미는 "동양학자 군상(群像)을 자유롭게, 생생하게"라는 제목의 「서문」에서 다음과 같이 편찬 취지를 밝혔다.

> 이 책은 서명으로 인해 자칫하면 우리나라(일본: 인용자) 동양학의 성립부터 발전의 경위를 학문적으로 분석하고, 또 총합하여 학사적(學史的)으로 계보를 밝히는 저술로 오해될 수 있다. 이 책은 메이지 이래 우리나라 동양학의 여러 분야에서 다양한 방식으로 현저한 학문적 공헌을 성취한 사람들이나, 많은 동료 및 제자들과 함께 위대한 문화사업 같은 큰 사업을 달성한 사람들, 또 전인미답(前人未踏)의 학문적 영역에 혼자 힘으로 세세하면서도 새로운 길을 개척한 사람들을, 각각 개인적인 친연(親緣)관계에 있는 사람들이 자유롭고 생생하게 평전(評傳)을 쓴 동양학자 군상도(群像圖)일 뿐이다.

일본의 동양학을 일으킨 학자들의 개별적인 성과를 특별한 인연이 있는 후학들이 써서 모은 것이라는 뜻으로, 다시 말하면 어디까지나 업적의 소개로 비평을 특별히 가하지 않았다고 하였다. 따라서 여기에 실린 글들은 처음부터 제국 시대 동양학에 대한 근본적인 비판은 기대할 수 없었다. 비판 부재의 소개는 그들이 달성한 많은 양의 업적으로 칭송 일변도가 되어버릴 위험성이 없지 않다. 다만 이 분야

연구의 안내서 기능은 크게 기대된다.

2006년 『이와나미강좌(岩波講座) '제국' 일본의 학지('帝國'日本の學知)』시리즈 중 제3권으로 『동양학의 자장(東洋學の磁場)』이 나왔다. 책임편집자 기시모토 미오(岸本美緒)의 「서장(序章) 동양 속 동양학(東洋のなかの東洋學)」외에 8편의 글이 실렸다. 제국 시대의 동양학을 구체적으로 검토한 최초의 전문서가 아닌가 싶다. 8인의 편집위원의 이름으로 앞머리에 붙인 「편집에 임하며(編輯にあたって)」에 따르면, 기획 취지는 다음과 같다.

일본이 냉전체제의 종식을 계기로 아시아 공동체 구상이 많아지고, 글로벌화로 새로운 세계상을 인식하기 위해 이전의 제국적 세계 시스템에 관한 관심이 높아지고 있다. 그리고 제국적 인식 공간의 선행 경험으로서, 식민지 제국 일본에서 구축되어온 학지(學知, 학술 담론)에 대한 재질문이나 재검토가 학문 분야마다 광범하게 태동하여 이에 부응한 기획이라고 밝혔다. 요컨대 냉전체제 대신에 글로벌화의 추세에 맞추어 제국 시대의 아시아 광역 질서에 관한 관심이 높아지고 있어 제국 시대 동양학을 재검토하는 기회를 가진다는 취지이다. 이 서문은 전전과 전후의 학문을 재단(裁斷)해버리는 사고의 타성을 바로잡고, 냉전 이후 오늘날의 관점에서 근대 일본 학지의 비판적 계승을 주목하는 것이라고 하였다.

이와 같은 기획 취지는 제국 시대의 침략주의에 대한 엄정한 비판이 가해진 뒤에 나와야 할 의욕이다. 바꾸어 말하면 위에서 언급한 '우에하라 센로쿠의 반성'과 같은 것을 일본 역사학계가 스스로 공유하여 실현한 뒤에 나와야 할 모색이다. 이런 주관적 담론 탐구는 제국 시대의 재현이라는 오해를 살 소지가 많다. 책임편집자 기시모토미오는 「서장」에서 이 점을 직접 지적하였다. 즉, 일본에서 일국사적 (一國史的) 틀을 넘어 '아시아적' 관점에 입각한 연구가 활기를 띠고 있지만, 중국이나 한국을 방문하여 그러한 일본의 새로운 '아시아' 관점을 소개하려고 하면 호의적인 반응이 돌아오지 않는 것이 현실이라고 지적하였다. 그것은 중국이나 한국의 학자들이 여전히 일국적(一國的)인 내셔널리즘에 사로잡혀 있기 때문일 수도 있지만, 그들은 '국경을 뛰어넘는' 관점의 정치성에 매우 민감하다는 것도 유의하여 신중히 생각할 필요가 있다고 하였다(6~7쪽).

『동양학의 자장』은 새로운 학술 담론의 모색이지만, 그동안 일본 역사학계의 제국 시대 '동양학'에 대한 반성이 사실상 거의 이루어지지 않았기에 그 '아시아적' 관점은 '문명국 일본'의 학술적 자부, 자만으로 비칠 우려가 없지 않다. 그 담론 제시는 자칫하면 새로운 대립의 소재로 전락할 위험성도 없지 않다. 이 책에 실린 다른 글들에서도 제국 시대 '동양학'의 침략주의에 관한 연구는 보이지 않는다. 제1장의 글 가운데 「동양사학의 탄생」에서는 오히려 서양 학문으로부터의 독립성 확보라는 관점에서 동양학의 탄생을 언급하는 데 그쳤다. 제8장의 중일전쟁 전야의 일본 미디어의 중국에 관한 보도를 다룬 글은 일본인이 생각하는 '지나', '지나인'과 현지 취재 현장에서 만나는 '지나인'의 일본에 대한 인식의 큰 차이를 다루었다. 이 논제는 어쩌면 제국 시대 일본의 주변국 인식의 일방성을 지적하는 실증적 연구로서 의의가 있을 듯하다. 이런 연구는 전후 일본 역사학이 이미 수다하게 이루었어야 할 것으로 때늦은 감이 없지 않다.

IV.

필자는 총서 제1권 『일본제국의 '동양사' 개발과 천황제 파시즘』
에 이어 이 책에서는 메이지 시대에 성립한 동양학이 쇼와 시기에 동
방문화학원을 통해 본격화한 대륙 침략정책과 어떤 연관성을 가지
고 변천을 거듭하였는지를 실증적으로 살피고자 한다. 그리고 그것
이 중일전쟁, 태평양전쟁 중의 총력동원체제 아래서 도쿄제대와 교
토제대에서 각각 동양문화연구소와 인문과학연구소란 또 다른 연구
소를 세워 새로운 '동아 질서'의 담론을 만들어간 역사도 밝힐 것이
다. 필자는 제1권에서 일본제국의 대외 침략주의는 요시다 쇼인(吉田
松陰, 1830~1859)이 쓴 『유수록(幽囚錄)』의 '주변국 선점론'에서 비롯
한 것임을 확실하게 밝혔다. 앞에서 소개한 일본 역사학계의 전후 동
향에서는 요시다 쇼인에 관한 비판적인 연구를 찾아보기 어렵다. 근
원에 대한 관찰이 부재한 상태에서 진정한 반성이 나오기 어려운 것
은 당연한 일이다.

제국 일본 안에서도 처음부터 대외 침략정책에 대한 비판이 없
지 않았다. 도쿠가와막부(德川幕府) 말기에 근대화 시책을 담당한 관
리였던 가쓰 가이슈(勝海舟, 1823~1899)는 일본이 해양 무역 국가로
서, 방어적인 국방체제 확립에 만족하기를 바랐다. 그는 메이지 정부
가 청일전쟁을 일으키려는 것을 강력하게 비판하였다. 그의 노선은
어쩌면 도쿠가와막부의 새로운 체제 모색을 대변하는 것일지도 모
른다. 도쿠가와막부는 존왕파에 의해 무너졌지만, 250여 년간의 막
부 정치체제는 공존 지향에 익숙하여 대외 정치도 평화공존 지향성
이 없지 않았다. 가쓰 가이슈가 그것을 대변하였고, 각지 번체제의

기반을 가지고 펼쳐진 자유민권운동이 그 토대에서 나올 수 있었다. 이 역사적 유산이 결국 메이지 정부의 천황제 국가주의로 크게 파손되었지만, 다이쇼 시기의 국제평화운동의 조류를 만나 다이쇼 데모크라시 사조를 일으켰다. 이 소중한 재기의 기회는 다시 '쇼와유신'의 초국가주의로 말살되고 말았다. 일본 근현대사의 이 맥락은 전후 일본 역사학계가 발굴하여 일반 국민에게 알려주어야 할 역사였을 것이다. 우에하라 센로쿠의 역사학은 바로 그 맥을 잡은 것이었지만, 주류 역사학계는 마르크스주의에 빠지거나 '메이지유신(明治維新)'의 신화에 마취된 탓인지 이에 대한 지지세를 보여준 것 같지 않다.

1960년대 하타다 다카시의 새로운 조선사(한국사) 연구에 힘입어 일본 역사학계에 제국 시대 역사학 비판의 노력이 움텄다. 하타다도 중일전쟁 시기에 만철북지경제조사소(滿鐵北支經濟調査所)에 들어가 동아연구소와 공동으로 화북농촌관행조사(華北農村慣行調査)에 참여한 이력의 소지자지만 전후 깊은 반성 속에 식민지배 최대 피해국인 조선(한국)의 역사 연구에 뛰어들어 후학들의 거울이 되었다. 후학들은 간단없이 머리를 내미는 역사교과서 우경화에 맞서 싸우기도 하였다. 2001년에 발간된 미즈노 나오키(水野直樹)·후지나가 다케시(藤永壯)·고마고메 다케시(駒込武) 편(編)의 『일본의 식민지 지배: 긍정·찬미론을 검증한다(日本の植民地支配: 肯定·贊美論を檢証する)』(이와나미쇼텐岩波書店)는 단적인 예이다. 그러나 필자가 아는 한 이들의 고투는 수십 년이 흘러도 여전히 마이너리티로서 더 이상 확장세를 얻지 못하고 있다. 주류 일본 역사학계는 이들의 외침에 더 귀 기울여야 진정한 변화가 일어날 수 있을 것이다.

제1부

외무성 관리 '동방학'의 등장

1장

중국과의 문화사업, 외무성이 나선 사연

1. 1920년대 국제연맹 출범과 일본제국의 국제협조 외교

20세기에 들어오면서 일본에서도 정치가 변화하고 있었다. 도쿠가와막부를 타도하고 메이지 왕정체제를 수립한 번벌(藩閥) 세력의 전횡 추세가 점차 약화하는 변화가 일어났다. 번벌 세력 가운데서도 가장 유력한 조슈(長州) 세력에 대한 비판이 높아갔다. 군부의 제1자인 조슈번 출신의 야마가타 아리토모(山縣有朋, 1838~1922)와의 결속을 배경으로 정부와 군부에 강한 영향력을 행사하던 가쓰라 다로(桂太郎, 1848~1913)가 1912년 12월 세 번째로 총리대신으로 지명되자 사회적으로 분노하는 기운이 돌았다. 이 무렵 일본 사회에는 이른바 다이쇼 데모크라시 사조가 일고 있었다. 호헌운동(護憲運動)이 일어나 보통선거와 언론·집회·결사의 자유를 요구하였다. 대외적으로도 식민지배를 목표로 한 침략전쟁이 주는 국민 부담을 의식하여 전쟁을 중단하라는 목소리가 높아갔다. 남녀평등, '부락민(部落民)' 차별 폐지, 노동자의 단결권, 파업권 쟁취운동이 일어났다. 여러 부문에서 자유민주주의를 지향하는 새로운 시대 흐름이 나타났다. 제3차 가쓰라 다로 내각이 등장하자 자유주의 성향의 중의원(衆議員)들이 이를 구시대의 사쓰마(薩摩)-조슈 번벌 정치 내각으로 규정하면서 비판의 목소리를 높였다. 1913년 1월 헌정 옹호대회가 열려 '벌족 타도', '헌정 옹호'의 기치를 내건 호헌운동이 시작되었다. 가쓰라 다로 내각은 1913년 2월, 62일 만에 끝났다.

가쓰라 다로 내각을 이어 야마모토 곤노효에(山本權兵衛, 1852~1933) 내각(1913. 2.~1914. 4.)이 입헌정우회(立憲政友會)를 여당으로 하여 출범하면서 군부대신의 현역 무관제(武官制), 즉 현역 육해군 장성이 육군대신, 해군대신에 임명되는 제도를 폐지하였다. 군부의 입김을 약화하는 개혁이었다. 그러나 해군 고관의 수뢰 사건(지멘스Siemens 사건)이 터져 내각이 총사직함으로써 개혁은 불발로 끝났다. 1914년 4월 오쿠마 시게노부(大隈重信, 1838~1922)가 두 번째로 총리대신으로 지명되어 내각을 조직하였다. 제2차 오쿠마 내각(1914. 4.~1916. 10.)은 제1차 세계대전이 발발하자 영일동맹에 근거하여 8월에 독일에 선전포고를 하였다. 일본 육군은 독일 조차지 산둥반도의 자오저우만(膠州灣, 칭다오靑島 포함), 해군은 적도 이북의 독일령 남양군도(南洋群島)를 점령하였다. 적군, 곧 독일군이 없는 전선 아닌 전선에 제국 일본의 막강한 병력이 출동하였다. 이처럼 데모크라시 사조가 순항하기 어려운 상황이 이어졌다.

일본제국 정부는 1915년 1월 18일에 위안스카이(袁世凱, 1859～1916)의 북양(北洋)정부에 「21개조 요구」를 제출하였다. 일본은 제1차 세계대전을 산둥반도에서의 독일 권익을 차지할 절호의 기회로 삼았다. 일본의 「21개조 요구」는 만주에 대한 일본의 이권을 반영구화하고, 남만주와 동부 내몽골 지역에 대한 '특수권리'를 인정하는 것을 포함하였다. 중국 정부는 국내의 거센 반대운동을 배경으로 이를 거부했으나 그해 5월에 일본의 최후통첩에 굴복하고 말았다. 북양 군벌(軍閥) 출신으로 중화민국의 대총통 지위에 있던 위안스카이가 일본의 강요를 받아들여 서명하였다.

　일본제국은 메이지 정부 초기부터 일본 주위의 종족 또는 민족의 거주 지역 차지에 나섰다. 요시다 쇼인(吉田松陰, 1830～1859)은 조슈 번벌의 스승이다. 요시다 쇼인은 조슈의 번도(藩都) 하기(萩)에 숙부에게 물려받은 쇼카촌숙(松下村塾)을 새로이 열었는데, 여기서 배출된 그의 제자들이 도쿠가와막부를 무너트리고 메이지 왕정을 여는 주역이 되었다. 기도 다카요시(木戸孝允, 1833～1877), 다카스기 신사쿠(高杉晉作, 1839～1867), 이토 히로부미(伊藤博文, 1841～1909), 야마가타 아리토모 등 수십 명이 그의 지도를 받았다. 1854년 제1차 투옥 때 그는 옥중에서 『유수록』을 지어 일본이 서구 열강의 식민지가 되지 않고 살아남는 길로서 '주변국 선점론'을 제시하였다. 즉, 서양의 우수한 기술문명을 속히 배워 주위의 종족 또는 나라를 열강에 앞서 먼저 차지할 것을 주장하였다. 북부 아이누(에미시毛人 또는 에조蝦夷) 거주 지역인 홋카이도(北海道)를 개척하여 캄차카반도로 진출하는 근거를 마련하고, 류큐(琉球), 타이완, 조선, 만주, 몽골을 차례로 차지한 다음 지나(중국)로 진출하고, 여기서 힘을 배가하여 태평양으로 나가 동쪽으로 미국 캘리포니아, 남으로 호주(오스트레일리아)에 이르러야 한다고 순차까지 제시하였다. 그의 제자들이 집권 후 국력을 키워 이를 순서대로 실천에 옮겨 동아시아 세계가 수십 년 동안 전화(戰禍)에 휩싸였다.[1]

메이지 정부는 1870년대 중반까지 홋카이도 개척, 류큐 합병, 타이완 정벌을 이룬 다음, 1894년 청일전쟁을 일으켰다. 이 전쟁은 조선반도를 차지하고 만주, 몽골 등지로 진출하는 중요한 순서였다. 일본은 전쟁 승리를 통해 조선을 보호국으로 만들고 랴오둥(遼東)반도를 조차지로 삼는 것을 목표로 하였다. 그러나 일본은 전쟁에서 승리했으나, 소기의 목적을 달성하는 데는 실패하였다. 일본은 이 전쟁을 계기로 조선을 보호국으로 만들 계획이었으나 조선의 국왕(고종)이 미국의 클리블랜드(Stephen Grover Cleveland, 1837~1908) 대통령에게 도움을 요청하는 바람에 계획은 큰 차질이 생겼다. 조선 국왕의 요청을 받은 클리블랜드 대통령은 조미수호통상조약(1882)의 약속대로 주권 침해 행위를 중지하라는 친서를 일본 정부에 보내 이토 히로부미 내각의 '보호국화' 정책을 저지하였다.[2] 또 러시아가 '삼국간섭'을 주동하여 일본이 전리품으로 확보한 랴오둥반도도 포기하게 되었다. 일본 정부는 당시 구미 열강을 상대로 '불평등조약' 개정의 과제가 있었기 때문에 열강의 뜻을 무시할 수 없었다. 1899년 조약 개정 문제를 해결한 일본은 군비 확장을 더 강력히 추진하여 1904년 러시아를 상대로 또 한 번의 전쟁을 일으켰다(러일전쟁). 이 전쟁의 승리로 일본제국의 주변국 선점 정책은 큰 성과를 거두었다.

1914년 6월에 시작된 제1차 세계대전은 러일전쟁 승리 후 10년 만에 찾아온 '주변국 선점' 정책 확대의 기회였다. 다이쇼 데모크라

시의 새 기운은 결코 제국 일본의 국가주의 팽창정책 노선을 누를 수
없었다. 자유민주주의 물결이라고 해도 대외 평화공존 의식과는 거
리가 멀었다. 「21개조 요구」를 통한 신속한 침략정책의 실행은 제국
의 영광으로 받아들여져 반대 목소리가 들리지 않았다. 다이쇼 데모
크라시는 그만큼 한계가 있었다. 연합국의 일원으로 세계대전에 참
전한 것은 제국주의에 대한 반성이 아니라 대외 팽창정책 재가동을
위한 기회였다.

다이쇼 데모크라시의 한계는 내정에서도 뚜렷이 드러났다. 일본
제국은 1891년에 천황의 명으로 국회가 개설되었지만, 정당정치의
기반이 약하여 의회가 총리대신을 선출하는 데까지 이르지는 못하
였다. 내각은 어디까지나 천황으로부터 지명받은 총리대신이 관부,
군부의 형세를 참작하여 구성하였다. 1916년 10월 조슈 출신의 육군
대장 겸 조선총독 데라우치 마사타케(寺內正毅, 1852~1919)가 총리
대신에 임명되었다. 그는 번벌 세력의 마지막 대표 주자 같았다. 그
러나 데라우치는 1918년 9월 쌀소동(米騷動)으로 인해 사임하고, 도
호쿠(東北) 지방 모리오카번(盛岡藩) 출신인 하라 다카시(原敬, 1856~
1921)가 후임 총리대신에 임명되었다. 하라는 제국의 귀족제도인 화
족(華族)의 작위 배수를 고사한 인물로, '평민 재상'이란 칭송을 받았
다. 그는 입헌정우회를 배경으로 정치적 비중을 높여온 인물로서 다
이쇼 데모크라시의 상징이다시피 하였다. 그를 통해 정당정치 곧 중
의원의 정당들이 총리대신 후보를 뽑아 천황에게 상주(上奏)하는 제
도가 처음 시작되었다. 그러나 그는 1921년 11월 4일 도쿄역에서 한
역원(驛員) 청년의 습격을 받아 살해되었다. 하라 다카시는 자유민주
주의의 가능성과 한계를 동시에 보여준 총리대신이었다. 의회의 지

명에 따라 천황이 임명하는 총리대신은 이후에도 군부의 청년 장교들로부터 살해당하는 사건이 빈발하면서 제국 일본은 다시 국가주의, 천황제 파시즘의 길로 나아갔다.

2. 1920년대 '국제협조 외교'의 부침

1910년대 일본은 메이지 시대에 확립된 천황제 국가주의와 다이쇼 시대의 자유민주주의의 물결 두 가지가 맞물려 갈등하는 시기였다. 호헌운동이 정당정치를 부르짖었지만, 현실적으로 정부는 '초연내각(超然內閣)'으로 이어지는 경우가 더 많았다. '초연'은 의회와 정당의 영향을 받지 않는다는 뜻이었다. 앞에서 보았듯이 제1차 세계대전 참전도 연합국의 자유주의 이념 추구보다 산둥반도와 남양군도에서 독일이 갖고 있던 권익을 차지하는 것이 더 우선이었다. 1911년 중국에서는 신해혁명으로 청조(淸朝)가 무너지고 중화민국이 탄생하는 큰 변혁이 일어났다. 그러나 쑨원(孫文, 1866~1925)의 민국 정부는 군사력이 갖추어지지 않아 각지에 난립한 군벌 세력을 제어할 수 없었다. 그리하여 청나라 관료 출신으로 북양 군벌을 이룬 대총통 위안스카이에게 잠정적으로 권력이 이양되었다. 일본제국은 그 틈을 노려 위안스카이 정부에 압력을 행사해 「21개조 요구」를 수락하도록 만들었다.

일본의 산둥반도, 남양군도 진출은 메이지 시대에 확립된 천황제 국가주의 팽창정책의 일환이었다. 이 침략주의는 세계대전을 둘러싼 국제사회의 새로운 추세, 평화공존 지향과는 상반되는 것이었다. 제1차 세계대전이 연합국의 승리로 끝나고 미국의 윌슨(Thomas Woodrow Wilson, 1856~1924) 대통령이 주도하여 파리 강화회의가 열리고 여기서 인류 최초의 평화공존 기구로 국제연맹(League of Nations)이 탄생하였다. 이 국제사회의 대변혁은 일본제국의 대외정책과는 충돌할 소지가 많았다. 전후 일본제국 정부는 다이쇼 데모크라시 사조 속에 국제적으로 국제연맹의 설립 취지를 존중하는 외교가 일시 펼쳐졌다. 1920년대 초부터 1930년대 초까지 외무대신을 역임한 시데하라 기주로(幣原喜重郎, 1872~1951)는[3] 구미 사조에 맞추어 국제협조 노선의 외교를 펼쳤다. 그는 1924년 가토 다카아키(加藤高明, 1860~1926) 내각에서 처음 외무대신에 임명되었다. 이어 와카쓰키 레이지로(若槻禮次郎, 1866~1949, 헌정회憲政會 총재)의 제1차 내각(1926. 1.~1927. 4.)과 제2차 내각(1931. 4.~12.), 하마구치 오사치(濱口雄幸, 1870~1931) 내각(1929. 7.~1931. 4.) 등 모두 네 차례나 외무대신을 맡았다. 국제연맹 출범에 따라 국제사회의 평화공존 지향에 맞춘 그의 외교는 '시데하라 외교'라는 별명을 얻을 정도로 일본으로서는 매우 이례적인 것이었다.[4] 그러나 그의 국제협조 외교도 1927년 다나카 기이치(田中義一, 1864~1920) 내각이 출범하면서 사실상 끝이 났다. 다나카 기이치는 조슈 태생으로, 육군 대장을 거쳐 육군대신을 역임한 뒤 총리대신에 올랐다. 그는 조슈 세력의 선배들이 수립한 국가주의 대외 침략정책을 되살리는 정책으로 일관하였다. 그는 총리대신으로 외무대신을 겸하여 '시데하라 외교'를 가로막았다. 대외 팽창주의를 추구하는 '다나카 외교'가 들어섰다.

3. 국제연맹 '5대국' 체제의 행운과 「21개조 요구」 강행

19~20세기는 흔히 제국주의 시대로 일컬어진다. 열강이 군사력을 배경으로 외교를 통해 식민지 획득 경쟁을 벌이던 시대였다. 그런데 같은 시기에 이를 저지하려는 국제평화운동이 구미 지식인 사회를 중심으로 광범하게 일어났다. 19세기 후반에 이미 몇몇 선진국에서 국제법 학회가 등장하였고, 1901년 노벨평화상이 제정되어 국제평화운동의 유공자를 선정하여 시상하기 시작하였다.[5] 노벨평화상은 평화공존 추구의 새로운 국제시대를 상징하였다. 1913년 3월 미국 제28대 대통령으로 취임한 윌슨 대통령은 평화주의자였다. 그는 제1차 세계대전이 일어난 다음 해인 1915년에 측근인 '하우스 대령(Colonel Edward M. House, 1858~1938)'에게 특별한 임무를 부여하였다. 즉, 유럽 열강 정부의 의사를 타진해 평화공존을 추구하는 전후 질서를 모색하도록 한 것이다. 하우스 대령은 '조사국(The Inquiry)'이란 준비기구를 설립하여 미국 대학 교수들을 대규모로 참가시켜 새 국제기구가 해야 할 일들을 준비하였다.[6] 윌슨 대통령은 조사국의 성과에 근거하여 1918년 1월 8일 의회 연두 연설에서 「14개조(Fourteen Points)」를 발표하였다. 그해 11월에 전쟁이 끝나자 윌슨 대통령은 '조사국'의 안을 실현하기 위해 강화회의가 열리는 파리로 향하였다.

윌슨 대통령은 1918년 12월 중순 대서양 연안의 한 항구도시에 도착하여 '자유의 사도(Apostle of liberty)'라는 찬사를 받으면서 파리에 입성하였다. 전승국 수뇌들과 사전 접촉을 거듭한 끝에 1919년

5월 미국, 영국, 프랑스, 이탈리아, 일본 등 5개국을 상임이사국으로 삼는 안에 합의하였다. 이어서 1919년 6월 28일에 베르사유조약이 체결되고 이에 근거하여 이듬해 1920년에 국제연맹이 탄생하였다. 윌슨 미국 대통령이 주도한 국제연맹의 탄생은 19세기 말엽부터 미국, 프랑스, 영국 등지에서 제국주의 풍조를 비판하면서 열기를 더한 국제평화운동의 성과였다.

일본제국은 1919년 파리 강화회의에 전승국의 일원으로, 그것도 상임이사국인 '5대국(Big Five)'의 하나로 참여하게 된 것은 뜻밖의 영광이었다. 중국은 이 회의에 대표를 보내 전후의 동아시아 질서에서 일본의 패권을 경계하면서 열강의 일본 지지를 저지하는 데 총력을 기울였다. 특히「21개조 요구」를 비롯한 일본의 침략주의에 대한 성토의 소리를 높였다. 중국 대표 구웨이쥔(顧維鈞, 1888~1985)의 활동은 윌슨 미국 대통령의 환심을 사기도 하였다.[7] 윌슨 대통령은 본래 중국을 동아시아 지역을 대표하는 나라로 의중에 두어 그의 활약을 주목하였다. 윌슨 대통령은 평화주의자로서 중국에서 일본의 이권 차지를 용납할 일이 아니란 것도 잘 알고 있었다. 그런데 행운의 여신은 일본을 향해 눈길을 돌리고 있었다. 이탈리아가 전후 양도를 약속받았던 발칸반도의 소국 피우메(Fiume) 문제가 '자유국' 독립으로 귀결되자 국제연맹 불참을 선언하였다. 윌슨 대통령으로서는「21개조 요구」문제로 일본마저 불참을 선언하는 사태를 경계하였다. 자신이 제창한 국제연맹이 미영프 3국만이 주축이 되어 출범하는 것은 이 기구의 앞날을 어둡게 하는 것이었다. 최종적으로 윌슨 대통령은 일본이라도 안전하게 잡아놓을 생각으로 일본의 손을 들어주었다. 그는 일본을 국제연맹에 참가시켜놓고 중국과의 갈등을 풀어갈 것을 기대하였다.[8] 결국 이탈리아도 상임이사국으로 참여하여 '5대국'이란 이름을 갖게 되었다. 그러나 국제연맹이 출범한 시점에 정작 미국은 상원의 반대로 국제연맹 회원국이 되지 못하여 결국 '4대국' 체제가 되었다.[9]

국제연맹은 인류의 평화공존 이념의 실현을 표방하며 출범한 만큼, 이를 뒷받침할 기반이 필요하였다. 국제연맹은 하버드대학교 법대 교수 맨리 허드슨(Manley O. Hudson, 1886~1960) 주도로 1927년부터 1935년까지 국제법의 법전화(Codification) 사업을 벌였다. 당시 학설로 존재하던 국제법을 공법(public law)의 지위로 올려 국제사회에서의 폭력과 불의(不義)를 배제하는 토대로 삼기 위한 것이었다. 국제연맹은 지금까지 관행이 되다시피 한 열강 간의 비밀조약을 금지하였다. 앞으로 비밀조약은 효력을 가질 수 없는 것으로 선언하였다. 그리고 국적, 해수역(海水域), 외교관의 특전과 면책, 영토 안에서의 재산 손해에 대한 국가 책임, 공해상의 약탈행위, 바다에서의 상품 판매, 국제회의와 조약 초안 등 7개 분야에 걸쳐 법전화 사업을 추진하였다.[10] 국제연맹은 아직 강국의 폭력에 대해 이를 제재할 수 있는 장치를 갖지는 못했지만 새로운 평화공존을 유지하는 데 필요한 법적 기반을 확립하는 성과를 올렸다. 이 기반이 확립된 뒤 일본은 국제연맹의 덕을 더 이상 누릴 수 없었다. 오히려 팽창정책의 야망이 국제연맹 체제의 평화공존, 국제협조 노선을 더 용인하지 못하고 1931년 만주사변을 일으켜 만주 지역에 대한 전면 지배를 노렸다. 이에 국제연맹이 리턴 조사단(Lytton Commission)을 파견하여 원상회복을 '권고'하자, 일본은 1933년 국제연맹 탈퇴를 선언하였다.

4. 대륙 침략 구상, '대지문화사업' 추진

1) 재원 ①: 의화단 사건 배상금

1900년 1월 청나라 수도 베이징(北京) 일대에서 일어난 의화단 사건(일명 북청사변北淸事變)은 서양 열강의 중국 침투에 대한 가장 적극적인 저항운동이었다. 섭정 서태후(西太后, 1835~1908)는 의화단의 배외(排外)운동을 고무하여 열강에 대한 압력으로 이용하였다. 같은 해 6월에 의화단은 베이징에 있는 외국 공사관들을 포위 공격하였다. 서태후는 그들을 의민(義民)으로 높여 부르고 열강에 선전포고를 하였다. 이에 러시아, 일본, 독일, 영국, 미국, 이탈리아, 오스트리아, 프랑스 등 8개국이 병력을 파견하여 베이징을 비롯해 양쯔강(揚子江) 이북 지역을 대부분 점령하였다. 열강은 중국인들이 가장 경계하는 영토 분할을 단행하지 않는다는 조건으로 청나라 정부와 협상을 벌였다. 무려 8개월에 걸친 토론 끝에 합의를 보아 1901년 9월 7일에 '베이징의정서(신축조약辛丑條約)'를 체결하였다. 열강 측은 중국의 영토와 주권을 보장하고 서태후의 청나라 지배를 인정하고, 이에 대해 청나라는 열강에 거액의 배상금을 지급하는 동시에 열강의 중국 내 군대 주둔권을 인정하는 것이 주요 내용이었다. 이 조약의 가장 중요한 내용인 배상금은 연리 4% 이자로 6,750만 파운드, 즉 45억 냥(백은白銀)을 1940년까지 39년간 분할 지급하기로 하였다. 당시 미국 달러화로 3억 3,300만 달러에 상당하는 거액이었다.

이 의정서는 배상금 채무 문제에서 관세와 염세를 담보로 하여 청나라 경제에 커다란 타격을 주었다. 엄청난 배상금과 철도 연

그림 1-1. 베이징의 자금성을 점령하고 열병식을 하고 있는 8개국 연합군
1900년 8월 8개국 연합군은 의화단을 상대로 톈진을 함락하고 곧이어 베이징을 점령했다.
출처: 위키미디어 커먼스.

변의 외국군 주둔 등 조약의 내용은 사실상 청나라를 무장해제한 격
이었다. 국가별 배상금 배분은 러시아 29%, 독일 20%, 프랑스 16%,
영국 11%, 미국과 일본은 각 7%였다(소수점 이하는 반올림하거나 생
략). 그러나 지불 정지 및 조건의 완화 등으로 청나라가 되돌려 받게
된 것이 약 5억여 냥이었다. 뒷날 제1차 세계대전에 중국이 참전하
여 독일제국과 오스트리아-헝가리 제국에게 줄 배상금은 지급이 정
지되었다. 다른 참전국은 5년 동안 유예하고, 러시아 쪽은 혁명으로
배상금 수령을 포기하여 약 5억여 냥을 더 돌려받은 셈이 되었다. 배
상금의 지급은 실제로 '참전국 5년간 유예' 조건 아래 1923년부터 지
급이 시작되었다. 일본 정부는 연간 200만~300만 엔(圓)[11] 정도가

되는 배상금을 외무성 주관으로 '대지(對支)문화사업'에 쓰기로 하였다. 지나(支那) 곧 중국에 대한 문화사업으로 배상금을 쓴다는 방침이었다. 정부 기관인 외무성이 이례적으로 '대지문화사업'이란 이름으로 연구 및 문화사업에 나서게 된 것은 배상금 수령이 외무성 소관이었기 때문이다.

2) 재원 ②: 「21개조 요구」 이권

일본 외무성이 주관하는 '대지문화사업'이 의화단 배상금을 모태로 한 것은 사실이다. 앞에서 언급한 대로 배상금 지급 대상 8개국 가운데 지급 약속 연도인 1923년 현재 대상으로 남은 나라는 영국, 프랑스, 미국, 일본 등 4개국이었다. 이 가운데 미국은 중국에 대해 특별히 우호적인 배려를 취하였다. 즉, 1908년 미국 정부는 배상금 일부를 면제하고 남은 것으로 중국인의 미국 유학을 위한 기금으로 사용하기로 하였다. 또 베이징에 칭화학당(淸華學堂)을 세우고 관비 유학생 제도를 시행하여 이 학교가 미국 유학 예비교육기관 역할을 하게 하였다. 미국의 방식은 영국, 프랑스에도 영향을 주어 반납 결정을 가져왔다. 미국의 우호적 조치로 인해 1910년대 중국에서는 미국에 대한 호의적 인식이 급속히 상승하였다. 미국계 미션스쿨이 중·고등 교육 분야에서 확장세를 보였고, 또 록펠러재단 등 비종교 민간 단체의 의료활동도 활발하게 전개되었다. 반대로 일본에 대한 인식은 갈수록 악화하였다.

1910년 전후 일본 내 중국인 유학생 수는 1만 명을 넘었다. 중국 각지에 교습 및 교육 고문으로 초빙된 일본인의 수도 1906년을 전후

하여 600명에 달하였다. 그러나 1910년대에 들어와 계약 기간의 만료, 신해혁명(1911)에 의한 정치적·사회적 혼란 가중, 일본에 대한 반감 증대 등으로 대부분 귀국하여 그 수가 크게 줄었다.[12] 게다가 1914년 10월 이후 제1차 세계대전에 합류한 일본군이 칭다오를 점령하고, 이듬해 「21개조 요구」를 내놓자 일본 내 중국 유학생의 수는 급속하게 감소하였다. 일본 정부로서는 중국 진출정책을 계속 유지하려면 장기적인 새로운 대안이 필요하였다. 여기서 교육, 문화를 내세운 미국의 방안을 주목하게 되었다.

1910년대 미국이 중국 내에서 호의적인 관계를 형성하자 일본의 국수(國粹) 언론 가운데 미국을 경계하는 소리가 나오기 시작하였다. 제국 일본의 주변국 선점 정책에서 볼 때 미국이 중국에서 우호·친선관계를 돈독히 하는 것은 큰 장애물이 장치되는 것이나 마찬가지였다.[13] 제1차 세계대전이 끝난 뒤, 일본의 '대지(對支)정책'은 이 점을 유의하지 않을 수 없었다. 미국이 취한 의화단 배상금 활용은 대적적(對蹠的) 관점에서 주의를 필요로 하는 사항이었다. 1923년 의화단 배상금 지급이 시작되는 시점에 일본 정부는 미국이 취한 배상금 운용 방식을 주목하여 학술, 교육, 문화 분야에서 중국과 공동으로 추진하는 사업을 내세웠다. 이런 관계로 일본제국의 '대지문화사업'은 곧 의화단 사건 배상금이란 인식이 두드러졌다. 그러나 재원은 의화단 배상금만이 아니라 「21개조 요구」의 실현으로 확보된 '권익'이 합쳐져 있었다.

'대지문화사업'에 관해서는 아베 히로시(阿部洋)의 『'대지문화사업'의 연구: 전전기 일중 교육문화 교류의 전개와 좌절('對支文化事業'の研究: 戰前期日中教育文化交流の展開と挫折)』(상·하, 2004, 규코쇼인汲古

書院)이 대표적인 연구 성과이다. '대지문화사업'을 주제로 내세운 저서로는 이것 외에 찾아보기 어렵다. 그런데 이 저서는 교육사적인 관점, 즉 근대 동아시아 세계에서 이루어진 신식 학문과 교육의 교류, 특히 일본에 의해 이루어진 실상에 대한 추적이 주요 관점이 되어 '대지문화사업'이 의도한 대륙 침략정책과의 관계에 대한 지적은 찾아보기 어렵다. 이 저서는 「주요 참고문헌」에 많은 자료를 소개하고 있는 것이 장점으로 돋보인다. 'I. 자료' 항목에 제시된 '(1) 일본 외무성 기록'만도 무려 114점에 달한다.[14] 'II. 저서・논문'의 경우, '(1) 저서 184종(본인 저서 9종 포함), 논문 94편(본인 논문 33편)'에 달할 정도로 관련 문헌 소개가 방대하다.

그런데 흥미로운 것은 '대지문화사업'이란 주제는 아베 히로시의 저술에서만 찾아볼 수 있다. 그만큼 이 주제가 그동안 관련 학계의 주목을 받지 못했다는 뜻이다. 그리고 그의 연구에서 외무성 문화사업부의 '대지문화사업'의 재원은 의화단 배상금 활용에 한정되어 있다. 다시 말하면 여기서 지적하고자 하는 「21개조 요구」 부분은 전혀 언급되지 않았다. 미국이 배상금의 반을 탕감하고 나머지 반을 중국인의 미국 유학을 지원하는 사업에 활용한 사실만을 배경으로 삼아 일본 외무성의 '대지문화사업'의 재원이 의화단 배상금 하나에 고정되었던 것처럼 서술하였다. 적어도 이 책의 목차에서 「21개조 요구」와 관련된 항목은 보이지 않는다.

일본 외무성 문화사업부는 1934년 12월에 『문화사업부 사업 개요(文化事業部事業槪要)』(이하 『개요』)를 출간하였다. 이 간행물에는 의화단 배상금 외에 「21개조 요구」로 얻어진 수익금이 이 사업에 사용된 사실이 기록되어 있다.[15] 『개요』의 「총설」 중 자금 운용에 관한 규정에 이 사실이 보인다. 해당 부분을 옮기면 다음과 같다.

(라) 자원(資源)은 단비(團匪, 의화단을 가리킴: 인용자) 배상금, 산둥
관계의 철도, 칭다오 공유재산 및 제염업 보상 등 지나(支那) 국
고 증권의 원리(元利)와 아울러 산둥 관계 광산의 보상금으로
써 이에 충당한다(부록 2 참조).

(마) 매년도 세출액은 금 300만 엔 이내로 한다. 단, 기부금 수입은
이 제한 외로 한다.

(바) 적립금 제도를 설치하여 매년도 결산 잉여금은 이를 적립하고,
또 자금은 국채의 보유 또는 대장성(大藏省) 예금부(預金部) 예
금에 의해 운용할 수 있다. 위 (라)에 게시한 자원의 수입 완료
후는 적립 자금의 운용 이식금(利殖金)만으로 세출 한도액의
지출을 할 수 있는 구조[仕組]로 한다.

(사) 이월[繰越] 제도를 인정하고 매년도 세출 예산에서 사업비의
지출 잔액은 차감[遞次]하여 이를 다음 연도로 이월하여 사용
할 수 있다.(밑줄은 인용자)

위 (라) 항은 분명히 '단비', 즉 의화단 배상금 외에 「21개조 요
구」에 해당하는 산둥 지역 시설의 철도, 칭다오 공유재산 및 제염업,
광산의 보상금 등을 사업 자금으로 활용한다고 하였다. 또한 (라) 항
에는 '부록 2'를 참조할 것을 표시해놓았는데, 『개요』의 뒤에 제시된
'부록 2'를 옮기면 다음 〈표 1-1〉과 같다.

〈표 1-1〉에서 (1)은 의화단 사건 배상금의 지급 방식이다. (2)는
「21개조 요구」의 '제1호 산둥 권익' 중의 철도에 관한 사항이 확실하

표 1-1. 『문화사업부 사업 개요』 부록 2 '대지문화사업' 특별회계 자원 일람(1933년 10월 말일 현재, 단위: 엔円)

순번	증권(자금)명	원금				이자		
		미상환 원금액	상환 기한	지불 기일	매회 지불상환 금액	이율	지불 기일	매회 지불이자 금액
(1)	사분이부 지나국 채권 (四分利付支那國債券)	28,280,763.670엔	1945. 12.	매월 말일	1933년 매월 약 23만 엔	연 4분 (分)	매월 말일	1933년 매월 약 86,000엔
(2)	교제철도 국고증권 (膠濟鐵道國庫證券)	14,500,000.000엔	1928. 1. ~ 1937. 12.	(지나 정부 재량)	(지나 정부 재량)	연 6분	6월 30일 12월 31일	435,000엔
(3)	칭다오 공유재산 및 제염업 보상 국고증권 (靑島公有財産及製鹽 業報償國庫證券)	3,500,000.000엔	1924. 9. ~ 1938. 3.	9월 13일 ~ 3월 13일	대체로 2년간 1회 금 50만 엔	연 6분	9월 13일 3월 13일	약 45,000엔
(4)	산둥광산회사 보상금 (山東鑛山會社報償金)	2,326,135.000엔	(미정)	—				

다. (3)의 칭다오 공유재산은 「21개조 요구」의 권익, 제염업 보상은 의화단 배상금에 각각 해당한다.[16] (4)도 「21개조 요구」의 권익에 해당한다.

이상의 검토에 따르면 일본 외무성이 주관한 '대지문화사업'은 의화단 사건의 배상금 지급만이 아니라 제1차 세계대전 중 대독 선전포고로 거의 불로소득이나 마찬가지인 「21개조 요구」로 얻은 권익을 함께 재원으로 삼아 추진한 것이 확실하다.

3) 대지 · 대만 문화사업의 침략주의

'대지문화사업'이 의화단 사건만이 아니라 「21개조 요구」의 권익을 함께 활용하고 있는 점은 제1차 세계대전 후 1920년대 일본제국의 대외 팽창정책의 실체를 파악하는 데 매우 중요하다. 이에 관한 검토를 위해 먼저 「21개조 요구」의 내용을 구체적으로 살필 필요가 있다. 1915년에 요구하여 이듬해 5월에 승인을 받아낸 「21개조 요구」는 다음과 같이 5개 부문으로 구성되었다.

제1호 산둥 권익 (4개조)
제2호 남만주(南滿州) · 동부 내몽고(東部內蒙古)에서의 일본국의 우선권 (7개조)
제3호 '한야평공사(漢冶萍公司)'의 합판(合辦, 공동경영: 인용자) (2개조)
제4호 (일본의 동의 없는) 영토불할양(領土不割讓) (1개조)
제5호 희망조항(希望條項) (7개조)

이 가운데 '제1호 산둥 권익'의 4개조는 다음과 같다.

1. 중국 정부는 독일국이 산둥성에 관한 조약 또는 기타에 의하여 중국에 대하여 소유하는 일체의 권리 · 이익 · 양여(讓與) 등의 처분에 대하여 일본국 정부가 독일국 정부와 협의할 일체의 사항을 승인할 것을 약정한다.
2. 중국 정부는 산둥성 내 또는 그 연해 일대의 토지 또는 도서를 어

떠한 명목으로도 타국에 양여하거나 대여하지 않는다는 것을 약
정한다.

3. 중국 정부는 즈푸(芝罘) 또는 룽커우(龍口)와 자오저우만(膠州灣)
에서부터 지난(濟南)에 이르는 철도와 연결하는 철도의 부설을
일본국에 윤허(允許)한다.

4. 중국 정부는 될수록 빨리 외국인의 거주 및 무역을 위하여 자진
해서 산둥성의 주요 도시를 개항할 것을 약속한다. 그 지점은 별
도로 협정한다.

'제1호 산둥 권익'의 4개조는 산둥반도에서 독일의 권익을 일본
이 대신 차지하는 것에 관한 단속과 활용에 관한 내용이다. 특히 자
오저우만과 지난 사이 철도 건설 및 주요 도시 개항이 다루어졌다.
다음, '제2호 남만주·동부 내몽고에서의 일본국의 우선권'을 주목
할 필요가 있다.

1. 두 체약국은 뤼순(旅順)·다롄(大連)의 조차 기한 및 남만주 및 안
펑(安奉) 양 철도의 기한도 다시 99개년씩 연장할 것을 약정한다.

2. 일본국 국민은 남만주 및 동부 내몽고에서 각종 상공업 건물의
건설 및 경작을 위하여 필요로 하는 토지의 임차권 또는 소유권
을 취득할 수 있다.

3. 일본국 국민은 남만주 및 동부 내몽고에서 자유로이 거주 왕래하
여 각종 상공업 및 기타의 업무에 종사할 수 있다.

4. 중국 정부는 남만주 및 동부 내몽고에서의 광산의 채굴권을 일본
국민에게 허여(許與)한다. 그 채굴할 광산은 별도로 협정한다.

5. 중국 정부는 아래 사항에 관하여 일본국 정부의 동의를 거칠 것을 승낙한다.

   (1) 남만주 및 동부 내몽고에서 타국인에게 철도 부설권을 부여하거나 철도 부설을 위해 타국인으로부터 자금의 공급을 받는 일.

   (2) 남만주 및 동부 내몽고에서의 제세(諸稅)를 담보로 하여 타국으로부터 차관을 얻는 일.

6. 중국 정부는 남만주 및 동부 내몽고에서의 정치·재정·군사에 관하여 고문·교관을 필요로 하는 때에는 반드시 먼저 일본국과 협의할 것.

7. 중국 정부는 본 계약 체결일로부터 99개년간 일본에 지린(吉林)-창춘(長春) 간의 철도관리 경영을 위임한다.

이 제2호의 권익은 '남만주와 동부 내몽고'에서의 일본인의 경제활동 및 철도 건설 경영 권익에 관한 것이다. 이것은 독일의 기존 권익과는 무관한 것이다. 제1차 세계대전 초반에 일본제국이 만주와 몽골(몽고)에서의 권익 획득과 기존 권익의 연장에 관한 사항을 요구한 것은 독일과의 관계에서 벗어난 문제로서 주의할 필요가 있다. 1934년 일본 외무성이 발행한 『개요』의 「총설」 앞부분에서 외무성 문화사업부가 관장하는 문화사업을 이렇게 소개하였다.

(가) 지나국(중국: 인용자) 및 만주국에서 행해야 하는 교육, 학예, 위생, 구휼 기타 문화의 조장에 관한 사업.

(나) 제국(일본: 인용자)에 거주하여 머무는[在留] 지나국 및 만주국 인민에 대하여 행해야 하는 전호(前號)에 게재한 사업과 같은

사업.

(다) 제국에서 행해야 하는 지나국 및 만주국에 관한 학술 연구의
사업.

1915년 「21개조 요구」에서 내세운 '남만주·동부 내몽고에서의
일본국의 우선권'은 1933년 현재 '지나국과 만주국 간의 사업'으로
그대로 이어지고 있었다. 「총설」은 위 사항의 제시에 대한 보충 설명
으로 그간의 사정에 대해 다음과 같이 부연하였다.

즉, 본 사업은 문화 계통을 같이하는 일만지(日滿支) 3국의 협력으로
완전히 정책적 견지를 떠나 동방(東方) 문화의 조직적 연구 및 발양
을 이룸으로써 세계의 문운에 이바지한다. 이로써 제국 정부는 본 사
업의 영속성을 보전하기 위해 1923년(다이쇼 12) 법률 제36호로 「대
지문화사업(對支文化事業) 특별회계법」을 공포하고, 이 법은 실시 후
경험에 기초하여 1926년(다이쇼 15) 법률 제29호로써 그 일부를 개
정하였다. 현행 대지문화사업 특별회계법의 강요(綱要)는 다음과 같
다(부록 1 참조). (이하 생략)[17]

이 설명은 일본과 중국의 관계를 넘어 이제 "일만지 3국의 협력"
으로의 발전을 다짐한다. 1932년의 만주국 건립으로 일본, 만주국,
지나국(중국)의 관계가 뼈대로 내세워졌다. 동부 내몽골은 아직 공작
대상으로 일본의 괴뢰국으로 만들지 못한 상태였지만, 만주국의 건
국은 일본제국의 대외 팽창정책의 주요한 성과였다. 여기서 주의할
점은 이를 위한 공작이 1915년 「21개조 요구」에 이미 표시되었다는

사실이다.

　일본의 대외 팽창정책은 앞에서 언급하였듯이 요시다 쇼인의 '주변국 선점론'에 뿌리를 두었다. 제1차 세계대전에서 독일에 대한 선전포고를 근거로「21개조 요구」를 창출하여 산둥반도, 남만주, 동부 내몽골 진출의 기회를 노렸다. 청일전쟁, 러일전쟁을 거쳐 남만주 일대에 교두보를 구축한 일본제국은 10년 뒤 제1차 세계대전을 맞아 연합국의 목표와는 무관하게 대일본제국의 숙원을 달성하는 길을 걸었다.「21개조 요구」는 단순한 대독(對獨) 선전의 대가가 아니라 제국 일본의 국시(國是)처럼 삼아진 '주변국 선점' 전략의 전기로 삼은 것이다.『개요』「총설」의 부연 설명에서 "문화 계통을 같이하는 일만지 3국의 협력으로 완전히 정책적 견지를 떠나 동방 문화의 조직적 연구 및 발양을 이룸으로써 세계의 문운에 이바지한다"라고 한 것은 침략의 본성을 감추기 위한 침략자들의 통상적 언변이었다. 그야말로 일본 천황이 지배하는 새로운 동아시아 세계로서 '동양' 건설에 매진하는 모습이다.

2장

'대지문화사업'의 중일 협동 노선 좌절

1. 중일 협동의 사업 구상

일본 제국의회는 1918년 제40회 의회에서 「지나인 교육시설에 관한 건의안」과 「일지(日支) 문화시설에 관한 건의안」을 잇따라 제출하였다. 1915년의 「21개조 요구」가 위안스카이 정부의 승인을 받은 데다 의화단 사건 배상금 지급일이 다가오면서 문화정책을 통한 중국 진출 수단을 구체적으로 실현할 필요를 느꼈다. 이후에도 관련 제안을 거듭 제시하여 심의하던 끝에 1923년 3월 법률 제36호로 「대지(對支)문화사업 특별회계법」을 통과시켰다.[1]

이에 근거하여 일본 정부는 대지문화사업에 관한 사무 관장을 위해 1923년 외무대신 관리 아래 대지문화사무국을 두었다. 그리고 외무대신의 자문에 응하여 문화사업에 관한 사항을 심의하기 위해

1923년 대지문화사업조사회를 설치하였다.[2] 그러나 이후 사업의 경중을 가늠하는 가운데 두 차례의 개정이 따랐다. 1924년 관제(官制)를 개정하여 아세아국(亞細亞局) 내에 문화사업부를 설립하여 격하하였다. 후술하듯이 시데하라 기주로 외무대신의 '국제협조 외교'가 중국 내의 반응을 참작하여 취해진 조치로 보인다. 그러나 1927년 다나카 기이치 내각에 들어와 또다시 관제 개정을 통해 문화사업부를 독립 1부로 승격시켜 원상으로 돌려놓았다.

1923년 7월 시데하라 기주로의 외무성은 도쿄제대 교수 이리사와 다쓰키치(入澤達吉, 의학부) 등을 중국에 파견하여 중국 각계의 의견을 청취하도록 하였다. 그 결과는 다음과 같이 보고되었다.[3]

(가) 확실한 추진으로 상대방이 신뢰할 수 있도록 해야 한다. 정치적 의혹이 없는 영구적, 보편적 사업으로 유학생 양성이나 병원 경영보다 연구소나 도서관, 박물관 경영이 더 좋은 방안이다.

(나) 문화사업을 하되 일중(日中) 양국인 공동경영으로 해야 하며, 따라서 '대지문화사업'이 아니라 '동방학술사업'으로 고쳐야 한다.

이 보고서에 근거하여 외무성은 일본 '단독'이 아니라 일중 '공동' 사업으로, 그리고 사업의 명칭도 '대지문화사업'이 아니라 '동방문화사업'으로 변경하는 것으로 방침을 바꾸었다.

그리하여 1924년 2월 일본의 데부치 가쓰지(出淵勝次) 외무성 아세아국장과 왕룽바오(汪榮寶) 주일(駐日) 중국공사 사이에 다음과 같은 내용의 사업 협정(왕汪-데부치出淵협정)이 체결되었다.[4]

(1) '대지문화사업' 실시에는 중국 측 유식 계급의 의견을 충분히 존중한다.

(2) 이를 제도적으로 보장하기 위해 일중 양국은 각각 위원을 내서 평의회를 구성한다.

(3) '대지문화사업'의 활동으로, 베이징에 인문과학연구소와 도서관, 상하이(上海)에 자연과학연구소를 각각 설립하여 경영을 담당한다.

1924년 말, 외무성은 이렇게 사업의 명칭을 변경함에 따라 이를 주관하던 대지문화사업국의 이름에 '대지'를 빼고 '문화사업부'로 이름을 고치고, 사업 추진 주체로서 '일중 공동문화사업 총위원회'(나중에 정식 명칭을 '동방문화사업 총위원회'로 정함)를 결성하였다. 이어서 1925년 5월 중국의 천루이린(沈瑞麟) 외교 총장과 요시자와 겐키치(芳澤謙吉) 주화(駐華, 주중국: 인용자) 일본공사 사이에 공문 교환이 이루어졌다. 이 「천(沈)-요시자와(芳澤) 교환공문」에 의해 총위원회 설립이 확인되었다.[5]

같은 해 7월 일본 측은 핫토리 우노키치, 가노 나오키(狩野直喜), 오코치 마사토시(大河内正敏), 세가와 아사노신(瀨川淺之進) 등, 중국 측은 커사오민(柯劭忞), 왕수난(王樹枏), 왕스퉁(王式通), 장융(江庸), 탕중(湯中) 덩추이잉(鄧萃英) 등을 각각 위원으로 선출하였다. 이어서 바로 베이징에 커사오민을 위원장으로 하는 '동방문화사업 총위원회'가 발족하였다.[6] 이어서 자연과학 연구를 담당할 상하이 분위원회(分委員會)도 발족하였다.[7] '대지문화사업'이 '동방문화사업'으로 명칭을 변경함으로써 일본 측의 정책 본질에까지 영향을 미치게 된 것이었다. 이런 중대 사안이 그나마 이렇게라도 수용된 것은 시데하라 외무대신의 '국제협조 외교' 노선과 무관하지 않았다.

2. '동방문화사업'으로 명칭 확정

일본 외무성이 주관하는 '대지문화사업'의 명칭을 '동방문화사업'으로 바꾸면서 총위원회 및 베이징인문과학연구소, 상하이 위원회 및 자연과학연구소 설립이라는 성과를 낳았다. 그러나 곧 그 운영을 둘러싸고 양국 간에 마찰이 발생하였다. 외형적으로는 '공동'의 형식을 취하였으나, 사업의 결정권이 모두 일본 외무성 문화사업부와 제국의회가 장악하고 있는 것이 확인되면서 중국 측이 이를 문제 삼았다.

중국 정부 안에서는 일찍부터 이 공동추진위원회(동방문화사업 총위원회)가 미국이나 소비에트의 배상금 관리 및 운영 조직의 경우처럼 '주획(籌畫, 기획이라는 뜻: 인용자), 결정 및 관리'의 완전한 권한이 없는 한, 일본과의 공동문화사업은 행할 수 없다는 의견이 적지 않았다. 위원회 발족 후 실행에 들어가면서 중국 측은 아무런 권한이 없고, 일본 단독사업인 것으로 드러나자 일본에 의한 '문화침략'이라는 비판이 거세게 일었다.[8]

1920년대 후반기 중국에는 5 · 30사건(1925년 5월 30일 상하이에서 일어난 반제국주의 민중운동)부터 북벌(北伐)에 이르기까지 반일 · 반제 민족주의가 격하게 고양되었다. '일본문화침략반대 대동맹회'가 조직되어 교육 · 문화계에서 외세를 배제하는 기세가 높아갔다. 미션

스쿨, 치외법권에 근거한 외국인의 중국 내 학교 경영 등을 '문화침략'의 첨병으로 간주하면서 '교육권 회수운동'이 일어났다.[9] 그러나 이런 분위기에서도 모처럼 이루어진 합의를 유지하려는 노력이 양측 간에 강구되어 한 해를 넘겨 1926년 7월 동방문화사업 총위원회의 임시총회가 열렸다. 양측 간의 의제는 1927년 10월 제3회 정기총회를 거치면서 타협을 이루어 공동문화사업이 실질적으로 발족하게 되었다. 베이징인문과학연구소, 상하이자연과학연구소가 각각 연구사업에 착수하고, 특별회계의 세출 한도액이 250만 엔에서 300만 엔으로 증액되었다.[10]

베이징인문과학연구소의 경우, 1927년 12월에 커사오민이 총재, 핫토리 우노키치와 왕수난이 부총재로 취임하고 그 아래 중일 양측에서 연구원으로 참가하였다. 중국 측 연구원으로는 왕스퉁(역사학, 관료), 왕자오(王照, 언어학), 후둔푸(胡敦復, 수학), 딩추이잉(교육학), 장한(江瀚, 박물학), 장융(법학), 후위진(胡玉縉, 역사학) 등, 일본 측에서는 가노 나오키, 나이토 고난(본명은 나이토 도라지로內藤虎次郎), 야스이 고타로(安井小太郎) 등이 참가하였다. 그리고 첫 연구 사업으로 『속수사고전서제요(續修四庫全書提要)』편찬에 착수하였다.[11]

3. 다나카 기이치 내각의 침략주의

다나카 기이치는 조슈의 중심지 하기(萩)의 하급 무사(武士)의 아들로 태어났다. 출신지로 본다면, 정통 조슈 번벌 출신이라고 할 수 있지만 왕정복고(王政復古)의 '대업'을 달성한 세대보다 10~20세 정도 연하여서 조슈 번벌 1세대에 들지는 않는다. 육군사관학교, 육군대학교를 졸업하고 청일전쟁(1894)에 참전하였다. 이후 러시아에 유학하였다가 1904년 러일전쟁 때 만주군 총참모장으로 맹활약한 고다마 겐타로(兒玉源太郎, 1852~1906) 아래서 참모장교로 근무하였다. 육군 참모차장을 거쳐 하라 다카시 내각(1918. 9.~1921. 11.), 제2차 야마모토 곤노효에 내각(1923. 9.~12.)에서 각각 육군대신을 지냈다. 하라 다카시 내각에서 육군대신에 오른 뒤, 남작 작위를 받고 육군대장으로 진급하였다.

다나카 기이치는 1925년 다카하시 고레키요(高橋是清, 1854~1936)의 뒤를 이어 입헌정우회 총재가 되면서 정계에 본격적으로 뛰

그림 2-1. 시데하라 기주로(1925)
1920년대 초부터 1930년대 초까지 외무대신을 역임한 시데하라 기주로는 국제협조 노선의 외교를 펼쳤다.
출처: 위키미디어 커먼스.

그림 2-2. 다나카 기이치(1927)
1927년 총리대신이 된 다나카 기이치는 외무대신 직을 겸함으로써 시데하라의 '국제협조 외교'를 중단하였다.
출처: 일본국회도서관.

어들었다. 입헌정우회는 1900년 이토 히로부미가 정당정치를 막기 위해 당시 정부에 협조적이던 이른바 '이당(吏黨)' 계열의 정당을 합한 조직으로서, '당'이라는 명칭 대신 '정우회'라고 이름을 붙인 이유도 '정당'을 배제하고자 하는 뜻을 담은 것으로 알려진다. 후에는 공가(公家) 출신으로 조슈 계열에 동조적인 사이온지 긴모치(西園寺公望)가 1914년까지 총재를 맡았다. 1912년 다이쇼 시대에 들어와 정당정치 지향의 호헌운동이 일어났을 때 입헌정우회도 정상적인 정당으로 변하여 있었다. 1914년 모리오카번 출신인 하라 다카시가 입헌정우회 총재를 맡았으며, 1921년 다카하시 고레키요, 1925년 다나카 기이치가 차례로 그 뒤를 이었다.

1927년 4월 다나카 기이치는 마침내 정당의 총재로서 총리대신의 지명을 받아 내각 구성에 임하였다. 그는 정당정치라는 시대적 사조에 부응하여 내각을 구성하고자 했으나 출신과 경력상 조슈 군벌의 속성에서 쉽게 벗어날 수 없었다. 다나카 기이치는 내각 구성에 이어서 바로 산둥반도 출병을 단행하여 적극적인 대외 팽창정책을 부활시켰다.

다나카 기이치는 1927년 4월 20일 총리대신으로서 조각할 때 자신이 외무대신 직을 겸함으로써 앞서 시데하라 기주로가 외무대신으로서 수립한 '국제협조 외교' 노선을 중단하였다. '시데하라 외교'가 군부의 군비 확충 자주노선을 추구한 '다나카 외교'로 대체되었다. '다나카 외교'는 표면적으로 1921~1922년 워싱턴 해군군축회의의 9개국조약이 정한 아시아·태평양 질서의 원칙을 지켜 열강과의 충돌을 피하였다. 그렇지만 중국에서는 반제민족운동에 밀리지 않고 일본의 '조약상의 권익 옹호'를 추구하여 일본이 중심이 되는 동아시아 안정 질서를 확보한다는 방침으로 나아갔다. 다나카 내각은 기본적으로 조슈 번벌 세력의 스승 요시다 쇼인의 '주변국 선점' 노선에서 조금도 벗어나지 않았다. 1927년 재임 중에 단행한 산둥 출병은 조슈 육군 번벌의 정신을 계승한 관동군의 독단적인 만주 침략 행위를 공인하는 결과를 가져왔다. 일본제국의 다이쇼 데모크라시는 다나카 내각(1927. 4.~1929. 7.) 기간에 조슈 번벌의 국수(國粹) 이데올로기의 재등장으로 큰 타격을 입었다.

3장

1927~1928년 중일 무력 충돌: 북벌 개시와 산둥 출병

1. 남만주철도 경영을 둘러싼 중일 간의 갈등

1920년대 만주에서의 일본의 특수한 지위 혹은 권익의 핵심은 철도였다. 일본은 러일전쟁(1904~1905)의 승리로 획득한 남만주철도와 그에 부속한 특권들을 관리하기 위해 남만주철도주식회사(이하 '만철')를 설립했다. 만주 경영의 중심은 곧 만철 경영이었다.[1]

가토 다카아키 내각(1924. 6.~1926. 1.)은 출범 직후인 1924년 8월에 「만몽(滿蒙) 철도에 관한 건」을 결정하였다. 이미 건설한 길장철도(吉長鐵道: 지린吉林-창춘長春), 사조철도(四洮鐵道: 쓰핑제四平街-타오난洮南)에 추가하여, 타오난-앙앙시(昂昂溪) 간 철도(사조철도의 연장), 지린-회령(會寧) 간 철도(길장철도의 연장), 창춘·사조선의 건설 촉진을 도모하는 것 등을 방침으로 정하였다. 그런데 중국 측은 일본 측이 계획하는 철도의 건설을 강하게 억제하는 한편, 1925년 이후 자력으로 철도를 부설하려는 철도자판(自辦)운동이 전개되어 만철 포위철도망(滿鐵包圍鐵道網)의 건설을 추진하였다. 만철을 동서에서 포위하는 형태의 철도는, 당초에 만철 관리 협정에서 취한 '만철병행선(滿鐵竝行線)' 부설 금지 조항에 저촉되는 것이었다.

이에 일본 정부는 펑톈(奉天, 지금의 선양瀋陽) 주재 일본영사관의 요시다 시게루(吉田茂, 1878~1967) 총영사를 통하여 엄중한 항의를 거듭했지만, 이 건에 대하여 친일적인 장쭤린(張作霖, 1875~1928)조차 내정문제라고 하여 듣지 않았다. 오히려 펑톈 성장(省長)을 편달하는 등, 중국 측은 전반적으로 일본의 항의를 무시하면서 만철 동서의 병행선(다후산打虎山-퉁랴오通遼, 지린-하이룽海龍) 건설을 강행하였다. 일본이 만주에서 권익 옹호를 위해 오랫동안 지지와 원조를 해 준 장쭤린을 포함하여 중국 측의 대일(對日) 자세가 강경해지자 일본의 정치 지도자들은 심각한 위기감을 느꼈다.

2. 장제스 국민군의 북벌 개시

국민당은 1925년 11월에 우파-반공파가 이른바 서산회의파(西山會議派)를 따로 결성하여 분열 위기에 처하였다. 황푸군관학교(黃浦軍官學校) 교장이었던 장제스(蔣介石, 1887~1975)는 1926년 3월 20일에 국민당 좌파-공산당이 중산함(中山艦, 국민당 최대의 군함 영풍함永豊艦을 쑨원의 호인 중산中山을 따서 개명함)으로 자신을 블라디보스토크로 납치하려는 불순한 행동을 미리 간파하여 긴급 계엄령을 내리고, 주모자 리즈룽(李之龍)을 전격적으로 체포한 것을 비롯해 대표적 공산 분자들을 체포함과 동시에 소련인 고문 미하일 보로딘(Mikhail Markovich Borodin)을 가택 연금하였다. 이 사건을 계기로 좌파의 견제를 받던 장제스는 국민당 정부의 주도권을 장악하였다.

이후 장제스는 국민당 군사위원회 주석(主席), 국민혁명군(國民革命軍) 총사령 직임을 부여받고, 이전부터 강력하게 주장해온 북벌을 재개하여, 1926년 7월 5일 전선부대(前線部隊)의 행동 개시를 명령하였다. 국민혁명군의 총병력 10만 명 가운데 5만 명, 함정 8척, 비행기 3대가 북벌에 동원되었다. 한편, 각지의 군벌은 베이징의 우페이푸(吳佩孚)가 25만 명, 장강 지역의 쑨촨팡(孫傳芳)이 20만 명, 북방의 장쒀린이 35만 명의 병력을 보유하고 있었다. 국민혁명군은 수적으로 열세인데도 우페이푸와 쑨촨팡의 군을 각지에서 격파하고 쾌속으로 북으로 진격하였다.

앞서 1926년 1월, 동북 3성(三省, 지린·랴오닝遼寧·헤이룽장黑龍江) 보안총사령에 취임한 장쒀린은 우페이푸와 동맹하여 관내(關內, 산하이관山海關 안쪽)로 진공하여, 펑위샹(馮玉祥)의 국민군을 추격하여 경진(京津, 베이징北京-톈진天津) 지역을 지배하였다. 국민혁명군이 10월 10일 우한(武漢) 3진(鎭), 11월 7일 난창(南昌)을 각각 공략하자 장쒀린은 군벌 여러 파를 연합한 안국군(安國軍) 총사령에 취임하여 국민혁명군과 전면 대결하는 자세를 취하였다.

1927년 2월, 국민정부(국민당 좌파)는 광둥(廣東)에서 우한으로 천도했다(우한정부). 이 상황에서 의식이 고양된 민중이 한커우(漢口)와 주장(九江)의 영국 조계지를 실력으로 점거하여 회수했다. 영국은 일본, 미국 두 나라에 대해 공동출병을 요청하였으나, 일본 와카쓰키 레이지로 내각(1926. 1.~1927. 4.)의 시대하라 기주로 외무대신은 이를 거부하였다. 시데하라는 1월 19일의 의회 연설에서 엄밀한 대중국 불간섭정책을 표명하였다. 그의 불간섭 방침에 대해 유력 정당인 입헌정우회 측에서 이견을 제시하였다. 정부가 중국의 현상을 방관하여 국민당 정부의 남방 세력이 중국 전반에 미치면 만주에 확보된 일본의 '특수한' 이익도 회수해야 한다는 의론이 일어나지 않는다고 단언할 수 없으므로 이에 대한 대책이 있는지를 추궁하였다.

1927년 3월 24일, 국민혁명군이 난징(南京)에 진입한 직후, 각국 영사관을 비롯해 미국계 진링(金陵)대학을 병사들이 습격하여 약탈과 폭행을 자행하며 사상자를 내는 사건이 발생하였다(난징 사건). 영국은 기한부 최후통첩을 내고, 이것이 받아들여지지 않을 때는 실력으로 제재를 행사하겠다고 압박하였다. 이에 대해 시데하라 외무대신은 반대 의사를 표하고 각국의 대응 완화에 노력하였다. 장제스는 이 습격 사건을 공산당의 책동으로 판단하고, 4월 12일 상하이, 난징을 중심으로 반공 쿠데타를 일으켜, 무장 노동자의 무장을 해제하고 공산당을 탄압하였다. 베이징을 장악한 장쭤린도 소련에 대한 불신감이 강하여 4월 6일, 중국 공산당원들의 은신처였던 소련대사관을 수색하여 이곳에 숨어 있던 공산당원을 체포하는 동시에 다수의 비밀서류를 압수하고 주모자를 처형하였다.

다음 날인 4월 7일, 육군대신 우가키 가즈시게(宇垣一成, 1868~1956)는 와카쓰키 레이지로 총리대신에 대해 중국의 공산운동이 즈리(直隷), 만몽(滿蒙)에까지 미치는 것은 시간문제이니 지금까지의 방식에서 벗어나 적극적으로 나가기를 제언하였다. 육군대신 우가키는 그동안 시데하라 외무대신의 불간섭 외교를 이해하는 편이었으나, 이제는 만몽 지역에 미칠 위협을 우려하여 정책 전환을 요구하였다. 와카쓰키 내각은 우가키의 요구에 대한 판단을 내리기도 전에 눈앞에 닥친 금융공황 수습에 실패하여 외교정책에 대한 각 방면의 비난을 받으면서 4월 20일 총사직하였다. 우가키 가즈시게는 조슈가 아니라 히젠(肥前, 지금의 오카야마현岡山縣) 출신이지만 전 육군대신 다나카 기이치의 추천으로 육군대신이 되어 육군 현대화에 큰 업적을 냈다. 그는 군부의 합리적 운영을 추구하였지만, 국가주의에서는 다나카와 차이가 없었다. 그는 실제로 군부에서 '다나카계'로 불렸다. 와카쓰키 내각에 이어 다나카 내각이 들어섰다.

3. 일본 정부의 산둥 출병 결정과 지난 사건

1) 제1차 산둥 출병과 동방회의

1927년 4월 20일 다나카 기이치 내각이 출범하였다. 다나카 기이치는 앞에서 언급한 대로 메이지 정부를 중심적으로 이끈 조슈 번벌계의 마지막 인물이었다. 1922년 조슈 출신의 대표적 원로(元老) 야마가타 아리토모가 사망하면서 '번벌정치'는 최종적으로 막을 내렸다. 그런데 총리대신 다나카 기이치는 조각에서 '국제협조 외교'를 추진해온 외무대신 시데하라를 기용하지 않고 자신이 외무대신의 직을 겸하였다. 그리고 만몽 대책에서 적극론자인 모리 가쿠(森恪, 1883~1932)를 외무성 정무(政務)차관으로 기용하여 자신을 실무적으로 뒷받침하도록 하였다. 다나카 내각은 메이지 조슈 번벌 정권이 추진한 대륙 침략을 다시 일으킬 태세를 갖추었다.

난징 사건에 이어 반공 쿠데타에 성공한 장제스와 국민당 우파는 난징을 수도로 정하고, 1927년 5월 들어 중단 상태였던 북벌을 재개하였다. 다나카 내각은 각의 결정에 근거하여 5월 28일 일본인 거류민의 안전을 기하는, 자위상 불가피한 긴급조치로서 병력을 파견할 수 있다는 정부의 뜻을 성명으로 발표하고 즉시 만주주차(滿洲駐劄) 제10사단의 제33 여단을 칭다오로 파견하였다. 만주의 일본 관동군이 처음으로 산하이관 안쪽으로 진입하는 상황이 벌어졌다.

관동군 사령부는 6월 1일부로 「대만몽(對滿蒙) 정책에 관한 의견」을 작성하여 육군성(陸軍省)과 천황 직속의 참모본부에 제출하였다. 베이징 북부에 남북과 동서의 통로가 만나는 지점인 러허(熱河)를 특별구역으로 설정하여 이를 포함하여 동북 3성 지역에 장관 1명을 두어 다음과 같은 방략을 실행할 것을 제안하였다. 즉, 장관이 자치를 선언하고, 일본의 특수권익에 관한 요구 조건을 장쭤린이 인정하도록 하자는 것이었다. 만약 장쭤린이 주저할 때는 적임자를 동북 3성 장관으로 추천하여 이 요구를 받아들이게 하고, 필요한 경우에는 무력행사도 감행할 준비를 해야 한다고 하였다. 군사력을 동원해서라도 만몽 지역의 독점적 지배를 관철해야 한다는 것이었다. 만주를 넘어 몽골까지 대일본제국 천황의 땅으로 차지하겠다는 야망이었다. 이는 1915년의 「21개조 요구」에 표시된 남만주와 동부 내몽골에서의 권익 관철과 맞닿는 시책이었다.

산둥 출병이 진행 중이던 1927년 6월 27일부터 7월 7일 사이에, 다나카 기이치 총리대신은 '동방회의(東方會議)'를 개최하고 이를 직접 주재하였다. 외무성, 육군성, 해군성, 대장성의 각 대신, 참모본부,

그림 3-1. 1927년 7월 산둥성 지난 철도역을 점거한 일본군
출처: 위키미디어 커먼스.

군령부(軍令部)의 간부, 상하이, 한커우, 펑톈 주재 총영사, 관동도독
부 민정장관[關東長官], 조선총독부 대표, 관동군 사령관 등이 참가하
였다. 총리대신은 회의 최종일인 7월 7일, 토의 결과를 정리한 「대지
정책강령(對支政策綱領)」 34개 항을 훈시(訓示) 형식으로 발표하였다.
이 중 만주·몽골 정책에 대해서는 만몽, 특히 동북 3성은 국방상, 국
민적 생존 관계상 중대한 이익을 가짐으로 만일 동란이 만주에 파급
하고, 치안이 어지러워 이 지방에서의 일본의 특수한 지위와 권익에
대한 침해가 일어나는 일이 있으면 이를 방지·보호하고 또 '내·외
인 안주(安住) 발전의 땅'으로 확보하여 지키는 기회를 잃지 않고 이
에 합당한 조치를 할 각오가 필요하다는 것을 역설하였다. 다나카 내
각은 만주·몽골의 이익을 지키기 위해서는 국민혁명군도 적절한

조치의 대상으로 간주하였다. 이러한 방향 설정은 6월 1일의 '관동군의 의견'과 크게 다르지 않아 이후 관동군이 독자적으로 만주사변을 일으키는 상황을 뒷받침해주었다.

2) 제2, 3차 산둥 출병과 지난 사건

'동방회의'는 산둥 출병 중에 열렸기 때문에 내외로부터 많은 억측을 불러일으켰다. 일본의 대규모 침략 계획을 예상하는 정체불명의 글들이 언론매체에 등장하여 중국은 물론 일본에 대한 세계 각국의 불신을 샀다. 이 사이에 중국 국민당 정부 내에서는 장제스의 '난징정부'와 왕징웨이(汪精衛)의 국민당 좌파와 공산당을 중심으로 한 '우한정부' 간의 대립이 깊어졌다. 장제스가 지휘하는 국민혁명군은 화북(華北)을 목전에 두고 일본 정부의 동향을 경계하여 북벌을 일시 중단하였다. 장제스는 우한정부를 난징정부에 합류시킬 방침으로 우한정부 내 공산당 세력을 추방하는 대신 우한정부 측의 희망에 따라 스스로 하야하기까지 하였다. 그러나 장제스는 곧 난징정부의 요청을 받아 1928년 1월 7일 국민혁명군 총사령으로 복귀하였다. 그는 곧 북벌 재개를 위한 준비에 착수하여 2월 28일에 75만 명 규모의 북벌군 편성을 결정하였다.[2] 국민혁명군은 4월 7일 북벌 선언과 동시에 행동을 개시하였다. 제1집단군은 14일에 지난(濟南)의 서쪽과 남쪽 각각 약 200km 지점의 린청(臨城), 린이(臨沂)를 점령하고 지난을 향해 북진하였다.

한편, 일본의 다나카 내각은 4월 19일, 제2차 산둥 출병을 결정하였다. 지나주둔군(支那駐屯軍) 임시 지난(濟南) 파견대 보병 3개 중대가 바로 다음 날 20일에 지난에 도착하고, 본토에서도 제6사단(구마모토熊本)의 혼성 제11여단이 파견되어 26일에 도착하였다. 5월 1일 북벌군 제1집단군의 선두가 지난 지역에 무혈입성하고, 2일에는 장제스도 지난에 도착하였다. 같은 날 조금 늦게 일본군 제6사단 사령부가 지난에 도착하였다. 이렇게 하여 지난 성내(城內)와 상부지(商埠地, 상업구역) 외곽에 중국의 북벌군, 상부지 안쪽에 일본군이, 그것도 사령부가 다 함께 들어와 있는 특이한 상황이 벌어졌다. 5월 3일, 소부대 충돌로 상부지에서 중일 양국 군의 전투가 벌어지고, 일본 측의 시한부 최후통첩이 발부되었지만, 장제스는 이를 거부하였다. 다나카 내각은 5월 9일 다시 본토에서 제3사단의 증파를 결정하고(제3차 산둥 출병), 현지 제6사단은 지난시를 공격하여 5월 11일 점령하였다. 그 사이 장제스의 제1집단군의 주력은 일본군과의 충돌을 피하여 지난시를 우회하여 북상하였다.

지난 사건의 중국 측 사망자는 3,000명을 넘었다고 하고, 일본 측에서는 거류민 중 사망자 15명, 부상자 15명 외, 군인 전사 60명, 부상자 백수십 명이라고 집계하였다. 중일 양국 군이 처음으로 교전한 이 사건의 영향은 매우 컸다. 이제까지 화중(華中) 방면에서 영국을 주적으로 해온 중국의 배외운동은 이 사건 이후 일본을 표적으로 하게 되어, 장제스를 비롯한 국민정부 요인의 일본관이 매우 나빠졌다. 일본의 제1차 산둥 출병 당시 중국인의 배척 대상은 영국, 미국이었지만, 이 시기부터 영국은 국민당과 접촉을 개시하였고, 미국은 원래 국민당에 호의적이었다. 사건의 외교적 해결에는 시간이 걸려 이듬해 1929년 3월 28일에 조약에 조인하게 되었다. 장제스를 포함한 중국 측 인사들은 일본 측이 계획적으로 북벌을 방해하려는 것으로 해석하여 원한을 씻을 수 없게 되었다.

4. 일본 관동군의 야망과 장쭤린 폭살 사건

1) 관동군의 활동 범위 확대 도모: 만철부속지 바깥으로 나가기

국민당 정부의 혁명군이 베이징-톈진 지방을 압박하여, 전화(戰禍)가 만주에까지 미칠 형세가 되었다. 1928년 5월 1일, 일본 정부는 각의를 열어 전란이 만주에 미치는 것을 예방하기 위해 중국의 남북 두 지역 군부에 대하여 진지한 경고를 표하기로 결정, 바로 경고 성명을 '각서' 형식으로 양측에 건넸다. 18일에 발표된 '각서'는 "화란(禍亂)이 만주에 미칠 경우, 일본제국 정부로서는 만주의 치안 유지를 위해 적당하고 유효한 조치를 취할 것이라"는 내용이었다. 요시자와 겐키치 베이징 주재 일본공사는 당시 베이징에 거주하던 장쭤린에게 이를 건네고, 정세를 설명하면서 완곡하게 베이징에서 관외(關外)로 물러날 것을 권고하였다. 상하이의 야다 시치타로(矢田七太郎) 총영사도 마찬가지로 각서를 난징정부에 전달하였다. 무라오카 조타로(村岡長太郎) 관동군 사령관은 정부 각서에 대응하여 펑톈군(奉天軍, 장쭤린의 군대)의 무장해제를 목표로 관동군 부대의 진저우(錦州) 파견과 군사령부의 펑톈으로의 이동 준비에 들어갔다.

육군 참모총장 스즈키 소로쿠(鈴木莊六)는 5월 19일, 관동군에 '봉칙명령(奉勅命令)의 전선(傳宣)' 곧 천황이 재가하여 전달한 명령이 있기까지는 만철부속지 바깥으로 출동할 수 없다고 명하였다. 부속지란 철도 관리 방호(防護)를 위해 연선(沿線) 주변의 일정 공간을 철도회사에서 수용한 토지로, 1905년 러일전쟁 후 체결한 포츠머스강화조약으로 러시아가 부설한 남만주 지역의 철도를 일본 측이 관리하면서 부속지 또한 차지하게 되었다. 스즈키 참모총장의 조치에 대해 강경파인 무라오카 관동군 사령관은 반론을 펴 재고하기를 요구했다. 스즈키 참모총장은 다나카 총리대신에게 21일에 '봉칙명령의 전선'이 나오도록 설득하고, 같은 날 관동군에 곧 "봉칙명령이 전선될" 예정이므로 그때까지 기다리라고 전보로 알렸다. 무라오카 사령관은 바로 관동군 주력(주차 제14사단과 조선에서 파견된 혼성 제40여단)을 펑톈에 집결시키고, 진저우 방면으로 갈 수송 준비도 착수하게 하는 한편 군사령부를 펑톈으로 이동시켰다.

장쭤린에 대해 일본 측은 불만이 매우 높았다. 일본은 만주 진출 후에 그를 이용하기 위해 여러 가지 지원을 아끼지 않았다. 그런데 그가 베이징으로 진입한 후 다른 군벌과 마찬가지로 배일(排日) 태도를 보이자 크게 분개하였다. 일본 육군성과 참모부는 모두 장쭤린의 하야를 강조하고, 외무성에서도 모리 가쿠 정무차관, 아리타 하치로(有田八郎) 아세아국장이 이에 동조하였다. 특히 현지의 관동군은 만몽을 중국에서 독립시키는 방안이 다수 의견으로 등장한 상황에서, 장쭤린의 펑톈군을 산하이관에서 무장해제하지 않고서는 한 걸음도 만주 쪽으로 올 수 없다는 의견이 비등하였다. 그래서 관동군에서는 진저우 출동의 '봉칙명령'이 나오기를 고대하였다. 진저우는 교통지리 조건상 장쭤린이 펑톈으로 되돌아가는 것을 막을 수 있는 지점이었다. 관동군은 본래 관동주(關東州)와 만철 방호에 필요한 범위로 정한 부속지에서만 책임과 권한이 부여되어 있었다. 그 바깥으로 군대를 출동시키는 것은 국외 출병과 같아 천황의 '봉칙명령'이 필요하였다. 이때까지는 스즈키 참모총장의 지도로 이 규정이 잘 지켜졌다.

2) 장쭤린 폭살 사건과 그 영향

다나카 기이치 총리대신은 장쭤린의 군대가 무너져 만주로 되돌아올 때 '봉칙명령'이 필요하다는 것을 예상하였지만, 장쭤린이 스스로 베이징에서 물러나겠다고 결의하였다. 장제스의 난징정부도 1928년 5월 29일, 일본 정부의 '각서'에 대한 회답을 야다 시치타로 상하이 총영사에게 보내면서 장쭤린의 펑톈군이 스스로 물러나면 군사행동을 더 하지 않는다는 의견을 표명하였다. 이것은 사실상 국민혁명군이 장성 이북으로 진출하지 않는다는 것을 일본 측에 통고하는 것이었다. 이에 따라 다나카 총리대신은 기존의 정책대로 장쭤린 정권을 유지하여 만주 내의 '보경안민(保境安民, 경계를 보존하고 민을 안주시킴)'에 전념하고 싶다고 생각하여 '봉칙명령'을 연기한 후, 일체의 행동을 중지시켰다.

그런데 관동군은 5월 18일의 정부 성명(각서)을 장쭤린의 만주 귀환을 거부하는 것으로 해석하고, 진저우로 출동하여 장쭤린의 펑톈군을 무장해제하는 것이 절대적으로 필요하다고 생각하면서 '봉칙명령'을 계속 기다렸다. 그런데 6월 3일에 장쭤린이 스스로 관외로 물러나겠다는 결의를 표명하자 크게 낙담하였다. 관동군 고급참모 고모토 다이사쿠(河本大作) 대좌는 초조한 기다림 끝에 예상과 다른 상황이 닥치자 불만이 충천하여 장쭤린 모살(謀殺)을 감행하기로 결단하였다.

장쭤린 모살을 위해 고모토 대좌는 폭파지점을 장쭤린이 탄 열차가 통과하는 경봉선(京奉線)의 황구툰(皇姑屯)-펑톈 간의 만철선 교차지점을 선택하였다. 이 지역의 수비를 담당하는 독립수비대 제2대대 소속 대위 도미야 가네오(東宮鐵男)에게 폭파 실행을 지휘하게 하였다. 폭파 준비는 조선군에서 온 공병 대대의 중위 사다토시 후지이(桐原貞壽)가 담당했다. 이 외에 베이징, 산하이관 등지의 열차 편성 담당자도 동원되었다. 이 연계 조직에 의해, 1928년 6월 4일 오전 5시 23분, 장쭤린이 탄 열차가 만철 육교 아래에서 정확하게 폭파되었다. 장쭤린은 중상을 입고 펑톈으로 이송되었으나 곧 사망하였다. 장쭤린의 아들 장쉐량(張學良, 1898~2001)은 아버지의 죽음을 안 즉시 직계(直系) 부대를 불러들였다. 이로써 텐진에서 허베이(河北) 사이 그 일대에 남아 있던 즈리·산둥군은 모두 붕괴하였다. 국민혁명군은 6월 7일 베이징에 입성하여, 비록 만주를 남기긴 했지만, 사실상 북벌을 완성하였다.

장쉐량은 6월 18일, 펑톈으로 돌아와 펑톈성(奉天省) 독판(督辦)이 되어 21일에 부친 장쭤린이 그날 사망했다고 공표하였다. 7월 2일 장쉐량은 추대를 받아 동북 3성 보안 총사령에 취임하였다. 그리고 바로 장제스 등에게 전보로 국민회의의 개최를 제안하고, 국가 조직이 완성되면 동북 3성도 이에 복속할 뜻을 밝혔다. 3개월간의 남북 교섭 끝에 동북 3성은 '역치(易幟)' 곧 깃발을 바꾸는 큰 결정을 내렸다. 12월 29일, 동북 3성은 일제히 북양정부의 오색기(五色旗)를 내리고 국민정부의 청천백일만지홍기(青天白日滿地紅旗)를 게양하였다.

일본의 다나카 기이치 총리대신은 장쭤린 폭살 사건이 관동군의

그림 3-2. 장쭤린 폭살 사건의 현장
폭파된 열차와 선로 잔해가 주변에 널려 있다.
출처: 위키미디어 커먼스.

고모토 다이사쿠 대좌 등의 모략공작이라는 진상을 4개월이 지난 시점인 1928년 10월 초에 확인하였다. 다나카는 그때까지 중국의 남북 정치세력이 추진한 '남북타협(南北妥協)'을 방지하는 정책을 세우고 있었다. 중국의 정치적 통일은 일본이 '지나(중국)'를 점유해 들어갈 여지를 그만큼 좁히는 것이었기 때문이다. 관동군 고위 장교에 의해 모살이 이루어졌다는 사실은 그의 '남북타협'의 방지 의욕을 크게 훼손하였다. 다나카는 고뇌 끝에 국제 신의와 법률 질서의 유지, 군기 숙정(肅正)을 위해 관계자를 엄벌에 처하기로 하였다.

같은 해 12월 24일 다나카 기이치 총리대신은 궁중에 들어가 천황을 알현하여, 사실을 알리고 법에 따른 엄중한 처분의 뜻을 밝히면서 추후 육군대신 우가키 가즈시게가 상세한 내용을 상주할 것이라고 아뢰었다. 그런데 육군만 아니라 각료·중신(重臣)이 모두 그의 뜻에 반대하였다. 찬성하는 자는 원로 사이온지 긴모치 1명뿐이었고, 야당도 이 사건을 도각(倒閣)의 꼬투리로 이용하였다. 다나카는 자신의 주장을 철회하기로 생각을 바꾸고 1929년 6월 28일 다시 입궐하여 자신의 건의를 철회한다는 내용의 처리안을 올렸다. 뜻밖에도 천황은 이전과 얘기가 달라진 것에 대해 강한 불만을 표하고 사표를 내라고 하였다. 천황의 불신 발언으로 다나카 내각은 7월 2일 총사직하였다.

장쭤린 폭살 사건이 공작 관계자에 대한 엄중한 처벌보다 내각의 사퇴로 이어진 것은 이후 관동군의 독주를 가져오는 중요한 요인이 되었다. 2년 뒤 1931년 9월 18일 관동군은 류탸오후(柳條湖) 사건을 일으켜 만주 지역에 대한 전면적인 장악에 돌입하였다. 만주 전역 진출은 러일전쟁을 일으킬 때부터 군부의 야망이었으며 다만 국제적인 이목과 견제로 지연되고 있었을 뿐이었다. 이것은 다나카 총리대신이 '남북타협'을 막으려고 했던 것과 본질적으로 차이가 있는 것은 아니었다. 내각을 이끄는 총리대신과 현역 군인 사이에 방법상의 차이가 있을 뿐이었다.

4장

1929년 일본 '단독' 사업 결정과 동방문화학원 창설

1. 동방문화학원 도쿄연구소 창설 경위

1920년대 초반 일본제국은 국제연맹 탄생을 배경으로 국제관계에서 '협조주의'로 나아갔다. 이 무렵 열강의 의화단 배상금 수령 문제도 '협조' 흐름을 탔다. 1917년 10월 '볼셰비키 혁명'으로 로마노프 왕조를 무너트리고 국가 권력을 장악한 소비에트는 제국주의에 반대하고 개인에 대해서뿐 아니라 국가 간에도 평등 이념을 실천한다는 측면에서 배상금 수령을 포기하였다. 미국은 반은 면제, 반은 교육기금으로 돌렸다. 일본은 중일 공동의 연구사업 용도로 돌리되 중국 침략의 발판 확보에 연관시켰다. 중일 양측 대표자들의 회동에서 중국 측이 '지나'라는 용어에 불만을 표하자 일본은 한 걸음 물러서서 중국 측이 요구하는 대로 '동방문화사업'으로 명칭을 바꾸었다.

그러나 1927년 4월 다나카 기이치 내각의 출범과 동시에 산둥반도 출병을 단행함으로써 양국 간의 관계가 극도로 악화하여 '동방문화 사업'은 사실상 파탄에 직면하였다. 이에 일본 정부는 일본만의 단독 사업으로 변경하면서 합의 명칭을 살려 도쿄에 동방문화학원을 세우기로 방침을 정했다.[1]

외무성 문화사업부는 1928년 10월부터 도쿄, 교토의 두 제국대학 교수 30여 명을 발기인으로 하여 동방문화학원 창립 건을 의논하기 시작하였다. 1929년 4월 초에 발기인 일동이 모여 '동방문화학원 설립 취지서', '동방문화학원 규정', '동방문화학원 경비 예산안' 등을 갖추고, 이를 근거로 외무대신에게 사업 조성금의 교부를 출원하여 허가를 받는 형식을 취하였다. 이 기관의 설립에 관해서는 다음 두 건의 자료가 가장 일차적이다.[2]

> (가)「동방문화학원 도쿄연구소 제 규정(東方文化學院東京研究所諸規程)」(1933년 9월, 철필 프린트본)
> (나)『동방문화학원 도쿄연구소 개소식 기사(東方文化學院東京研究所開所式記事)』(1933년 11월 19일, 동방문화학원 도쿄연구소)

(가) 자료는 명칭대로 연구소 운영에 관한 여러 가지 규정을 모은 것이다. (나) 자료에 따르면 연구소가 1933년 11월에 열리기 전 9월에 평의원들이 모여 먼저 규정을 만들었다. 도서 열람 규정, 귀중 도서 열람 규정, 연구 자료 대출 규정, 귀중 연구 자료 대출 규정, 외래 열람자 도서 열람 규정 등에 이어 출근부, 휘장, 문한(門限, 폐문시각), 실내화[履物] 및 우산, 명찰, 연구실의 열쇠 취급 및 호체(戶締, 문단

속), 호출 신호[振鈴], 주식(晝食), 끽연, 변재 시 응급연습(變災時應急演習), 면회자 응접, 상인(商人) 응접 및 출입 상인 주의 사항, 참관, 강연회, 논문 보고회, 간담회, 도서 구입 신청에 관한 수속 등 연구소 생활에 관한 엄격한 규정들이 열거되었다. 전체적으로 연구소는 주요 자료를 소장하거나 활용하는 연구기관으로서 대외적으로 출입에 제한을 두었으며, 일상생활과 관련해서도 엄격한 규칙을 정하였다. 개소 2개월 전에 이러한 규정을 미리 마련했던 것이다.

(나) 자료는 1933년 11월 19일에 거행된 개소식에 관한 기록이다. 첫 대목을 옮기면 다음과 같다.

1929년(쇼와 4) 창립 이래 오래도록 도쿄제국대학 부속도서관의 한쪽[一隅]을 빌려 사업을 수행하여온 동방문화학원 도쿄연구소는 1931년(쇼와 6) 도쿄시 고이시카와구(小石川區) 오쓰카정(大塚町) 56번지 15호의 땅을 골라서 신축에 착수하여 1933년(쇼와 8) 8월 준공을 봄으로써 이곳으로 이전하여 11월 19일을 택하여 개소식을 거행하였다. 개소식 수일을 앞두고 조야 각 방면을 향해 다음과 같은 안내장을 발부하여 당일 내소(來所)의 광영(光榮)을 내려줄 것을 청하였다.

이에 따르면 1933년 9월의 「규정」은 8월에 신축 건물이 준공을 본 직후에 이전을 앞두고 준비된 것이었다. 또한 동방문화학원의 본원 및 도쿄연구소로 사용할 건물은 도쿄시 고이시카와구 오쓰카정 56번지 15호의 대지를 마련하여 신축한 것이었다. 개소식 안내장에는 이 자리가 "전 육군 병기창 자리[元 陸軍兵器廠跡]"라고 소개되어 있으며, 안내장의 발신인은 "동방문화학원 도쿄연구소장 핫토리 우노키치"로 되어 있다. 그리고 오후 1시 반에 열리는 개소식의 차례는 다음과 같이 적혀 있다.

一. 공사 보고
一. 소장 식사(式辭)
一. 외무대신 축사
一. 동방문화학원 교토연구소 소장 축사

첫 번째, 공사 보고는 건물의 설계자인 도쿄제대 공학박사 우치다 요시카즈(內田祥三) 교수가 담당하였다. 그는 1931년 3월에 설계가 완성되어 그해 4월부터 1933년 8월까지 2년 4개월간 건축 공사가 이루어졌다고 하였다. 건축 회사는 입찰에 부쳐 주식회사 오바야시구미(大林組)에 낙찰되었으며, 4월 6일에 계약을 체결하고 부지 내 구 육군 병기창 건물을 해체, 같은 해 6월 22일에 지진제(地鎭祭)를 지내고 공사를 시작하여 고대 일본 건축 양식을 기조로 다음과 같은 건물이 준공되었다고 하였다(보고서는 5면을 할애해 이보다 훨씬 더 자세한 건축용어로 기술되어 있다).

지하층이 있는[地階附] 3층, 연면적 3,012.5평방미터(911.28평)
후방 서고 부분은 4층
수위실[門衛所]: 단층 건물[平家建] 78.15평방미터(23.64평)
중앙 뒷면의 서고: 4층 건물, 연면적 704평방미터(212.96평)
서가 총길이: 약 3,000미터. 1미터당 66책, 약 20만 책 수장 가능

두 번째, 연구소 소장 핫토리 우노키치가 행한 개소 식사이다. 주요 부분을 옮기면 다음과 같다.

우리 정부의 '대(對)지나 문화사업'을 실시하는 초기에 즈음하여 학자 측에서는 제국 내에 지나 문화 연구기관을 설립할 필요를 여러 차례 제창했지만, 정부는 따로 생각하는 것이 있어서 지나국 베이징에 도서관과 인문과학연구소, 상하이에 자연과학연구소를 각각 설립했다. 이를 통제하는 기관으로 베이징에 동방문화사업 총위원회를 설치, 일본과 지나 양국 정부가 임명하는 위원으로 위원회를 조직하고, 두 연구소에서 시행할 연구 사항 등을 정했다. 우리나라 학자가 제국 내에 지나 연구기관의 설립을 창도하는 까닭은 여러 가지 이유가 있다. 하나는 지나의 유력 학자는 일본의 학자와는 달리 정치에 관계하는 자가 많다. 따라서 정국의 잦은 변동이 학자의 진퇴를 좌우하여 정치·경제를 초월해야 하는 문화사업이 정국의 영향을 받게 됨을 고려했다. (그러던 중) 과연 1928년(쇼와 3) 산둥 출병이 있자 베이징의 동방문화사업 총위원회의 지나 측 위원들은 모두 탈퇴를 성명, 이 위원회와의 관계를 단절했다. 이 때문에 베이징 및 상하이 연구소의 사업은 일시에 좌절되었다. 이에 우리 외무성은 (일본)제국 내에 지나 연구기관을 설립해야 한다는 의론을 신중히 거듭 고려해 도쿄, 교토 두 제국대학 및 기타 방면에서 지나 연구자 30여 명이 기획한 동방문화학원에 대한 경비 보조의 내락을 받았다. 이에 1929년(쇼와 4) 4월 초 동방문화학원 발기인 일동이 동방문화학원 설립 취지서, 동방문화학원 규정, 동방문화학원 경비 예산안 등을 갖추어 외무대신에게 사업 조성금의 교부를 출원해 허가를 받았다.

핫토리 우노키치의 식사는 동방문화학원의 설립이 일본 학계의 여망의 결실인 것처럼 말하고 있다. 그러나 그간의 내력에 비춰보면 이것은 온당한 평가라고 하기 어렵다. 그리고 앞서 정부 외무성이 "따로 생각하는" 것이 있어서, 베이징과 상하이에 중국 학자들과의 공동사업을 추진했으나 중국 학자들의 정치적 성향 때문에 실패한 사실을 언급하였다. 이미 살폈듯이 '대지문화사업'은 그 자체가 일본제국의 중국 침략을 위한 발판을 만드는 사업으로, 양국 간의 정치적·군사적 상황에 그 성패가 달려 있었다. 그러니 중국 학자들의 지나친 정치적 성향 탓으로 돌릴 문제가 아니었다. 외무성이 당초에 '대지문화사업'이란 이름으로 추진한 것이 끝내 실패하여 일본 '단독사업'으로 전환된 것이었다. 게다가 일본의 배상금 수령 여부가 국제적으로 문제가 되는 것을 미리 막기 위해 중국 측에서 내놓은 명칭인 '동방문화사업'을 연구기관의 이름으로 취하였다. 「21개조 요구」에 관한 언급이 전혀 보이지 않는 것도 주의할 점이다. 어떻든 '동방'이란 용어는 일본 지식계가 사용하지 않던 것이었다. 핫토리 우노키치의 식사에서 기획에 임한 "도쿄, 교토 두 제국대학 및 기타 방면"의 중국 연구자 30여 명은 뒤에 제시하듯이 두 연구소의 평의원을 지칭한다.

핫토리 우노키치는 이어서 학술 자체에 대한 언급에 비중을 두었다. 즉, 동방문화학원은 밖으로 구미 각국의 진보(발달) 정황을 본보기로 삼고, 안으로는 국내 연구 실제를 살펴 제국 내에서 유력한 지나(중국) 연구기관이 되고자 하는 포부로 설립되어 도쿄 및 교토에 연구소를 열어 널리 연구자들의 협력에 의한 연구가 진행 중이라고 하였다.

그림 4-1. 동방문화학원 도쿄연구소 개소식
1933년 11월 19일에 개최된 연구소 개소식에서 핫토리 우노키치 소장이 식사(式辭)를 하고 있다.
출처: 東方文化學院東京研究所, 1933年 11月 19日, 『東方文化學院東京研究所開所式記事』.

또 연구소 내에 고서(古書)복제사업부를 두어 일본에 있는 지나
문화 관계의 고서 중 유포가 극히 적은 것들을 대상으로, 학계에 도
움이 될 정도를 기준으로 선별하여 복제하는 사업을 중요시한다고
밝혔다. 연구의 발전을 위해 '노성(老成) 학자'와 '소장 학자'가 함께
하는 연구를 지향한다고 밝히고, 연구 범위는 지나(중국) 문화의 대
계를 (1) 철학·윤리학 (2) 문학·언어학사 (3) 법제 및 경제학사
(4) 미술사 (5) 종교사 (6) 정치사 (7) 대외관계사 (8) 인문지리학
(9) 고고학 (10) 천문학을 주로 하는 과학사 등의 10개 부문으로 나
누었다.

연구원 초빙[延聘]은 두 연구소 소속의 평의원회 의논을 거쳐 다

시 본 학원 이사회의 논의에 부쳐 신중한 고사(考査, 심사)로 결정한다고 하였다. 이런 방침을 정하여 1929년도부터 연구원, 조수를 선임하였다며, 연도별 충원 성과를 다음과 같이 밝혔다.

1929년 연구원 6명, 조수 5명, 지도원 2명
1930년 연구원 11명, 조수 8명, 지도원 5명, 촉탁 1명
1931년 연구원 11명, 조수 10명, 지도원 5명, 촉탁 1명
1932년 연구원 12명, 조수 12명, 지도원 6명, 촉탁 1명
1933명 연구원 12명, 조수 15명, 지도원 7명, 촉탁 4명

자료 (나)『동방문화학원 도쿄연구소 개소식 기사』(1933)는 위와 같이 그간의 경위를 자세히 밝혔지만, 발기인을 비롯한 지도원, 연구원, 조수 등의 이름은 밝히지 않았다.

초창기 관계자의 명단은 1948년에 간행된『동방문화학원 20년사(東方文化學院二十年史)』(동방문화학원 발간, 인쇄본)에 다음과 같이 제시되어 있다.

이사장: 핫토리 우노키치(문학박사)
이사: 4명
　　핫토리 우노키치(문학박사), 우노 데쓰토(宇野哲人, 문학박사), 오기노 나카사부로(荻野仲三郎), 다키 세이이치(瀧精一, 문학박사)
평의원: 19명
　　이케우치 히로시(池內宏, 문학박사), 이치무라 산지로(市村瓚次

郎, 문학박사), 이토 주타(伊東忠太, 공학박사), 우노 데쓰토(문학박사), 오기노 나카사부로, 오야나기 시게타(小柳司氣太, 문학박사), 고조 데이키치(古城貞吉), 시오노야 온(鹽谷溫, 문학박사), 시마다 긴이치(島田鈞一), 시라토리 구라키치(문학박사), 스기 에이자부로(衫榮三郎, 법학박사), 세키노 다다시(關野貞, 공학박사), 다키 세이이치(문학박사), 도키와 다이조(常盤大定, 문학박사), 도리이 류조(鳥居龍藏, 문학박사), 나카다 가오루(中田薰, 법학박사), 핫토리 우노키치(문학박사), 하라다 요시토(原田淑人, 문학박사), 야스이 고타로(외무성 관리)

연구원: 9명

이토 주타(공학박사), 가토 시게루(加藤繁, 문학박사), 고조 데이키치, 세키노 다다시(공학박사), 도리이 류조(문학박사), 핫토리 우노키치(문학박사), 하라다 요시토(문학박사), 마쓰모토 에이이치(松本榮一, 문학박사), 오야나기 시게타(문학박사)

조수: 다케시마 다쿠이치(竹島卓一, 건축사), 니이다 노보루(중국법제사), 유키 레이몬(結城令聞, 불교학), 메카다 마코토(目加田誠, 중국 고전문학)

1930~1937년까지 21명 충원(마키노 다쓰미牧野巽, 에가미 나미오, 아베 요시오阿部吉雄 등)

핫토리 우노키치는 개소식 식사에서 연구의 가장 중요한 자산인 장서 구비 현황에 대해서도 언급하였다. 발족한 지 5년 만에 화한(和漢, 일본·중국) 서적 약 6만 4,300책, 양서 곧 서양 서적 약간, 고전, 와당(瓦當), 탁본, 지도 등을 갖추었는데, 화한 서적 중 4만 7,300여

책은 남중국 항저우(杭州) 서호(西湖) 호반에 거주하던 서씨(徐氏) 동해장서루(東海藏書樓)의 장서를 외무성이 교섭하여 산 것이라고 소개하였다. 이것이 당시 연구소 장서의 근간이라고 밝혔다.

셋째, 외무대신 히로타 고키(廣田弘毅)의 축사(쓰보가미 데이지坪上貞二 문화사업부장 대독)는 11행으로 매우 간략하다. 축사는 창설의 주체로서 외무성이 바라는 바를 다음과 같이 밝혔다.

구미 물질문명의 세가 도도하게 세계를 풍미하고 있는 금일 동방 문화의 천명 발양을 도모하는 것은 바로 눈앞[刻下]의 급무라고 믿는다. 이에 연구에 종사하는 여러 선비[士]가 더욱 연찬의 공을 쌓아 그 업적을 들어 동방 문화의 정화를 세계에 선양하고 그리하여 본 연구소 설립의 목적을 달성하게 하기를 희망한다. 이에 개소식에 당하여 조그마한 소회를 진술하여 축사에 대신한다.

이 축사에서 동방 문화를 천명하여 세계에 선양하고 구미 물질문명의 폐단을 이겨낸다는 것은 곧 일본제국의 서양 세계에 대한 도전을 의미하는 것이며, 그것은 궁극적으로 천황이 지배하는 새로운 '동양'의 정신적 목표를 의미하는 것으로 보인다. 이즈음 일본제국의 정치 지도자들은 물질문명 부면에서는 이미 구미를 따라잡은 것으로 생각하고 있었다. 이런 자신감은 10여 년 뒤, 태평양전쟁을 통해 드러나는 구미 열강에 대한 정면 도전의식이 자라고 있었던 것을 느끼게 한다.

끝으로 동방문화학원 교토연구소 소장 가노 나오키의 축사가 실렸다. 그는 동서(도쿄와 교토) 연구소의 관계를 새의 두 날개, 수레의 두 바퀴에 비유하여 협력관계를 강조하고, "얼마 전 교토연구소가 성립하고 지금 도쿄연구소 건립[營造]을 보니 건물 외관[堂宇門廡]의 장려한 재사학실(齋舍學室), 도서 기기가 풍부하여 연구소 인력의 연구에 이바지함이 하나같이 잘 갖추어졌다"며 칭찬하였다. 그리고 "지금부터 그 업적을 세상에 내놓는 것이 더욱 정치하고 더욱 크게 되어 이른바 지나 문화의 연구를 도모하여 일반 문화의 향상에 이바지하는 까닭이 참으로 여기에 있게 될 것"이라고 칭송하였다. 지나 문화 연구가 일반 문화의 향상에 이바지하도록 한다는 것은 중국 문화 자체의 발양을 위한 것이 아니라 고대 이래 일본 문화 속에 들어와 있는 '중화' 문화를 천황가의 황도(皇道)로 세계에 선양한다는 뜻을 담은 것이었다.

개소식 후 강연이 이어져, 연구원 가운데 가토 시게루 문학박사가 「선진(先秦)의 주조화폐(鑄造貨幣)에 대하여」, 이토 주타 공학박사가 「지나건축장식(支那建築裝飾)」을 각각 발표하였다. 그리고 『동방문화학원 도쿄연구소 개소식 기사』 말미에는 행사 당일 진열실에 비치했던 연구소 소장의 고서와 연구소에서 출간한 도서 및 복제 고서의 목록을 실었다. 고서 39점, 간행서 15점, 고서 복제 10점 등의 서명이 수록되었다. 그동안 간행된 연구 논집 『동방학보(東方學報)』는 4책(도쿄 제1책, 제2책, 제3책, 제4책)이라고 밝혔다.

이상에서 소개한 『동방문화학원 도쿄연구소 개소식 기사』는 1933년 11월에 출간되자마자 곧 재판에 들어갔으며, 1938년에 3판, 1939년에 4판이 발행되었다.

2. 동방문화학원 교토연구소의 창설 경위

동방문화학원 도쿄연구소는 본원[본부]을 겸하는 것이므로 그 설립 경위에 관한 기록으로 『동방문화학원 도쿄연구소 개소식 기사』 같은 자료가 생산되었다. 그러나 교토연구소는 본원이 아니어서인지 창설 경위를 밝힌 당대의 자료를 찾기 어렵다. 현재로서는 1979년에 간행된 『인문과학연구소 50년(人文科學研究所50年)』이 창설 당시의 사정을 구체적으로 담은 거의 유일한 자료이다. 1997년에 『교토대학 100년사(京都大學百年史): 부국사편(部局史編) 2』의 「제16장 인문과학연구소 제1절 총기(總記): 연혁(沿革)」과 「제2절 동방문화연구소」 부분에도 초기 상황이 서술되어 있으나, 이것도 『인문과학연구소 50년』에 근거한 것이다. 따라서 『인문과학연구소 50년』의 서술에 근거하여 초기 상황을 살펴보기로 한다.

『인문과학연구소 50년』은 전반, 즉 '창립 전사(前史)'로서 「대지문화사업과 동방문화사업 총위원회」, 「동방문화학원의 창립에 대하여」 2개 절에 걸쳐 '대지문화사업'의 경위를 총괄적으로 서술하고, 후반 「창립기: 동방 문화의 시대」에서 「동방문화학원 교토연구소 창립」, 「신소옥 완성(新所屋完成)」, 「개소 기념식전(開所記念式典)」 등으로 교토연구소의 역사를 다루었다. '창립 전사'의 경우, 앞에서 이미 서술한 것과 대동소이하지만, 더 구체적이거나 전후 관계가 더 명료하게 기술된 부분이 있다. 따라서 중복되는 감이 있더라도 필요한 부분을 옮기고자 한다.

첫째, 운영비에 관한 서술이 명료하다. 연구소 재정이 외무성 소관으로 된 것은 창립 계기가 외무성 소관의 의화단 사건의 배상금을 활용하였기 때문이다. '대지문화사업 특별회계'가 외무성 소관에서 이루어진 것이라고 하고, 금액 관계를 자세히 밝혔다. 1923년 3월에 특별회계법이 공포되었을 때, 일본에 대한 의화단 배상 미상환분(未償還分)으로서 수령하고 있던 중국 국채는 원리(元利)합계로 약 720만 엔(원금 4,470만 엔, 이자 2,740만 엔)이고, 그것에 제1차 세계대전 중에 산둥반도에 대한 독일의 권익 반환으로 획득한 중국 국고 증권 약 2,000만 엔을 합친 것이 특별회계였다. 그 원리상환금 중에서 연간 250만 엔(1926년에 300만 엔으로 증가)으로 '대지문화사업'을 시작했으며, 잔액은 중국 채무 반제(返濟) 후의 사업 계속 자금으로 쌓았다고 한다. 이 서술에서 주목되는 것은 의화단 배상금의 원리합계(약 720만 엔)보다 산둥반도의 독일 권익 반환의 증권액(약 2,000만 엔)이 3배 가까이 더 많다는 점이다.

둘째, 특별회계법 공포 후의 진행에 관한 서술에도 주목할 것이 있다. 1923년 5월에 '대지문화사무국 관제'가 제정되어 사무국장은 외무성 아세아국장이 겸하고, 동시에 외무대신의 자문기관으로서의 '대지문화사업조사회 관제'가 제정되어 29명의 위원이 선임되었다. 이어서 중국과의 절충을 거쳐 1924년 2월, 데부치 가쓰지 아세아국장과 왕룽바오 주일 중국공사 사이에 사업 협정(왕-데부치협정)이 체결되어, 대지문화사업조사회의 제2회 총회에서 "베이징에 도서관과 인문과학연구소, 상하이에 자연과학연구소를 설립하기 위해 1924년(다이쇼 13)에 약 80만 엔을 지출하는 것"을 결의하였다.

이 협정에 근거하여 사업 추진 기구로서 중국 측 위원 11명, 일본 측 10명(결원 1명)으로 '동방문화사업 총위원회'가 발족하였다. 위원장은 중국 측의 커사오민이 선출되었다. 인문과학연구소 설립에서는 베이징위원회(대부분 총위원회 위원 겸임)가 조직된 뒤, 11월에 자연과학연구소 설립을 위해 상하이위원회가 조직되었다. 그런데 이 사업은 일본 측의 의도와는 반대로, 중국 측 여론의 반발을 가져왔다. 앞서 1918년에 외무대신 고토 신페이(後藤新平), 또 1920년에 총리대신 하라 다카시가 의화단 배상 청구권의 반환을 주일 중국대사에게 언명하였다. 그런데 현실적으로는 '대지문화사업'의 사업비를 일본 국가 예산의 일부로 지출하고 있다고 알려졌다. 1924년에 '왕-데부치협정'이 맺어지자 재일 중국 유학생 학회가 먼저 반대하고 나섰다. 이듬해 동방문화사업 총위원회가 성립되자, 중국의 주권을 짓밟는 문화침략이라고 하여 전국의 각 교육단체가 일어나 반대의 소리를 높였다.

이런 반대의 소리를 무시하고, 일본은 베이징의 북양 군벌정부에 중국인 위원을 내게 하고 사업을 밀고 나갔다. 그러나 다나카 기이치 내각이 1927년, 1928년에 산둥 출병을 실행하여 지난 사건이 일어나자 친일적인 위원들도 총위원회에서 철수하여 사업 수행에 장애를 가져오는 사태로 발전하였다. 이런 상황에서 일본 국내에 같은 성격의 연구기관을 설립하자는 의견이 많아 동방문화학원의 창립을 보게 되었다고 하였다. 중국에서 국민당 정부가 전국을 통일하면서 1927년 12월, '왕-데부치협정'을 폐지하고 위원의 퇴출을 명하는 훈령이 발부되어 '대지문화사업'은 일본 단독으로 추진하는 것으로 귀결되었다. 이상의 경위 설명은 앞서 도쿄 본원의 발족 경위에 관한 것보다 전후 관계가 더 명료한 점이 있다. 운영 부분에서 간략하게나마 산둥반도의 독일 권익 반환의 자산이 언급된 것은 드문 기록으로 주목할 만하다.

『인문과학연구소 50년』의 후반 「창립기: 동방 문화의 시대」에서 「동방문화학원 교토연구소 창립」 서술을 살피면 다음과 같다. '대지 문화사업'이 일본 단독으로 귀결된 뒤, 외무성 문화사업부의 오카베 나가카게(岡部長景) 부장은 도쿄제대의 핫토리 우노키치 교수, 교토 제대의 가노 나오키 두 사람에게 관련 상황을 전달하였다. 이들 3인 은 상담 끝에 도쿄와 교토에 각각 연구소를 설립하는 것, 중국인 찬술(纂述)의 고서(古書)로서 중국에서는 일찍이 사라지고 일본에만 전하는 것 가운데 학술 연구에 유익한 것을 복제하는 것, 이의 종합 연구기관으로서 동방문화학원을 설립하는 것 등을 합의한 다음, 학원 규정의 초안과 설립 초기 5년간의 예산안을 작성했다고 한다. 도쿄에서는 핫토리 우노키치를 중심으로 중국의 역사와 문화 연구자 19명이 모여 발기인이 되고, 교토에서는 가노 나오키를 중심으로 교토제대의 중국 문화 연구자 15명을 발기인으로 하여 1928년 10월에 각각 발기인회가 열렸다.

동방문화학원의 본부에 해당하는 '사무소'는 도쿄에 두고, 교토연구소 소장에는 이상의 경위로 가노 나오키를 위촉하고, 그 아래에 소장을 포함한 15명의 발기인이 평의원으로 참여하였다. 창설 당시에는 평의원 15명, 연구원 4명, 조수 4명으로 출발하였다. 그 명단은 다음과 같다.[3]

평의원: 15명
　나이토 도라지로(문학박사, 동양사), 가노 나오키(중국문학), 다카세 다케지로(高瀬武次郎, 문학박사, 중국 철학), 마쓰모토 분자부로(松本文三郎, 문학박사, 불교사), 구와바라 지쓰조(桑原

隋蔵, 문학박사, 동양사), 오가와 다쿠지(小川琢治, 이학박사, 지
리학), 야노 진이치(矢野仁一, 문학박사, 동양사), 신조 신조(新城
新藏, 이학박사, 천체물리학), 이시바시 고로(石橋五郎, 문학, 지
리학), 신무라 이즈루(新村出, 문학박사, 언어학), 스즈키 도라오
(鈴木虎雄, 문학박사, 중국문학), 하마다 고사쿠(濱田耕作, 문학
박사, 고고학), 오지마 스케마(小島祐馬, 문학박사, 중국철학), 하
네다 도루(羽田亨, 문학박사, 동양사), 사와무라 센타로(澤村專太
郎, 불교미술)[4]

연구원: 4명

우메하라 스에지(梅原末治, 고고학), 쓰카모토 젠류(塚本善隆,
불교사학), 노다 주료(能田忠良, 고전문학), 마쓰모토 가사부로
(松本嘉三郎)

조수: 4명

아베 다케오(安部健夫, 중국사), 이세 센이치로(伊勢專一郎, 미술
사), 나가히로 도시오(長廣敏雄, 동양미술사), 모리 시카조(森鹿
三, 동양사)

다음, 「신소옥 완성」에서는 연구소의 건물 확보 경위와 건축에 관
한 소개가 있다. 교토연구소는 설립 초기 교토제대 문학부 진열관(陳
列館)의 1층 동남쪽의 1실을 임시공간으로 사용하였다. 책임자 가노
나오키가 주임(主任)으로, 그 아래에 직원을 8명 두었다. 1930년 11월
에서야 신소옥이 완성되었다. 교토제대의 동북 방향, 기타시라카와
(北白川) 가도의 분양 주택지(총면적 2만 1,000평) 중앙에 1,279평을
매입하여 건물을 지었다.[5] 건물 설계는 교토제대 건축학 교수 다케

다 고이치(武田伍一)가 담당하여 그의 주관 아래 27세의 도우하타 겐조(東畑謙三)가 실무를 맡았다. 건평 1,418평방미터, 지하실부터 지상 4층까지 연건평 2,428평방미터에 달하는 규모였다. 외관은 평의원 하마다 고사쿠가 제안한 "동양식에 로마네스크 양식을 가미한 서유럽풍"의 건물이었다. 도쿄 본원의 전통 일본식 건물과 대조를 이루는 외관이었다.

교토연구소 또한 도쿄연구소와 마찬가지로 중국 연구에 절대적으로 필요한 고서 구입을 필수 과제로 삼았다. 교토연구소는 톈진에 거주하는 30만 권의 장서가로 알려진 타오샹(陶湘, 1871~1940)의 장서 2만 8,000책을 사들여 기초를 만들었다. 1929년 문을 연 해부터 외무성 당국의 자금 지원 아래 베이징 유학 중의 교토제대 교수 구라이시 다케시로(倉石武四郎)가 매입에 나섰다. 이 장서는 청나라 때 저술된 총서 및 전집을 망라한 것이었다. 이 매입 장서들이 새 건물의 층별 서가에 채워졌다.

이후 한적(漢籍) 수집은 이 기본 장서에서 빠진 것을 보완하는 방식으로 이루어졌다. 먼저 청나라 시대 학자들의 업적부터 시작해, 명나라와 그 이전의 구각(舊刻) 선본(善本)으로 거슬러 올라갔다. 또 1932년 3월부터 베이징의 석학을 초청하여, 베이징 지방의 문예, 언어, 풍속 및 청나라 시대의 장고학(掌故學) 등에 관한 강의를 듣고 연구원들이 질의하는 기회도 만들었다.[6] 이런 순수학문적인 활동은 교토연구소 특유의 학풍으로 인식되기도 하지만, 이면에 깔린 정부 차원의 목적과의 관계에서 완전히 자유로운 것은 아니었다.

끝으로 「개소 기념식전」은 '신소옥' 준공 후 1930년 11월 9일에 열린 기념식을 소개하였다. 1933년 11월 19일에 "기타시라카와의 언덕 위 백악(白堊)의 신소옥에서" 거행된 개소식은 본원 도쿄연구소의 개소식보다 3년 먼저 거행되었다. 교토연구소가 도쿄연구소보다 앞선 것은 연구소 부지 선정 문제를 먼저 해결했기 때문인지 모르겠으나 의외다. 개소식에는 동서 양 연구소의 설립에 진력한 도쿄, 교토 양 제국대학의 중국학 관계자, 이에 협력한 인사들이 70명 가까이 참석하였다고 한다. 가노 나오키 소장의 개소식 식사는 끝부분에 다음과 같이 연구소의 학술활동의 의의를 언급하였다.

> 본 연구소에서 연구하는 것은, 순수한 학술적 연구로서 그 외 어떤 목적도 없다. 오직 우리들의 연구가 다행히 쇼와 성대(聖代)의 문운에 대하여 조금이라도 공헌할 수 있고, 세계의 학술 특히 현금 동서에서 현저한 진보를 계속하고 있는 지나(支那) 문화의 연구에 대하여, 무엇인가 보태는 것이 나온다면, 그것이 바로 우리가 본래 마음먹은 것이다. 단, 뜻이 크면서 힘이 모자라서 연구소 설립의 목적에 부응하지 못한다면 그것만은 우려해야 한다. 여기에 이 중대한 사명을 이루기 위해 우리의 노력이 더 절실하고 또 동시에 당국의 원조가 있기를 바라는 바이다.

이 동방문화사업에 관해 정부 당국이나 관련 학계 인사들은 다 같이 '순수한 학술적 연구'를 말한다. 그러나 '쇼와 성대의 문운'이란 표현은 국가주의를 감추지 못한 것이며, 현재 동서에서 이루어지고 있는 '지나 문화 연구'의 '현저한 진보'는 일본제국이 이제 중국을 대신하는 동아시아의 중심 국가가 되어야 한다는 의식을 드러낸 것이다. 앞서 1910년대 이래 중국에 대한 교육, 문화 분야에서 미국이 끼친 현저한 영향에 대한 경쟁적 의식이 반미 성향으로 드러났듯이,[7] 일본제국이 차지할 중국을 포함한 동아시아 역사와 문화에 관한 연구를 서구 열강에 빼앗기지 말아야 한다는 의식이 숨어 있는 것이라고 볼 여지도 있다.

제2부

만주국 건국 후의
'동방학' 변화

5장

1932년 만주국 건국과 대만 · 북지 문화사업

1. 만주국 건국과 '대만문화사업'

1) 1931~1932년 만주사변과 만주국 건국

1929년 미국에서 시작된 대공황이 전 세계 경제를 위태롭게 하였다. 일본제국도 경제 불황을 맞아 극우 군부 세력이 암살과 쿠데타를 일으키면서 내각제 의회 정부를 위협하였다. 일본은 경제 대공황을 극복하기 위해 식민지를 더 많이 확보하고자 침략전쟁 확대의 길을 걸었다. 만주 지역은 자원이 풍부한 곳이지만, 일본제국은 남만주 철도 관리에 필요한 연선 곧 철도 주변 지역에 한정하여 영향력을 행사할 수 있을 뿐이었다. 관동군은 이 제약을 타개하고 만주 전역에 대한 지배권을 확보하기를 바랐다. 관동군 작전주임참모인 이시와라 간지(石原莞爾), 관동군 고급참모 이타가키 세이시로(板垣征四郎), 관동군 사령관 혼조 시게루(本庄繁) 등 세 사람이 '만몽영유계획(滿蒙領有計劃)', 즉 만주와 몽골을 영토로 차지하는 계획을 모의하여 실천에 옮겼다. 일본 정부에 알리지 않은 관동군 단독으로 세운 침략 계획이었다. 1920년대 '국제협조 외교'를 기조로 한 정부의 대외 팽창 정책에 대한 미온적 태도에 대한 반발이었다.

1931년 9월 18일 밤 10시 30분경 관동군은 류탸오후 사건을 일으켜 만주 전역 지배를 목표로 하는 전쟁을 벌였다. 펑톈 근교 류탸오후 근처 만철 소유 건물과 선로를 관동군 스스로 폭파하고 이를 중국 장쉐량 휘하의 동북군(東北軍)의 소행이라고 발표한 다음 전쟁을 개시하였다(만주사변). 관동군은 동북군 영향권을 군사적으로 제압한 후, 각지에 '치안유지회'를 설립하여 위장적인 만주 독립운동을 일으키고, 이듬해 2월에는 '동북행정위원회'가 독립을 선언하게 하였다. 1932년 2월 18일 관동군은 5개월간의 전쟁을 끝내고 3월 1일 만주국¹ 건국을 선언하였다. 청의 마지막 황제였던 선통제(宣統帝, 재위 1908~1912. 아이신교로 푸이)를 영입하여 만주국의 집정(執政) 대동왕(大同王, 재위 1932~1934)이라고 불렀다. 만주에서 일어난 사건을 조사하기 위해 국제연맹에서 파견한 리턴 조사단(Lytton commission)의 도착에 앞서 만주국 건국을 선언한 것이다. 초기의 영역은 랴오닝, 지린, 헤이룽장의 3개 성(省)이었으나, 1년 뒤 '러허 작전'으로 러허성을 더하였다. 당시 일본 내각총리대신 이누카이 쓰요시(犬養毅, 1855~1931)는 관동군의 만주 전역에 대한 침략에 반대하였다. 이누카이 총리대신은 만주에서 일본군을 철수하려는 움직임까지 보였다. 그로 인해 1932년 5월 15일 도쿄에서 청년 해군 장교들이 그를 살해하는 사건이 발생하였다(5·15사건). 관동군의 침략 행위는 멈추지 않았다.

1932년 3월 중화민국은 국제연맹에 제소하여 류탸오후 사건의 진상 조사를 의뢰하였다. 국제연맹은 이에 대해 일본의 동의를 얻은 다음, 리턴 조사단을 현지에 파견하였다. 리턴 조사단은 국제연맹이 국제분규 제재에 나선 최초의 조치였다. 조사단은 3개월간의 조사를 마치고 9월에 보고서를 제출하였다. 일본군의 불법성을 지적하고 모든 것을 원상으로 돌리는 것을 '권유'하였다. 이누카이 총리대신 암살 사건은 이런 상황에서 돌발하였고, 관동군은 물러서지 않았다. 일본제국은 결국 1933년 3월 국제연맹을 탈퇴하였다.

1932년 9월 15일 일본제국과 만주국 사이에 '일만의정서(日滿議定書)'가 체결되었다. 국제연맹이 만주사변과 만주국에 대해 조사에 나선 것에 대한 대응으로 일본이 스스로 세운 괴뢰국가와 일본군의 만주 주둔을 기정사실로 하기 위한 조약이었다. 만주국 건국을 둘러싼 관동군과 일본 정부 간의 갈등 해소가 주요 사안이었다. 이로써 만주국의 정치는 관동군 사령관, 경제는 만철이 각각 담당하였다.

1934년 3월 1일, 일본제국은 만주국을 황제국으로 승격하고, 대동왕을 강덕제(康德帝)로 고쳐 불렀다. 일본은 관동군의 괴뢰국이란 허물을 씻어내고자 만주국을 만주에 거주하는 여러 민족의 이상적인 나라로 선전하였는데, 특히 건국 주동자들은 만주제국을 '오족협화(五族協和)의 왕도낙토(王道樂土)'라고 추어올렸다.[2] 만주족과 몽골족·한족·일본인·조선인의 다섯 민족이 협력해서 가장 이상적인 평화로운 국가를 만든다는 것이다. 대륙 제패를 노리는 침략 행위를 협화(協和)란 당치 않은 이름으로 포장하였다. 동아시아는 서양의 패도(覇道), 즉 제국주의와는 다른 동아시아 협화의 이상을 만주에서 실현한다는 명분을 내세웠다. 일본제국의 황도주의(皇道主義) 제창을 이끈 저널리스트 도쿠토미 소호는 『만주건국독본(滿洲建國讀本)』(1940)에서 다음과 같이 서술하였다.[3]

일본제국이 모든 희생을 무릅쓰고 매진하여 달성한 만주국 건국은 동아 안정의 초석이자, 동아 신질서 건설의 초석이다. 그것은 곧 우리 황도(皇道)의 발양이다. 우리 황도는 구미 제국의 권력 만능의 패도와는 다르다. 황도에는 포용이 있고 정복은 없으며, 초무(招撫)가 있고 배척은 없으며, 제휼(濟恤)은 있고 착취는 없다. 일본에 의한 만주국 건국은 만주의 평화 유지, 만주에서의 모든 민족의 행복 증진, 만주에서의 천연자원 개발, 그 나라를 부강하게 하고, 그 민(民)을 행복하게 하기 위한 것이다. 만주의 평화와 질서, 부원(富源) 개발은 오직 일본의 힘으로 유지, 보지(保持), 개발될 수 있다. 일본은 만주를 가지고 사사로이 하지 않는다. 어디까지나 만주를 동아 신질서 건설의 기초석이 되게 한다. 우리 일본의 황도는 무편(無偏), 무당(無黨)하고, 외외탕탕(巍巍蕩蕩)하여 이른바 광대무변(廣大無邊) 건곤편조(乾坤遍照)의 실(實)을 얻을 수 있게 한다. 만주 강덕제의 환궁[回鑾][4]은 곧 일본의 황도정신인 팔굉일우(八紘一宇, 팔방이 천황의 품으로 들어와 한집이 된다는 뜻: 인용자)의 정신에 포용하여 이루어진 것이란 뜻을 담도록 국무총리 정샤오쉬(鄭孝胥)가[5] 조서(詔書)의 기고를 명받았다.

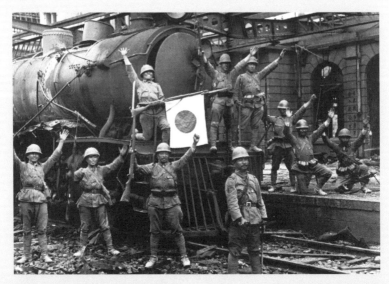

그림 5-1. 펑텐 철도역으로 진입한 관동군
1931년 9월 19일 새벽 일본 관동군이 일방적으로 장쉐량군을 공격해서 펑텐을 장악한 뒤
환호하는 모습이다.
출처: 위키미디어 커먼스.

그림 5-2. 만주국 성립 선전 차량
1932년 2월 28일 '신국가 성립 경축 행사'의 일환으로, 선전 차량이 만주국 국기인
신오색기(新五色旗)를 휘날리며 펑텐 시내를 달리고 있다.
출처: 위키미디어 커먼스.

그림 5-3. 국제연맹에서 파견한 리턴 조사단

1932년 영국의 리턴(맨 앞줄 왼쪽)을 위원장으로 한 조사단은 3개월간 만주를 조사하여
만주사변이 일본의 침략이라고 결론 내리고 중국과 새로운 협정을 체결할 것을 제시하는 내용의
리턴 보고서를 제출하였다.
출처: 국제연합(United Nations).

그림 5-4. 일만의정서 조인

1932년 9월 15일, 일본 측 무토 노부요시(武藤信義) 전권대사(왼쪽)와 정샤오쉬(鄭孝胥) 만주국
총리(오른쪽)가 의정서에 조인하고 있다. 의정서에는 만주에서 일본의 기득권을 확인하고
일본군의 만주 주둔을 인정하는 내용이 포함되어 있다.
출처: 太平洋戰爭硏究會, 1996,『圖說 滿洲帝國』, 文殊社.

2) 군부 폭주 정국 속의 '대만문화사업' 기획

1930년 1월부터 4월까지 열강의 군비를 줄이기 위해 해군 보조함 보유량에 관한 '런던 해군군축회의'가 열렸다. 미국, 영국, 프랑스, 이탈리아, 일본 5개국 대표가 참여하였다. 1922년의 '워싱턴 해군군축회의'의 속편이었다. 영미 양국이 일본에 대해 보조함(순양함, 구축함 등) 톤수에서 다시 차등을 부여하였다. 일본 협상 대표(전 총리대신 와카쓰키 레이지로)는 대미(對美) 총괄 비율 69.75%를 받아들일지 정부에 문의하였다. 하마구치 오사치 내각(1929. 7.~1931. 4.)은 각의를 열어 전권(全權)으로 이를 수락할 것을 회훈(回訓)하였다. 해군 통수부의 반대를 배제한 결정이었다. 런던 해군군축조약은 4월 22일자로 조인되었다. 하마구치 내각의 외무대신 시데하라 기주로의 '국제협조' 외교의 결실이었다.

그러나 하마구치 내각은 곧 반대 측으로부터 심각한 도전을 받았다. 해군 보조함 보유 문제는 곧 천황의 통수권 사항의 하나인 '병력량(兵力量)'의 문제로서, 이는 천황이 통수권을 위임한 해군 군령부의 동의를 받아야 할 사항이라는 지적과 함께, 이를 무시한 것은 곧 통수권 '간범(干犯)' 행위라는 공격이 이어졌다. 1930년 11월 14일 아침, 도쿄 철도역에서 '간범' 문제에 분격한 한 우익 청년이 하마구치 총리대신에게 총격을 가하여 중상을 입혔다(하마구치 총리대신 저격 사건). 총리대신 임시대리가 된 외무대신 시데하라 기주로도 의회의 예산위원회에서 '실언'으로 곤경에 처하였다. 통수권 '간범' 문제는 이후 우익 세력과 군부가 폭주하는 간판 구실을 하였다.

이듬해 1931년 3월에 쿠데타 미수의 3월사건(三月事件), 9월 18일

만주사변, 그리고 10월에 10월사건(긴키錦旗혁명)이 잇따라 발생하였다. 먼저 3월 20일 육군 내 우익 장교들의 단체가 육군대신 우가키 가즈시게를 총리대신으로 추대하고자 쿠데타를 일으키려던 계획이 발각되어 미수에 그친 사건이 3월사건이다. 이는 곧 군부가 국정을 주도하겠다는 움직임이었다. 이 사건은 모의를 주동한 장교들에 대한 징계 대신 시데하라 총리대신 임시대리가 사임하는 것으로 끝났다. 4월에 제2차 와카쓰키 레이지로 내각(1931. 4.~1931. 12.)이 출범하였다. 외무대신 시데하라는 자리를 그대로 지켰다. 우경화 기세는 조금도 꺾이지 않았다.

1931년 9월 18일 밤 류탸오후 사건을 신호로 만주사변이 일어났다. 군부가 정부 모르게 해외에서 전쟁을 일으키는 전대미문의 사태가 벌어졌다. 제2차 와카쓰키 내각은 각의에서 국제연맹과의 관계를 의식하여 9월 24일에 사태의 '불확대', '국지 해결' 방침을 결정하였다. 이 결정에 대한 군부의 불만으로 '10월사건'이 발생하였다. 육군의 일부 중견 간부들이 각의의 방침에 불복하여 군대를 동원하여 도쿄의 요소를 습격하고 총리대신 이하 대신들을 암살하려는 계획을 세웠다. 10월 24일 새벽 결행을 예정한 상태에서 10월 16일에 계획이 누설되어 주모자들이 모두 육군 헌병대에 검거되었다. 만주에서는 만주사변의 전투가 진행 중이었다.

1932년 3월 1일 만주국 건국이 선포되었다. 곧이어 5월 15일 무장한 해군 청년 장교들이 관저(官邸)에 난입하여 총리대신 이누카이 쓰요시를 살해하는 사건 직후에 외무성 문화사업부의 '대만문화사업'이 착수되었다. 이누카이는 호헌운동의 중심 역할을 해온 인물로서 그의 피살은 일본의 정당정치가 돌아오기 어려운 국면으로 깊숙

이 빠져들었음을 의미하였다.

3) '대만문화사업' 방안 수립

1932년 6월 외무성 문화사업부는 '대지(對支)문화사업' 테두리에서 '대만(對滿)문화사업'에 착수하였다. 1915년의 「21개조 요구」에이미 남만주와 동부 몽골 문제가 포함되어 있었으며, 만주국 탄생으로 '대만문화사업'이 '대지문화사업'에서 가장 비중이 큰 사업으로새로이 출범하였다. 1932년 3월 1일 만주국 건국 선언 뒤, 3월 12일일본 정부 각의는 「만몽문제처리방침요강(滿蒙問題處理方針要綱)」(이하 「만몽요강」)을 결정하였다. 만주, 몽골 지역이 '지나 본부 정권'에서 분리 · 독립한 상황에 조응하여 만주국이 국가로서 갖추어야 할문화적 필수조건을 내세운 방침이었다.[6]

외무성 문화사업부는 이 방침에 부응하기 위해 먼저 학자들을 움직였다. 같은 해 4월에 나이토 도라지로(나이토 고난), 야노 진이치 등7명이 연명으로 「건의안」을 외무성에 제출하였다. 외무성 문화사업부가 「만몽요강」에 맞추어 실행 방안을 주문한 것이다. 「건의안」은다음과 같은 내용을 담았다.[7]

첫째, 만몽(滿蒙)은 역사상 지나(支那)와 특수한 관계 아래 발달한 지역이다. 그러므로 이 지방의 문화적 연구는 지나 고유의 그것과 바로동일시할 수 없다.

둘째, 만몽의 주민은 지나 민족과 대개 유(類)를 달리하여, 스스로 고유한 언어 · 풍속 · 습관 등을 가지고 있다.

셋째, 지나는 다년간의 전란으로 질서가 문란하고 기강이 땅에 떨어져 있으므로, 지나를 대신하여 이곳의 동양 문화를 보존하는 것은 만주 신국가의 주요한 직분이다.

「건의안」은 만주를 역사·문화적으로 중국에서 분리하는 것에 역점을 두었다. 새로 건립된 만주국이 독자적으로 역사와 문화를 연구하고 보존하는 임무를 수행하는 것을 고유의 주요 임무로 규정하였다. 세 번째 항에서 "지나를 대신하여 이곳의 동양 문화를 보존하는 것은 만주 신국가의 주요한 직분"이라고 의미심장한 방안을 덧붙였다. 이는 동방문화학원 창설에서 가장 중요시한 목적에 해당하는 것이기도 하다. 대일본제국의 '동양'은 청일전쟁 전후부터 일본 천황이 지배하는 동아시아 세계의 새로운 지칭이었다. 지금까지 중국 중심으로 인식된 동아시아 세계를 일본 중심의 것으로 바꾸는 것을 일본제국은 '국시(國是)'로 삼다시피 하였다. 관동군에 의한 만주국 건국은 그 목표를 향한 큰 발걸음으로 일본 조야의 지지를 받는 상황이었다.

만주국이 인구 구성에 근거하여 만주족, 한족, 일본인, 몽골인, 조선인의 오족협화를 내세운 것은 천황의 지배 아래 하나가 되는 '팔굉위우'를 향한 종족 통합의 지향을 표시한 것이었다. '대만사업'은 '대지사업'에서 파생한 것이지만, 현실적 중요성은 '대만사업'이 '대지사업'을 능가하는 것으로 진행 속도가 빨랐다. 러일전쟁 승리로 뤼순, 다롄에 대륙 진출의 교두보를 만든 후 무려 20년을 기다려 이루어진 큰 발걸음이었다.

문화사업부는 「건의안」을 근거로 1932년 6월에 '대만문화사업'

의 시행을 결정하고 기본방침을 밝혔다. '대지문화사업 특별회계' 자금으로 수행할 사업의 주요 시책으로 다음 4가지가 설정되었다.[8]

(1) 만몽에 관한 인문과학 및 자연과학적 연구 조성

(2) 만주 국립문화연구원, 도서관, 박물관의 설립 원조

(3) 만주국 유학생의 수용

(4) 일만문화협회(日滿文化協會) 결성

「만몽요강」과 「건의안」을 근거로 추진된 '대만문화사업'의 실제는 1934년 12월자로 외무성 문화사업부가 간행한 『문화사업부 사업개요』(이하 '『개요』')에 자세히 보고되어 있다.[9] 이 자료의 「제5장 대만문화사업 제1절 대만문화사업 계획」은 "만주국이 지나국에서 분리되어 한 나라를 형성한 이 새로운 사실로 문화사업부의 사업은 자연히 대지(對支), 대만(對滿) 두 사업으로 분리하여 새로운 정세에 대응하게 되었다"라고 밝히고 있다. 이어 1932년 이후 시행 중인 사업을 다음과 같이 설명해놓았다.

1. 만몽 문화의 연구

(갑) 인문과학

   (가) 만몽 역사에 관한 자료 수집 및 조사

   (나) 만몽 민족의 언어에 관한 자료 수집 및 조사(부: 만몽 언어 사전의 편찬)

   (다) 만몽 민족의 인종학, 토속학에 관한 자료 수집 및 조사

   (라) 만몽 지리에 관한 자료의 수집 및 조사

(마) 만몽 고고학에 관한 자료의 수집 및 조사

(바) 이상의 각종 조사보고의 발표

(을) 자연과학

바로 긴급 긴요하여 상하이자연과학연구소(1931년 4월 20일 개소: 인용자) 등에서 착수할 수 있는 것부터 행한다.

외무성 문화사업부는 만주, 몽골에 관한 문화 연구를 인문과학과 자연과학 둘로 나누었다. 전자에서는 만주와 몽골의 역사, 언어, 인종, 민속, 지리, 고고학 등에 관한 자료 수집과 조사를 수행한다고 하였다. 자연과학 연구는 1931년에 이미 중국 상하이 프랑스 조계지에 설립한 자연과학연구소에서 기존의 연구 대상에 만몽 연구를 추가하여 수행한다고 하였다.[10]

2. 만주 국립문화연구원, 도서관, 박물관 설립 원조

(갑) 문화연구원

만주국에서 문화연구원을 창설하려고 할 때는 가능한 한 이를 원조할 것. 이 연구원은 동양 고유문화의 발양을 주요 임무로 하고 점차 다른 일반 문화에 미친다.

(을) 도서관

만주 국립도서관의 설립을 원조하기 위해 아래 도서의 산일(散逸)을 방지하는 방도를 강구할 것

(가) 장쉐량 관저 소장 서적

(나) 박물관 도서 보존 관리 서적

(다) 펑톈 궁전 내 소장 당안(檔案, 만주 문자로 쓰인 문서: 인용자)

(라) 랴오닝 도서관 보관 서적

(마) 펑톈 소재 사고전서(四庫全書), 『청조실록(淸朝實錄)』 및 사
　　고전서의 복제 실현 방법 고려할 것

(병) 박물관

만주 국립박물관의 성립을 원조하기 위해 현재 박물관 소장품의 보
관과 고금의 만몽 공예품을 수집·보관할 것

　　문화연구원, 도서관, 박물관 등은 근대국가의 요건에 해당한다.
만주국 수립의 주체로서 제국 일본은 외무성 문화사업부가 이 과제
수행을 뒷받침하게 하였다. 여기에 소요되는 모든 경비는 의화단 사
건 배상금과 「21개조 요구」의 권익 자금을 토대로 한 '특별회계'에서
조달되었다. 만주 국립문화연구원의 주요 임무를 "동양 고유문화의
발양"이라고 표현한 것은 일본제국의 대외 팽창정책과 관련하여 주
목할 필요가 있다. 거듭 언급하거니와, '동양'은 1894년 역사교과서
체제 개정에서 일본 천황이 통치할 새로운 동아시아 세계를 지칭하
는 새 용어였다.[11] 그 '동양'의 문화는 결코 지나 곧 중국 문화가 중심
이 될 수 없었다. 조선을 넘어 광대한 만주, 몽골 영토를 차지하여 거
기서 일어난 문화를 일본의 문화에 합하여 새로운 '동양 고유문화'를
만들어가고자 하는 의도를 드러낸 것이다.

3. 인재 양성

(갑) 경찰관: 1932년 시작 계속 사업

(을) 일반 관리 양성: 만주국에서 본방(本邦, 일본: 인용자)으로 유
　　학하는 일반 학생에 대해서는, 만주국 독립 후에도 지나 유학

생과 마찬가지로 보조를 해주고 있는 상황은 이미 기술하였지만, 만주국 당국은 주로 이 나라 관리와 교원으로 충당해 쓸 목적으로 일정한 수의 인원에 한정하여 앞의 일반 유학생 이외에 특별히 학자들이 보조 희망 여부를 신청하게 함으로써 유학생 급여비에 여유가 있는 한, 이 희망을 받아들여 장래 상당수에 대해 보조를 해줄 것

국가 경영에 필수 인력인 경찰과 관리를 양성하기 위해 이들의 일본 유학에 필요한 소요 비용을 외무성 문화사업부가 감당한다는 원칙을 밝힌 내용이다.

4) 1933년 현재 문화사업 실행 상황

1934년 12월에 간행된 일본 외무성 문화사업부의 『개요』는 「제1절 대만문화사업 계획」에 이어 「제2절 1933년도 대만문화사업」에서 이해부터 실행한 문화사업을 구체적으로 소개하였다. 먼저, 앞의 도서관 건립과 관련하여 다음과 같은 사실을 밝혔다.

만주국에서는 장쉐량의 구저(舊邸)를 도서관으로 활용하여, 각지에 흩어져 있는 도서를 모아 보관하고 있다고 하였다. 그리고 이 사업에 대해 만주국이 경비 보조를 신청해와 일본 외무성 문화사업부에서 1932년도에 1만 9,000엔, 1933년도에 1만 5,000엔을 지출한 사실을 밝혔다. 장쉐량의 구저가 동원된 것은 본래 이 건물에 많은 서적이 소장되어 있었기 때문으로 보인다.

이어서 만몽 인문과학 연구에 관해 1933년 4월 대만문화사업 심

사위원회를 설립하여[12] 연구원들의 연구 제목을 받아 연구를 실행하게 되었다고 밝혔다(〈표 5-1〉참조).

〈표 5-1〉에 제시된 연구 과제의 특징은 다음과 같이 파악된다. 첫째, 만주와 동부 몽골 일원의 역사적 주역이던 여진족과 거란족의 역사, 문화, 종교 등에 관한 연구가 본격적으로 시도되었다. 둘째, 이 민족들과 관계가 많았던 조선(한국)과 중국의 기록, 즉 조선의『이조실록(李朝實錄)』(『조선왕조실록』),[13]『비변사등록(備邊司謄錄)』과 명나라의『명실록(明實錄)』등에서 여진 관계 기록을 발췌하는 작업에 착수하였다. 셋째, 러시아에서 나온 만주어 사전과 만주 역사에 관한 성과를 일본어로 번역하는 사업에 대한 지원이 이루어졌다. 그리고 이런 기초적이면서도 중요한 사업에 동방문화학원의 도쿄, 교토 두 연구소의 주요 평의원으로 이케우치 히로시, 나이토 도라지로(나이토 고난), 하네다 도루, 신무라 이즈루, 하라다 요시토, 야노 진이치 등이 초청되었다. 이들은 물론 이 분야 전공자로서 심지어 지도원으로 복수의 연구 과제를 담당하고 있다.

1929년에 창설된 동방문화학원 쪽에서도 1931년부터 연구 성과를 학보를 통해 발표하기 시작하였다. 〈표 5-1〉에서 볼 수 있듯이 1933년 대만문화사업심사위원회에 제출된 만몽에 관한 연구 과제는 사업 연수를 거의 동일하게 맞추어 추진된 것이다. 연구 지도원들 가운데 '대만문화사업'에 관계하고 있어 동방문화학원의 '대지문화사업' 연구에는 전혀 관계하지 못한 경우도 보인다. 일례로 나이토 도라지로는 1934년 발족한 일만문화협회의 상임이사로 선임되어 이른바 교토학파(京都學派)의 리더 격이면서도 '대지문화사업'의 연구 과제에서는 이름조차 찾아볼 수 없다. '대만문화사업'은 '대지문화사

표 5-1. 1933년도 대만문화사업 연구 일람

순번	연구 제목	연구 인력	사업 연수
(1)	요(遼)·금(金) 시대의 거란 민족의 역사적 연구	(지)이케우치 히로시(池內宏) (연)미카미 쓰기오(三上次男)	3개년
(2)	『이조실록』 초록	(지)이케우치 히로시 (연)하타다 다카시(旗田巍)	3개년
(3)	만몽에서의 민족 및 종교 연구	(연)스에마쓰 지조(末松知城)	
(4)	거란 민족 연구	(지)나이토 도라지로(內藤虎次郎) (지)하네다 도루(羽田亨) (연)아키사다 지쓰조(秋貞實造) (조)오가와 히로토(小川裕人)	3개년
(5)	여진 민족 연구	(지)하네다 도루 (지)나이토 도라지로 (연)와카시로 구지로(若城久治郎) (조)도야마 군지(外山軍治)	3개년
(6)	『명실록』 초록	(지)나이토 도라지로 (연)미타무라 다이스케(三田村泰助)	3개년
(7)	『만로사전(滿露辭典)』 (사하로프 지음)의 화역(和譯) 및 보정(補定)에 기초한 『만일사전(滿日辭典)』 편찬	(지)신무라 이즈루(新村出) (연)모리야 히사시(守屋長)	3개년
(8)	『비변사등록』 중 만몽에 관한 사항 발췌	(지)오타니 가쓰마(大谷勝眞)	3개년
(9)	지린성(吉林省) 동경성(東京城) 및 그 부근의 고고학적 조사	(연)하라다 요시토(原田淑人) (조)고마이 가즈치카(駒井和愛) (조)미즈노 세이이치(水野精一) (연)이케우치 히로시 (객)시마야마 기이치(島山喜一) (조)도야마 군지 (서)시마무라 고자부로(島村孝三郎)	3개년
(10)	『만주에서의 러시아』(로마노프 지음), 『우이츠디 백(伯) 기록국의 사료에 의한 일로 (日露)전쟁 서설』(그린스키 지음) 일본어 역	(연)야노 진이치(矢野仁一)	1개년

※ (지)-지도원, (연)-연구원, (조)-조수, (객)-객원, (서)-서무.

업'보다 순위가 더 앞서는 면도 없지 않았다. 이 점은 후술하듯이 동방문화학원에서 발간한 『동방학보』의 휘보(彙報)에 소개된 연구원 활동에서 만몽 지역 조사가 높은 비중을 차지하는 것을 통해서도 살필 수 있다.

『개요』는 앞의 〈표 5-1〉에서 (9)의 사업에 대해 다음과 같이 상세한 설명을 붙였다. 즉, 동경성(東京城, 구 발해국)과 그 부근 조사를 위해 도쿄제대 문학부 조교수 하라다 요시토 외 11명으로 조사단을 조직하고, 제1회 조사를 위해 1933년 5월 15일 도쿄에서 출발하여 현지에 도착, 동경성 유적을 발굴조사하여 '다대(多大)한' 성적을 거두고 6월 26일 동경성을 떠나 귀경하였다고 밝혔다. 이 사업에는 서무를 두기까지 하였다.

또 〈표 5-1〉의 사업들과는 별개로 1932년부터 2개년 사업으로 문학박사 시라토리 구라키치 교수의 지도로 '만주를 중심으로 하는 극동사관(極東史觀)'에 관한 편찬사업에 착수하였다고 밝혔다.[14] 1969~1971년에 간행된 시라토리 구라키치의 전집(『시라토리 구라키치 전집』 전10권, 이와나미쇼텐, 1971)에서는 그의 역사 연구 분야를 '조선사 연구(朝鮮史研究)', '새외 민족사 연구(塞外民族史研究)', '서역사 연구(西域史研究)' 셋으로 분류하였다. 그런데 초기 연구 과제 이름이 만주를 중심으로 하는 '극동사관'이었다면, 구라키치의 세 지역의 역사 연구는 일통(一統) 곧 천황제 중심의 사관 정립을 목표로 하였다는 것을 의미한다. 이 사업은 〈표 5-1〉의 10개 연구사업이 1933년 4월 대만문화사업 심사위원회의 심사를 받아 시작한 것에 앞서 1932년부터 2개년 사업으로 설정된 것도 주목된다. 요컨대 '대지문화사업'은 천황이 지배하는 새로운 동아시아 세계 건설이란 천황제 국가주의의 목표를 이루기 위해 러일전쟁 승리 후 최대 호기로 발주되고 있었던 것이 확실하다.

『개요』에서 '1933년도 대만문화사업' 중 자연과학 분야는 다음 과제를 지원했다고 밝혀놓았다. 즉, 외무성 문화사업부의 지원으로 와세다대학(早稻田大學) 교수인 이학·공학박사 도쿠나가 시게야스(德永重康)를 단장으로 하는 '만몽학술조사연구단'이 조직되어 전문학자 14명과 측량기사, 의사, 통역, 경비원, 기타 60여 명이 러허성과 그 주변 지방에 대한 자연과학 조사를 전개했다. 조사연구단은 1933년 7월 23일 도쿄를 출발하여 러허성 베이퍄오(北票)를 기점으로 하여, 링위안(淩源), 핑취안(平泉), 청더(承德), 츠펑(赤峯), 우단청(烏丹城), 젠핑(建平), 차오양(朝陽) 등지에서 발굴, 채집, 측량 등을 하여 '다대한' 수확을 얻었다고 보고하였다. 조사연구단은 현지에서 조사를 마친 다음 10월 22일 도쿄로 돌아왔는데, 외무성 문화사업부는 이 조사연구단에 대하여 금 5만 엔을 보조하였다고 밝혔다.[15]

5) '일만문화협회' 결성

일본 외무성 문화사업부는 1933년 6월 이후 '대만문화사업'을 본격적으로 시행하면서 10월에 동방문화학원의 핫토리 우노키치 원장 등 전문가 7명을 만주국에 파견하였다. 만주국에서 문화사업을 추진하는 주체로 '일만문화협회'를 설립하는 것이 목적이었다.[16] 외무성 문화사업부의 『개요』는 「제3절 일만문화협회」에서 다음과 같이 그 경위를 자세히 밝혔다.

외무성 문화사업부는 '대만문화사업' 실행에서 1932년부터 일만

양국 학자의 회동 협의를 기획하였다. 이에 만주국 측에서 1933년 9월 학자 뤄전위(羅振玉),[17] 은행가 룽허우(榮厚) 등이 제휴를 창도하는 형식을 빌려,[18] 국무총리 정샤오쉬가 일본대사 히시카리 다카시(菱刈隆)를 통해 곧 개최할 '만주문화위원회'에 참석할 일본 측 학자로 동방문화학원 핫토리 우노키치 원장 외 5명을 초청하였다. 이에 외무성 문화사업부는 동방문화학원 측과 협의하여 핫토리 우노키치 원장 외에 교토제대 명예교수인 문학박사 나이토 도라지로, 도쿄제대 교수 이케우치 히로시, 교토제대 교수 하마다 고사쿠, 하네다 도루 등 4명과 제실박물관(帝室博物館) 감사관 미조구치 데이지로(溝口禎次郎), 연락원으로 지나학 연구가 미즈노 바이교(水野梅曉) 등 총 7명을 파견하였다.

1933년 10월 17일부터 3일간 만주국 수도 신징(新京, 지금의 창춘)에서 일만 양국 학자가 회합하여 협의회를 개최한 결과, 양국 학자 협동의 '일만문화협회'를 조직하기로 하고 다음과 같이 임원을 선출하였다.

○ **일본 측 평의원**

이치무라 산지로, 이토 주타, 이케우치 히로시(이사), 핫토리 우노키치(이사), 하네다 도루(이사), 하마다 고사쿠, 하라다 요시토, 자작(子爵) 오카베 나가카게(부회장), 오가와 다쿠지, 가노 나오키(이사), 나이토 도라지로(상임이사), 야노 진이치, 미조구치 데이지로, 미즈노 바이교(이사), 시라토리 구라키치(이사), 신무라 이즈루(이사), 세키노 다다시
(이상 17명)

○ 만주 측 평의원

순친왕(醇親王, 총재, 대동왕 부친), 정샤오쉬(회장), 바오시(寶熙, 부회장), 뤄전위(상임이사), 룽허우(이사), 딩스위안(丁士源, 이사), 쉬루펀(許汝棻, 이사), 왕지례(王季烈, 이사), 진위푸(金毓紱, 이사), 니시야마 마사이(西山政猪, 이사), 위안진카이(袁金鎧), 짱스이(藏式毅), 시차(熙洽), 우팅셰(吳廷燮), 원쑤(溫肅), 칸둬(闞鐸, 사망), 장옌허우(張延厚), 자오루모(趙汝模), 쩡커(曾恪), 위안리준(袁勵準), 황윈중(黃允中), 천쩡쥐(陳曾矩), 이리춘(伊里春), 우사미 가쓰오(宇佐美勝夫), 쓰쿠시 구마시치(筑紫熊七), 다나베 하루미치(田邊治通), 엔도 류사쿠(遠藤柳作)

(이상 27명, 일본인 4명 포함)

부(附): 스기무라 유조(杉村勇造, 상무 주사), 런쭈안(任祖安, 주사)

'일만문화협회'는 만주국 측에서는 '만일문화협회(滿日文化協會)'라고 불렀다. 일만 양국 상호협조체제라고 하나 사업 수행의 중심은 일본 외무성 문화사업부였다. 만주국에서도 업무의 중심은 만주국 주재 일본대사관이었다.[19] 만주제국은행 총재 룽허우가 이사로 참여한 것은 자금의 현지 운용과 관련된 것으로 보인다. '일만문화협회'의 발족에 대해 중국의 교육·문화계는 격하게 반발하였다. 역사지리학자 펑자성(馮家昇)은 "일본과 위국(僞國, 만주: 인용자)의 일류 야심가들에 의해 조직된 일만문화협회가 동북 지역에 대한 일본의 '문화통치의 첨병' 역할을 하고 있다"고 비난하였다.[20]

6) 만주국 황제의 일본 내방과 '일만문화' 특별 학술행사

1934년 3월 1일 일본제국은 만주국을 황제국으로 승격하고, 대동왕을 강덕제로 호칭을 바꾸었다. 이듬해 1935년(쇼와 10, 강덕 2) 4월 강덕제는 쇼와 천황의 초청으로 일본을 방문하였다. 일본제국으로서는 강덕제 푸이가 '만주국 건국' 기획에 따라준 것이 고마운 일이었다. 1933년 국제연맹을 탈퇴한 일본제국의 입장에서 만몽은 '제국의 생명선' 바로 그것이었다. 동방문화학원도 이를 기념하는 행사 준비로 바빴다.

동방문화학원의 학술지 『동방문화연구』 제6책(1936년 2월 간행)은 휘보 「학원의 현황」 난에 제1회 동방문화학원 강연회를 소개하였다. "만주국 황제 폐하가 (일본을) 방문한 성사(盛事)를 맞아, 외무성과 문부성의 후원을 받아 일만문화협회와 공동주최로 (아래와 같이) 제1회 춘계 강연을 4월 9일부터 30일까지" 개최한다고 밝혔다. 동방문화학원의 제1회 춘계 강연을 만주국 황제의 일본 방문에 맞추어 일만문화협회와 공동행사로 마련한 것이었다.

동방문화학원 도쿄연구소 소장 겸 일만문화협회 평의원 핫토리 우노키치가 '개회사'를 담당하였다. 그는 그동안 동방문화학원은 고서복제사업을 주로 하느라 공개강연회가 늦어져 올해부터 춘추 두 차례 개최하기로 하였는데, 마침 만주국 황제가 일본을 방문하는 성사를 맞이하여 제1회 춘계 강연을 특별히 일만문화협회와 합동으로 개최하게 되었다고 하면서 영광의 뜻을 표하였다. 게다가 강연회는 1회에 그치는 것이 아니라 4월 9일부터 30일까지 3주간 화요일마다 오후 4시 반부터 6시 반까지, 장소는 도쿄제대 법학부 31번 강당에

그림 5-5. 처음으로 방일한 만주국 강덕제

1935년 4월 6일, 만주국 강덕제(가운데 왼쪽)를 쇼와 천황(가운데 오른쪽)이 도쿄역으로 나와 맞이하였다.

출처: 太平洋戰爭研究會, 1996,『圖說 滿洲帝國』, 文殊社.

서 열린다고 하였다.

이어 일만문화협회 부회장인 오카베 나가카게의 강연 '일만문화협회에 대하여'가 소개되었다. 강연문에서 다음과 같은 내용이 주목된다.

만주국 건국 후 우리나라(일본: 인용자)는 만주국 측과 문화제휴 시설의 필요를 느껴, 대동(大同) 2년(1933)에 '일만문화협회'를 설립하였다. 현 만주국 황제 폐하가 아직 집정하기 전 순친왕을 협회의 총재로 영입했다. 이번에 황제 폐하의 내방을 기회로 하여 앞에서 말한 것과 같은 특수한 관계에 있는 본 협회로서는 환영의 성의를 표하여 동방문화학원과 협력하여 이 강연회를 열기에 이르렀다. 본 협회가 관계하는 사업으로서, 『청조실록』 복제, 박물관 설립, 펑톈 도서관 정리,[21] 러허 이궁(離宮) 및 라마(喇嘛) 팔대사(八大寺) 수리 등이 있다. 이 가운데 두세 가지는 이미 만주국 정부에서 착수하였다. 이번에 만주국이 유교(儒敎)로서 국교를 정한 것은 우리가 기쁘고 다행스럽게 생각하는 것으로서, 또 정(鄭) 총리를 비롯한 이 나라 정부는 군부와 아울러 문화 방면의 협력을 얻어, 앞으로 더욱 일만 양국의 정신적 친선을 도모하려고 생각하고 있다. 그러므로 일만 두 나라는 무력(武力)과 경제력의 진전만이 아니라 근저적(根底的)으로 문화의 향상 발전을 기하고자 한다.

오카베 나가카게는 화족 출신으로, 당시 귀족원 의원 자격으로 일만문화협회의 부회장을 맡았다.[22] 이 강연문에는 주의할 점이 몇 가지 있다.

첫째, 사실상 일본 측을 대표하는 그의 신분과 지위이다. 그는 유력 화족 출신으로, 외무성 문화사업부 부장, 궁내성(宮內省) 차관을 거쳐 1935년 현재 귀족원 의원 신분이었다. 이런 경력의 소지자가 일만문화협회 창설과 주요 행사에 직접 일본을 대표한 것은 이전의 학자 중심의 운영과는 다른 모습이다. 천황제 국가주의 창도에 앞장선 언론인 도쿠토미 소호는 제1차 세계대전 중인 1916년에 『다이쇼의 청년과 제국의 전도(大正の青年と帝國の前途)』란 소책자에서 미국의 중국 진출을 경계하는 반미주의를 표방하면서 천황제 일본제국의 장래가 농촌 청년들의 역할에 달렸음을 강조하였다. 1925년 2월에는 비슷한 목적의 소책자 『국민소훈(國民小訓)』을 출간하여 황도주의란 용어로 천황제 국가주의의 국민적 실천을 강조하였다.[23]

도쿠토미 소호는 1933년 10월에 『국민소훈』 증보판을 내면서 서문을 통해 이 소책자에 대한 조야의 반응을 특별히 소개하였다. 1916년에 출간한 『다이쇼의 청년과 제국의 전도』와 함께 이 책이 "미증유의 발행 부수"로 "공전의 기록"을 낼 수 있었던 것에 감사한다고 하고, 1925년 3월 9일 제국호텔에서 가진 출판 기념 축하회 때 구니노미야 구니요시 왕(久邇宮邦彦王, 쇼와 천황의 장인)이[24] 책 출간을 환영하는 뜻으로 '존영(尊詠)' 한 폭을 하사한 "의외의 영광"을 입었다고 밝혔다. 이에 고무받아 증보판에 그 '존영'의 진적(眞蹟) 사진과 함께 메이지, 다이쇼, 쇼와 천황이 각기 내린 칙어(勅語) 1점과 조서(詔書) 3점을 특별히 실었다고 하였다.[25]

　1925년 전후 천황제 국가주의자들은 의회를 중심으로 한 다이쇼 데모크라시의 사조를 누르기 위해 천황가와 황족의 권위를 앞세워 서민 대중의 중심으로서 농촌 청년들의 충성을 충동하여 천황 중심의 국가체제를 도모하였다. 그 영향으로 농촌 출신의 청년 장교들이 쿠데타 성격의 돌발 행동에 나서는 풍조가 일어났다. 이런 사조는 1930년대 후반에 쇼와 천황이 직접 군사 지휘 현장에 나서는 상황을 만들어갔다. 만주국 창설에서부터 일만문화협회 발족, 만주국 황제 초청 등은 황도주의 발양을 목표로 한 일련의 행보였다. 화족 신분의 오카베 나가카게가 일만문화협회 부회장으로서 선두 '강연'에 나선 것은 동방문화학원 개소식에서는 보지 못한 광경이다.

　둘째, 러허의 '이궁'을 주목한 점이다. 러허성의 성도(省都) 청더는 랴오닝성과 베이징-내몽골의 교통로가 교차하는 군사적 요충지이다. 청나라 강희제(康熙帝)는 새외 종족과 민족의 제어를 목적으로 1703년부터 5년간 이곳에 하궁(夏宮)을 건립하고, 1711년에 피서산장(避暑山莊)이란 이름을 하사했다. 건륭제(乾隆帝)는 북편 산기슭에 일렬로 팔대사를 나란히 지었다.[26] 여덟 개의 사찰[八座寺廟]은 모두 티베트와 티베트 불교를 위한 것들이었다. 특히 가운데 위치한 '보타종승지묘(普陀宗乘之廟)'는 티베트 라싸의 포탈라궁[27]을 모방한 것이고, 그 옆의 '수미복수지묘(須彌福壽之廟)'는 티베트 불교 지도자 판첸(班禪) 라마가 거주할 행궁으로 지었다.

'보타종승지묘'는 중국과 티베트의 우호관계, '수미복수지묘'는 티베트 불교에 대한 우대의 표시였다. 건륭제는 70세 만수절(萬壽節) 때 실제로 판첸 라마를 이곳으로 초대하여 성대한 행사를 열었다. 청나라는 중원을 차지한 뒤에도 서쪽 몽골의 중가르부(準部)와 70년간 전쟁을 계속하였다. 몽골 민족은 16세기 무렵 대부분 티베트 불교를 신봉했다. 강희제, 건륭제는 서쪽 중가르부가 불교 신앙을 매개로 티베트와 제휴하여 압박해오는 것을 경계하여 불교 지도자 판첸 라마에 대한 우대의 표시로 대규모 행궁을 지었던 것이다.

일본 육군은 만주국 건국 1년 뒤인 1933년 2월 하순 러허성의 군사적, 문화적 중요성을 직시하여 '러허사변'(2월 21일~3월 1일)을 일으켜 중화민국 군벌 장쉐량에게서 이곳을 빼앗았다. 육군 참모부는 만주사변 때와는 달리 작전 수행에 앞서 쇼와 천황의 재가를 받았다. 러허의 팔대사 유적에 얽힌 여진족의 청나라, 중가르부의 몽골, 불교의 나라 티베트 3자 간의 역사는 천황이 지배하는 새로운 동아시아 세계를 꿈꾸는 제국 일본으로서는 놓칠 수 없는 중대사였다. 군사적 요충이란 점에서 군부가 먼저 움직였지만 뒤따라 동방문화학원, 일만문화협회 학자들이 팔대사 지역에 대한 조사를 거듭하였다. 대표적인 연구자라고 할 세키노 다다시는 조사 후 보고 강연에서, 이곳을 조사하여 잘 정리하면 일본의 명승 닛코(日光)에 못지않은 "시민의 유람소"이자 "세계의 일대 명소 영장(靈場)이 될 것"이라며 큰 관심을 표하였다.[28]

셋째, 만주국이 유교로 국교를 정한 것은 "우리가 기쁘고 다행스럽게 생각하는[欣幸]" 것이라고 한 언급이다. 만주국은 '오족협화의 왕도낙토'를 표어로 내세웠다. 춘계 강연회에서 동방문화학원 도쿄연구소 연구원 오야나기 시게타는 '유교의 정치사상'이란 주제로 만주와 일본 두 제국의 유교적 공통점을 다음과 같이 언급하였다.

> 유교의 성인(聖人)은 도덕상의 모범적 인물인 동시에 인민을 사랑으로 다스리는[愛治] 일국의 최고 주권자이다. 왕도(王道)는 하늘[天]을 공경[敬]하고 백성[民]을 사랑[愛]하는 것이다. 황도(皇道)에서는 신(神) 곧 황조황종(皇祖皇宗, 역대 천황을 뜻함: 인용자)을 존중하고 백성 보기를 갓난아이[赤子] 보듯 한다. 백성 사랑은 양자 공통이지만, 하늘을 공경하는 것과 신을 공경하는 것은 차이가 있다. 송학(宋學)의 철학적 해석 이전에 공자가 하늘을 인격적 신으로 칭하는 것이었다면 우리나라의 신과 같은 성질이다. 이렇게 생각하면 황도와 왕도는 공명(共鳴)할 만한 사상이다. 또 전술하였듯이 군신일체(君臣一體)의 정치가 왕도의 이상이기 때문에 우리나라가 바로 그렇다. 최후로 내가 가장 관심 있는 것은 신흥 만주국이 어떻게 왕도를 실현하는가이다. 만주국과 우리나라는 유교의 왕도로 맺어져야 한다.

이처럼 오야나기 시게타는 강연에서 일본, 만주 두 제국의 유대를 도모하고자 유교의 애민사상을 거론하였다. 서두에서 유교의 성

인을 한 나라의 최고 주권자라고 한 해석부터 의도적인 느낌을 준다. 1890년 메이지 천황의 「교육에 관한 칙어(敎育二關スル勅語)」(이하 '교육칙어」)는 신민의 충성과 효도의 정신을 국체(國體)의 정화(精華)로 규정하고 교육을 통해 이를 함양하기를 당부하고 천황 자신도 이를 지킬 것이라고 하였다. 그런데 1910년대 다이쇼 데모크라시 사조 속에 천황제는 정당정치와 충돌 · 대립하는 양상을 보였다. 그 당시 천황은 국가의 한 기관에 불과할 뿐이라는 이른바 '천황 기관설(機關說)'이 등장한 것이 대표적이다. 이에 대한 대응으로 '천황과 신민'의 관계를 천황과 갓난아이[赤子]의 관계로 바꾸고자 했다.[29] 앞의 오야나기의 발언은 일본제국의 새로운 국체인식을 만주국의 유교 왕도정치와 일체화하려는 요지이다. 그러나 황도와 왕도의 격에 차등을 두는 의식도 드러난다.

1920년대 후반의 새로운 국체관(國體觀)의 정립에는 유시마성당(湯島聖堂) 재건을 위해 설립된 공익재단 '사문회(斯文會)'가 큰 역할을 하였다. 동방문화학원 원장 핫토리 우노키치를 비롯해 동방문화학원, 일만문화협회의 주요 임원 가운데 사문회 관여자가 많았던 것은 우연이 아니다(「부록: 동방문화학원 도쿄 · 교토 연구소 주요 인력 정보 모음」 참조). 만주사변 이후 군부만이 아니라 다수 우익 학생단체의 등장으로 황도주의의 기세가 높아갔다. 동방문화학원, 일만문화협회 등은 이 사조의 중심에 있으며, 쇼와 천황 초청으로 이루어진 만주국 황제의 일본 방문, 요요기 연병장에서의 열병행사는 그 형세를 굳건하게 다지거나 높이는 효과를 보였다.

2. 화북분리정책과 '북지 신사업'

1) 화북 분리를 위한 조사활동: 만철경제조사회의 협력

일본제국은 1932년 만주국 건국으로 중국 본토로 진입하는 발판을 확보하였다. 만주는 자원 공급지이자 경제시장, 군사기지 역할을 하였다. 오래지 않아 제국 정부는 만주를 넘어 중국 본토를 넘보기 시작했다. 일본군과 중국군 사이에는 소규모 전투가 여러 차례 있었다. 1933년 5월 25일 난징 국민정부가 일본제국에 정전을 요청하여 5월 31일 톈진의 외항인 탕구(塘沽)에서 정전협정을 체결하였다. 중국이 크게 양보하여 체결된 협정이었다. 이 협정에는 일본군이 만주국 안쪽으로 철수하고 만리장성 이남에는 비무장지대를 둔다는 조항이 들어 있었다. 이는 만주국이 중국에서 분리되는 것을 난징 국민정부가 인정하는 결과가 되었다. 탕구정전협정은 이후 1937년 중일전쟁이 발발하면서 파기되었다.

1935년 일본 군부 내부에 새로운 기운이 돌았다. 육군의 중앙, 중국 주둔군, 그리고 관동군 안에서 화북 5성(차하르察哈爾, 허베이河北, 산둥山東, 산시山西, 쑤이위안綏遠)을 장제스 정권으로부터 떼어내어 '제2의 만주국'으로 만들어 이 지역의 자원을 개발해 일본을 고도의 국방국가로 건설하려는 움직임이 나타났다. 이해 7월, 중국 주둔군에서 나온 「북지(北支) 신정권의 발생에 동반한 경제개발 지도안」은 그 의도를 명시하였다. 즉, "우선 화북에서 일본군은 신정권 수립을 향하여 나아가고 있다"라고 하면서 다음과 같은 방략을 언급하였다.[30]

즉, 일본은 이 건설 기간에 기회를 포착하여 교통 자원 및 금융 등의 모든 분야에 투자하고, 장래를 위해 확고부동한 권익을 설립함을 중시한다. 그리고 권익을 설정함에 기존 권익의 확장 및 충실을 기하고, 기존 권익은 신정권의 강화와 함께 확대하되 절대로 쇠감(衰減)하지 말아야 하며, 이것들은 국방상 필요한 것부터 시작하여 가능한 빨리 새로운 권익 획득에 매진해야 한다고 하였다. 또 화북의 신정권을 창출하여 이 정권 아래서 국방상의 중요 자원을 될수록 빨리 확보할 필요성이 있다고 하였다. 이와 같은 방략 아래 자원 조사활동이 진행되었다.

관동군, 중국 주둔군, 만주 건국 정부가 일체가 되어 갑, 을, 병이라는 명칭의 조사단이 조직되었다. 군부의 요구로 만철경제조사회(滿鐵經濟調査會) 연구원들이 조사원으로 동원되어 적극적으로 이 작업에 협력하였다. 갑, 을, 병의 촉탁반(囑託班) 구성과 각각의 조사 대상과 활동을 정리하면 아래와 같다.[31]

(1) **갑 촉탁반**: 만주국에서 파견된 연구원들로 구성되었다. '북지(北支) 경제산업개발 및 통제에 관한 제반의 연구조사'를 목적으로 하였으며, 조사원은 총22명이었다. 제1반 통화와 금융, 제2반 재정과 무역, 제3반 정치와 외교, 제4반 산업, 제5반 교통을 각각 담당하였다.

(2) **을 촉탁반**: 만철경제조사회에서 파견된 조사원들이 예비조사로 1935년 5월에 1개월 정도 톈진, 베이핑(北平, 베이징의 이칭), 다퉁(大同), 다위안(大源) 등지를 여행하면서 화북의 실태를 살핀 다음, 10월 1일 만철경제조사회 연구원들로 촉탁반을 편성하였다. 7월에 나온

「북지 신정권의 발생에 수반한 경제개발 지도안」을 토대로 지나(중국) 주둔군이 10월 2일자로 「을 촉탁반 조사 강령」(이하 「강령」)을 정하였다. 「강령」은 "국방상 긴급 개발을 요구하는 필수 자원과 아울러 경제 세력을 확충 강화하는 데 필요한 주요 경제부문의 개발 계획"을 구하여, "일만(日滿) 재정경제의 현재와 미래"에 필요한 자원을 개발하기 위한 구체안을 작성한다. 이 과제를 달성하기 위하여 '을 촉탁반'은 광업, 공업, 철도, 항만, 경제 등의 5개 반으로 나누었다. 총151명의 조사원으로 구성되어 6~9개월씩 조사활동을 폈다. 3개 촉탁반 중에 가장 활동량이 많았다.

(3) **병 촉탁반**: 만철경제조사회에서 파견된 조사원들로 구성되었다. 1935년 7월 3일에 관동군이 만철 부총재 핫타 요시아키(八田嘉明)에게 의뢰하여 조사반을 편성하였다. 처음부터 조사원 5명으로 조사 기간도 3개월로 예정한 소규모 기획이었다. "북지(北支, 북부 중국)가 중지(中支, 중부 중국)로부터 독립한 경우를 전제로 한" 금융, 경제, 세제, 무역 등의 조사를 목표로 하였다. (2)의 '을 촉탁반'이 본격적인 조사를 시작하는 11월에 조사를 완료하고 해산하였다.

2) 화북분리정책 모색과 '북지 신사업' 수립

광대한 만주 땅 구석구석까지 일본의 지배력이 미치는 것은 쉬운 일이 아니었다. 만주에서는 동북항일연군(東北抗日聯軍)을 비롯한 여러 갈래의 항일무장세력이 활동을 하고 있었다. 동북항일연군은 1936년 중국 공산당의 지도로 만주에서 만들어진 항일투쟁 주도 군

사조직으로 중국인과 조선인 등이 민족적으로 연대한 통일전선 성격을 띠었다. 만주에서 활동하고 있는 조선인과 중국인의 유격부대를 공산당의 주도로 통합한 군사조직이었다. 나중에 조선민주주의인민공화국을 주도하는 김일성, 김책, 최현, 최용건, 강건, 김일 등도 이 '연군(聯軍)'에 참여하였다.[32] 이 상황에서 일본군은 동북 4성을 확보하는 데 진력한 다음 화북을 향한 침투공작을 이끌었다.

1935년 일본은 허베이성 동쪽 끝에 인루경(殷汝耕, 1883~1947)을 수반으로 하는 '지둥방공자치정부(冀東防共自治政府)'라는 괴뢰정권을 세웠다. 정치인이자 외교관을 지낸 인루경은 한때 장제스의 국민정부에 속했으나, 중일전쟁 시기에 마찬가지로 원래 국민당이었던 왕징웨이 정권과 함께 일본과 결탁하였다. 일본은 베이징에 기찰정무위원회(冀察政務委員會) 조직을 성립시키는 등 끈질기게 화북을 중국 정권에서 분리하는 공작을 추진하였다. 군부의 이러한 '대화(對華)' 정책은 외무성이 추진해온 '대지문화사업'에도 변화를 가져왔다. 지금까지 '순수학술 연구 중시'를 표방한 기본방침을 시대에 적합하지 않은 것으로 판단하여, 화북 진출이라는 현실적 과제를 뒷받침하는 문화사업으로 근본적인 방향 전환을 모색하였다.[33]

1935년 9월 19일 주중 일본대사관의 와카스기 가나메(若杉要) 참사관(임시대리대사)은 히로타 고키 외무대신에게 「대지문화사업 개선안과 베이핑의 문화사업 진흥에 관한 건」을 올렸다. 건의안은 "문화사업부는 일만지(日滿支) 제휴에 의한 동양평화 확립의 경륜에 기초하여, 정책적 견지에서 지나에서의 (일본) 문화개발, 그리고 일본과 지나 문화의 연계를 목표로 하여 활동하는 방침으로 고쳐야" 하며, 현재 일본의 지나(중국) 연구자들은 지나인과 연락 없이 "전적으로 지나와 유리된 학문 연구"에 빠져 있다고 비판하였다. 그러면서 "이른바 학문의 전당에 안주하여, 현대 지나 개발에 (이바지하는) 어떤 기여도 들지 못했다"라고 통렬한 비판을 가하였다.[34]

1936년 일본 외무성은 이 건의안의 연장선에서 특별회계법을 개정하기로 조치하였다. 세출 제한액 300만 엔에 대해 100만 엔 한도로 하되 이를 초과 사용할 수 있게 하고, 그 증가액으로 화북산업과학연구소(칭다오시 소재, 나중에 베이징으로 옮김), 그리고 일본 근대과학도서관(베이징 및 상하이)을 설립하고, 이 기구들을 외무성 직영 방식으로 운영하는 것으로 하였다. 이를 가리켜 '북지 신사업'이라고 불렀다.[35] 외무성은 이의 착수 의의에 대해 "근래 북지 방면에 양성되고 있는 일지(日支) 경제제휴 촉진 기운에 대해, 이를 문화적 방면으로부터 조장하는 것이 우리 국책상 매우 긴요하고 절실한 조치라고 생각한다"라고 평가하였다. 외무성은 군부가 의도하던 '제2의 만주국' 수립을 목표로 화북분리정책에 만철경제조사회가 동원된 사실을 직시하고 외무성의 문화사업도 이에 이바지하는 쪽으로 방향을 수정하였다.

1936년 9월에 화북산업과학연구소가 "북지나 경제개발의 기초적 조사"를 행하여 "경제개발을 촉진하고 일지의 기술적 제휴에 이바지하는" 것을 목적으로 설립되었다.[36] 구체적으로 농사 개량에 관한 연구조사, 농사 시험장의 경영 외, 광산의 개발, 수리, 목축 등의 조사 및 연구를 실행하는 것을 목표로 삼았다. 당초에 본부는 칭다오에 두었지만, 곧 베이징으로 이전하고, 주로 농사 개량 사업을 중심으로 활동을 전개했다.[37] 후술하듯이 외무성은 이때부터 도쿄연구소와 교토연구소 측에 대해 인문과학뿐만 아니라 사회과학 및 자연과학자들이 반드시 사업에 참여하도록 요구하였다. 한편, 베이징의 근대과학도서관은 "일본에서의 근대 과학 및 산업 발달의 상황"을 중국에 소개하는 것을 목적으로 1936년 말에 개설되고, 열람 업무에 더해 일본어 강좌 개설과 각종 일본 문화 소개 활동을 수행하여 특색을 발휘하였다.[38]

일본 외무성은 1936년 말에 '화북 신사업'을 위해, 특별회계자금의 지출 한도액을 400만 엔으로 확장했다. 그리고 '이익이 있고 확실한[有利且確實]' 자금 운용을 도모하기 위해, 지금까지 행해온 대장성 예금부에 이를 맡겨 국채 구매 외에 화북에서의 산업개발사업에도 직접 투자할 수 있도록 특별회계법 중의 일부를 개정하였다.[39]

6장

1937년 중일전쟁 이후, 외무성 '대지문화사업' 관리체제 변화

1. 중일전쟁 개시와 국가 통제체제 강화

1) 중국의 내분, 국공합작의 추이와 시안 사건

1924년 국민당과 공산당이 제1차 국공합작(國共合作)을 이루어 일본과 결탁한 군벌을 몰아내는 것을 목표로 북벌운동을 추진하였다. 그러나 1927년 4월부터 국민당 장제스가 공산당을 대대적으로 탄압하면서 국공합작이 깨지고 공산당 토벌 작전이 계속 펼쳐졌다. 1932년 난창시 지역에 중국 공산당 임시정부가 수립된 직후부터 국민당은 공산당 세력이 확대되는 것을 우려하여 무려 다섯 차례나 공산당 근거지를 포위하고 토벌 작전을 폈다. 그 결과로 1934년 3월 공산당 세력은 거의 회복 불능 상태에 빠졌다. 이에 중국 공산당은 '장시성(江西省) 소비에트'를 포기할 것을 결정하고 7월에 「북상 항일선언」을 발표했다. 이어 같은 해 10월에 홍군(紅軍)의 주력인 제1방면군(方面軍, 규모 약 10만 명)은 이른바 '대장정(大長征)'에 나섰다. 장시성 근거지를 버리고 서쪽으로 탈주한 것이다. 오랜 기간 국민당 군대의 공격을 피하면서 무려 9,600km라는 여정 끝에 1935년 10월 산시성(陝西省) 옌안(延安)에 도착하였다. 살아남은 공산군은 약 2만 명뿐이었다.[1]

1936년 11월 관동군이 내몽골을 독립시킨다는 명분으로 쑤이위안 사건을 일으켰다. 이 지역 몽골인들은 중국으로부터의 독립을 부추기는 관동군의 영향을 받아 반란에 가세했다. 이때 만주의 근거지를 잃고 시안(西安)에 와 있던 동북군의 실력자 장쉐량은 쑤이위안성을 지키던 중국군을 돕기 위해 난징 국민정부의 장제스에게 부대 이동 허락을 요청하였다. 장제스는 이를 허락하지 않고 오히려 공산군 토벌을 요구하였다. 12월 12일 장제스가 공산당 토벌을 독려하기 위해 시안에 도착하자 장쉐량은 그를 연금하고 내전 정지와 항일을 요구하였다. 이것이 세계를 충격에 빠트린 '시안 사건'이다. 학생들을 비롯한 일부에서는 장쉐량을 지지하기도 했지만, 다수의 중국인은 이 사건으로 내전이 일어나면 오히려 일본의 침략에 유리한 정세가 될 것이라고 우려하면서 장제스만이 전국의 무력을 통솔할 수 있으니 그를 죽여서는 안 된다고 생각하였다. 이 상황에서 중국 공산당 중앙동북군 공작위원회 서기로서 동북군 통일전선 공작의 책임자였던 저우언라이(朱恩來)가 장쉐량, 장제스, 공산당 3자의 관계를 타협하는 데 성공하여 장제스는 무사히 풀려났다.[2]

중국의 정세를 지켜보던 일본군은 중국을 공략할 전쟁의 실마리

그림 6-1. 장쉐량(왼쪽)과 장제스(오른쪽)

1930년 가을, 난징 교외에 위치한 쑨원의 묘 중산릉(中山陵)을 참배할 당시의 모습이다.

출처: 太平洋戰爭硏究會, 1996, 『圖說 滿洲帝國』, 文殊社.

를 만들었다. 1937년 7월 7일에 일어난 루거우차오(盧溝橋, 노구교) 사건이 바로 그것으로, 이는 중국 상황에 허를 노린 조작 사건이었다. 일본군은 이 사건을 구실로 7월 28일 화북 지방을 공략함으로써 본격적인 중국 침략전쟁이 시작되었다.

2) 루거우차오 사건과 중일전쟁 발발

1937년 7월 7일 베이징 남단 루거우차오에서 베이징 서쪽 펑타이구(豐臺區)에 주둔하고 있던 일본군과 중국군 사이에 무력 충돌이 발생하였다. 야간 전투 훈련 중이던 일본군 1개 중대의 머리 위로 10여 발의 총탄이 날아온 직후, 일본군 사병 한 명이 행방불명이 되어 일어난 충돌이었다. 이 사병은 용변 중이어서 20분 후에 대오에 복귀하였으나 일본군은 중국군으로부터 사격을 받았고 사병이 납치되었다는 주장을 펴면서 이를 구실로 펑타이에 있는 보병연대 주력을 출동시켰다. 일본군은 연대장 무타구치 렌야(牟田口廉也)[3]의 지시에 따라 7월 8일 아침부터 루거우차오를 수비하고 있던 중국 제29군을 공격하여 하루 만에 다리를 점령하였다. 중국군은 융딩허(永定河)강 우안으로 이동하였다.

이 사건은 잘 알려져 있듯이 일본군이 조작한 사건이었다. 일본군은 만주와 몽골을 차지한 다음에 중국 본토를 향해 진격하는 것이 오랜 염원이었다. 전투는 제한된 국지전이어서 양측은 서둘러 교섭하여 7월 11일 협정 체결로 사건을 덮기로 하였다. 그러나 일본군은 전쟁 유발 구실을 찾고 있었으므로 이를 지키지 않았다. 이날 제1차 고노에 후미마로(近衛文麿) 내각(1937. 6.~1939. 1.)은 일본 본토에서 3개 사단, 만주에서 2개 여단, 조선에서 1개 사단을 각각 화북 지역으로 파견하였다. 고노에 후미마로는 고위 화족 출신으로, 국수주의 성향이 강한 정객이었다. 중국 본토 침략 계획이 본격적으로 실천에 옮겨지기 시작하였다. 이어 일본 참모부는 속전속결 전략 아래 7월 28일 화북 지역에 대한 전면 침공을 개시하였다. 중일전쟁이 본격적으로 시작되었다.

3) '국체명징운동'과 국가주의 통제체제의 질주

1934년 일본에서는 국체명징(國體明徵)운동이 일어났다. 국체명징은 천황이 통치권의 주체라는 것을 명시하고 일본이 천황이 통치하는 국가라는 것을 선언하는 운동이었다.「대일본제국헌법」이 반포되어 헌법학적으로 통치권은 법인인 국가에 있고, 천황은 그 최고기관으로서 내각을 비롯한 다른 기관의 보필을 받으면서 통치권을 행사한다는 '천황 기관설'이 1900년 이래 30여 년 헌법학의 통설이 되어 있었다. 1910년대 이래의 다이쇼 데모크라시도 이 학설을 바탕으로 한 사조였음은 말할 것도 없고, 쇼와 천황 또한 즉위 초기에는 이를 인정한 '공인정당의 학설'이었다. 그런데도 천황제 국가주의를 내세워온 자들은 이 통설을 반대하고 천황 통치권의 신성성, 절대성을 내세워 국체명징운동을 벌였다. 1935년 9월 '천황 기관설'의 대표적 학자인 도쿄제대 법학 교수 미노베 다쓰키치(美濃部達吉, 1873~1948)가 귀족원 의원에서 물러나는 사태가 빚어졌다. 군부와 황도주의자들의 압력 때문이었다.

1937년 3월 30일 일본 문부성은『국체의 본의(國體の本義)』를 완성하고 5월에 이를 배포하였다.[4] 문부성은 '일본은 어떤 나라인가?'를 명확히 밝히기 위해 학자들을 동원하여 강연회를 열던 끝에 군부의 압박까지 가세하자 학제 개혁을 통해 국사, 수신(修身), 독본 등의 교과 개설 방침과 함께『국체의 본의』라는 책자를 만들어 배포하였다. 천황의 역사에 대하여 신칙(神勅)과 만세일계(萬世一系)를 부각하여 '국체명징'의 이론적 의미를 부여하였다. "대일본제국은 만세일계의 천황, 황조(皇祖)의 신칙을 받들어 영원히 이를 통치하여 (후세에)

내린다. 이것이 우리의 만고불역(萬古不易)의 국체이다"라고, 즉 천황이 곧 국체라고 정의하였다. 정부는 이를 배포하여 일본 사회에 확산되던 공산주의와 무정부주의를 부정하고, 민주주의와 자유주의까지도 국체에 맞지 않는 사상임을 분명히 했다. 공산주의, 사회주의 등 사상운동이 일어나는 이유를 개인주의적인 행동 탓으로 돌리면서 통치권의 주체는 오직 국가라고 하여 천황 중심의 전체주의를 재천명하였다.[5] 『국체의 본의』 제정자들은 이러한 학설들은 모두 서양의 국가 학설을 비판 없이 수용한 것에 불과한 것으로서 근거가 없다고 논박하였다.

천황은 이른바 원수, 군주, 주권자, 통치권자에 그치지 않고, 현어신(現御神, 아키쓰미카미)으로서 일본이라는 나라가 세워진 이래 대의에 따라서 이 나라를 지배해온 것이라고 하였다. 메이지유신 이래 일본의 경향을 보건대, 전통정신을 버리고 서양 사상에 몰입하거나, 서양의 학술 이론을 충분히 비판하지 않고 그대로 답습하여 이원적인 사상에 빠지는 경향이 있으므로 이를 극복하기 위해 『국체의 본의』를 제시하는 것이라고 하였다. 중국 주둔군과 관동군은 일본에서의 이러한 천황제 전체주의 강화 분위기를 배경으로 그해 7월 7일 루거우차오 사건을 일으켰다.

1937년 12월에 일어난 '야나이하라 다다오(矢內原忠雄) 사건'은 『국체의 본의』를 공포한 목적을 극명하게 보여주었다. 유럽 유학을 통해 제국주의에 정통한 학자로 자리 잡은 야나이하라는 자신의 저서 『제국주의 아래에서의 타이완(帝國主義下の臺灣)』(1929)에서 메이지 정부의 타이완 식민지화를 비판하였다. 일본제국이 취해온 대외 팽창정책에 대한 학자적 양심에서 우러난 비판이었다. 『국체의 본의』는 이러한 자유주의 사상까지 통제하기 위해 만든 것이었다. 야나이하라는 군부가 루거우차오 사건을 조작하여 중일전쟁을 일으키자『주오코론(中央公論)』9월호에「국가의 이상(理想)」이란 글을 실어 일본의 국가주의를 비판하고 도쿄제대 교수직에서 물러났다.

　『국체의 본의』는 좌익 검거에도 활용되었다. 같은 해 12월 15일에 코민테른이 반파시즘 통일전선을 내세우자 일본의 사회주의 세력이 이에 호응하여 인민전선을 결성하였다. 이에 제국 정부는 노농파(勞農派) 계열의 대학교수, 학자 그룹을 일제히 검거하여 446명이나 구속하였다. 이듬해 2월 1일에 다시 제2차 검거에서 대학교수와 운동가 38명을 추가 구속하였다. 모두 '국체 변혁', '사유재산 부정'을 목적으로 활동하였다고 하여 치안유지법 위반으로 기소하였다. 경제적으로는 1938년 3월에 면사(綿絲)와 가솔린 배급제(깃부세이切符制, 티켓제)[6]가 시행되는 가운데 4월에는 국가총동원법을 공포하여 모든 국력의 국가 관리체제가 선언되었다.

2. 중일전쟁 이후 '대지문화사업'의 변화

1) '제2의 만주국'을 노린 화북분리정책, 대화 문화공작

　1935년부터 일본 군부 안에서 태동한 화북 분리 문제는 차하르성, 쑤이위안성, 허베이성, 산둥성, 산시성 등 5성을 중국에서 분리하여 '제2의 만주국'을 세우는 것을 목표로 하였다. 요시다 쇼인의 '주변국 선점론'의 관점에서 보면 그것은 조선, 만주, 몽골 다음으로 중국 본토 진입의 첫 단계로서 제국의 모든 국력을 집중해 추진해야 할 과제였다. 만철경제조사회의 연구 인력을 동원하여 경제, 자원, 시설 등을 조사하였으며,[7] 그다음에 진행해야 할 일은 정신무장이었다. '국체명징운동'으로 천황 중심의 국가주의 정신세계를 다진 다음 중일전쟁을 일으키고, 기획원(企劃院) 중심의 전시 통제경제체제가 확립된 가운데 학계에 대해서도 천황에 대한 적극적인 기여 요구가 커졌다. 외무성은 중국 현지에서의 '대지(對支)사업의 방향'을 새롭게 규정하여 관련 연구자와 연구기관이 화북 점령지구에서 문화공작을 담당하게 하였다. 즉, '대지문화사업'은 "일본을 맹주로 하는 일만지몽(日滿支蒙)의 제휴를 실현하는 정신적 기초를 조성"하는 것을 새로운 목표로 삼는 것으로 조정되었다.[8]

화북분리정책은 1937년 말 베이핑(베이징)에 '중화민국 임시정부'를 수립하는 형태로 일차적인 성과를 올렸다. 일본 유학 경력을 가진 왕커민(王克敏, 1876~1945, 은행가, 외교관), 탕얼허(湯爾和, 1878~1940, 의학자) 등을 동원하여 친일 괴뢰정권을 세운 것이다.[9] 이어 이 정권에 대한 "문화면에서의 지도, 조성"을 도모했다. 외무성 문화사업부는 다음과 같은 당면 사업을 방침으로 제시했다.[10]

(1) 진료반, 방역반의 파견
(2) 문교, 사상 공작반 파견
(3) 베이징대학을 비롯한 고등교육기관의 재편성
(4) 동아문화협의회(東亞文化協議會) 설립

문화사업부는 대화(對華) 문화공작을 적극적으로 추진하기 위해 특별회계법을 재개정하였다. 세출 한도의 초과 사용액을 100만 엔에서 300만 엔으로 늘리고, 총액도 연 600만 엔까지로 조정하였다. 다른 한편으로 이미 껍데기만 남다시피 한 동방문화사업 총위원회의 중일 공동경영 방침을 완전히 폐기하고, 베이징의 총위원회나 인문과학연구소 등의 부지 건물을 모두 일본 측의 국유재산(대사관 소관)으로 편입하였다.[11] 문화사업의 취지에서 이제 표면적으로나마 중국, 중국인을 위한 것이라는 표현은 찾아볼 수 없게 되었다. 이제는 점령지에 대한 일본의 지배, 통치를 위한 것임을 노골화했다.

2) 1938년 동방문화학원 도쿄·교토 연구소의 분리

1937년 중일전쟁 발발을 계기로 국책 사업으로서의 '대지문화사업'은 큰 변화가 따랐다. 태평양전쟁 직후인 1948년에 간행된 『동방문화학원 20년사』는 이후의 변천을 이렇게 소개하였다.[12]

창립 초기 1929~1933년까지의 사정을 소개한 다음에 "이 동방문화학원은 복합기관의 이름으로, 실제 활동은 그 경영하는 동서 두 연구소 및 고서복제사업에 의해 수행되었는데, 시대의 추이와 두 연구소의 내부 여러 사정에 따라 두 연구소를 분리·독립하기에 이르렀다"라고 하였다. 이어서 1938년 3월 31일, 동방문화학원을 해체하여 도쿄, 교토 두 연구소를 분리·독립함과 동시에 고서복제사업은 폐지하고, 동방문화학원 교토연구소는 '동방문화연구소'라고 칭하고, 도쿄연구소는 '동방문화학원'의 명칭을 계승하게 되었다고 하였다. 이어서 (신)동방문화학원은 도쿄연구소로서, 창설 이래 교토의 동방문화연구소와 함께 외무성 소관이었지만, 1941년 5월부터 흥아원(興亞院)의 소관이 되었고, 이듬해 11월에는 대동아성(大東亞省)의 소관이 되었다가 1945년 9월에 다시 외무성 소관이 되기에 이르렀다고 하였다.

이상의 『동방문화학원 20년사』 소개에 따르면, 동방문화학원의 동서(도쿄, 교토) 연구소는 개소 8년째인 1937년 중일전쟁이 전면전으로 발전하자 이 상황에 대응하기 급급했던 정부의 현실적 판단 아래 연구소의 문헌학적 연구 성과에 대해 더 이상 지원을 받기가 어려워졌다. 이후의 사정에 대해 다른 자료에서는 다음과 같은 경위를 전하고 있다.[13]

일본 외무성은 도쿄와 교토의 연구소에 새로운 연구 방침을 제시하면서 두 연구소와 관계가 깊은 도쿄, 교토 두 제국대학에 종래의 연구를 이관할 수 있을지 타진하였다. 이에 대해 두 연구소는 서로 다른 반응을 보였다고 한다. 도쿄연구소는 도쿄제대 이관을 거부하면서 새로운 '현상 분석적 연구'를 추진하는 방침을 수용하여, '근세 법·정·경제부'를 신설하기로 하였다. 반면, 교토연구소는 고전적 연구를 고집하면서 외무성의 새 방침을 거부, 외무성으로부터 교토제대로 이관을 희망했다고 한다. 외무성은 이런 서로 다른 반응에 1원 2연구소 체제를 유지하기 어렵다고 판단하여, 두 연구소의 분리·독립을 결정하여 1938년 그때까지의 동방문화학원은 해체되어 도쿄연구소는 '(신)동방문화학원', '교토연구소'는 '동방문화연구소'로 개편되었다고 하였다.

그런데 도쿄와 교토의 연구소에 외무성의 새로운 제안이 있던 시기에 문부성 지원의 새로운 연구소로서 교토제대에 인문과학연구소(1939)와 도쿄제대에 동양문화연구소(1941)가 창설된다. 두 제국대학 연구소의 창설 시기에 간격이 있지만, 문부성 지원 사업으로 함께 이루어진 새로운 성과였다. 이 신설 연구소들은 후술하듯이 중일전쟁, 대동아전쟁을 뒷받침하는 국책 연구소로서 순응적 성격이 강했다. 이후 이 신설 연구소들의 활발한 연구 동향과 달리 동방문화학원 해체로 남은 (신)동방문화학원과 동방문화연구소는 명맥 유지에 급급하였다.

제3부

'대동아전쟁'과
'동아학'·'대동아학'

7장
'대동아전쟁'과 흥아원 · 대동아성

1. 중일전쟁, 대동아전쟁과 군국주의 체제 강화

1937년 7월의 루거우차오 사건으로 시작된 중일전쟁은 화북 지역을 넘어 상하이의 중지(中支) 지역으로 확대되었다. 1937년 12월 ~1938년 2월에는 '난징 학살 사건'이 자행되었다. 1938년 11월 3일, 제국 정부는 「동아 신질서 건설 성명」을 발표하여 군사 · 외교적 효과를 기하였다. 즉, 일본, 만주국, 중화민국 3국의 연대를 부르짖는 성명을 내놓은 것이다. '중화민국'은 장제스의 중화민국과의 협상이 결렬됨에 따라 그 대안 세력으로 대두된 난징의 왕징웨이 괴뢰정부를 끌어들였다. 전선이 확대되어 점령 지역이 늘어남에 따라 점령 지역에서의 정무와 개발사업을 통일적으로 지휘하기 위해 전시 비상 정부 운영기구로 1938년 12월 16일 흥아원이 발족하였다.

1939년 3~4월에 '내지' 일본에서는 임금 통제령과 미곡 배급 통제법이 공포되었고, 7월에는 국민징용령을 공포하여 국민을 군수공장에 동원할 수 있게 하였다. 또 같은 해 10월에는 물가에 대한 통제령이 공포되었다. 전시에 경제가 날로 어려워짐에 따라 취해진 비상대책이었다. 유럽에서는 1939년 9월 나치 독일의 폴란드 침공으로 제2차 세계대전이 시작되었다.

대륙 중국에서 전쟁이 계속되는 가운데 몽골 지역에서도 새로운 전선이 형성되었다. 1939년 5월부터 8월까지 몽골, 만주국 국경 지대인 할하(Khalkha)강 유역 노몬한(할힌골)에서 소련군과 몽골군, 관동군과 만주국군 사이에 전투가 벌어졌다(노몬한 사건). 일본제국은 만주사변 전부터 몽골에 대해 청나라로부터의 독립을 지원한다는 명목으로 지도자급 신분층의 자제를 일본에 유학시키는 등 각종 유인책을 동원해 일본의 영향권 아래 두려고 하였다. 독립 지원의 미명이 거짓으로 드러나자 몽골은 소련군과 연합하여 관동군의 진입을 막으려 하였다.[1] 할하강 유역 노몬한 부근은 국경선이 확실치 않아서 분쟁이 자주 발생하였다. 5월 11일 몽골군 기병 70~90명이 할하강을 건너오자 일본군은 이를 불법 월경으로 간주하여 전투가 벌어졌다. 이 전투에서 일본군은 소련군에게 참패하여 소련이 요구하는 대로 할하강을 경계로 만주국과 몽골의 국경선을 획정하였다. 일본 육군으로서는 처음 겪는 패배였고, 소련 적군(赤軍)에 대한 공포심까지 생겼다.

1940년 2월에 전쟁의 열기가 고조되는 와중에 사이토 다카오(齋藤隆夫, 1870~1949) 민주당 의원이 '반군연설(反軍演說)'로 중일전쟁의 처리를 비판하다가 의원직을 상실당하는 일이 발생하였다.[2] 이를 계기로 5월에 강력한 지도 정당을 중심으로 한 '신체제운동'이 시작되었다. 총력동원의 민간조직으로 9명 단위의 인조(隣組, 도나리구미)를 제도화하고,3 10월에는 마침내 모든 정당을 해산하고 군부·관료·정당·우익 등을 망라한 대정익찬회(大政翼贊會)를 발족시켰다.

고노에 후미마로는 1937년 6월에 총리대신이 되어 1939년 1월까지 '거국일치 내각'을 이끌면서 '국가총동원법'(1938. 4.)을 공포하고 11월에 「동아 신질서 건설 성명」을 발표하였다. 그는 고위 화족 출신으로, 군부에 못지않게 황도주의 팽창정책에 앞장섰다. 아버지 고노에 아쓰마로(近衛篤麿)는 아시아주의 제창의 맹주였다.4 고노에 후미마로는 1940년 7월에 다시 총리대신으로 지명되어 제2차 고노에 내각(1940. 7.~1941. 7.)이 출범할 때 대정익찬회를 결성하였다. 같은 해 11월에는 대정익찬회 아래에 '대일본산업보국회(大日本産業報國會)'를 결성하고 노동조합을 모두 해산했다. 1941년 3월에 소학교를 국민학교(國民學校)로 이름을 바꾸고, 같은 달에 '치안유지법'을 개정하였다. 같은 해 7월에 고노에 후미마로는 제2차 내각에 이어 바로 제3차 내각을 구성했는데, 앞서 제2차 내각 중 1940년 9월 북부 프랑스령 인도차이나에, 제3차 내각 출범 직후인 1941년 7월에는 남부 프랑스령 인도차이나에 각각 일본군을 진주시켰다. 이후 8월 27~28일 총리대신 관저에서 '제1회 총력전 궤상(机上, 도상의 뜻: 인용자) 연습 총합 연구회'가 열려 '일미(日米=日美) 전쟁'이 검토되었다. 앞서 1940년 9월 30일 칙령으로 총리대신 직할 연구소로 발족한 총력연구소(總力研究所)는 이 자리에서 미국과의 전쟁은 "일본 필패(必敗)"라고 보고하였다. 10월 14일 각의에서 고노에 총리대신이 미국과의 개전에 소극적 태도를 보이자 육군대신 도조 히데키(東條英機, 1884~

그림 7-1. 대동아전쟁 기념 연설을 하고 있는 도조 히데키
1942년 12월 8일, 도조 히데키 총리대신이 대동아전쟁, 특히 인도네시아와 필리핀에 대한 공세
1주년을 기념하는 연설을 하고 있다.
출처: 위키미디어 커먼스.

1948)가 격한 반응을 보였다. 이 충돌은 제3차 고노에 내각이 총사직
하는 사태로 발전하였고, 후임 총리대신 지명에서 뜻밖에 쇼와 천황
은 육군대신 도조 히데키를 선택하였다.[5]

　도조 히데키 내각(1941. 10.~1944. 7.)은 1941년 10월 출범 후
12월에 증강된 해군력을 믿고 인도차이나 주둔 병력으로 말레이
시아반도를 기습 공격하는 동시에 미국 하와이 진주만을 공습하여
미국을 상대로 한 큰 전쟁을 벌였다. 미국은 이 전쟁을 '태평양전
쟁(Pacific War)'이라고 지칭하는 반면, 일본제국은 '대동아전쟁'이란
이름을 고수하였다. 일본제국의 침략전쟁은 청일전쟁, 러일전쟁에

서 천황이 지배하는 새로운 '동양' 건설을 목표로 하였다. 그 '동양'이 이제 동남아시아로 '남진(南進)'하는 동시에 태평양으로 나아가면서 '대동아'로 바뀌었다. 일본이 미국 캘리포니아, 호주로 가는 것은 대외 팽창정책의 근간이 된 요시다 쇼인의 『유수록』에서 언급하고 있는 주변국 선점 대상의 최종 순서였다. 태평양전쟁기의 황도 파시즘은 천황가 황조황종의 은혜로 세계가 하나 되는 '팔굉위우'의 실현을 위해 '대동아'를 넘어 구미로 향하고 있었다. 그것은 자본주의 경제의 모순 또는 폐단과는 무관한 것이었다.

전선이 중국뿐 아니라 동남아시아, 태평양으로 확대됨에 따라 1943년 12월 학도(學徒)의 출진(出陣) 곧 전선 징발이 시작되고, 이듬해 1944년에는 천황의 군대에 대한 여성의 '자진 봉사'를 내세운 여자정신대(女子挺身隊)가 결성되었다. 여성도 천황의 신성한 제국을 위해 몸을 바쳐야 한다는 '정신대' 제창은 '창씨개명(創氏改名)'으로 천황의 신민이 된 조선 여성을 비롯한 주변 피점령국 여성들을 대상으로 한 비인도적인 '종군 위안부' 징발로 이어졌다.

2. 흥아원의 '동방문화사업' 관장, 점령지 통치 실용주의

1938년 10월 1일 제1차 고노에 후미마로 내각은 '대지원(對支院)'이란 기구를 세워 "지나사변(중일전쟁: 인용자)이 일어난 지나에서 (바로) 처리가 필요한 정치, 문화에 관한 사무" 및 그것에 관한 "여러 정책의 수립에 관한 사무"를 취급하는 '대지(對支) 중앙기관'으로 규

정하였다. 이 '대지원'이 같은 해 12월 16일 흥아원으로 이름을 고쳐 비상 내각체제로 등장하였다.[6]

흥아원의 총재는 내각총리대신이 겸하고, 총재 아래에 부총재 4명과 총무장관, 정무부(政務部), 경제부, 문화부의 각 부장을 두었다. 부총재는 육군대신, 해군대신, 외무대신, 대장대신 등이 겸하였다. 중국 현지 연락기관으로서 화북, 화중, 몽강(蒙彊), 샤먼(廈門) 등지에 연락부를 두었다. 화북 연락부에는 따로 출장소 제도를 두고서 칭다오 총영사관이 그 역할을 하였다. 점령지에서는 군정이 행해졌기 때문에 흥아원의 간부직은 육해군의 장교들이 차지하였다.[7]

흥아원이 설치되면서 결과적으로 외무성의 대지(對支) 곧 중국을 상대로 한 외교 권한이 축소되자 우가키 가즈시게 외무대신이 사임하는 사태가 빚어졌다. 우가키 가즈시게는 1920년대 후반 육군대신으로 '우가키 군축'을 단행하여 성공함으로써 군부에서 여망이 높았다.[8] 1930년대에 황도 군국주의 흐름의 강세 속에서도 화평파(和平派)의 여망을 받으면서 고노에 후미마로 측과 대립이 잦았다. 고노에가 주도한 흥아원이 발족하자 외무대신인 그는 공직에 남아 있을 필요가 없어 사직하였다. 우가키 가즈시게 같은 군부의 주요 인물도 용납하지 않는 시국이 펼쳐지고 있었다.

앞에서 살폈듯이 1937년 중일전쟁이 전면전으로 발전하면서 전시 시국은 지나, 만주, 몽골의 역사·문화적인 연구보다 점령지의 현안에 관한 연구가 더 필요하였다. 이 새로운 과제 대응을 놓고 동방문화학원의 도쿄, 교토 두 연구소는 서로 다른 반응을 보여 1938년 3월, 지금까지의 1원 2연구소 체제를 바꾸어 도쿄, 교토 두 연구소를 각각 분리·독립시켰다. 중일전쟁이 전면전 국면으로 접어들자 9년 역사의 동방문화학원은 해체되어, 도쿄연구소는 '(신)동방문화학원', 교토연구소는 '동방문화연구소'로 각각 이름을 바꾸었다.[9] 이러한 개편은 동방문화학원의 '특별회계' 운용을 중단하고 국고 '일반회계'로 전환하는 것을 전제로 하였기 때문에 '대지문화사업'에서 기원(起源)한 학계의 지나, 만주, 몽골, 서역 등지에 관한 연구의 특별 지원 혜택은 약화 또는 중단되는 것을 의미하였다. 중일전쟁으로 중국 본토 진입이 본격화하고, 또 동남아시아 진출까지 진행되면서 만주, 몽골, 서역 등지에 관한 연구에 중점을 둔 동방문화학원의 문화사업은 이제 시의성 없는 사업이 되고 말았다. 도쿄, 교토 두 제국대학은 문부성과의 관계 속에 새로운 점령지 중국 본토와 동남아시아에 관한 연구를 '동아학(東亞學)', '대동아학(大東亞學)'의 범주로 새롭게 접근하고 있었다.

3. 대동아성 발족과 '동방문화사업'의 실종

고노에 후미마로는 1938년 12월 제1차 내각 당시 동북아시아에 한정한 '동북아 신질서'의 건설을 표방하였다. 이어 1940년 제2차 내각 때 일본, 만주국, 중국과 동남아시아의 일부를 아우르는 '대동아' 건설을 위해 이른바 '대동아공영권'을 기획하였다. 아시아 국가들이 합력하여 구미의 제국주의 지배로부터 자유로워진 가운데 번영과 평화, 자유를 누리는 '공영(共榮)'의 새 국제질서를 만든다는 것이었다. 대동아공영권은 황도 파시즘이 내세우는 '팔굉위우' 곧 세계의 사방(四方)과 사우(四隅)에 모두 천황의 집을 짓는 것을 목표로 하였다. 이는 곧 동북아시아, 동남아시아, 호주 전역의 문화적·경제적 통합을 선전하는 개념으로, 일본제국에 의해 주도되어 서방 세력으로부터 독립된 자급자족의 아시아 각국 블록을 만드는 것을 목표로 내세웠다. 1940년 6월 29일 제2차 고노에 내각의 외무대신 아리타 하치로(有田八郎, 1884~1965)가 "국제정세와 일본의 위치"라는 제목의 라디오 연설을 하면서 처음으로 '대동아공영'이 선언되었다.

1941년 10월 육군대신 도조 히데키는 총리대신 고노에가 대미(對美) 개전에 대해 소극적인 태도를 보이자 이에 불만을 품고 그와 충돌하였다. 그런데 이것이 천황으로부터 조각의 임무를 명받는 '행운'을 가져왔다. 도조 히데키 내각(1941. 10.~1944. 7.)은 출범 직후인 11월부터 전선의 확대에 부응하는 비상 정부 운영기구로 흥아원보다 더 큰 규모의 대동아성(大東亞省)을 발족했다. 흥아원을 포함해 척식성(拓殖省), 대만사무국(對滿事務局), 외무성 동아국(東亞局) 및 남양국(南洋局) 등의 업무가 대동아성으로 통합되었다. 그리고 12월에 미국 하와이 진주만을 공습하여 미국과의 전쟁을 개시하였다. 대동아성의 초대 대신으로는 도조 히데키 내각의 대장대신 출신의 아오키 가즈오(靑木一男, 1889~1982)가 맡았으며, 그 이후로는 외무대신이 겸하는 것으로 하여 시게미쓰 마모루(重光葵, 1887~1957, 외교관), 스즈키 간타로(鈴木貫太郎, 1868~1948, 해군 장성 출신), 도고 시게노리(東鄕茂德, 1882~1950, 외교관) 등이 뒤를 이었다.

미국과의 전쟁은 1942년 6월에 미드웨이 해전에서 패배함으로써 공세에서 수세로 몰렸다. 도조 히데키 총리대신은 1943년 11월 전세가 불리해진 가운데 도쿄의 제국의사당에서 아시아 지역의 수뇌 회의로서 대동아회의(大東亞會議)를 주재하였다. 일본을 비롯해 왕징웨이의 중화민국 난징 (괴뢰)국민정부, 타이 왕국, 만주국, 필리핀, 버마 (미얀마) 등 6개국 대표, 그리고 옵서버로 자유인도 임시정부의 대표가 참석하였다. 회의는 「대동아공동선언(大東亞共同宣言)」 발표로 끝났다. 대동아 각국이 서로 제휴하여 전쟁을 끝내고 대동아 제국(諸國)을 미국, 영국의 수족에서 해방하여 자존자위(自尊自衛)를 확보하여 새로운 '대동아'를 건설하여 세계평화 확립에 이바지한다고 선언하였다. 구체적으로 대동아 각국은 상호협동, 자주독립의 존중, 전통 존중, 긴밀한 제휴, 교류의 심화 등을 통해 공존공영의 질서, 친목 확립, 문화 앙양, 번영 증진, 인종차별 철폐와 문화 교류, 자원 개방 등으로 세계 발전에 공헌한다고 하였다.

하지만 '대동아공영권'의 현실은 이와는 동떨어져 있었다. 1941년 11월에 결정된 「남방점령지행정실시요령(南方占領地行政實施要領)」은 "원주 토민(土民)에 대해서는 황군(皇軍)에 대한 신의(信倚, 신뢰와 의지: 인용자) 관념을 조장하도록 지도하고 그 독립운동은 지나치게 일찍 유발되는 것을 피할 것"이라고 지시하였다. 이처럼 일본제국은 아시아 각국의 독립을 위해 싸운 것이 결코 아니었다. 「남방점령지행정실시요령」은 남방 점령의 목적이 중요 국방 자원의 신속한 획득과 작전군의 자활 확보에 있음을 분명하게 밝혀놓았다.[10] 대동아공영권은 19세기 말 이후 확대되어온 일본제국의 '주변국 선점론'의 최종 목표에 몸을 던지려는 동작에 불과한 것이었다.

대동아성의 발족 아래 동방문화사업은 도쿄, 교토 두 연구소의 분리·독립 상태에서 명맥을 유지하기에 급급하였다. 사실 동방문화사업 출범 당시는 만주, 몽골 지역의 진출을 목표로 하였다. 만주사변, 만주국 건국으로 사업의 목적은 거의 달성한 것이나 마찬가지였다. 화북분리정책이 취해지고, 전선이 중국 본토로 향하면서 '동방문화사업'은 정치적으로 무용해졌다. 1937년 7월 중일전쟁이 시작되어 중국 전역에 걸친 전쟁으로 발전하면서 정부의 학계에 대한 기대는 중국 본토 통치에 관한 것으로 바뀌고 있었다. 교토제대와 도쿄제대에 신설된 두 연구소 곧 인문과학연구소와 동양문화연구소가 각각 내세운 '동아학'과 '대동아학'은 중국 본토와 동남아시아를 포함한 지역에 관한 통치를 모색하는 것이었다.

8장

도쿄·교토 제국대학의
문부성 지원 '동아'·'대동아' 연구

1. 중일전쟁 시기 양국 화평파 동향과 '동아 신질서'

왕징웨이(汪精衛, 1883~1944, 본명 왕자오밍汪兆銘)는 중국 국민당의 일원으로, 1920년대 초 쑨원의 두터운 신뢰를 받던 인물이었다. 그런데 1925년 3월 쑨원이 사망하자 국민당 내에서 그의 지위는 흔들리기 시작했으며 특히 장제스의 거센 도전을 받았다. 왕징웨이는 국민당의 북벌 기간(1926~1928)에 국민당의 지도자로서 중국 공산당 및 코민테른과의 협력관계를 계속 유지할 것을 주장하였다. 1927년 초 장제스 노선에 반대하여 우한에 국민당 정권을 수립하였다. 그러나 왕징웨이 정권은 군사력이 약하여 곧 지방 군벌에 의해 쫓겨나 장제스의 난징정부에 합류하였다. 1930년대 초 왕징웨이가 국민정부의 외교부장 자격으로 독일에 갔을 때, 그는 나치 정권과 동맹관계를 유지하려고 하면서 다시 장제스와 대립하였다. 왕징웨이는 이후 좌파에서 극우 파시스트까지 국민정부의 기반을 다진다는 명분으로 이데올로기를 넘어선 연대정책 수립에 관심을 가졌다.[1] 그의 이런 화평노선은 1938년 12월 22일 일본의 고노에 후미마로 총리대신이 제창한 '동아 신질서'와 맞물려 중일관계를 혼란스럽게 만들었다. 1939년에 신설된 교토제대의 인문과학연구소, 1941년 창설된 도쿄제대 동양문화연구소는 바로 그 '동아 신질서'를 주요한 연구영역으로 취하고 있었다.

1937년 7월 7일 중일전쟁이 발발한 후 장제스는 충칭(重慶)으로 수도를 옮기고 항일전을 계속한 반면, 왕징웨이는 극우파를 조직하여 유럽의 파시스트와 연합하고자 했다. 유럽 파시스트 세력과의 연결 시도는 일본과 평화조약을 맺고 전쟁을 중단한다는 의견을 발표하는 형태로 발전하였다. 그의 '화평운동'은 한 걸음 더 나아가 항일전쟁에 반대하기에 이르렀다. 그는 중국군이 일본군에 밀려 전세가 불리해지자 목소리를 더 높였다. 장제스는 이러한 왕징웨이의 태도를 정치적 도전으로 보았고, 갈수록 두 사람 사이의 알력은 커졌다. 왕징웨이의 화평주의는 중국 본토 점령을 목표로 하는 일본제국 정부가 놓칠 수 없는 호재였다. 일본 정부 측은 이른바 '왕징웨이 공작'을 벌이면서 종전을 앞당길 상황을 모색하였다. 전쟁 종료 후의 상황을 그리는 '동아 신질서'는 일본 언론의 주요한 화두가 되었다. 심지어 도쿄와 교토의 두 제국대학은 이에 관한 학술적 연구를 목표로 새로운 연구소를 설립하였다.

1937년 중일전쟁 발발 후, 중국 민중은 큰 피해를 보았고 국력은 갈수록 약화되어갔다. 이에 왕징웨이는 '반공친일(反共親日)'을 구

그림 8-1. 1942년 도쿄에서 도조 히데키(가운데 왼쪽) 일본 총리대신을 만난 왕징웨이(가운데 오른쪽)

출처: 위키미디어 커먼스.

호로 내세워 화평파의 중심이 되었다. 일본군이 난징을 향해 진격하자 1937년 11월 20일 난징의 국민정부는 충칭으로 수도를 옮기기로 결정했다. 하지만 곧이어 일본군이 국민군의 저항을 물리치고 12월 13일 난징을 점령하였다. 14일 일본군 지도자가 베이징에서 왕커민을 행정위원장으로 하는 또 다른 중화민국 임시정부를 수립하였다. 베이징 정부는 일개 친일 지방정부에 불과하지만, 그 거점이 과거 전통 시대의 수도였던 베이징이라는 점에서 심리적인 효과를 노렸다. 1938년 1월 고노에 후미마로 내각은 "지금부터 장제스 국민정부를 상대하지 않겠다"라고 선언한 뒤(고노에 제1차 성명), 왕커민 정부의 정통성 부여를 도모하였다. 난징 점령 후 전쟁은 쉬저우(徐州) 작전, 우한 작전, 광둥 작전 등이 이어지는 가운데 장기 지구전으로 발전하였다.

1938년 3, 4월 한커우에서 국민당 임시전국대표 대회가 열렸다. 국민당에서 처음으로 총재를 선출하는 대회였다. 총재로 장제스, 부총재로 왕징웨이가 선출되고, '철저 항일'이 선언되었다. 한편, 3월 28일 일본군 점령지인 난징에 량홍즈(梁鴻志, 1882~1946)를 행정원장으로 내세운 친일정권 '중화민국 유신(維新)정부'가 들어섰다. 충칭 국민정부의 임시전국대표 대회에 대한 맞불 작전이었다. 이 무렵에 중일 양국의 '화평파'가 수면 아래서 교섭을 벌였다. 일본 측이 최후까지 대일항전을 하겠다[抗戰到底]는 장제스와는 달리 '중일 친선'을 표방해온 왕징웨이를 회유 대상으로 삼아 '왕징웨이 공작'을 벌이기 시작하였다.

1938년 6월 왕징웨이가 가오쭝우(高宗武, 1905~1994)와 함께 일본으로 가서 일본 육군 참모차장 다다 하야오(多田駿, 1882~1948)를 만났다. 다다는 중일전쟁은 무용하므로 중지하고 소련을 경계해야 한다는 주장을 편 인물이었다. 10월 12일 왕징웨이는 로이터통신에 일본과의 화평 가능성을 시사하였고, 또 11월 13일에 일어난 장제스의 창사(長沙) 지역 초토작전을 비판하여[2] 장제스와의 대립이 격화되었다. 11월 3일 고노에 총리대신이 왕징웨이의 입장 표명에 대한 화답으로 '선린우호, 공동방공(共同防共), 경제제휴'를 원칙으로 내세운 「동아 신질서 건설 성명」을 발표하였다(고노에 제2차 성명). 이는 장제스 정권을 협상 대상으로 하지 않는다는 1월의 '제1차 성명'을 수정한 것이었기에 장제스도 거부하지 않았다. 일본 측은 이를 발판으로 왕징웨이를 더 끌어들이는 공작을 계속하였다.

같은 해 11월에 상하이에서 '중광당회의(重光堂會議)'가 열렸는데,

이때 왕징웨이 측과 일본 육군 참모본부 측 인사가 비밀리에 만났다. 11월 20일, 왕징웨이 측은 고노에 총리대신의 「동아 신질서 건설 성명」을 수용하면서 "중국 측의 만주국 승인이 이루어지면 일본군은 2년 안에 중국에서 철병"한다는 내용을 담은 「일화협의기록(日華協議記錄)」(일명 '중광당밀약')에 서명하였다.[3] 왕징웨이는 크게 고무되어 "쿤밍(昆明)이나 쓰촨성(泗川省) 어느 곳, 곧 일본군 미점령 지역에서 신정부를 수립"한다는 계획을 책정하였다. 그는 장제스의 적극 항일 노선과는 달리 전쟁이 이대로 장기화하면 반드시 망국에 이른다는 판단에 흔들림이 없었다. 왕징웨이는 일본을 굳게 믿었다. 그런데 일본 정부는 한 달도 되지 않아 12월 16일 중국 내 점령지의 효과적 통치를 위해 내각을 대신하는 흥아원을 발족하였다. 점령지에 대한 대책을 효율적으로 처리해나가기 위한 군국기무(軍國機務) 대처 방안이었다. 왕징웨이는 이 사실을 전혀 모른 듯 12월 18일 충칭 '탈출'을 결행하여 측근 5명을 대동하고 새 정부 수립을 위해 쿤밍으로 갔다. 그는 장제스에게 "군(君)은 안이한 길을 가고, 나는 고난의 길을 간다"라는 내용의 편지까지 남겼다.

왕징웨이는 쿤밍에서 윈난성(雲南省) 정부의 주석 룽윈(龍雲, 1884~1962)을 만나 '중광당회의'의 약속을 전하였다. 룽윈도 왕징웨이의 화평공작에 큰 기대를 표하였다. 12월 20일, 왕징웨이는 일본군 점령지인 상하이로 가기 위해 '탈출 인원' 총44명을 대동하고 하노이로 향하였다. 그러나 그는 곧 중국의 군사 실력자들이 아무도 호응하지 않는 상황에 직면하였다. 12월 22일 왕징웨이의 '탈출'에 대한 응답으로 고노에 총리대신의 제3차 성명이 나왔다. 그 내용은 '선린우호, 공동방공, 경제제휴' 세 가지로, '중광당밀약'의 핵심인 '2년 내

일본군의 철병'에 대한 언급은 빠졌다. 왕징웨이는 크게 실망하였다. 12월 29일 왕징웨이는 일본 정부에 '화평, 반공, 구국'을 호소하면서 "가장 중요한 점은 일본 군대가 모두 중국에서 철수하는 것으로, 이는 전면적으로 신속히 이루어져야 한다"고 촉구하였다. 충칭의 장제스 정권은 왕징웨이를 국민당에서 영구 제명하였다.

1939년 1월 고노에 총리대신이 돌연 사임하고, 히라누마 기이치로(平沼騏一郎) 내각(1939. 1. 5.~8. 30.)이 들어섰다. 왕징웨이의 구상은 완전히 좌절되었다. 왕징웨이는 일본을 거쳐 상하이로 갔다. 국제 정세는 갈수록 위기로 치달았다. 5월에 몽골 지역에서 일본과 소련의 충돌로 '노몬한 사건'이 일어나고, 7월에는 미국이 '미일통상항해조약'의 폐기를 일본에 통고하였다. 8월에는 독일이 '독소불가침조약'을 맺고, 곧이어 9월에 폴란드를 침공하여 제2차 세계대전이 시작되었다. 일본이 중국과 화평체제를 구축한다는 것은 이제 믿기 어려운 일이 되었다. 그래도 왕징웨이는 미련을 버리지 못하였다.

1939년 8월 28일 그는 국민당의 법통 계승을 주장하기 위해 상하이에서 '제6차 국민당 전국대회'를 개최하였다. 당 이름을 '순정(純正) 국민당'이라고 하고, 중앙집행위원회 주석에 취임하였다. 또한 일본군 점령지 내 친일정권 대표자인 왕커민, 량훙즈와 협의하여 중앙정부 위원 배분율을 정했다. 왕징웨이 측이 3분의 1, 왕커민과 량훙즈 정부가 3분의 1, 그 외 3분의 1로 배분하여 합동으로 신정부를 수립하기로 한 것이다. 이어서 10월에는 정권 안정 보장을 위해 일본 정부와 조약 체결을 교섭하였다. 그러나 '흥아원 회의 결정 사항'인 「일화신관계조정요강(日華新關係調整要綱)」은 고노에 내각의 제2차 성명의 취지와는 너무나 거리가 먼 내용이었다. 왕징웨이의 화평주

의에 도움이 될 내용은 전혀 보이지 않았다. 왕징웨이는 신정부 수립을 단념하고 일본 정부를 비판하는 글을 『주오코론』1939년 추계 특대호(10월 1일 간행)에 실었다. 「일본에 부치다(日本に寄す)」라는 제목의 글은 일본 언론이 사용하고 있는 '동아협동체', '동아 신질서'란 용어에 대한 깊은 불신을 표하였다. 그는 "일본은 중국을 멸망시키려는 기세가 아닌가?"라고 반문하면서 지금까지의 협상을 모두 백지로 돌려야 한다는 의견을 표하였다.

왕징웨이의 항의성 글에 몇몇 논객들이 동정 어린 지지를 보냈다. 일본 정부는 1940년 1월 약간의 양보를 표하고 왕징웨이는 이를 수락하여 1940년 3월 30일 난징 국민정부를 수립하였다. 왕징웨이는 충칭정부의 합류를 기대하면서 자신의 직함을 '주석대리'로 취하고 '화평, 반공'의 구호를 내걸었다. 그러나 미국 정부는 이 정부를 승인하지 않았고, 장제스도 이날 난징 국민정부 관계자 77명의 체포령을 내렸다.

1937년 7월에 중일전쟁이 시작되어 전쟁이 장기화하는 추세 속에 이듬해 1월에 고노에 총리대신의 성명이 처음 나온 뒤, 11월 3일에 제2차 성명, 12월 22일에 제3차 성명이 잇따랐다. 제2차 성명에서 나온 '동아 신질서'는 국민정부 측의 화평파 왕징웨이를 현혹하는 동시에 일본 국내에서는 중국 본토를 아우르는 새로운 '동아' 질서를 눈앞에 제시한 것이었다. 요시다 쇼인의 '주변국 선점론'의 시각에서 보면 큰 분수령을 넘는 대업이었다. 바야흐로 일본제국의 최상위 교육기관인 도쿄, 교토 두 제국대학의 교수들이 스스로 '동아 신질서' 연구에 이바지하기 위해 나서는 시국이었다.

2. 교토제국대학의 인문과학연구소 창설 경위와 연구 목표

1) 1939년 인문과학연구소 창설 경위

앞에서 언급하였듯이 1937년 중일전쟁을 개시하면서 외무성은 동방문화학원 경영 방식을 재검토하기 시작하였다. 외무성은 도쿄와 교토 두 연구소에 제국대학으로의 이관 의사를 타진하였다. 도쿄 연구소는 도쿄제대로의 이관을 반대하고, 교토연구소는 교토제대로의 편입을 찬성하였다. 이런 서로 다른 반응으로 외무성은 1원 2연구소 체제를 폐지하고, 도쿄와 교토의 연구소를 각각 분리·독립시키기로 하였다. 그러나 분리·독립된 두 연구소의 운영은 순탄치 않았다. 관리기관이 외무성에서 흥아원으로 다시 대동아성으로 계속 바뀌면서 외무성 '특별회계' 지원이 국고 지원으로 전환되는 바람에 연구소는 재정난에 처하였다. 두 제국대학은 이 상황과는 전혀 무관하게 문부성의 지원으로 각각 동양문화연구소와 인문과학연구소를 신설하였다.

1979년 교토대학 인문과학연구소에서 발행한 『인문과학연구소 50년』에서는 새 연구소의 신설에 대해 "동아에 관한 인문과학의 총합 연구를 목적으로 1939년(쇼와 14) 교토(제국)대학에 부치(附置)되었다"라고 밝혔다.[4] 연구 대상으로서 '동아'란 표현은 1929년에 창설된 동방문화학원의 역사에서는 보지 못하던 용어이다. 그것은 앞에서 살폈듯이 중일전쟁으로 중국 본토 진입이 시작되어 이에 대한 대응 차원에서 무성하게 쓰이기 시작한 '새로운' 용어이다. 『인문과학연구소 50년』에 실린 교토대학 인문과학연구소 소장 가와노 겐지(河野健二) 교수의 서문은 연구소 창립의 시대적인 요청을 다음과 같이 기술하였다.

학문 연구나 고등교육을 정부 직속 사업으로 시도한 것은 1869년(메이지 2) (창설의) 도쿄대학, 그리고 1897년(메이지 30) 우리 교토대학과 같이 꽤 오래된 일이다. 하지만 대학의 연구소 설립은 20세기에 접어들어서였다. 그중에 1915년 교토대학의 특별화학연구소(지금의 화학연구소의 전신), 1916년 도쿄대학 전염병연구소 등이 먼저 세워졌다. 이 연구소들은 순연히 학문연구기관으로 있기보다는 화학약품이나 의료를 위해 유익한 하나의 시험연구기관으로서 설립된 것으로, 그것은 1921년에 설립된 도쿄대학 항공연구소도 마찬가지이다. 모두 국가 정책 또는 당면한 행정상의 필요가 우선하였다.

우리 인문과학연구소의 전신 중 하나인 동방문화학원 교토연구소도 그 발단은 본서가 자세하게 나열하고 있는 것처럼 20세기 초의 여러 국가에 의한 중국으로의 개입에 우리나라도 관여했던 것에 근거한다. 동방문화학원 교토연구소는 대학 부설이 아니라 외무성의 예산으로 조달되었지만, 그 내용은 교토대학 문학부에서 양성된 중국학 그 자체였다. 연구소 설립이 국가 정책 또는 시국의 요청과 연결되어 있었던 것은 1939년의 인문과학연구소의 창설에서도 명백하다. 만주사변 때부터 시작하는 '15년 전쟁' 중에서, 우리나라가 확고한 아시아 정책을 가지려고 했던 것이 인문과학연구소 설립을 인정한 외적인 조건이었다.(밑줄은 인용자)

이 서문은 도쿄, 교토 두 제국대학의 학내 연구소로 자연과학, 공학 분야가 국가 정책과 관련하여 맨 먼저 설치되었음을 밝혔다. 인문학 분야는 동방문화학원 교토연구소가 처음이라고 할 수 있는데, 교토대학 문학부에서 양성된 중국학과 마찬가지였으나 외무성 예산으로 설립되었기에 학내 연구소가 아니라고 분별하였다. 또한 1939년에 설립된 교토대학 인문과학연구소는 학내 연구소로는 처음 창설된 것으로서, 만주사변부터 1945년 8월 일제의 패망에 이르기까지 '15년 전쟁'에 따른 국가적 차원의 아시아 정책과 관련하여 이루어진 것이라고 정리하였다.

『인문과학연구소 50년』은 「병립의 시대」 '인문과학연구소의 창립' 부분(51쪽)에서 연구소 신설 경위를 자세히 밝혔다. 즉, 1938년 중일전쟁이 장기화하는 양상에서 물자 부족, 물가 등귀라는 전시 인플레이션 현상이 일어나 생활고가 심해졌다. 이때 왕징웨이 괴뢰정권 수립 공작이 진행되어 전쟁 해결에 대한 막연한 기대가 지식인층에 널리 확산하였다. 괴뢰정권으로서 왕징웨이 정권 수립을 뒷받침하기 위한 '동아 신질서 건설' 구호는 일본 국민의 전쟁 수행의 사명을 북돋우는 효과도 노렸다. '동아협동체론'이 일본 미디어의 논단을 누비다시피 하였으며, 인문과학연구소도 이런 상황의 산물에 지나지 않는다고 하였다.[5] 즉 1930년대 말엽의 시국 상황, 특히 중국 본토 진입의 전면전 와중에 일본 정부가 난징에 친일 화평파인 왕징웨이의 '중화민국' 정부를 세워 전쟁 부담을 줄이려는 공작이 의외로 일본 지식인층의 기대를 모아 이에 이바지하려는 노력으로 인문과학연구소가 탄생하였다는 것이다.

『인문과학연구소 50년』은 연구소 설립의 구체적인 동기로서

1939년 1월 14일 아라키 사다오(荒木貞夫, 1877~1966) 문부대신의 전국 6개 제국대학 총장과의 간담회를 들었다. 이 간담회 석상에서 아라키 사다오는 "일본적 학문의 전개, 동아 신질서의 건설, 생산력의 확충" 등의 현안에 대한 대학 측의 협력을 구하였다. 아라키 사다오는 육군 대장 출신으로 황도파(皇道派)의 핵심 인물이다. 황도파는 육군 안에서 우에하라 유사쿠(上原勇作, 1856~1933) 원수를 중심으로 하는 이른바 규슈벌(九州閥)에 속하는 파벌로, 아라키는 이 파벌의 당대 중심이었다. 당시 육군은 육군대학 출신을 중심으로 하는 우가키 가즈시게계가 주류였으며, 황도파는 비육군대학 출신 장교들이 다수로 1920년대 후반부터 황도주의를 적극적으로 지지하여 국가 및 육군의 조직을 우선하는 우가키계와 대립하였다.

아라키 사다오는 1938년 5월 제1차 고노에 후미마로 내각의 문부대신으로 발탁되었다. 그는 문부대신으로서 '황도 교육'의 강화를 전면에 내세우고 국민정신총동원운동의 위원장으로서 사상 면에서 전시체제를 역설하였다. 그는 히라누마 기이치로 내각(1939. 1. 5.~ 8. 30.)에서도 유임하여 이 내각과 임기를 같이하였다. 1939년 1월, 군부의 대학과 학원에 대한 탄압이 본격화되던 그 시기에 아라키 사다오는 전국 6개 제국대학 총장들과 간담회를 가져 제국대학이 해야 할 일을 물었다.

하네다 도루 교토제대 총장이 도쿄 간담회 참석 후 교토로 돌아왔을 때 대학 내에 인문과학에 관한 종합적 연구소 설립을 실현하려는 분위기가 일거에 뜨거워졌다. 2월 4일에는 총장 출석 아래 법(법학부) · 문(문학부) · 경(경제학부) · 농(농학부)의 4개 학부에서 위원을 선출하여 '인문과학연구소 계획위원회'가 발족하였다. 2월 17일 계획위원회는 오지마 스케마(문학부), 이시카와 분지로(石川文次郎, 법학부) 등 교수 4명이 작성한 구체적인 계획안을 채택하고, 바로 학장인 이시카와 분지로 교수가 도쿄로 가서 아라키 문부대신을 면담하고 교토제대의 강한 요망을 전하였다. 이에 대해 문부대신도 대학의 움직임에 강한 관심을 표하였다. 3일 뒤인 2월 20일 문부성으로부터 교토제대 연구소 설립 계획위원회에 「본 건에 대해 지급안을 제출한 것에 대한 대신의 의향」이 전달되었다. 인문과학연구소 설립 경비가 1939년 추가예산에 상정된다는 내용이었다. 1939년 8월 1일 교토제대 인문과학연구소는 문부성의 지원을 받는 제국대학 최초의 '동아인문' 관련 연구소로 탄생하였다.

2) 인문과학연구소의 연구 목표 '동아 신질서'

『인문과학연구소 50년』은 1939년 8월 1일에 제정된 관제(官制) 가운데 "인문과학연구소는 국가에 필요한 동아에 관한 인문과학의 총합 연구를 관장한다"라고 한 규정을 거론하며, 인문과학연구소 신설 당시 초창기 전임 연구소원(研究所員)은 교수, 조교수 합쳐 9명이라고 밝혔다. 구체적으로 소장 오지마 스케마, 교수 고사카 마사아키(高坂正顯, 도쿄문리과대학 조교수), 조교수 시미즈 긴지로(清水金次郎, 간세이가쿠인關西學院 고등상업부高等商業部 교수), 오가미 스에히로(大上末廣, 동아연구소 주사), 오타케 후미오(小竹文夫, 동아동문서원東亞同文書院 교수, 청대사清代史), 가시와 스케카타(柏祐賢, 교토제대 농학부 강사), 아베 다케오(제3고등학교 교수, 원元·청사清史) 등이라고 하였다. 겸임 소원(所員) 곧 교토제대 교수로서 연구소 연구활동에 참여하는 인력으로 법·문·경 3개 학부에서 각 4명, 농학부 1명 합계 13명이라고 하였다.

1939년 가을부터 인문과학연구소는 활동을 시작했는데, 11월 18일 오지마 스케마 소장의 「지나 정치사상의 특질」이란 연구 보고가 실질적인 연구소 발족의 신호탄이 되었다. 1939년 6월 22일 준비위원회가 마련한 연구 대간(大幹) 4항목은 곧 연구활동의 지침이었다.[6]

(1) 동아 건설에 관한 원리 연구
(2) 동아 신질서 건설의 기초가 되어야 할 사실 연구
(3) 동아 신질서에 관한 정책 연구
(4) 동아 제국에 관한 특수문제 연구

이 연구 대간 4항목은 중일전쟁 중 일본 정부가 모색한 중국 본토 통치로서 '동아 건설', '동아 신질서' 연구에 인문과학연구소가 이바지하는 것을 목표로 하였다는 것을 명백하게 보여준다. 이어 『인문과학연구소 50년』은 「1940~1941년 종합 연구회 보고」를 다음과 같이 밝혔다.

1940년도

1월 20일 「현대 지나(支那) 경제의 특질에 대하여」— 호즈미 후미오(穗積文雄)

2월 17일 「지나 도읍의 발달과 서민 문화와의 관계에 대하여」— 나바 도시사다(那波利貞)

4월 20일 「동양 사회의 자연적 기초」— 고마키 사네시게(小牧實繁)

5월 11일 「지나 가족의 사회적 기초」 ─ 우스이 지쇼(臼井二尙)

6월 18일 「동아적 정치의 원리에 대한 일고찰」 ─ 마키 겐지(牧健二)

9월 28일 「지나에서의 자본주의의 발달」 ─ 오가미 스에히로(大上
末廣)

10월 26일 「만주에서의 각종 문류(文類)에 대하여」 ─ 시미즈 긴지
로(淸水金二郎)

11월 30일 「신체제 문제에 대하여」 ─ 이시카와 고조(石川興三)

12월 14일 「일본 경제의 혁신에 대하여」 ─ 시바타 게이(柴田敬)

1941년도

1월 18일 「대정익찬회 운동의 헌법 문제」 ─ 구로다 사토루(黑田覺)

2월 15일 「북지나에서의 농업자의 성격」 ─ 가시와 스케카타(柏祐賢)

4월 26일 「청조(淸朝)의 화이(華夷) 사상에 대하여」 ─ 아베 다케오
(安部健夫)

5월 16일 「현대 지나의 정치사상에 대하여」 ─ 와타나베 소타로(渡辺
宋太郎)

6월 17일 「국토 계획론」 ─ 고쿠쇼 이와오(黑正巖)

9월 26일 「동아 신질서의 기초로서 '이헤(いへ)'의 철학」 ─ 이시카와
고조(石川興三)

10월 24일 「불인(佛印)의 지정학적 고찰」 ─ 고마키 사네시게(小牧
實繁)

11월 28일 「지나에서의 기독교의 현상」 ─ 사와자키 겐조(澤崎堅造)

이 강연회 발표 제목을 보면 당시 중국에 관한 연구가 태반이며,

'동아', '신체제'란 용어를 붙인 것이 여럿이다. 일본 국내의 혁신 문제도 다루고 있다. 이전 동방문화학원 도쿄·교토 연구소의 연구 주제와는 확연하게 다르다. 프랑스령 인도차이나[佛印]에 관한 발표도 한 가지 있지만 이는 후술하는 도쿄제대의 동양문화연구소의 연구 주제에서 다수를 차지하고 있는 것과 비교가 된다.

1940년 7월 제2차 고노에 내각은 「기본국책요강(基本國策要綱)」을 결정하였다. 그리고 9월에 독일, 이탈리아와 '삼국동맹조약'을 체결하는 과정에서 '동아 신질서' 구상을 남방을 포함하여 '대동아공영권'으로 확대하는 변화를 보였다. 교토제대 인문과학연구소 연구회도 이에 관심을 표한 발표가 보이지만, 1941년에 발족하는 도쿄제대의 동양문화연구소가 훨씬 더 많은 연구를 발표하고 있다.

인문과학연구소는 1941년 3월에 기요(紀要, 저널)로서 『동아인문학보(東亞人文學報)』를 창간하여 1944년 2월까지 8호를 발간하였다. 8호까지 실린 논문에 관해서는 뒤에서 다시 살피기로 하고, 창간호에 실린 오지마 스케마 소장의 「발간사」를 통해 연구소 설립 목적을 다시 확인해보고자 한다. 오지마 소장은 동양 사상사 전공으로 동방문화학원 창설 및 일만문화협회 조직의 주역인 나이토 고난과 가노 나오키의 제자였다. 그는 1930년대 초반에는 중립적인 입장에서 문부성의 학원 개입에 반대하였지만, 1940년대 초반 총력동원체제 아래서는 황도 파시즘의 대세에 순응하는 자세를 보였다.

세계는 지금 미증유의 전환을 하고 있다. 이 중대 시국에 제하여 우리에게 주어진 당면의 책무는 **동아의 창조적 혁신**이다. 동아의 창조적 혁신을 도모함에는 무엇보다도 먼저 동아의 현상을 이해하지 않으면 안 된다. 종래 우리나라에서 동아에 관한 연구가 등한히 되어왔던 것은 아니다. 혹은 정치·경제 방면에서, 혹은 종교·문화의 방면에서 부분적이지만 여러 상당한 업적을 보여왔던 것은 의심의 여지가 없다. 그러나 동아의 현상을 이해하는 데 도움이 될 만한 연구라고 하면, 그것은 실로 적적(寂寂)한 양상이다. 또 최근 수십 년간에서는 현재 상황에 자극받아 동아에 관한 출판물은 한우충동(汗牛充棟, 책이 매우 많음: 인용자)이란 표현도 모자랄 상황이나, 어느 것도 직간접으로 동아의 현상을 이해하는 요구에 부응할 만한 것이 없을 뿐만 아니라, 이것들은 공(功)을 급히 한 나머지 피상적인 관찰에 빠지고, 진상을 천명하는 데 부족한 것이 많은 것은 참으로 유감이다.

우리 인문과학연구소는 신동아의 건설에 도움이 될 만한 인문과학의 종합 연구에 따르는 것을 사명으로 하여 쇼와 14년(1939) 8월 교토제국대학 내에 창설되었으며, 작금에 연구체제도 대략 정비되기에 이르렀으므로, 이에 소원(所員) 기타 관계자의 연구조사 전부를 편집하여 『동아인문학보(東亞人文學報)』라고 하고, 1계(季)에 1책을 강행하여 세상에 묻는다. 본 학보가 추구하는 바는 동아의 현상을 밝히고, 또 이에 근거하여 원리 및 정책을 고구(考究)함에 있으며, 여러 종류의 지식을 종합하여 여러 연구에 당하여 힘써 향벽허조(嚮壁虛造, 속이는 방법으로 왜곡함: 인용자)의 설을 배격하고, 무게를 실사구시에 두어 종래 이런 종류의 연구에서의 결함을 충당하는 것으로 함이다. 단, 본 연구소가 개설한 지 날수가 오래지 않아서 아직 충분한 성과를 거두지 못한 것을 우려하지만 앞으로 힘써 쉬지 않고 해를 거듭하여 완벽을 기약하고, 그리하여 이 세계사적 전환기에 본 연구소 사명의 일단을 이루는 것을 희망한다.[7] (강조는 인용자)

3) 교토 동방문화연구소의 말로

1938년 외무성이 동방문화학원의 도쿄연구소, 교토연구소를 분리·독립시킨 뒤 그 후신인 도쿄의 (신)동방문화학원, 교토의 동방문화연구소가 어떤 행로를 걸었는지는 기록이 자세하지 않다. 다만 교토의 동방문화연구소는『교토대학 100년사』에 몇 가지 기술이 남아 있다. 이 연구소는 교토제대로의 이관을 강하게 희망하여 대학 측과 절충을 거듭했다고 한다. 그러나 같은 시기에 교토제대 내에 인문과학연구소가 신설됨으로써 대학이 이에 열중하여 이관의 뜻을 이루지 못했다. 이 연구소는 1945년 종전 후에 비로소 인문과학연구소로 흡수·통합되기까지 어려운 재정 여건 속에 외부 기관의 지원을 받아 다음과 같은 일을 수행하였다.[8]

먼저 교토 동방문화연구소의 기간 인력인 평의원을 상의원(商議員)으로 명칭을 바꾸고, 마쓰모토 분자부로 교수가 소장이 되었다. 교토제대로의 이관이 어려워진 상태에서는 예산 지원이 문제였다. 연구소 소원들은 이미 진행 중이던 원강석굴(雲崗石窟) 조사사업은 완수하기를 바랐다. 분리·독립 후, 연구활동의 재정 모태이던 '특별회계'가 중단된 상태에서 다행히 중국 왕래나 유학은 개별적으로 외무성 특별연구원 자격으로 지원을 받고, 사업 소요 비용은 1939년 도쿄에 신설된 기획원 산하 동아연구소의 지원을 받았다. 그것도 부족하여 1940년에는 별도의 정부 조성금이나 화북교통주식회사(華北交通株式會社)의 보조금을 받았다고 한다. 미즈노 세이이치(水野清一), 나가히로 도시오가 주관한 전16권 32책에 달하는 거대 자료집『원강석굴』제작에 얽힌 사연이다. 이 자료집은 전후(戰後) 1951년부터

출간하기 시작해 1957년에 완간을 보았다.[9]

교토 동방문화연구소는 1941년 5월에 흥아원 소관으로 정식으로 옮겨진 후에도 마찬가지로 재정난에 허덕였다. 1944년 12월 초대 소장 마쓰모토 분자부로가 사망하여 동방문화학원 교토연구소 창설기에 소장으로 중심 역할을 하던 가노 나오키가 소장 직무대행을 하다가 1945년 2월에 교토제대 총장 하네다 도루 겸임 체제로 바뀌었다. 모두 외형 유지에 급급한 형편이었다. 1942년 11월 대동아성으로 관리 주체가 바뀌어서도 상황은 조금도 개선되지 않았다.

도쿄 (시)동방문화학원 사정도 더 나을 것이 없었다. 고서복제 사업 중단 이후 개별 서 연구 과제는 중단되다시피 한 상황에서 정부 시책에 부응하여 화북 지 관한 연구에 집중할 '위탁사업 연구원'을 선정해야 할 상황이었다.[10] 태 전쟁이 종반에 접어들면서 일본열도에 연합군의 상륙이 예상되는 가운데, 19 5년 6월 천황가의 궁내성을 비롯해 내각과 육군성 등이 나가노현(長野縣)의 한 지대에 터널을 파서 각 부서가 이곳으로 들어가 장기전에 대비하자는 계획이 수립되어 터널 공사가 시작되었다. 이때 도쿄 동방문화학원의 일부를 나가노현 우에다시(上田市) 가미시나촌(神科村) 부근에 소개(疏開)하여 분원(分院)을 설치하였다.[11] 동방문화사업의 이름으로 수집한 귀중본을 국가 수뇌부 이동과 함께 옮기려고 계획했던 것이다. 이것은 동방문화사업 자체가 당초에 대일본제국의 천황이 지배하는 새로운 동아시아 설계의 문화공작이었다는 사실을 보여주는 최후의 장면이다.

3. 도쿄제국대학의 동양문화연구소 창설과 연구 과제

1) 1941년 동양문화연구소 창설 경위

『도쿄대학 100년사(東京大學百年史)』(1986)는 동양문화연구소의 설립 경위를 전하는 거의 유일한 자료이다. 이에 근거하여 창설 경위를 살펴보기로 한다.[12]

첫째, '연구소 창설'에 관한 부분이다. 동양문화연구소는 1941년 11월 26일, 칙령 제1012호에 의해 동양 문화에 관한 종합적 연구를 목적으로 하여 도쿄제대에 창설되었다. 이는 이 대학에 부설된 인문사회과학 '최초의 연구소'로서 연구 분야와 관련하여 "특정 지역을 ▨▨으로 하여 여러 학문 분야로부터의 종합적 연구를 지향한 최초의 연구소 ▨▨▨했다. 1939년 8월에 창설된 교토제대 인문과학연구소와 마찬가지로 ▨문부성 지원으로 제국대학 내에 둔 해당 분야의 최초 연구소▨▨▨이다. 창설 초기 연구소 조직은 철학·문학·사학 ▨문, 법률·정치 부문, 경제·상업 부문의 3부문으로 이루어졌고, 정원은 교수 3명, 조교수 3명, 조수 6명이었다. 교토제대의 인문과학연구소와 비슷한 규모로 출발한 셈이다.

둘째, '창설 경위'에 관한 부분이다. 먼저 동양에 관한 인문사회과학연구소 설립에 관해서는 이미 오노즈카 기헤이지(小野塚喜平次, 1871~1944) 총장 시대(1928~1934)에 한 차례 논의가 있었다고 하였다.[13] 이는 교토제대 인문과학연구소에서 보지 못한 연혁(沿革) 사항이다. 오노즈카 교수는 정치학자로서 두 가지 일화가 전한다. 그는 유럽 유학에서 돌아온 직후인 1903년, 당시 가쓰라 다로 총리대신과 고무라 주타로(小村壽太郎) 외무대신에게 「대(對)러시아 강경론」이라는 의견서를 제출한 '도다이(東大, 도쿄제대) 7박사' 중 한 사람이다.[14] 1900년 의화단 사건을 계기로 러시아가 다롄, 뤼순에 조차지를 얻은 것에 대해 당시 일본 지식인들은 대부분 러시아의 아시아 침략 행위로 간주하여 이에 대한 적극적인 대응을 요구하였다. 이 의견서는 관련 분야를 전공하는 도쿄제대 교수들의 의견으로 주목을 받았다.

다른 하나는 오노즈카 교수가 도쿄제대 법과대학에서 정치학 강좌를 담당하였을 때, 다이쇼 데모크라시를 이끈 주역으로 평가받는 요시노 사쿠조(吉野作造, 1878~1933)가 재학생으로서 그의 강의를 듣고 영향을 많이 받았다는 것이다. 오노즈카 교수의 제자로는 요시노 사쿠조 외에 난바라 시게루(南原繁, 1889~1974), 가와이 에이지로(河合榮治郎, 1891~1944), 로야마 마사미치(蠟山政道, 1895~1980), 야베 데이지(矢部貞治, 1902~1967) 등 자유주의, 합리주의 성향의 우수 교수들이 다수 배출되었다. 오노즈카 총장 시대는 다이쇼 데모크라시 사조가 황도 파시즘의 도전을 받기 시작하던 때였다. 그의 총장 재임 중에 '동양에 관한 인문사회과학연구소 설립' 논의가 있었다면 그것은 대학 자율의 데모크라시 사조와 관계가 있었을 것이다. 이후 황도 파시즘의 기세가 강해져 연구소 설립이 무산된 것이 아닌가 추측된다.

도쿄제대 동양문화연구소는 교토제대 인문과학연구소와 마찬가지로 1939년 1월 아라키 사다오 문부대신의 6개 제국대학 총장과의 간담회가 계기가 되어 창설되었다. 간담회 후, 법·문·경·농의 4개 학부가 각기 위원을 선출하여 동양문화연구소 설립을 위한 위원회를 열었고, 연구소의 조직과 연구 주제를 검토하였다. 그 결론에 근거하여 1940년에 연구소 설립에 필요한 예산 요구서를 제출하였으나, 경제학부의 '숙학(肅學, 학내 불온분자 숙청) 문제'[15] 등 학내 문제로 추진하지 못하고 1941년에 이르러서야 설립이 이루어졌다.

『도쿄대학 100년사』는 동양문화연구소 인력에 관하여 다음과 같이 소개하였다.[16] 초대 소장으로는 문학부장 구와다 요시조(桑田芳蔵, 심리학)가 취임했다. 구와다 소장은 1943년 4월에 퇴임하고, 우노 엔쿠(宇野円空) 교수가 후임 소장이 되었다. 창립 후 얼마 안 가 태평양전쟁이 발발했는데, 1942년 1월 17일, 법·문·경·농 4개 학부의 추천으로 다음과 같이 교수와 조교수들이 임명되었다.

교수

-법과: 니이다 노보루(중국 법제사학, 동방문화학원 연구원)

-문과: 우노 엔쿠(종교학, 문학부 조교수)

조교수

-문과: 야마모토 다쓰로(山本達郎, 동양사학, 강사)

-경제: 하시모토 슈이치(橋本秀一, 경제학)

-농학: 가와노 시게토(川野重任, 농업경제학, 조수)

전임 촉탁(교수 대우)

-이즈카 고지(飯塚浩二, 경제지리학, 1943년 12월 교수 승진)

-우에다 도시오(植田捷雄, 중국 외교사학)

도쿄제대 동양문화연구소도 교토제대 인문과학연구소와 마찬가지로 도쿄제대의 교수, 조교수 가운데 연구소 겸임교수를 임명하였다. 법·문·경·농 4개 학부가 이에 협력하여 다음과 같이 겸임교수 발령을 내렸다.

겸임교수

-1942년: 법학부 조교수 마루야마 마사오(丸山眞男, 동양 정치사상사)

경제학부 교수 기타야마 후쿠지로(北山富久二郎, 경제학)

-1944년: 경제학부 교수 아라키 미쓰타로(荒木光太郎, 경제학, 기타야마 후쿠지로 교수 후임)

법학부 교수 미야자와 도시요시(宮澤俊義, 헌법학)

이 밖에 신설 동양문화연구소는 젊은 연구자의 육성을 중요한 임무로 삼아 '조수와 촉탁'을 다수 채용하였다. 이 분야를 연구하는 자를 조수로 채용하여 일정 기간 '지도 교관' 아래에서 특정한 과제 연구에 전념하여 우수한 연구 성과를 발표할 수 있도록 하는 양성제도를 둔 것이었다. 1942년, 1943년 두 해에 걸쳐 다음과 같이 4명을 채용하였다.

조수

-1942년: 스즈키 주세이(鈴木中正, 동양사학), 스즈키 다다카즈(鈴木忠和, 경제학), 반노 마사타카(坂野正高, 중국 외교사학)

-1943년: 쓰키시마 겐조(築島謙三, 심리학)

또, 이와는 별개로 본 연구소에 부여된 연구 수행을 위해 도쿄제대 안팎에서 12명의 연구 인력을 촉탁으로 위촉했다.

촉탁

-이마호리 세이지(今堀誠二, 동양사학), 스다 아키요시(須田昭義, 인류학), 오구치 이이치(小口偉一, 종교학), 쓰치야 다카오(土屋喬雄, 경제학), 요시카와 이쓰지(吉川逸治, 미술사학), 후지이 히로시(藤井宏, 동양사학), 고토 모토미(後藤基巳, 중국철학), 이소다 스스무(磯田進, 법사회학), 오바 지아키(大場千秋, 민족심리학), 가지요시 고운(梶芳光運, 불교학), 조간유(張漢裕, 경제사학), 시노미야 가즈오(四宮和夫, 민법학)

　동양문화연구소의 교수 · 조교수는 학부 강의를 담당했고, 연구소와 4개 학부의 관계는 긴밀하게 유지하도록 노력하였다. 이를 위해 1944년 3월 '연구연락위원회'를 설치하여 연구소 연구 사항의 기획과 시행에 관해 연락 협력관계를 주관하게 하였다. 연구소 소장을 위원장으로 하고 법학부의 와가쓰마 사카에(我妻榮), 야베 데이지(矢部貞治), 문학부의 도다 데이조(戸田貞三), 와쓰지 데쓰로(和辻哲郎), 경제학부의 모리 쇼자부로(森荘三郎), 하시즈메 아키오(橋爪明男), 농학부의 도바타 세이이치(東畑精一) 등 7명의 교수가 연구소의 전임 · 겸임 교수 · 조교수 7명과 함께 위원이 되었다. 연구소와 학부의 관계를 고려한 이러한 장치는 교토제대의 인문과학연구소에서는 보지 못한 것이었다.

2) 동양문화연구소의 확대 '동양' 연구

1991년에 간행된 『동양문화연구소 50년(東洋文化研究所の50年)』의 「제1장 동양문화연구소 50년 약사」에는 연구소 설립 목적을 명료하게 밝힌 자료가 수록되어 있다. 1941년 5월 1일자 총장의 '설립 이유'가 바로 그것이다.[17]

> (…) 지금 대동아공영권의 건설을 도모하여 동양 영원의 평화 기초를 다짐은 우리나라 부동의 방침이므로 이때 특별히 동양 문화를 근본적으로 고구(攷究)하여 우리 국책의 수행에 이바지함은 실로 긴요한 급무가 되었다. 종래 동양에 관한 공사립의 연구조사기관은 이미 약간의 수를 헤아리지만 혹은 임시의 필요에 따르거나 혹은 특수한 방면의 연구에 편중하는 경향이다. 이런 사실을 살펴 도쿄제국대학에 동양문화연구소를 설립하여 동아를 중심으로 아세아 대륙 및 남양에 걸쳐 그 문화의 종합적 근본적 연구를 수행함으로써 국운(國運)의 진전과 학술의 발전에 공헌하고자 한다.(강조는 인용자)

이 인용문에 보이는 "대동아공영권의 건설", "동양 영원의 평화 기초", "동아를 중심으로 아세아 대륙 및 남양", "국운의 진전" 등은 도쿄제대 동양문화연구소가 1940년 10월 제2차 고노에 내각 아래서 대정익찬회 발족을 계기로 무르익어간 '대동아공영권' 확립에 이바지하는 것을 목표로 설립된 것을 명료하게 말해준다. 이 점은 두 해 앞서 발족한 교토제대 인문과학연구소가 주로 중일전쟁의 점령지를 대상으로 하는 '동아 신질서' 확립 기여를 표방한 것과 미묘한 차

이를 보인다. 여하튼 두 제국대학이 스스로 국가의 대방침에 이바지하는 데 자발적으로 나선 것은 주목할 만한 사실이다. 후술하듯이 이 새로운 용어의 상용은 쇼와 천황이 1938년 이후 칙어나 조서에 '팔 굉위우'의 세계로 '동아'라고 지칭한 것과 무관하지 않았다.[18]

『도쿄대학 100년사: 부국사4(部局史四)』의 「제16편 동양문화연구소」 소개는 1942년 연구소 소원이 "장시간에 걸쳐 검토하여 결정한" 연구소의 '공통과목'을 다음과 같이 제시하였다.[19]

1. 동양 여러 민족의 특징
2. 동양 여러 민족의 상호교섭
3. 동양에서의 유럽 세력의 소장(消長)
4. 동양 사회의 특질과 근대화
5. 동양 사상의 특질과 유럽 사상의 영향

교토제대의 인문과학연구소가 '동아', '동아의 신질서'란 용어를 주로 쓴 것과 대조적으로 도쿄제대의 동양문화연구소는 '동양'이란 용어로 시종하였다. '동양'이라는 용어는 1894년 봄 역사교과서 체제에 관한 회의에서 나카 미치요가 일본사, 동양사, 서양사 3분과 체제를 제안하고 이를 곧 문부성이 바로 채택하면서 공식적으로 등장한 용어이다.[20] 여기서 동양은 곧 일본제국의 천황이 지배하는 새로운 동아시아 세계를 의미한다. 이후 조선, 만주, 몽골, 중국 등지로 침략전쟁이 진행되면서 '동양'이란 용어에서 '동방', '동아', '대동아'란 용어가 파생되어 '대동아' 단계에서 다시 표면에 내세워졌다. 이 동양은 동아시아에 남양 곧 동남아시아를 포괄한 확대된 의미, 곧 대동아와 같은 의미의 용어였다.

연구소의 '공통과목'에 따르면, 법·문·경 3개 부문은 각기 (1) 중국(지나)의 사회 형태와 관행의 연구 (2) 남방 문화의 형태와 특질의 연구 (3) 동양 각지의 무역과 재정의 연구 등에 초점을 두어 연구할 것을 결정하고, 그 밖에 각 소원이 개별적으로 연구하는 개별 과제도 결정했다. 창설 당시에는 연구 주제로 6개 부문을 설정했으나 후에 3개 부문으로 정리하였고, 이로써 1944년 신규 과제로 (1) 남방 여러 지역에서의 법률·관습의 연구 (2) 이민족 통치와 관련한 언어와 종교 문제 (3) 동아 여러 지역의 경제구조 연구 등을 설정했으나 패전으로 실현을 보지 못했다고 하였다.[21]

『도쿄대학 100년사』는 동양문화연구소의 '연구활동'의 실제에 관하여 태평양전쟁 발발 후 연구조건이 악화하는 가운데 새로운 문제를 개척하여 실증적인 기초 연구를 하는 한편, (구)동방문화학원 도쿄연구소의 과제를 연구소 연구원의 개별 사정에 따라 수행한 것도 밝혔다. 동방문화학원의 주요 연구 인력으로서 동양문화연구소로 옮겨온 니이다 노보루를 비롯해 이즈카 고지, 우에다 도시오 등이 (구)동방문화학원 도쿄연구소가 한 일을 마무리하기 위해 현지 조사로서 중국과 '만몽' 지대로 출장하였다.[22]

또 연구소는 연구소 인원의 새로운 학문 방법과 이론을 발표, 교환하여 종합적 연구 성과를 올릴 수 있도록 하였다. 이와 같은 환경 속에서 연구소 저널로 1943년 12월『동양문화연구소기요(東洋文化研究所紀要)』제1책이 간행되었다. 제2책은 1944년 인쇄소에 보내져 조판에 들어갔지만 1945년 3월 10일 공습에 모든 논문이 소실되었다고 한다. 두 책에 실린 논문들의 주제는 다음과 같다.[23]

『동양문화연구소기요』제1책

-이즈카 고지, 「러시아와 '동양'의 교섭(1)」

-야마모토 다쓰로, 「안남(安南)이 독립국을 형성한 과정의 연구」

-우에다 도시오, 「지나에서의 기독교 선교사의 법률적 지위」

-하시모토 슈이치, 「남방 지역의 무역 사정」

-니이다 노보루, 「베이징의 공상(工商) 길드와 그 연혁(초편 1)」

-우노 엔쿠, 「다약(Dayak, 보르네오섬: 인용자) 제족(諸族)에서의 신기(神祇) 관념(1)」

-가와노 시게토, 「남방 원주민의 경제 지향에 관해」

-스즈키 주세이, 「나교(羅敎)[24]에 관해: 청대 지나 종교결사의 일례」

『동양문화연구소기요』제2책

-우노 엔쿠, 「다약 제족에서의 신기 관념(2)」

-니이다 노보루, 「베이징의 공상 길드와 그 연혁(초편 2)」

-이즈카 고지, 「러시아와 '동양'의 교섭(2)」

-후지이 히로시, 「명대 염장(鹽場)의 일고찰: 특히 회절(淮浙)을 중심으로(1)」

-고토 모토미, 「명(明) 유민의 연구: 청 초의 반만(反滿) 사상에 관한 일고찰」

두 책에 실린 논문들의 연구 대상을 지역별로 나누어보면, 중국에 관한 것이 6편, 안남과 남방 곧 동남아시아에 관한 것이 5편이나 된다. 교토제대 인문과학연구소의 「1940~1941년 종합 연구회 보고」에서 '불인(佛印, 프랑스령 인도차이나)의 지정학적 고찰' 1편에 비하면 늘어난 수이다. 도쿄제대의 동양문화연구소는 교토제대의 인문과학연구소보다 출발이 2년 늦었지만, 그사이 1941년에 일어난 대동아전쟁의 상황을 적극적으로 반영하는 등 차이가 분명하게 나타난다.

『도쿄대학 100년사』는 이 밖에 『동양문화연구(東洋文化研究)』의 간행을 소개하고 있다. 1944년 7월, 연구소 관계자가 중심이 되어 동양 문화에 관한 학술잡지 간행을 목적으로 '동양학회(東洋學會)'를 창립하고 기관지로 『동양문화연구』를 발행하기로 하였다.[25] 이는 『동양문화연구소기요』와 달리 연구소 안팎 연구자의 논설 및 서평을 널리 모아 게재하여 이 분야의 연구를 진전시키는 것을 목표로 하였다. 즉, 새 점령지로 확대된 '동양' 연구를 교내에 한정하지 않겠다는 의지를 드러낸 활동이다. 같은 해 10월에 창간호가 간행되어 우노 엔쿠 소장의 「발간사」 외에 5편의 논문과 3편의 서평이 게재되었지만, 제2책은 제본 중, 제3책은 인쇄 중에 모두 전쟁으로 인해 소실되었다.

제4부

연구 인력의 연구 성향 분석

「교육칙어」에서 '쇼와유신'까지

9장

동방문화학원과 「교육칙어」 세대

1. 1880년대 국가주의 역사교육 체제와 「교육칙어」

메이지 신정부는 근대적 공교육(학교) 제도의 도입을 위해 1872년에 '학제(學制)', 1879년에 '교육령'을 각각 제정하였다. 이 법령들은 여러 종류의 학교제도를 개별적으로 규정한 것으로서 큰 틀에서 특별히 학교제도의 방향을 규정하여 제시한 것은 아니었다. 프랑스와 미국의 교육제도를 모델로 삼아 자유주의적 교육제도를 지향한 조치들이었다. 이와는 달리 1886년에는 3월 2일부터 4월 10일 사이에 '제국대학령', '사범학교령', '중학교령', '소학교령', '제학교통칙(諸學校通則)' 등을 차례로 공표하고, 총칭하여 '제학교령(諸學校令)'이라고 하였다. '제국대학령'은 고등교육기관, '사범학교령'은 교원양성기관, '중학교령'은 중등교육기관을 각각 규정하고 '제학교통칙'

은 관립 학교들의 학교 설비 등을 규정하였다. 제학교령은 어느 모로나 교육 전반에 대한 변혁을 도모하는 것으로서 교육에 대한 국가 지배를 강하게 추구하였다.[1]

메이지 신정부는 1872년 문부성의 '소학교사 교도장(小學敎師敎導場)' 건립 입안에 따라 도쿄부(東京府)에 사범학교를 처음 설립하였다. 이 학교는 앞으로 전국에 설립될 교원양성기관의 모델이 될 예정이었다. 미국인 교육자 마리온 맥카렐 스콧(Marion McCarrell Scott)을 교사로 초빙하여 미국식 실용주의 교육을 추구하였다. 그런데 1886년 제학교령의 국가주의 성향은 이와는 극히 대조적이었다. 문부성은 제학교령에 따라 도쿄부 소재의 사범학교를 '고등사범학교(高等師範學校)'로 이름을 바꾸고 현역 육군 보병 대령인 야마카와 히로시(山川浩)를 초대 교장으로 임명하였다. 이 학교는 소학교 교원 양성을 담당하는 주요 지방 거점 도시의 '심상(尋常)사범학교'의 교장과 교원을 양성하는 것을 비롯해 중등학교 교원 양성을 담당하였다. 고등사범학교의 운영은 각지의 심상사범학교와 함께 국가의 강력한 지배 아래 국가주의적 교육정신 구현의 중심이 되었다. 야마카와 히로시 교장은 '충군애국(忠君愛國) 교육의 추진'이란 기치를 내걸고 기숙사 생활부터 복장에 이르기까지 군대식으로 이끌었다. 교육 분야는 군사조직 확대에 못지않게 큰 비중을 차지하였다.[2]

1889년 2월에 반포된 「대일본제국헌법」은 나라의 주권이 천황에게 있는 것으로 규정하여 천황제 국가주의의 튼튼한 토대가 되었다.[3] 제28조에는 "일본 신민은 안녕질서를 방해하지 않고 신민으로서의 의무에 위배되지 않는 한에서 신교(信敎, 종교: 인용자)의 자유를 가진다"라고 규정하여 종교의 자유를 허용하였다. 그러나 다른 한편으로, 같은 해 '문부성 훈령' 제12호는 관립, 사립의 모든 학교에서의 종교교육을 금지하였다. 헌법 제28조에는 종교교육과 관련하여 "방해하지 않고" "위배되지 않는 한에서"라는 단서가 붙어 있었다. 이토 히로부미 내각은 일본 사회에 기독교가 퍼지는 것은 곧 구미 열강의 식민지가 되는 것이라고 믿었다.[4]

이에 대한 대책으로 천황가 조종(祖宗)의 신성(神聖)에 대한 제례(祭禮)와 복종을 요구하는 국가신도(國家神道)를 만들었다. '문부성 훈령' 제12호는 학교에서의 종교교육을 금지하는 한편으로 헌법과 동시에 발족한 국가신도는 종교가 아니라 "종교를 초월한 교육의 기초"라고 하였다. 국가신도를 신민 교육의 기초로 삼으면서 이를 준수하기 위한 새로운 장치로서 1890년 10월 3일에 천황의 「교육칙어」가 반포되었다. 11월 29일 제1회 제국의회의 개회를 앞둔 시점이었다. 제국의회 의원은 제한적 민선(民選)으로 뽑혔지만, 의회 개설의 주체는 어디까지나 천황이었다.

「교육칙어」는 메이지 천황의 뜻에 따라 유교의 삼강(三綱) 곧 충효 사상을 교육에 실현하는 것으로 서두를 시작하여 황조황종이 열어준 신성한 천황의 나라를 지키는 신민의 도리를 교육을 통해 실현하는 것을 요체로 삼았다. 즉, 신민은 "언제나 국헌(國憲)을 무겁게 여겨 국법을 준수해야 하며, 일단 국가에 위급한 일이 생길 때는 의용(義勇)을 다하고, 공(公)을 위해 봉사함으로써 천지와 더불어 무궁할 황운(皇運)을 부익(扶翼)해야 한다"라고 하였다. 이어서 "이렇게 한다면 그대들은 짐의 충량한 신민이 될 뿐만 아니라 족히 그대들 선조의 유풍(遺風)을 현창(顯彰)할 수 있을 것이다. 이러한 도(道)는 실로 우리 황조황종의 유훈(遺訓)으로 자손인 천황과 신민이 함께 준수

해야 할 것들이다"라고 하였다.[5]

「교육칙어」가 반포되자 문부대신 요시카와 아키마사(芳川顯正, 1841~1920)는 곧 등본을 만들어 전국 학교에 배포하고 축제일에는 반드시 이를 '봉찬(奉讚)'하는 순서를 두어 국민정신의 중축(中軸)으로 삼도록 하였다.[6] 문부대신 요시카와는 등본의 머리에 서(敍)를 붙여 나라를 우육(牛肉)에, 천황의 「교육칙어」를 소금에 비유하였다. 즉, 「교육칙어」는 정신적으로 나라가 썩지 않도록 하는 소금이라고 하였다.[7]

한편, 1890년 10월 30일에 「교육칙어」가 내려지자 두 개의 연의 (衍義) 곧 설명서가 나왔다. 1891년 1월에 역사학자 나카 미치요가 『교육칙어연의(教育勅語衍義)』를, 같은 해 9월에 도쿄제대 철학 교수 이노우에 데쓰지로(井上哲次郎, 1856~1944)가 『칙어연의(勅語衍義)』를 각각 출판하였다. 둘 중에 후자는 문부대신 요시카와 아키마사가 찬(撰)한 「칙어연의서(勅語衍義敍)」와 「훈시(訓示)」를 함께 실어 정부 공인의 무게가 실렸다. 이노우에 데쓰지로는 1877년 도쿄대학(도쿄제대의 전신)에 입학하여 철학과 정치학을 전공하였다. 1882년 졸업 후 1882년에 모교 철학과의 조교수가 되었다. 이후 1884년에 독일로 유학하여 1890년에 귀국한 뒤 바로 교수로 승진하였다. 그는 귀국하자마자 『칙어연의』를 출판하였다.[8] 이노우에 데쓰지로의 '연의'가 사회적으로 더 비중이 컸던 것은 사실이나 교육 현장 특히 역사교육 측면에서는 나카 미치요가 『교육칙어연의』를 먼저 찬술하였다는 것은 매우 중요한 의미가 있다.

역사학자 나카 미치요는 역사교육을 통한 천황제 국가주의 실현에 초석 역할을 하였다. 그는 1878년에 『일본서기(日本書紀)』의 첫 천황인 진무(神武) 천황의 즉위년을 기원전 660년이라고 고증하였다.[9] 그의 고증은 지금도 '나카 미치요의 기년론(紀年論)'이라 불리며 정설로 인정받고 있다. 그러나 이 연대 비교 과정에서 '진구(神功) 황후의 신라 정벌'에 대해서는 하등의 의문을 제기하지 않고 사실로 간주하였다. 그는 후술하듯이 일본제국 역사교육의 새로운 체계를 세우는 데 매우 중요한 역할을 했기 때문에 이런 신대(神代) 기록 맹신의 역사관은 곧 「교육칙어」에 대한 찬동과 동시에 각급 학교의 역사교육이 천황제 국가주의를 기둥으로 삼게 되는 결과를 가져왔다. 그는 일본이 외부 세계와 교류한 역사란 뜻으로 『외교역사(外交繹史)』를 기획했는데, 여기서도 삼한, 신라, 발해 등과의 관계는 '조공지(朝貢志)'로, 수·당과는 '교빙지(交聘志)', 청 및 서방 세계와의 관계는 '통상지(通商志)'로 구분했다.[10] 조선(한국)은 곧 고대에 이미 일본에 복속된 나라로 규정하여 일본제국의 반도와 대륙에로의 진출에 역사적인 정당성을 부여했다.

나카 미치요는 일본의 역사교과서 개편에 많은 관심을 가지고 노력하였다. 1880년대까지 일본의 중등학교 역사교과서는 중국사의 『십팔사략(十八史略)』, 일본사의 『국사략(國史略)』, 『황조사략(皇朝史略)』 같은 사략류가 많았다. 그는 이런 교과서를 서양식 역사책과 같은 형태로 바꾸는 데 노력하여 1886년부터 1890년 사이에 『지나통사(支那通史)』 4책을 세상에 내놓았다.[11] 이 책은 그의 대표적인 저술로서, 중국사와 함께 서역의 중앙아시아를 개관하여 다루었을 뿐만 아니라 한자 문화권에서 중국사를 서양식 서술 형식으로 바꾸어 놓은 최초의 역사서이다. 나카 미치요는 1877년부터 지바(千葉)사범학교, 도쿄여자사범학교, 도쿄사범학교의 교유(敎諭) 생활을 하다가

1886년에 사직하고, 『지나통사』 저술에 전념하였다. 1888년 12월 고등사범학교로 복직했다가 바로 원로원(元老院) 서기관, 제실제도취조괘(帝室制度取調掛) 등의 직임에 종사하였다. 1890년 12월 『지나통사』를 끝내기 직전인 10월에 「교육칙어」가 반포되자, 앞에서 언급하였듯이 『교육칙어연의』를 지어 1891년 1월에 발행하였다. 이는 그의 역사 연구가 천황제 국가주의 실현에 이바지하는 길로 접어든 것을 의미하였다.

나카 미치요는 1891년 5월 다시 교육계로 나와 화족여학교(華族女學校) 교수가 되었다.[12] '지나사가(支那史家)'로서 명성이 높아 곧 제1고등중학교, 고등사범학교로부터 '지나사' 강의를 위촉받았다. 1894년 4월 제1고등중학교 교수 겸 고등사범학교 교수에 임명되고, 고등관 6등의 상훈을 받았다. 『교육칙어연의』와 『지나통사』가 가져다준 영예였다. 바로 이때 그는 고등사범학교장 가노 지고로(嘉納治五郞, 1860~1938)[13] 주재로 열린 중등교육 교과서에 관한 회의에서 '동양사' 과목의 신설을 발의하였다. 이때까지 일본 중등학교에서는 '본방사(本邦史)', '지나사', '외국사(서양사)' 등 저자들이 마음대로 이름을 붙인 교재를 가지고서 역사교육이 이루어지고 있었다. 나카 미치요는 이를 '일본사', '동양사', '서양사' 3과목으로 정립하기를 제안하였다. 문부성은 이를 즉각 채택하였으며, 필요한 제도적 절차를 거쳐 1902년에 일본사, 동양사, 서양사 3과 교과서가 학생들에게 배포되었다. 교과서 체제를 '신식'으로 바꾸는 데 제도적으로 8년 정도의 시간이 소요되었다.

새로 나온 역사교과서에서 한국사(조선사)는 '동양사'가 아니라 '일본사'에 들어가 있었다.[14] 새 역사교과서는 한국에 대해 진구 황후 신라 정벌 때 이미 일본에 복속되어 조공하는 나라가 되었는데, 그 후 언젠가 이탈하여 이를 바로잡기 위한 역사가 있었거나 진행 중인 것으로 기술하였다. 도요토미 히데요시(豊臣秀吉)의 '조선 정벌', 1905년의 '보호국', 1910년의 '병합' 등의 역사를 그렇게 기술하였다. '동양사'는 지나(중국) 외에 북방, 서역의 역사에 비중을 크게 두어 과거의 혼란한 역사 대신에 앞으로 천황의 '은택'으로 지배할 무대로 상정되었다. 그리고 '서양사'는 열강의 해외 침략의 역사를 크게 부각하여 경계의식을 가지게 하였다.

나카 미치요의 새로운 역사교육 방안에 대해 당시 문부대신이던 이노우에 고와시(井上毅, 1844~1895)가 큰 관심을 가지고 적극적으로 지원하였다. 이노우에 고와시는 이토 히로부미 제1차 내각 때 법제국 장관으로서 「대일본제국헌법」, 「황실전범(皇室典範)」, 「교육칙어」, 「군인칙유(軍人勅諭)」 등을 직접 기초하였다. 특히 「교육칙어」의 경우 초안을 직접 주도하였다.[15] 그는 일본은 현재 안정된 정권이 만드는 정부 여당이 나오기 어려운 환경에서 의원내각제가 도입될 수 없다는 견해를 내어 프로이센식 국가체제를 옹호하는 등 이토 히로부미의 국가체제 연구에 큰 영향을 끼쳤다. 그는 '국학(國學)'에도 관심을 많이 가져 문부대신 재임(1893. 3.~1894. 8.) 당시 제1고등중학교 순시 중에 나카 미치요의 '지나사' 강의를 듣고 크게 경복(敬服)하여 「지나사를 읽고(支那史를 讀む)」라는 글을 써서 나카 미치요에게 보내기도 하였다.[16] 나카 미치요가 문부대신 이노우에 고와시를 믿고 역사 3교과서 체제의 근간이 된 '동양사' 설정을 제안한 것은 의심의 여지가 없다. 1894년 상반기까지는 이노우에 고와시가 문부대신으로 재임 중이었다. 나카 미치요가 상정한 '동양사'의 동양은 일본 천황이 지배하는 새로운 동아시아 세계로서 이토 히로부미-이노우에 고와시 내각이 설정한 천황제 국가주의가 지향하는 목표와 일치하였다. 이노우에 고와시의 문부성이 나카 미치요의 제안을 채택한 직후 7월에 청일전쟁이 일어난 것은 결코 우연이 아니었다. 「교육칙어」와 '동양사' 과목의 설정은 천황제 국가주의 실현이라는 하나의 목표를 향한 구조물이었다.

2. 동방문화학원과 제국대학 출신 제1세대

1929년 창립된 동방문화학원은 도쿄, 교토에 각각 연구소를 둔 1원 2연구소 체제였다. 이 학원의 구성원인 이사와 평의원 명단은 (가) 『동방문화학원 20년사』(1948), (나) 『인문과학연구소 50년』(1979) 등에서 확인된다. (가) 자료는 도쿄연구소, (나) 자료는 교토연구소의 인력을 각각 소개하였다. 이 자료들에 제시된 인력 구성에 관해서는 동방문화학원의 구성과 관련하여 살핀 적이 있지만[17] 여기서는 각 연구소의 운영 중심으로서 이사와 평의원에 관해 살펴보기로 한다.

(가) 자료의 도쿄연구소는 동방문화학원의 운영 주체라고 할 수 있는 이사장 및 이사와 해당 연구소의 평의원 19명을 망라하였다. 이사, 이사장은 평의원 가운데 선출되었으므로 평의원 구성이 분석 대상의 핵심이다. (나) 자료는 교토연구소의 평의원 14명을 제시하였다. 평의원 가운데 1명이 소장을 맡았으며, 도쿄연구소와 같은 이사와 이사장은 없다. 그리고 본원인 동방문화학원의 이사진에 교토연

구소의 인력은 소수만 참여하였다. 교토연구소의 소장이던 가노 나오키와 문학부장으로 교토연구소의 건물 신축에 큰 역할을 수행한 하마다 고사쿠 2인이 본원 이사로 참여하였다.

두 연구소의 평의원 이상의 인력과 평의원 가운데서 지명된 '연구원'(과제 수행원)은 각각 도쿄제대, 교토제대 소속의 교수가 대부분이었다. 그리고 교토연구소의 평의원 인력은 절대다수가 도쿄제대 출신이었다는 것 또한 주의할 필요가 있다. 이 점은 바꾸어 말하면 교토연구소의 평의원은 도쿄연구소 평의원들의 '후배'가 다수였다는 것을 의미한다.

동방문화학원의 성격 파악을 위해 두 연구소 평의원들의 출생 연도, 교육 시기, 출신 대학에 관한 정보 등을 분석해보고자 한다. 본서 「부록 1-1」, 「부록 1-2」는 도쿄연구소와 교토연구소 평의원들에 관한 정보를 망라한 것이다.[18] 그리고 「부록 2-1」, 「부록 2-2」는 앞의 부록 자료를 토대로 두 연구소 소속 평의원의 학력 및 주요 기본 경력을 뽑아 분석 자료로 정리한 것이다.

본서 「부록 2-1」에 따르면, 도쿄연구소 평의원 19명은 다음과 같은 세대적(世代的) 조건을 가지고 있다. 평균 출생 연도는 1871년으로, 1929년 창립 당시 연령이 대체로 58세에 이른다. 동방학회가 간행한 『동방학회상(東方學回想)』의 표현에 따르면 일본의 '동방학'을 수립한 '선학(先學)', '제1세대 연구자들'이다. 이들이 중·고등학교를 졸업한 시기는 대체로 1886년 제학교령 이후로, 그 이전에 해당하는 경우는 4명에 불과하다. 앞에서 자세히 언급하였듯이 1870년대 구화주의(毆化主義) 열기 속에 생성된 프랑스식 혹은 미국식의 자유주의 교육제도가 1880년대 제학교령 이후 국가주의 교육체제로 크게 바뀌는 변화가 있었다. 동방문화학원 도쿄연구소의 평의원 절대다수는 국가주의 교육체제 아래 청소년기를 보낸 세대였다.

1883년과 1884년에 각각 고교를 졸업한 이치무라 산지로와 시마다 긴이치, 1882년에 제국대학에 입학한 야스이 고타로 등이 1886년 제학교령 이전에 중등과정을 졸업하였다. 하지만 그렇다고 해서 이들이 제학교령의 국가주의 교육 분위기 바깥에 있었던 것은 아니다. 그들이 진학한 대학은 1886년 '제국대학 설치령'으로 국가주의 교육 풍토에 영향을 받고 있었다. 1885년에 고등학교를 중퇴한 고조 데이키치는 번교(藩校)와 사숙(私塾)에서 소년기를 보내다가 1884년 제1고등학교에 입학하여 1년 후에 중퇴하여 세이세이코(濟濟簧, 지금의 구마모토熊本 현립縣立 세이세이코고등학교濟濟簧高等學校)에 들어가 1년을 수료하고 독학 생활로 들어갔으므로 예외적 존재라고 할 수 있다. 그러나 그는 1920년대 초반 다이토분카가쿠인(大東文化學院) 창립과 동시에 초대 원장 이노우에 데쓰지로의 초청으로 교수가 된 경력으로 볼 때, 이미 유교를 통한 천황제 국가주의 사상에 젖어 있었다. 이노우에 데쓰지로는 앞에서 살폈듯이 『교육칙어연의』를 통해 천황제 중심의 국가주의 교육 발양의 선봉에 서 있었다.

메이지 정부의 국가주의 교육정책은 1886년의 제학교령에 이어 1890년의 「교육칙어」로 마무리된다. 평의원 19명 가운데 1890년 이전에 대학 곧 제국대학 또는 도쿄제대를 졸업한 사람은 3명이다(이치무라 산지로, 시마다 긴이치, 야스이 고타로). 나머지 16명은 「교육칙어」가 반포될 때 대학 재학 중이었다. 일본에서 대학은 1877년에 처음으로 도쿄대학이 설립되었다. 1886년 「대일본제국헌법」의 기초로 나라 이름이 '일본제국'이 되면서 도쿄대학은 고부대학교(工部大學

校)를 통합하여 '제국대학(帝國大學)'으로 개칭하였다. 그리고 1897년에 교토에 제국대학을 두게 됨으로써 도쿄의 제국대학은 '도쿄제국대학', 교토의 신설 제국대학은 '교토제국대학'이라고 부르게 되었다. 도쿄연구소의 평의원 19명 가운데 독학 2명(고조 데이키치, 도리이 류조)을 제외한 17명 가운데 '제국대학'을 졸업한 사람은 6명, '도쿄제국대학'을 졸업한 사람은 11명이다.

본서 「부록 2-2」는 교토연구소의 평의원 14명의 신상에 관한 분석이다. 14명의 평균 출생 연도는 1874년으로, 1929년 현재 평균 55세이다. 도쿄연구소 평의원들보다 3세 연하이다. 14명 가운데 1886년 제학교령 이전 곧 국가주의 교육이 중·고교에 도입되기 전에 졸업한 사람은 2명에 불과하다(가노 나오키, 나이토 고난). 그리고 1890년 「교육칙어」 반포 이전에 대학을 졸업한 사람은 한 사람도 없다. 나이토 고난(나이토 도라지로) 한 명만 1885년 아키타(秋田)사범학교를 졸업한 뒤, 대학을 다니지 않았으므로 예외이다. 또한 1897년에 개교한 교토제대 출신은 1명(오지마 스케마)에 불과하다. 나이토 고난과 오지마 스케마 2명을 제외한 12명이 제국대학 또는 그 후신인 도쿄제대 출신이다. 즉, 동방문화학원 도쿄, 교토 두 연구소의 평의원이 거의 도쿄제대 출신으로 채워졌던 것이다. 그들은 1889년 국가신도의 국교화와 1890년 「교육칙어」로 고양된 국가주의 분위기에서 대학 생활을 마친 세대였다.

앞에서도 언급하였듯이 필자는 1902년 일본 역사교과서가 3과목 체제로 정립된 뒤에 중등학교 교실에 배포된 일본사, 동양사, 서양사 3과목 교과서의 성립 경위와 내용상의 문제점을 검토한 적이 있다. 일본국회도서관에 소장된 42책(일본사 15, 동양사 16, 서양사 11)을 분석 대상으로 하였다. 새 교과서는 한국사(조선사)를 일본사에 편입하였으며, 동양사에서 중국사 외에 북방 유목민족의 비중을 높여 일본제국에 의해 새롭게 평정될 미래의 역사를 그리게 되는 역사관을 보이는 것이 태반이었다. 이와 함께 교과서 편찬에 참여한 사람들이 도쿄제대 출신이 절대다수라는 사실도 밝혀졌다. 분석이 가능한 편저자 13명 중 10명이 도쿄대학 혹은 도쿄제대 출신, 2명이 고등사범학교 출신이었다.[19] 다른 명문 사립대학, 심지어 교토제대 출신조차 찾아볼 수 없었다. 이는 곧 도쿄제대 출신이 중등학교 역사교과서 편찬을 주도하다시피 했다는 것을 의미하는 것으로, 이는 동방문화학원 평의원 구성과도 흡사하다.

3. 도쿄연구소 평의원 인력의 주요 행적

본서 「부록 2-1. 동방문화학원 도쿄연구소 평의원 인력 분석」에 따르면 도쿄연구소 평의원 19명의 전공별 분포는 한학(漢學: 경학經學, 고전학, 중국문학 포함) 7명, 사학 4명, 철학(유교철학, 인도철학 포함) 3명, 법학 2명, 공학 2명, 인류학 1명 순이다. 한학 전공자 가운데 이치무라 산지로처럼 사학을 겸한 예도 있다. 한학 전공자의 수적 우세는 도쿠가와막부 시대에 성행했던 '지나학(支那學)' 영향으로 볼 수 있지만, 1924년 '대지(對支)문화사업' 자체가 중국과의 공동추진을 추구하였기에 나타난 현상이라고도 할 수 있다. 평의원 19명의 이력에 나타나는 몇 가지 주요 특징을 살펴보면 다음과 같다.

첫째, 1900년 의화단 사건 당시 베이징의 각국 공사관이 연합하여 '농성(籠城)'할 때 이에 참가한 인물들이다. 초대 이사장을 역임하는 핫토리 우노키치와 신문기자 고조 데이키치가 이에 해당한다. 핫토리는 당시 중국에 유학 중이었는데, 의화단 사건이 발생하자 함께 유학 중이던 교토제대 측의 가노 나오키, 『닛포샤(日報社)』[20]의 특파원 고조 데이키치와 함께 농성하였다. 핫토리는 사건 종결 후 9월에 도쿄로 돌아와 농성 일기를 남기기도 하였다.

고조 데이키치는 1884년 제1고등학교를 중퇴하고 이듬해 고향 구마모토의 세이세이코[21]를 졸업 후 독학으로 중국문학과 경학(經學)을 공부하고, 1897년 31세 때 『지나문학사(支那文學史)』를 출간하여 국내외의 주목을 받았다. 이해 『닛포샤』에 입사하여 특파원 신분으로 중국으로 유학하였다. 중국 변법개혁파의 정기간행물 『시무보(時務報)』의 주필 량치차오(梁啓超, 1873∼1929)가 일본 문장 번역자로 그를 초청하였다고도 한다. 의화단 사건이 일어나자 『닛포샤』의 기자 신분으로 핫토리와 가노와 함께 2개월간 농성하였다. 핫토리와 가노는 1929년 동방문화학원 출범 때, 각각 도쿄와 교토 연구소의 책임자가 되었다.

둘째, 베이징 농성 이후 중국 유학 경험이 있는 자가 다수이다. (1) 핫토리 우노키치 (2) 우노 데쓰토 (3) 이치무라 산지로 (4) 시오노야 온 (5) 스기 에이자부로 (6) 야스이 고타로 등 6명에 달한다. 핫토리 우노키치는 동방문화학원의 가장 중심적인 인물로서, 1900년의 '농성'은 돌발적인 것이라고 하더라도 1902년 이후 중국과의 관계는 일본 정부와 밀접한 관계 속에 이루어졌다. 이들 6인의 출신 및 이력을 주목해볼 필요가 있다. 특히 대학을 졸업한 후 해외활동에서 모두 중국 경사대학당(京師大學堂, 베이징대학교北京大學校의 전신)과 인연을 가진 점이 주목된다.

(1) 핫토리 우노키치는 1867년 무쓰국(陸奧國)의 니혼마쓰번(二本松藩, 지금의 후쿠시마현福島縣 니혼마쓰시二本松市)의 하급 무사 핫토리 도하치로(服部藤八郎)의 셋째 아들로 태어났다. 아버지는 보신전쟁(1868)에서 전사하였다. 무쓰국은 도쿠가와막부를 지지하는 오우에쓰열번동맹(奧羽越列藩同盟)[22]의 하나로서, 무쓰국 출신의 핫토리는 앞서 언급한 모리오카번 출신의 나카 미치요와 마찬가지로 신정부로부터 환영받을 수 없는 신상 조건이었다. 그러나 1890년 제국대학 철학과를 졸업한 뒤에 메이지 정부가 문교 분야에서 중요시하는 인물이 되었다. 재학 중에 서양인 초빙 교수들로부터 철학사, 논리학, 심리학, 심미학, 역사학 등을 배우고 독일어, 라틴어도 익혔다. 이외에 지나(중국)철학, 한문, 사회학, 심리학, 심지어 정신물리학, 동물학, 생리학, 정신병학 등도 배웠다. 일본 최초의 교수(도쿄대학)로 알려진 도야마 마사카즈(外山正一, 1848~1900) 교수[23], 한학의 대가인 시마다 고손(島田篁村, 重禮) 교수[24]의 총애를 받았다. 그는 졸업과 동시에 도야마 마사카즈 문과대 학장의 소개로 문부성에 들어가 전문학무국(專門學務局) 국장 하마오 아라타(濱尾新, 1897년 문부대신, 1905년 도쿄제대 총장)[25] 밑에 들어가 학무국의 업무를 익히고, 그의 소개로 시마다 고손의 사위가 되었다. 핫토리는 도쿄제대 총장이 된 하마오 아라타가 결혼식 주례를 설 정도로 은사들의 촉망을 받았다. 핫토리는 의화단 사건 종결 후 1900년 9월에 귀국한 뒤 그해 말에 독일 유학길에 올라 라이프치히대학(1년), 베를린대학(1년 반)에 체류하던 중 1902년 6월 귀국 명령을 받았다. 문부성이 중국 정부로부터

경사대학당의 근대화에 적합한 인물 추천 요청을 받고 그를 보내기 위해 귀국을 명령했다. 핫토리는 경사대학당이 중국인에 의해 자율적으로 운영되는 방향에서 이에 필요한 인재 양성을 위해 속성사범관(速成師範館)을 개설하고, 우수 학생의 일본 유학을 제도화할 것을 건의하였다. 7년 만인 1909년에 도쿄로 돌아올 때, 중국 정부로부터 문과진사(文科進士)의 칭호를 받았다.

(2) 우노 데쓰토는 도쿄제대 한학과(漢學科)를 성적 우수자로 졸업하여 천황의 은사(恩賜) 시계를 받았다. 1907년 전후에 도쿄제대 조교수 신분으로, 동년배의 동양사학자 구와바라 지쓰조와 함께 중국에서 유학했으며, 귀국 후 견문록『지나문명기(支那文明記)』(다이도칸大同館, 1912)를 남겼다. 구와바라도 교토제대 교수로서 교토연구소의 평의원이 되었다.

(3) 이치무라 산지로는 1887년에 제국대학 고전강습과(古典講習科)를 졸업하였으나, 중국 역사를 주제로 쓴「지나사학(支那史學)의 일반(一斑)」을 졸업논문으로 제출하였다. 졸업 후 1888년부터 황족과 화족 자제의 교육기관인 가쿠슈인(學習院)에서 지나사(支那史)와 한문을 교수하였다. 1889~1892년에 중국 역사서를 현대적으로 서술한『지나사』6권을 발행하고, 1898년부터는 가쿠슈인 교수로서 도쿄제대 문과대학 조교수를 겸하였다. 1901년 5월 중국으로 출장하여 자금성(紫禁城)과 문연각(文淵閣) 사고전서(四庫全書) 등을 조사하였다. 1903년 2월에 다시 사적(史籍) 조사를 위해 중국 출장길에 올라 한커우를 비롯한 9개 지역을 돌아보았다. 사고전서 보관처로 유명한

항저우(杭州)의 문란각(文瀾閣)과 정씨팔천권루(丁氏八千卷樓, 송대)의 장서를 열람하고 6월에 귀국하였다.[26]

(4) 시오노야 온은 한학자로, 1902년 7월 도쿄제대 문과대학 한학과를 졸업할 때 천황으로부터 우등상을 받았다. 1905년 6월에 가쿠슈인 교수, 1906년 도쿄제대 문과대학 조교수가 된 뒤, 10월에 중국 문학을 연구하기 위해 독일과 중국 유학길에 올랐다. 독일에서는 라이프치히대학, 중국에서는 베이징과 창사에서 연구하고 4년 만인 1912년 8월에 귀국하였다.

(5) 스기 에이자부로는 1900년 도쿄제대 법과대학 정치학과를 졸업한 뒤 회계검사원에 들어갔다. 의화단 사건 후 1902년 중국 정부의 초청으로 경사대학당 교수로 가서 공법, 경제학 등을 강의하였다. 핫토리 우노키치가 중국에서 활동하던 시기와 동일하다. 1911년 신해혁명이 일어나서 이듬해 귀국하였다. 다시 회계검사원으로 돌아와 검사관, 제1부 제3과장의 직무에 임하였다. 일본 정부는 중국의 경사대학당 운영에 핫토리와 스기 두 사람이 장기적으로 관여하도록 하였다. 스기는 그 뒤 궁내성(宮內省)으로 옮겨 서기관, 참사관, 제실임야국(帝室林野局) 주사, 도서두(圖書頭), 제릉두(諸陵頭) 등의 직을 역임하고, 1932년에 제실박물관 총장이 되었다. 학계가 아니라 관계 특히 궁내성 관리로서는 거의 유일하게 동방문화학원의 평의원이 되었다.

(6) 야스이 고타로는 아버지가 존왕양이(尊王攘夷)운동을 하다가

1862년 도쿠가와막부에 체포되어 옥사하였다. 6세 때, 외할아버지 야스이 솟켄(安井息軒, 1799~1876)이 거두어 양육하여 야스이(安井) 성을 가졌다. 야스이 솟켄은 일본 근대 한학의 기초를 쌓은 인물로, 문하에 다니 다테키(谷干城, 육군 중장), 무쓰 무네미쓰(陸奧宗光, 외무 대신) 등 2,000명이 넘는 인재를 배출한 것으로 전한다. 야스이 고타로는 9세에 외할아버지의 고향인 미야자키현(宮崎縣) 휴가(日向) 미야자키군(宮崎郡)으로 이사하여 번교인 신토쿠도(振徳堂)에 다녔다. 1872년 14세 때 에도(江戸, 도쿄)로 올라와 솟켄의 산케이숙(三計塾)을 다녔다. 4년 뒤 솟켄이 사망하여 시마다 고손의 소케이숙(雙桂塾), 미지마 주슈(三島中洲, 1831~1919)의 니쇼가쿠샤(二松學舍)[27]를 차례로 다니다가 1878년 교토로 가서 구사바 센잔(草場船山)의 경숙(敬塾)에 들어갔다. 청소년기에 이런 한학 대가들로부터 가르침을 받은 야스이 고타로는 이후 '최후의 유자(儒者)', '한학의 태두'란 평을 받는 인물이 되었다. 1886년 제국대학 고전강습과 갑부(甲部, 국문학 전공)를 졸업한 후에 가쿠슈인의 조수, 조교수를 거쳐 교수가 되었다. 1902년 베이징 경사대학당의 초빙으로 교수를 지내다 1907년 귀국하였다. 핫토리 우노키치 일행으로 활약하였다.

위 6명은 핫토리 우노키치가 중심이 된 경사대학당의 신교육체제 확립에 관여한 점이 주목된다. 1920년대 중반부터 논의된 '대지문화사업'에 관한 중국 측과의 협의는 1900년대 경사대학당 육성 협력을 연고로 삼은 것이라고 해도 무방하다.

셋째, 1920년대 유시마성당(湯島聖堂) 재건 사업을 중심으로 한 유교진흥운동과의 관계이다. 1690년에 에도막부 시대에 제5대 쇼군 도쿠가와 쓰나요시(德川綱吉)는 막부 통치체제에 유교 도입의 필요성을 느껴 에도 내 유시마 지역에 공자묘(孔子廟)를 건립하여 성당이라고 불렀다. 도쿠가와막부는 이곳을 직할 학문소(學問所)로 지정하여 문교의 중심으로 삼았다. 그러나 메이지 왕정복고 후 구화주의가 만연하자 이곳의 중요 행사인 석존제(釋奠祭)가 중단되었다. 구화주의로 유교의 도덕이 쇠퇴하는 것에 대해서는 메이지 천황의 우려가 컸다. 이에 1880년에 우대신(右大臣) 이와쿠라 도모미(岩倉具視)가 나서 사문학회(斯文學會)를 조직하였지만, 석존제를 부활하지는 않았다.[28] 석존제는 1907년에서야 비로소 거행되었다. 이해 1월 공자석존제례회(孔子釋奠祭禮會) 발기인회가 조직되고, 4월 28일에 대성전(大成殿)에서 제1회 제전(祭典)이 거행되었다.[29]

공자석존제례회 평의원 20명 가운데 이노우에 엔료(井上圓了, 국가주의 불교운동 창도, 문학박사), 이노우에 데쓰지로(도쿄제대 교수, 다이토분카가쿠인 원장, 귀족원 의원), 가토 히로유키(加藤弘之, 제2대 제국대학 총장, 초대 제국학사원 원장), 다니 다테키(귀족원 중진), 나카 미치요(도쿄제대 강사, 동양사학자), 시게노 야스쓰구(제국대학 교수 출신, 역사학자), 시부사와 에이이치(渋澤榮一, 실업가) 등 명사의 이름이 많이 보인다. 제례위원회의 위원 10명 가운데도 이치무라 산지로(가쿠슈인 교수), 가노 지고로(도쿄고등사범학교장), 구와바라 지쓰조(교토제대 교수), 야스이 고타로(다이토분카가쿠인 교수) 등 학계 권위자들의 이름이 많다. 예시한 4명 가운데 가노 지고로를 제외한 3명은 모두 뒷날 동방문화학원의 평의원으로 선임된다.

전체적으로 1907년 공자석존제례회 관계자는 「교육칙어」 반포와 관련하여 천황제 국가주의를 부익(扶翼)하는 데 나선 인사들이 다수이다. 1907년은 일본제국이 대한제국에 조약 체결을 강제해 보호국으로 만들고서 이에 저항하는 광무제(光武帝, 고종)를 퇴위시킨 해이다. 이해에 아직 동궁이던 다이쇼 천황이 한국을 방문하였으며, 통감 이토 히로부미가 영친왕(英親王)을 인질로 도쿄로 데려갔다. 유교 국가로 알려진 한국을 강제로 보호국 체제로 만들어가던 시기에 일본 정계, 학계 등의 명사가 다수 참여하여 석존제를 부활하는 행사가 이루어진 것은 우연한 일로 보기 어렵다. 조선반도 지배는 대륙 진출 교두보의 안정적 구축을 의미한다. 한국이나 중국은 유교 국가였으니 이 나라들을 정복하는 수단의 하나로 유교의 제례를 부활한 혐의가 짙다.

유시마성당을 중심으로 1918년에 다시 한 차례 변화가 생겼다. 1880년 우대신 이와쿠라 도모미가 나서서 만든 사문학회는 1883년 아리스가와노미야 다루히토 친왕(有西川宮熾仁親王, 1835~1895)을 회장으로 추대하여 궁내성의 지원을 받아 교육기관으로 시분고(斯文簧)를 설립하였다. 이곳에서 적을 때는 30여 명, 많을 때는 100명이 넘는 학생들을 선발하여 교육하였다. 그러나 1910년대 들어서 쇠퇴하는 기운이 역력하였다. 1918년 6월 회장 고마쓰바라 에이타로(小松原英太郎, 1852~1919)는[30] 상황을 일신하기 위해 사문학회를 해산하고, 재단법인 사문회를 조직하여 제례회를 비롯해 유교 관련 소학회들(연구회研究會, 동아학술연구회東亞學術研究會, 한문학회漢文學會, 공자교회孔子敎會)을 모두 사문회에 모이게 하였다.[31] 1919년 제13회 석존제부터 사문회가 거행 주체가 되었다.

사문회는 1918년 발기 모임에서 한학의 부흥, 「교육칙어」의 익찬(翊贊), 국체(國體=황도皇道) 정신의 보급 등을 직접 표방하였다. 그런데 1919년 회장 고마쓰바라 에이타로, 1920년 부회장 마타노 다쿠(股野琢, 1838~1921, 제실박물관 총장 겸 내대신 비서관장)가 잇따라 사망하는 바람에 자작 시부사와 에이이치, 남작 사카타니 요시로(阪谷芳郎, 1863~1941, 전 대장대신), 이노우에 데쓰지로(도쿄제대 교수) 3명을 부회장으로, 핫토리 우노키치를 총무로 세웠다. 이어서 1922년에 공작 도쿠가와 이에사토(德川家達, 1863~1940, 귀족원 의장)를 회장으로 영입하였다.[32] 1918년은 일본제국이 대독 선전포고로 제1차 세계대전에 참가하여 동아시아에서 독일이 차지했던 이권을 그대로 접수하고, 중국에 대해 「21개조 요구」를 제시하여 성사시킨 해였다. 대내적으로 다이쇼 데모크라시의 사조가 높아져 천황제 국가주의를 유지하기 위해서는 왕도정치사상의 유교를 활용할 필요성도 있었다.

그런데 사문회의 중심이 된 유시마성당이 1923년 간토대진재(關東大震災)로 크게 소실되는 재난을 당하였다. 이에 사문회가 중심이 되어 '성당부흥기성회(聖堂復興期成會)'를 조직하여 전국적으로 모금운동을 전개하였다. 이를 바탕으로 유시마성당은 1935년에 재건되었다. 핫토리 우노키치는 사문회 창립 당시 총무이사가 된 후 1923년 재난으로 곧바로 부흥운동이 추진되는 바람에 줄곧 총무이사의 직임에서 벗어나지 못하였다. 1935년 부흥공사가 끝난 뒤에야 부회장으로 자리를 옮겼다. 성당 앙고문(仰高門) 앞에 세워진 석비의 '유시마성당(湯島聖堂)'이란 글자는 핫토리의 친필로 알려진다.

한편, 1925년 5월 사문회를 중심으로 성당 부흥 계획이 시작되어 내각총리대신 와카쓰키 레이지로 이하 관민의 유력자가 발기하여 도쿠가와 이에사토를 회장, 시부사와 에이이치를 부회장으로 하

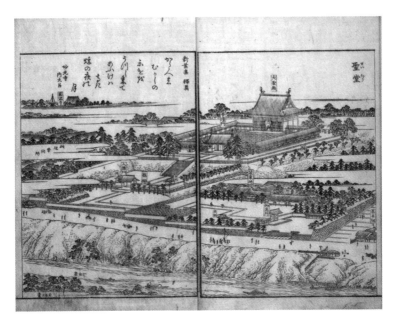

그림 9-1. 간토대진재 이전 유시마성당

『에도명소도회(江戶名所圖會)』(권5)에 실린 유시마성당으로, 간토대진재 이전 대성전을 비롯한 성당의 전경을 확인할 수 있다.

출처: 도쿄국립박물관.

여 성당부흥기성회를 조직하여 모금에 착수하였다. 쇼와 천황의 하사금 1만 엔을 포함하여 모금액 약 50만 엔으로 부흥 공사가 시작되어, 1933년(쇼와 8) 11월 27일에 상량식, 1935년 4월 4일에 준공식이 이루어졌다. 부흥성당의 건물 설계는 도쿄제대의 이토 주타 교수가 맡았다. 이토 주타 교수는 설계 업무를 수행하던 중에 1929년 동방문화학원의 평의원이 되었다. 1923년(다이쇼 12) 간토대진재 당시 재화(災禍) 극복을 위한 취지로 11월 10일자로 다이쇼 천황의 「국민정신 작흥에 관한 조서(國民精神作興ニ關スル詔書)」가 내려졌다. 이듬해 도쿄제대 우노 데쓰토 교수는 『국민정신 작흥에 관한 조서 석의

(國民精神作興ニ關スル詔書釋義)』(흥국봉조회興國奉詔會)를 지었다. 우노는 1911년에『공자교(孔子敎)』(후잔보富山房)를 낸 대표적 한학자로서 1929년 동방문화학원의 평의원이 되었다.

1918년 유시마성당의 활성화를 위해 사문회가 조직된 이래 1923년 간토대진재로 소실된 성당 재건을 위해 성당부흥운동이 추진되어 1933년 상량식이 행해지기까지의 과정은 곧 1924년 '대지문화사업'이 모색되기 시작하여 1929년 동방문화학원이 발족하는 것과 시간상으로 겹친다. 양자 모두 천황제 국가주의를 목표로 진행된 사업이라는 것을 확인해주는 일치이다.

1935년 4월 28일부터 수일간 새 성당에서 제1회 공자제전(孔子祭典)이 성당 부흥을 기념하는 유도대회(儒道大會)로 열렸다. 이웃 중국, 조선, 타이완의 유림 대표를 초청하여 '동아동문민족(東亞同文民族)의 친목'을 도모하였다.[33] 만주국 강덕제도 4월에 시기를 맞추어 도쿄를 방문하였다. 만주국은 '오족(만주족, 중국 한족, 몽골족, 조선인, 일본인)협화의 왕도낙토'라는 기치를 내걸고 건국하였다. 그렇게 건국한 만주국의 황제가 유시마성당의 부흥을 외면하도록 내버려두지 않았다. 핫토리 우노키치를 비롯한 도쿄제대의 유교, 유교 사상 전공자들은 유시마성당 부흥 사업을 만주국 수립의 국제적 정당성 부여 기회로 삼으려고 한 듯한 인상을 주기까지 한다. 일본은 만주국 건국을 위해 국제연맹을 탈퇴하였다. '오족협화의 왕도낙토'란 구호는 합중국 미국보다 더 훌륭한 다민족국가라는 것을 표방하여 이로써 국제연맹 탈퇴의 정당성을 확보하려 했다. 그 오족 공유의 유교 전통의 중심이 제국 일본의 제도(帝都)에 있다는 인식은 천황이 지배하는 새로운 동아시아 세계 곧 '동양' 건설의 정신적 기둥이 되리라는 기대가 없지 않았다.

4. 교토연구소 평의원 인력의 주요 행적

본서 「부록 2-2. 동방문화학원 교토연구소 평의원 인력 분석」에
따르면, 교토연구소 평의원 14명의 전공별 분포는 한학 3명, 사학
5명, 법학, 철학, 한문학, 언어학, 지질학, 물리학 각 1명이다. 1929년
동방문화학원 발족에 따라 평의원으로 참가하기 전까지의 이력에
보이는 주요 특징을 도쿄연구소 평의원 고찰에 견주어보기로 한다.

첫째, 1900년 의화단 사건 당시 '농성'에 참가한 사람은 가노 나
오키 1명이다. 도쿄연구소의 경우, 핫토리 우노키치와 고조 데이키
치 2명이었다.[34] 가노 나오키는 구마모토 태생으로, 그곳 도신가쿠
샤(同心學舍, 후에 세이세이코濟濟簧로 개칭)를 다니고 도쿄로 상경하여
가이세이중학교(開成中學校), 제1고등중학교를 거쳐 도쿄제대 문과
대학 한학과에 입학하여 시마다 고손의 고증학을 이어받았다. 앞에
서 살폈듯이 핫토리 우노키치는 대학 졸업 후 시마다 고손의 사위가
되었다. 도쿄, 교토 양 연구소의 책임자는 공교롭게 시마다 고손의
제자로 서로 절친한 사이라고 보아도 무방하다. 가노는 1900년 4월
에 문부성 유학생으로 베이징에 갔다가 6월에 의화단 사건이 일어나
'농성'에 참가하였다.

둘째, 베이징 공사관 농성 사건 이후 중국 유학 경력 소지자로는
가노 나오키, 구와바라 지쓰조, 야노 진이치 3명이 눈에 띈다. 도쿄연
구소의 6명에 비해 반수에 불과하다. 가노 나오키는 '농성' 후 8월에

귀국한 뒤, 이듬해 1901년 다시 중국으로 유학하였다. 도쿄연구소의 핫토리가 베이징 경사대학당의 교육사업을 담당한 것과 달리 가노 나오키는 상하이로 갔다. 여기서 『오사카아사히신문(大阪朝日新聞)』 기자 신분으로 중국 여행 중이던 나이토 고난과 동행자였던 중국인 뤄전위(羅振玉, 1866~1940)를 만났다.

나이토 고난은 1899년(34세) 9월부터 11월까지 북청(北靑) 및 창장(長江) 지방을 여행하면서 뤄전위를 비롯해 옌푸(嚴復, 1854~1927), 팡뤄(方若, 1869~1954), 원팅즈(文廷植), 장위안지(張元濟, 1867~1959) 등 중국 명사들을 처음 만났다. 1902년 10월 신문사 파견으로 시국에 대비하여 동청철도(東淸鐵道) 건설에 따른 만주의 형세를 시찰하고 북청 및 장쑤(江蘇), 저장(浙江) 각지를 다시 돌아보던 중이었다. 나이토 고난과 가노 나오키는 1907년부터 교토제대 동료가 되고, 뤄전위는 1911년 10월 신해혁명으로 일본으로 망명하여 1919년 6월까지 교토에 체류하면서 이들과 교유를 나눈다.[35] 나이토 고난에 대해서는 후술하기로 한다.

구와바라 지쓰조는 제국대학 문과대학 한학과를 졸업하고, 대학원에서 동양사를 전공하였다. 1898년부터 중등학교용 동양사 교과서 집필에 전념하였기에 1900년 의화단 사건에 관련되지 않았다. 문부성으로부터 중국 유학 파견을 명받은 것도 1906년 11월이었고, 이듬해 4월에 중국으로 출발하였다. 구와바라 지쓰조는 동양사 교육의 창립에 진력하고, 동서 교섭사 분야에서 많은 업적을 남겼다. 중국 유학 중(1907~1909)에 1차 자료를 사진으로 촬영하고, 귀국 후 교토제대에 부임하여 나이토 고난, 가노 나오키 등과 함께 '교토파 동양사학' 확립에 일익을 담당하였다.

야노 진이치는 1899년 도쿄제대 사학과를 졸업하고 같은 학과 조교수가 되었다. 1905년 중국 정부 초청으로 베이징의 경사대학당 진사관(進士館)에서 '교습(敎習)'으로 근무하고, 귀국 후 1912년에 교토제대 조교수가 되었다. 교토연구소 평의원 가운데 핫토리 우노키치가 중심이 된 경사대학당 교육사업의 유일한 참가자이다. 시기는 1905년으로 늦은 편이다. 교토연구소 평의원 선출과 핫토리 우노키치의 경사대학당 사업과는 연고 관계를 찾기 어렵다. 다만 그는 중국 근현대사 연구의 선구자 중 한 사람으로, 1930년대 만주국과 현대 중국에 관한 저술을 통해 '중국비국론(中國非國論)'을 주장하며 만주국 건국을 옹호하는 등 침략주의 논진의 선봉에 서서 도쿄연구소의 만주국 건국 이데올로기 제공자들과 노선을 같이하였다. 중국은 유교 정치의 이상인 '왕도국가'를 수없이 외쳤지만 한 번도 실현한 적이 없었으며, 일본제국 관동군이 지원해서 탄생한 만주국에서 이제 그 이상이 실현될 것이라는 논설을 제공하였다.[36] 야노 진이치는 뒷날 관동군과의 관계를 이렇게 밝혔다. 즉, 육군 대장 마쓰이 이와네(松井石根)가 만주국이 발족했을 때, 자신과 하네다 도루, 고니시 시게나오(小西重直) 등 3명을 관동군 임시고문으로 위촉하여 만주로 초청하여 하네다 도루에게는 만주국의 문화공작에 대하여, 고니시 시게나오에게는 만주국의 교육에 대하여, 자신에게는 역사가로서 만주국이 무엇인가와 일반 문제에 대하여 기탄없는 의견을 주기를 바랐다고 하였다.[37]

가노 나오키는 1903년 상하이에서 돌아와 '타이완구관조사사업(臺灣舊慣調査事業)'에 관계하였다. 1895년 타이완 점령 후 5년이 지난 1900년, 고타마 겐타로가 총독으로 있던 타이완총독부는 농업, 공업의 경제에 관한 관습 조사의 필요성을 느껴 내각 결의로 1901년 임시타이완구관조사회(臨時臺灣舊慣調査會)를 설치하여 1919년까지 현지 조사와 정리 사업을 계속하였다. 이 사업은 1903년 제1회, 1907년 제2회 조사 결과를 보고하였다. 이를 토대로 연구서 발간이 세 번 이루어졌다. 첫 번째로 『타이완사법(臺灣私法)』(1909~1911, 전7책 5,866쪽), 두 번째 『청국행정법(淸國行政法)』(1905~1915, 전6권), 세 번째 『타이완번족관습연구(臺灣番族慣習硏究)』(전8권, 3,932쪽, 오카마쓰岡松 편술) 등이 각각 출판되었다. 가노 나오키는 행정법학자 오다 요로즈(織田萬, 1868~1945)와 함께 두 번째 과제를 수행하면서 역사부문을 담당하였다. 두 사람 다 교토제대 교수 신분이었다.

오가와 다쿠지는 1893년 제국대학 이과대학 지질학과에 입학하였다. 1895년 재학 중에 도쿄지학협회(東京地學協會)가 타이완 지지(地誌) 편찬을 위촉하여 반년 이상 걸려 『타이완제도지(臺灣諸島誌)』를 집필하여 이듬해 간행하였다. 이것은 일본제국이 청일전쟁 승리로 타이완에 대한 지배권을 확보하여 이루어진 첫 자료 조사였다. 이 사업 시행 5년 뒤에 정부 사업으로 '타이완구관조사사업'이 이어진 셈이다. 오가와는 1896년 대학 졸업 후 1897년부터 농무성(農務省) 기사로 지질 조사 업무에 종사하고, 1900년 파리 만국박람회 일본 출품 심사관으로서 만국지질학회의(萬國地質學會議)에 참가하였다. 1902년 4월에 중국에 파견되었으며, 1904년 2월 러일전쟁이 발발한 뒤에는 대본영(大本營) 소속으로 중국에서 지질 조사 업무를 수행하였다. 1905년 9월 관동주(關東州) 민정서(民政署) 소속으로 업무를 겸하면서 중국 출장 명령을 받았고, 1907년에는 한국통감부(韓國統監府) 업무를 보기도 하였다.[38] 지리, 지질학 분야에서 식민 당국의 조사 업무에 종사하던 끝에 1908년 5월에 교토제대 문과대학 사학 · 지리학 제2강좌를 담당하게 되었다.

일본은 1895년 청일전쟁 승리로 배상금을 받았다. 문부대신 사이온지 긴모치가 배상금 일부로 교토에 제국대학을 하나 더 설립할 것을 제안하였다. 이 건의가 채택되어 '교토제국대학 설치에 관한 칙령'이 제정되어 1897년 6월에 교토제대가 출범하였다. 초대 총장으로는 문부성 학무국장 출신의 기노시타 히로지(木下廣次)가 취임할 정도로 초기에는 관 주도로 대학이 운영되었다. 창설 당시 계획으로는 법대를 먼저 설치할 예정이었으나, 공과 지망자의 급증으로 1897년에 이과대학으로 출발하여 1899년에 법대와 의대를 설립하였다. 문과대학은 후순위로 1906년에 설립되었다. 교토제대는 청일전쟁 배상금으로 설립된 탓인지 초기 교수들 가운데 상당수가 청일전쟁의 전리품인 타이완 연구 프로젝트에 참가하였다. 청일전쟁의 최대 전리품이었을 랴오둥반도가 '삼국간섭'으로 '반환'되자 타이완이 마지막 남은 영토 전리품이 되었다.

앞서 언급한 가노 나오키와 오다 요로즈는 '타이완구관조사사업' 수행 중 교토제대에 법대와 문과대학이 설립되자 바로 각 과의 교수로 부임하였다. 『타이완제도지』를 편찬한 오가와 다쿠지도 1908년에 사학 · 지리학 제2강좌 담당 교수로 부임하였다. 역사 분야에서 '교토학파' 창시자로 널리 알려진 나이토 고난도 타이완에서 기자로 활동한 경력이 있다.

나이토 고난은 4년 과정의 아키타사범학교를 2년 월반으로 마친 뒤 그곳 소학교 훈도(訓導)로 재직하다가 1887년에 도쿄로 가서 신문사에 취직하였다. 국가주의 불교 계열의 『메이교신지(明教新誌)』,

『만포이치란(萬報一覽)』, 『다이도신보(大同新報)』, 지방지 『미카와신문(三河新聞)』[39], 국수주의 단체 세이교샤(政教社)의 기관지 『니혼진(日本人)』, 『아지아(亞細亞)』 등을 거쳐, 1894년 7월 『오사카아사히신문』에 입사하였다.[40] 2년여 뒤 이 신문사를 퇴사하고, 1897년 4월 『타이완일보(臺灣日報)』 주필이 되어 타이베이(臺北)로 갔다. 이때 그는 타이완의 식민통치체제와 관련한 논설 기사 20여 편을 써서 보도하였다.[41] 그는 민정장관 고토 신페이(後藤新平)를 비평할 정도로 강한 논조의 글을 잇달아 실었다. 식민통치를 반대하는 것이 아니라 식민통치 방식의 미비 또는 부적절함을 비판하는 글들이었다.

그는 1년 만인 1898년 4월 『타이완일보』를 퇴사하고 5월에 도쿄로 돌아와 『요로즈초보(萬朝報)』의 논설 기자가 되었다. 자리를 옮겨서도 타이완에 관한 기사를 계속 여러 편 실었다.[42] 청소년기의 한학 수업으로 해박한 지식을 구사한 그의 논설은 호평을 받았다. 1900년 4월 『요로즈초보』를 퇴사하여 7월 『오사카아사히신문』에 재입사하여 논설을 담당하였다.

1902년 10월 나이토 고난은 『오사카아사히신문』의 기자로서 한국, 만주, 베이징 일원, 이어서 장쑤, 저장 각지를 유력하였다. 이 여행 중에 상하이에서 가노 나오키를 만났다. 1900년 의화단 사건 후 러시아의 랴오둥 진출 동향 파악이 여행의 중요한 목적이었다. 이듬해 1월에 귀국하자마자 곧 러시아의 만주 경영 시찰 결과를 근거로 대(對)러시아 '주전론(主戰論)'을 주장하였다. 이를 계기로 정부(외무성)와의 관계가 깊어졌다. 1905년 6월 외무성으로부터 만주군 점령지 행정조사를 위촉받고 시찰에 나섰다. 11월 베이징에 주재하는 특명전권대사 고무라 주타로의 전보 초청을 받고 베이징으로 가서 러시아에 관해 의견을 교환하였다. 1906년 1월 귀국한 뒤 외무성으로부터 다시 간도(間島) 조사를 위촉받고 이를 수행하기 위해 신문사를 퇴사하였다.

나이토 고난은 1897년부터 1907년까지 10년간 신문기자로서 타이베이, 랴오둥반도, 한국 등 식민지 또는 '보호국' 통치에 관한 적극적인 의견 개진으로 정부의 관심을 끌던 끝에 1907년 10월 교토제대 문과대학 강사가 되어 '동양사학 강좌'를 담당하게 되었다. 이어 1908년 8월부터 11월까지 간도·지린 지방을 시찰한 뒤 1909년 9월 교토제대 문과대학 교수가 되어 '동양사학 제1강좌'를 담당하였다.[43] 나이토 고난은 이 대학에서 가노 나오키, 구와바라 지쓰조 등과 함께 역사학에서 '교토학파(京都學派)'를 이루어[44] 시라토리 구라키치를 중심으로 한 '도쿄학파'와 쌍벽을 이루었다. "동쪽의 시라토리 구라키치, 서쪽의 나이토 고난", "실증학파 나이토 고난, 문헌학파 시라토리 구라키치" 같은 비교 표현이 여럿이었다.

타이완 조사와의 연고 관계의 인물로는 스즈키 도라오도 있다. 스즈키는 1900년 도쿄제대 문과대학 한학과를 졸업하고, 이듬해 『니혼신문(日本新聞)』에 입사하였다가 1903년 『타이완일일신보(臺灣日日新報)』 한문부(漢文部) 주임이 되어 타이베이로 갔다. 2년간 근무하고 1905년 퇴사하여 도쿄로 돌아왔다. 귀국 후 2년간 여러 대학에서 강사로 한문학을 가르치다가 1908년 12월 교토제대 문과대학 조교수가 되었다.[45] 신문기자로서 타이완 주재 근무가 인연이 된 것은 나이토 고난과 같다.

셋째, 1920년대 유시마성당 '부흥' 사업을 중심으로 한 유교진흥 운동과의 관계로는 다카세 다케지로가 있다. 다카세는 1898년 도쿄제대 문과대학 한문학과를 졸업하고 대학원에 들어가 이노우에 데쓰지로의 지도 아래 양명학(陽明學)을 전공하여 1905년 문학박사학위를 받았다. 중국철학 전공 제1호 박사학위였다. 학위 취득 후 바로 교토제대 조교수로 부임하였다. 1911년 중국철학 연구를 위해 중국, 영국, 독일, 미국 각국에 유학하고 귀국한 후 교토제대 교수가 되었다. 지도교수 이노우에 데쓰지로는 1899년 반포된 「교육칙어」에 대한 『칙어연의(勅語衍義)』를 지어 저명인사가 되었다. 유교의 국가적 지향은 다카세에 의해 더 분명한 내용을 갖추게 되었다. 다카세는 양명학의 견지에서 「교육칙어」의 중요성을 강조하였다. 양명학은 모든 인간은 양지(良知)가 있다고 주장하여 주자학과 차별화하였다. 다카세는 「교육칙어」를 '양지'를 소지한 모든 신민이 실천하여야 할 지침으로 풀었다. 그는 「교육칙어」로 표상되는 유교주의적인 천황제 국가를 옹호하여 서양에서 수입된 문명, 특히 윤리적 이기주의(개인주의)와 기독교를 공격하기도 했다.

교토연구소의 평의원 그룹 가운데 '유교진흥운동'과 연관 지을 만한 경력의 소지자는 다카세 다케지로 외에 더 찾기 어렵다. 그런데 역사 분야 '교토학파'의 대가 나이토 고난이 관동군 '엘리트' 장교 이시와라 간지와 특별한 관계로, 만주국 운영에 관한 조언을 한 사실이 구체적으로 밝혀져 주목받고 있다.[46] 이시와라 간지는 관동군 내에서 '만주영유론(滿洲領有論)'을 앞장서서 주장한 '엘리트' 장교로서 만주 역사의 대가 나이토 고난을 특별히 존경하였다. 이시와라 간지는 나이토 고난이 현지 조사차 만주에 오면 그를 직접 도왔으며, 이 관계는 나이토의 제자로 만철의 만선역사지리조사부에 근무하는 이나바 이와키치(稻葉岩吉)를 매개로 긴밀하게 유지되었다. 간사이대학

(關西大學) 도서관의 나이토문고(內藤文庫)에 소장된 서간(書簡) 자료를 이용한 타오더민(陶德民)·후지타 다카오(藤田高夫)의 연구로 다음과 같은 사실이 새롭게 밝혀졌다.[47]

1932년 6월 30일자로 나이토 고난이 교토 거주처에서 조선 경성부 거주(화천정和泉町 관사官舍 3호)의 이나바 이와키치 앞으로 보낸 편지가 발견되었다. 이 편지에서 나이토는 이시와라 간지에게 "왕도(王道)나 대동(大同)이라는 미사여구보다 실제의 시책 효과를 중시"하라는 말을 전해주기를 부탁하였다.[48] 이 조언은 『타이완일보』 시절에 총독부의 민정(民政)을 논할 때의 논조와 같은 것이라고 할 수 있다. 이 서간과 함께 그 무렵에 쓴 나이토 고난의 글도 비슷한 경향을 보인다.

나이토 고난은 편지를 쓴 다음 달 7월에 같은 취지의 내용으로 「만주국 금후의 방침에 대하여(滿洲國今後の方針に就いて)」라는 글을 잡지 『다이아지아(大亞細亞)』에 발표하였다. 또 위 연구에서는 이시와라 간지의 '만주영유론'과 관련하여 다음과 같은 사실도 밝혔다. 1928년 10월 20일, 관동군 작전 주임으로 뤼순에 부임한 이시와라 간지는 세계 최종전의 전초전으로서 '동아대지구전(東亞大持久戰)'을 준비하기 위해 관동군 고급참모 가운데 지나(支那)통인 이타가키 세이시로(板垣征四郎)와 함께 만주사변과 만주국 건국을 획책하였다. 나이토 고난은 이시와라가 만주국을 "동아연맹(東亞連盟)의 기지로서 왕도에 의한 이상 국가 건설을 꿈꾼" 것을 알고 조언을 담은 편지를 보내게 된 것이며, 이시와라의 동아연맹 기지는 곧 대미(對美) 지구전을 위한 것이라고 하였다.[49]

이시와라 간지를 비롯한 관동군 참모부의 '엘리트 장교들'이

1931년 만주사변을 일으킬 때 미국에 대한 지구전을 기획하였다는 사실은 그들이 요시다 쇼인의 '주변국 선점론'을 의식하고 있었다는 증거이다. 앞에서 언급하였듯이 제1차 세계대전 이후 윌슨 미국 대통령의 주도로 탄생한 국제연맹이나 워싱턴 해군군축회의에서의 열강들의 일본 견제 등은 메이지 정부 이래 일본제국의 대외 팽창주의와 충돌하는 것이었다. 도쿠토미 소호 같은 언론인도 이미 1915년 무렵 미국 경계론 또는 반미 성향의 글을 쓰고 있었지만,[50] 군부의 '엘리트 장교들'도 마찬가지였던 셈이다. 신생 만주국이 표방한 '오족협화'의 복수 민족 구성은 곧 미합중국의 다민족 구성을 의식한 것이었다. 만주국은 미합중국보다 더 우수한 다민족국가라는 점을 내세웠던 것이다.

교토연구소 평의원 구성원의 연구 동향으로 신무라 이즈루의 '남만(南蠻)' 연구도 주목된다. 신무라는 1899년 도쿄제대 문과대학 박언학과(博言學科, philology-언어학과)를 졸업하였다. 그는 재학 중에 일본 최초의 언어학자 우에다 가즈토시(上田萬年, 1897~1984)의 지도를 받고 국어연구실 조수를 거쳐 1902년 도쿄고등사범학교 교수가 되었으며, 1904년 28세에 도쿄제대 조교수를 겸하였다. 1906년부터 1909년까지 3년간 영국, 독일, 프랑스에 유학하여 언어학 연구에 종사하였다. 1907년 유학 중에 교토제대 조교수가 되고, 귀국 후에 교수가 되어 언어학 강좌를 담당하였다. 그는 평생 교토에 거주하면서 사서(辭書) 편찬사업에 전념하여 아들 신무라 다케시(新村猛)와 공동작업으로 1955년 『고지엔(廣辭苑)』 초판을 출판하였다. 또 에스페란토 사용을 지지한 국제주의자로, 1908년 드레스덴에서 열린 제4회 에스페란토 대회에 일본 정부 대표로 구로이타 가쓰미(黑板勝

美, 역사학자)와 함께 참가하였다. 무엇보다도 1915년의 『남만기(南蠻記)』(도아도쇼보東亞堂書房)를 비롯해 '남만' 관계 서적을 9종이나 출판하였다.[51]

'남만'은 15, 16세기 포르투갈, 스페인 상인들과 기독교 신부들이 동남아시아를 거쳐 일본까지 내왕하던 그 시공간에 관련된 문물과 인물을 가리킨다. '남만' 연구는 16세기 유럽인들이 일본에 가져온 서양 문물과 '양학(洋學)', 그리고 기독교 금지로 이어진 충돌의 역사를 비롯해 동남아시아 문물에 관한 지식 등을 다루었다. 앞에서 살폈듯이 일본제국은 1914년 독일에 대해 선전포고하여 독일령 남양군도를 점령하였다. 신무라 이즈루의 '남만'에 관한 첫 저술이 1915년에 시작하여 1920년대에 '광기(廣記)' 형태로 이어지고 있는 것은 그간에 생긴 남양군도, 동남아시아에 대한 독자들의 관심과 무관하지 않다. 1943년에 출판된 『남만기』에 대해 남긴 한 독자의 글이 흥미롭다. 즉, 이 책은 "전시하의 출판으로서 일본군의 '남진(南進)'을 축복하면서, 전문적으로 남방 유래의 일본어 등의 온축(蘊蓄)을 피력하고 있다"라고 하였다. 또 "저자는 지나(支那)라는 말의 어원을 논하고 국민감정을 고려하면 쓰지 않는 것이 좋다는 의견을 표명하였지만, 본인은 강연에서 '지나', '지나인'을 연발하였다"고 지적하였다.[52]

교토연구소 소속 평의원 가운데 마쓰모토 분자부로의 관심 연구 분야인 인도 문화 및 불교 미술사학은 신무라의 '남만' 연구와 가깝다. 하지만 양자의 연고 관계는 특별히 눈에 띄지 않는다. 교토연구소의 또 다른 평의원인 신조 신조도 천체물리학 및 중국 고대 역술(曆術) 전공자로, 이처럼 특이한 분야의 연구자가 있다는 점은 교토연구소의 특징이다. 도쿄연구소 평의원 가운데 이들과 같은 연구 분야 전공자는 찾아볼 수 없다.

신조 신조는 1895년에 제국대학 이과대학 물리학과를 졸업했으며, 대학원에 재학 중이던 1897년 육군포공학교(陸軍砲工學校) 교수로 부임하였다. 1900년 교토제대 이공과(理工科) 조교수가 된 다음, 독일 괴팅겐대학교에 유학하여 천문학을 배우고 귀국 후 교수가 되었다. 그는 1918년 교토제대에 우주물리학교실을 설립하고 이학부장(理學部長)을 거쳐 1929년 학장(총장)에 취임했으며, 이때 교토연구소 평의원이 되었다. 1935년 그는 동방문화사업의 하나로 설립된 상하이자연과학연구소 제2대 소장으로 부임하였다. 1937년 중일전쟁 발발 후, 이듬해 시찰지 난징에서 과로로 급사하였다. 도쿄연구소에도 이토 주타, 세키노 다다시 등 공학부의 건축 전공자들이 있었다. 특히 세키노 다다시의 한국 건축 및 고분 조사활동은 후술하듯이 조선총독부 사업으로 이루어졌다.

교토연구소 평의원 가운데 오지마 스케마(1881년생), 하마다 고사쿠(1881년생), 하네다 도루(羽田亨, 1882년생) 등 3명은 1880년대 초반 출생이다. 1929년 동방문화학원 발족 당시 47~48세였다. 도쿄연구소의 1880년대 초반 출생자는 이들보다 4세 아래인 하라다 요시토(1885년생) 한 명에 불과하다. 교토연구소의 하마다 고사쿠, 하네다 도루는 고고학, 서역학 분야에서 각각 주목할 만한 연구 성과를 올렸다.

먼저, 하마다 고사쿠는 1902년 도쿄제대 문과대학에 입학하여 1905년 졸업할 때까지 서양사를 전공하고, 희랍(그리스) 미술의 동점(東漸)에 관한 주제로 졸업논문을 썼다. 대학원에 진학하여서도 일본 미술사 특히 외국 미술과의 관계에 관한 연구를 주제로 택하였

그림 9-3. 동방문화학원 평의원
시절의 나이토 고난
역사 분야에서 '교토학파' 창시자로
널리 알려진 나이토 고난도 1929년
동방문화학원 교토연구소 창설
당시부터 평의원으로 참여했다.
출처: 東方學會 編, 2000,
『東方學回想』I, 刀水書房.

그림 9-2. '일본 고고학의 아버지' 하마다 고사쿠
1936년 1월 동방문화학원 교토연구소에서 '고구려
벽화'에 관한 강의를 하고 있다.
출처: 東方學會 編, 2000, 『東方學回想』IV, 刀水書房.

그림 9-4. 만주국 출장 중인 이케우치 히로시
1940년 10월 동방문화학원 도쿄연구소 평의원을 지낸 이케우치 히로시(앞줄 오른쪽)는 랴오닝성
푸순에 있는 고구려시대 산성인 북관산성(北關山城)을 답사하였다.
출처: 東方學會 編, 2000, 『東方學回想』II, 刀水書房.

다. 고고학은 1910년대에 들어서 처음 접하였다. 1909년 9월 교토 제대 문과대학 강사가 된 뒤 이듬해 청나라로 출장을 가 둔황(燉煌) 에서 발견된 고문서와 남만주 유적을 조사하면서 고고학으로 전공 을 바꾸었다. 1912년 4월 효고현(兵庫縣) 고분 조사에 참여하고, 5월 에서 8월까지 남만주 조가둔(刁家屯)·목장역(牧場驛)의 고분을 발굴 조사하였다. 1911년에 「지나의 토우와 일본의 식륜(支那の土偶と日本 の埴輪)」(『예문藝文』 2-1), 「뤼순 조가둔의 한 고분(旅順刁家屯の一古墳)」 (『동양학보東洋學報』 1-2) 등 처음으로 고고학 관련 논문을 발표했다.[53] 1912년 12월에서 이듬해 1월 사이에는 미야자키현 사이토바루(西都 原) 고분군 조사 발굴사업에 참여하였다.

하마다 고사쿠는 1913년 3월 교토제대 조교수로 임명된 뒤, 바로 같은 달 시베리아를 경유하여 유럽(영국·프랑스·이탈리아·그리스) 유학길에 올랐다. 유럽 고고학을 공부하기 위해서였다. 첫 유학지는 영국이었으나 이듬해 제1차 세계대전이 발발하여 오래 있지 못하고 1916년 3월에 귀국하였다. 귀국 후 9월에 교토제대에 신설된 고고학 강좌를 담당하였다. 하마다 고사쿠의 고고학 현장은 일본, 한국, 만 주·몽골에 걸쳤다. 그가 쓴 단행본 발굴보고서만 총21종에 이르며, 그 가운데 일본 국내 보고서가 13종으로 다수이다.[54] '일본 고고학의 아버지'로 불리는 하마다 고사쿠는 일본 고고학 방법에 유럽 고고학 연구 방법을 도입하였다는 평가를 받는다. 단행본 보고서만 보더라 도 틀리지 않은 평가다. 1922년에 출간한 『통론 고고학(通論考古學)』 은 영국의 이집트 고고학자 플린더스 페트리(Flinders Petri, 1953~ 1942)의 『고고학의 방법과 목적(Methods and aims in archaeology)』 (1904)을 참고하여 저술한 것으로, 일본 고고학을 궤도에 올리려는 노력이 남달랐다. 이 점은 후술할 하네다 도루와 마찬가지로 1880년대 초반 출생 세대의 새로운 면모이다. 그런데 일본을 넘어 '동양 고고학' 영역에서는 긍정적 평가로 일관할 문제는 아니다.

1926년 하마다 고사쿠는 도쿄제대의 하라다 요시토, 시마무라 고자부로(島村孝三郎) 등과 함께 외무성의 지원을 받아 동아고고학회(東亞考古學會)를 조직하였다. 또 중국 학자들과 제휴하여 동방고고학협회(東方考古學協會)를 설립하여 만몽 일대의 조사에 임하였다. 조선총독부 지원으로 진행되던 경주 금관총을 비롯한 한반도 내의 발굴조사에도 참여하였다. 해외 발굴조사 보고 단행본은 총8종이나 된다. 제국 일본의 대륙 진출정책과 관련된 발굴 성과에 대한 평가는 비판적으로 이루어질 필요가 있다. 일본제국의 고고학은 제국의 새로운 세력권으로 상정한 지역에 대한 현지 조사의 필요성에서 출발하였다.[55] 이 점을 도외시한 평가는 근원을 외면하는 것으로 객관성을 확보하기 어렵다.

하네다 도루는 하마다 고사쿠보다 1년 후배였다. 그는 하마다와는 달리 학부 때부터 서역 역사에 관심을 기울였다. 1904년 9월 도쿄제대 사학과에 입학하여 지나사학 곧 중국사를 전공하고 1907년 7월 졸업하면서 졸업논문으로 「몽고와활시대(蒙古窩闊時代)의 문화」를 제출하였다. 1904년부터 가쿠슈인 교수로 도쿄제대 사학과 교수를 겸한 시라토리 구라키치의 영향으로 짐작된다.[56] 그러나 대학원은 1907년 9월 교토제대로 옮겨 입학하였다. 그는 대학원에서 문과대학의 '동양사 강좌'에 등록하였다. 나이토 고난이 하네다를 교토제대로 불렀다는 말이 전하는데, 시기적으로 나이토 고난이 교수로 부임하기 전후인 것은 사실이다. 하네다는 대학원에 진학한 지 3년째

되던 1909년 9월에 교토제대 강사로 위촉받아 '동양사학 제2강좌'를 담당하였다. 1911년 10월 교토제대 문과대학 총서 제1호로 출판된 『대당서역기·동고이색인(大唐西域記·同考異索引)』(2권)은 하네다가 교정위원(校訂委員)으로 참가한 편수사업의 성과였다. 그에게는 서역사 관련 최초의 학술 성과였다. 이듬해 1912년 4월 학술 연구를 위해 나이토 고난을 따라 중국 펑톈과 베이징으로 출장하여 펑톈의 고궁 숭모각(崇謨閣)에서 『만문노당(滿文老檔)』과 『오체청문감(五體淸文鑑)』 등을 사진으로 촬영하였다. 두 문헌은 청 왕조 연구의 주요한 사료로서 나이토 고난의 만주 연구의 기본 사료로 활용되었다.

1913년 4월, 하네다 도루는 31세로 교토제대 조교수에 임명되었다. 이때는 아직 서역사 연구에 필요한 언어학 강좌를 담당하였다. 이듬해 6월 러시아로 출장 가서 그곳 연구진과 위구르문 불전(佛典)에 관한 협동연구를 하였다. 『천지팔양신주경(天地八陽神呪經)』, 『금광명경(金光明經)』 등이 텍스트였다. 그러나 러시아의 제1차 세계대전 참전으로 2개월 만에 귀국하였다. 1919년 7월 언어학 및 우랄 알타이어학 연구를 위해 2년 기간으로 미국, 영국, 프랑스 유학을 계획하였다. 제1차 세계대전이 끝난 직후였다. 1920년 3월에 출발하여 영국, 프랑스에서 둔황 문서, 서역 문서, 특히 위구르 문서 등을 조사·수집하였다. 미국은 가지 못하고 남은 반년을 펑톈에서 몽골어를 배우며 지냈다. 그는 남다른 연구 방법으로 견문과 자료 수집 노력 끝에 1922년 5월 『당대의 위구르에 관한 연구(唐代の回鶻に關する研究)』라는 학위논문으로 문학박사학위를 받았다.[57]

하네다 도루는 문학박사학위 취득 후, 1924년 4월 교토제대에서 교수 임명을 받고 문학부 '동양사학 제3강좌'를 담당하였다. 서역사를 중심으로 한 강좌 과정은 일본에서 처음 있는 일이었다. 교토제대의 서역사 연구는 이후 세계적 명성을 얻었다. 하네다 도루의 서역사 연구는 유럽의 일급 학자들과의 교류 속에서 선진적인 연구 방법을 구사한 점에서 고고학의 하마다 고사쿠를 연상하게 한다. 1926년 12월 동아고구회(東亞攷究會)에서 프랑스인 폴 펠리오(Paul Pelliot)와 공편(共編)으로 『둔황유서 제1집(敦煌遺書第一集)』을 간행하였다. 1928년 7월 외무성이 추진하는 동방문화사업 협의를 위해 중국에 가서도 톈진의 장서가 리성둬(李盛鐸)를 방문하여 경교(景敎)의 경전 『지현안락경(志玄安樂經)』을 필사하여 가져왔다.

이상은 하네다 도루가 1929년 4월 동방문화학원 교토연구소의 평의원으로 위촉받기 전까지의 학문 여정이다. 하네다 도루는 선배인 나이토 고난, 구와바라 지쓰조 등과 함께 교토제대의 동양사학 황금기를 구축하였다. 이 3명은 중국사, 만주사, 서역사 연구로 동양사의 폭을 크게 넓혔다. 나이토와 구와바라 사망 후에는 미야자키 이치사다(宮崎市定), 다무라 지쓰조(田村實造) 등과 함께 세계적인 동양사 연구의 거점으로서 교토제대의 입지를 확고히 하였다.

1938년 하네다 도루는 같은 문학부 교수였던 하마다 고사쿠의 급서로 후임 총장이 되었다. 폭넓은 학식과 견식을 가진 그의 연설은 타 대학 총장을 압도하였다고 한다. 학도병 출진식에서 "여러분, 가십시오. 그리고 돌아오십시오. 대학은 문을 열어놓고 여러분을 기다리고 있겠습니다(諸君´行き給え゜そして帰り給え゜大學は門を開いて諸君を待っている)"라고 한 그의 훈시는 학생들의 감동을 자아낸 일화로 전한다. 그러나 일본제국의 서역 연구는 천황이 지배하는 새로운 '동양' 건설이란 큰 명제의 굴레를 벗을 수 없었다. 유럽 석학과의 관계

도 국가 전략적인 면이 없지 않았다. 동양인으로서 연구 우위를 확보하여 유럽 학자들의 선점 의식을 희석하려는 의도가 없지 않았다. 1929년 4월 15일 하네다 도루는 '중앙아시아의 탐험과 그 의의'란 주제로 쇼와 천황을 위한 어진강(御進講)에 임하였다. 그 내용이 무엇이었을지 자못 궁금하다.

1932년 만주국이 건국된 뒤, 하네다 도루는 1935년 6월 만주국으로 출장하여 러허 방면의 고적을 조사하였다. 당시 동방문화학원 도쿄연구소의 평의원 세키노 다다시는 러허의 팔대사묘(八大寺廟)를 보수하여 닛코에 못지않은 영지(靈地)와 문화 대공원을 만들 것을 제안하였다.[58] 서역을 일본제국이 차지할 땅으로 만들어야 한다는 의식은 당시 연구자들이 공유하는 바였다. 도쿄제대의 서역사 연구의 '거장' 시라토리 구라키치는 "만주라는 지역은 역사적으로 여러 민족이 흥망을 거듭하던 혼란의 공간이며, 이는 현재도 계속되는 것으로 일본제국에 의한 평정만이 새로운 시대를 가져올 수 있다"고 확언하였다.[59] 하네다 도루가 이에 동의했는지는 알 길이 없으나 1937년 12월 그가 주도하여 교토제대 만몽조사회에서 『만화사전(滿和辭典)』을 간행한 것은 그런 목표와 무관하지 않다.

10장

동방문화학원과 「교육칙어」 세대의 학문 세계

1. 침략주의 '동방학'의 표본 인물 사례

1) 한국사 유린의 선봉 시라토리 구라키치

(1) 가쿠슈인의 침략주의 역사교육 체제

시라토리 구라키치는 도쿄제대 역사학의 중심으로 '교토학파'의 나이토 고난과 쌍벽을 이루었다. 1879년 14세의 소년 시라토리는 현립 지바중학교에 입학하였다. 이 학교의 종리(綜理, 교장) 나카 미치요와 교사 미야케 요네키치(三宅米吉)는 일본의 근대 역사학을 개척한 업적을 남긴 인물들이다. 소년 시라토리는 두 선생에게 감화를 받아 역사학자가 된 것으로 알려져 있다.[1] 그런데 정작 시라토리 자신은 이 관계에 대해 침묵으로 일관하였다. 1908년 나카 미치요가 세

상을 떠났을 때 시라토리는 「문학박사 나카 미치요 군 소전(文學博士 那珂通世君小傳)」을 발표하였다.[2] 이 글에서 중학교 시절의 두 선생에 관한 서술은 전혀 찾아볼 수 없다. 1928년에 대학 졸업 후 첫 부임지 인 가쿠슈인의 교육에 관해 쓴 글 「가쿠슈인 사학과의 연혁(學習院に 於ける史學科の沿革)」에서도 자신이 교육받은 과정을 말하면서 은사 들에 대해서는 전혀 언급하지 않았다.[3] 이 글은 메이지 초기의 초·중등학교 역사교육의 실상을 아는 데 도움이 된다. 주요 부분을 옮기 면 다음과 같다.

> 어린 시절 (나는) 데라코야(寺子屋, 서당: 인용자)에서 공부한 다음 8, 9세 때 소학교에 들어갔고, 중학교에 들어가서 "일본에서의 역사 의 역사"를 배웠다. 1879년부터 1882년까지 중학교에서는 제대로 된 역사과(歷史科)라는 것이 없었으며, 오직 한문과(漢文科)에서 일 본 역사라고 하여 미쓰나에(松苗) 씨의『국사략(國史略)』과 라이산요 (賴山陽)의『일본외사(日本外史)』를, 역사 공부라기보다 한문 학습용 으로 일부를 읽었다. 역사라는 것의 관념은 한문학에서 조금 얻는 데 그쳤고, 한문과에서는 일본 역사와 마찬가지로 지나사(支那史, 중국 사: 인용자)로『십팔사략(十八史略)』을 일부분 읽었다. 서양사로는 파 레의『만국사(萬國史)』를 영어 공부를 위해 가르쳤다. 이런 상태에서 중학교에서는 아직 역사로 독립한 과목은 존재하지 않았고, 우리는 방계적(傍系的)으로 역사의 한끝을 넘겨보는 데 그쳤다.

시라토리 구라키치는 1887년 제국대학에 신설된 사학과에 입학 하였다. 당시 역사학 교수는 정부 초청으로 부임한 독일인 교수 루드비히 리스(Ludwig Rieß, 1861~1928)뿐이었으며, 그에게서 서양사 강의를 들은 것이 역사를 처음 배운 것이라고 하였다. 시라토리가 25세되던 해인 1890년 7월 문과대학 사학과를 제2회로 졸업하고, 그해 8월에 가쿠슈인 교수로 임명되었다. 이곳에서 지나사 강의는 제국대학 한학과 출신의 이치무라 산지로가 담당하였고, 시라토리 자신은 새로이 '동양 제국(諸國)의 역사'를 강의하도록 명받았다고 하였다. 시라토리가 쓴 「가쿠슈인 사학과의 연혁」은 '동양 여러 나라의 역사'란 분야가 생긴 내력을 자세히 설명하고 있다. 이는 일본제국에서 '동양사'란 역사 과목의 등장과 관련이 있어 시라토리가 기술한 내용을 자세히 살펴볼 필요가 있다.[4]

시라토리는 자신이 부임한 시기를 가쿠슈인의 '에포크 메이킹 시대' 곧 한 시대를 바꾸는 때라고 표현하였다. 미우라 고로(三浦梧樓, 1847~1926) 원장이 학제 개혁의 큰 안목으로 새로운 역사교육정책을 단행하였다. 수업 연한은 중등과 6년, 고등과 3년, 총9년간의 교수 시간에서 역사 강의가 제일 많았다. 이는 문부성 관하의 일반 학교들과는 매우 다른 점으로서, 가쿠슈인에서 교육의 주안을 역사에 두었음을 의미한다고 하였다. 미우라 고로 원장은 "가쿠슈인은 화족의 학교이므로 그에 합당한 교육이 이루어져야 한다. 이에는 역사가 첫째다"라고 하면서 세간에는 아직 역사란 관념조차 생기지 않은 시대에 이미 가쿠슈인에서는 이렇게 역사가 교수 과목에서 가장 중요한 지위를 차지하고 있었다고 하였다.

시라토리의 글에 따르면, 중등과는 국사와 지나사를 가르치다가 6학년 때 서양사를 가르쳤고, 고등과는 서양사와 '동양 제국의 역사'를 가르쳤다. 한 해 앞서 부임한 이치무라 산지로가 지나사를 담당하고, 나머지는 시라토리가 맡았다. 시라토리는 대학에서 서양사밖에 공부한 것이 없는데, 학교 당국에서는 그가 최고학부를 나왔으니 무슨 역사든지 정통하리라고 생각했던지 중등과 과정에서 국사와 서양사, 고등과의 서양사와 '동양 제국의 역사' 모두를 가르치는 어려운 짐을 맡겼다고 하였다. 시라토리는 서양사라면 전공이고, 국사와 지나사라면 어떻게 감당할 수 있지만, '동양 제국의 역사'는 전혀 손을 댈 수 없어서 난처하였다고 고백하였다. "그때 '동양 제국의 역사'가 무엇인지 모르는 것은 우리 두 사람만이 아니라 세계 어디에도 아직 동양사 연구가가 없었지만, 이런 어려움에도 불구하고 가쿠슈인에 이런 개혁안을 시행한 것은 멀리 내다본 탁견"이라고 평하면서 문부성이 일반 중등 교육과정에 동양사 과목을 넣은 것은 이보다 10년 뒤라는 것을 특별히 상기시켰다.

가쿠슈인의 역사 과목과 문부성이 수립한 역사교육과정의 비교는 매우 중요하다. 시라토리가 지적한 대로 문부성 소관의 일반 중등학교 역사교육에서 '동양사'가 들어간 것은 1902년이었다. 1894년 4월 고등사범학교 교수들의 교과과정 회의에서 나카 미치요가 건의하여 근 8년의 준비를 거쳐 이뤄진 변화였다. 나카 미치요는 중등 교육과정의 역사교육이 과목 명칭부터 국사 또는 본방사, 지나사, 만국사 또는 외국사 등으로 혼란스러운 것을 없애려는 뜻에서 일본사, 동양사, 서양사 3과목으로 정리할 것을 제안하였다. 문부성이 이 건의를 수용하여 몇 차례 검토 회의를 거쳐 집필 지침을 마련하고 집필에 착수하여 3과목 교과서가 1902년 후반기에 실제로 중등학교 교실에 배포되었다.[5] 일반 중학교의 동양사가 가쿠슈인보다 10년 뒤라는 시라토리의 지적은 정확하다.

나카 미치요의 일본사, 동양사, 서양사 3과목 체제 자체는 나무랄 것이 없다. 가쿠슈인의 '동양 제국의 역사'가 문부성 안(案)에서 '동양사'로 정리된 것도 진일보한 느낌을 준다. 나카 미치요가 제안한 '동양사'는 도쿠가와막부 말기에 한학 차원에서 일컬어진 '지나사'에 주변 민족의 역사를 합친 것이다. 만주, 몽골, 서역 일대에서 흥기와 쇠망을 반복했던 여러 북방 유목민족의 역사를 중국사에 합쳐 동양 사라고 하였다. 이 3과목 역사교과서 체제에서 가장 창의적인 것은 '동양사'의 설정이다. 전후 시간 계열에서 보아 1890년에 이미 가르 치기 시작한 가쿠슈인의 '동양 제국의 역사' 과목이 1894년 나카 미 치요의 제안에 영향을 주었을 가능성은 매우 크다. 두 관계 당사자가 중학교 사제 관계라는 사실은 이 추정을 뒷받침하지만, 두 사람 모두 그 관계 여부에 대해서는 침묵하였다.

나카 미치요는 당시에 지나사가로 널리 알려졌다. 그리고 몽골 역사에도 관심을 가지고 업적을 내고 있었다. 친우인 미야케 요네키 치가 유럽 유학에서 돌아오면서 서역에 관한 서양학자들의 연구서 를 다수 가져와 나카 미치요가 그 책들을 읽고 중국과 주변 민족 역 사에 대한 인식이 새로워진 것으로 알려져 있다.[6] 그렇더라도 시라 토리의 서술에 따르면, 1890년에 가쿠슈인에서 '동양 제국의 역사' 과목이 개설되었고, 4년 뒤에 나카 미치요의 제안이 나왔으니 시계 열에서 전자가 후자에 영향을 주었을 가능성은 부인할 수 없다.

나카 미치요의 역사교과서 3과목 정비 제안에서 가장 중요한 것 은 '지나사'를 '동양사'로 바꾼 것이다. 막부 말기의 역사책들이 '지 나사' 곧 중국사 중심이던 것을 바꾸어 북방 민족의 역사를 포함하 여 '동양사'라고 하였다. 이것이 일본제국이 한반도를 거쳐 만주, 몽골로의 진출정책을 역사교육을 통해 뒷받침하려는 의도의 산물이란 것은 이미 밝혀졌다.[7] 나카 미치요의 제안이 1890년의 「교육칙어」, 1894년의 청일전쟁 사이에 나왔다는 것도 우연이 아니다. '동양사'의 '동양'은 일본 천황이 지배하는 새로운 동아시아 세계를 의미하는 것이었다. '동양 제국의 역사'라는 이름의 가쿠슈인의 '화족 자제'를 위한 특별한 교육이 「교육칙어」 반포 후 중등학교 역사교육의 '동양사'를 통해 '모든 신민(臣民) 자제'의 것으로 확장되었다. 뒷날 시라토리는 만주에서의 여러 북방 민족 흥망의 역사는 곧 '혼란', '변태'의 역사로서 그것은 현재진행형이기도 하면서 일본제국의 통치에 의해서만 해결될 수 있는 것이라고 하였다.[8]

시라토리는 가쿠슈인의 역사과 교육 내용이 문부성의 것보다 많을 뿐만 아니라, 문부성보다 10년이나 앞서 동양사가 있었으니 그 역사과는 완비된 것이라고 할 수 있다고 평하였다. 이에 더해, 당시 인격의 수양은 역사 교수(교육)에 근거해야 한다는 주장이 성행하여 수신, 윤리 과목은 아니지만, 각 과목의 교사가 실천으로서 역사를 가르치고 있었다고 하였다. 특히 역사과나 한문과는 금일의 윤리나 수신과를 겸하고 있었다고 하였다. 수신, 윤리라는 것은 곧 「교육칙어」의 실천을 목표로 하는 것으로서 천황의 국가 정책에 대한 복종을 의미한다.

시라토리는 '동양 제국의 역사'를 가르쳐야 하는 상황에서 눈앞에 펼쳐진 어려움을 돌파한 경험까지 언급하였다. 동양 제국 곧 동양의 여러 나라 중 어느 한 나라에 대해서도 지식이 없는 상태에서 일본에서 제일 가까운 조선의 역사부터 준비하기 시작하여, 2주 동안 『동국통감(東國通鑑)』을 다 읽고 이어서 『삼국사기(三國史記)』를 보았다고 하였다. 가르치면서 반은 배운다는 말이 있듯이 자신은 가르치는 것이 곧 처음 아는 것이 되었는데, 이렇게 해서 동양사로 입신하였으니 가쿠슈인의 음덕이 크다는 말로서 글을 맺었다.

나카 미치요의 제안에 따라 1902년 중등학교 교실에 배포된 새로운 역사교과서는 놀랍게도 한국사(조선사)를 동양사가 아니라 일본사에 넣었다. 앞에서 이미 서술하였듯이, 일본사 교과서에는 『일본서기』에 실린 진구 황후의 신라 정벌에 관한 기록을 사실로 인정하고, 한반도가 일본에 '복속'하여 조공을 바치는 땅이었는데 언젠가 이탈하여 '무례'를 범한 나라가 되었다고 하였다. 일본제국은 이 '무례'의 잘못된 역사를 바로잡는 것이 사명이라고 하였다. 이런 인식에서 조선사는 동양사가 아니라 일본사의 한 부분으로 편입되어버렸다. 1905년의 '보호조약'보다 3년 앞서 한국의 역사부터 일본 역사에 흡수·통합한 것이다. 이런 역사교육 탓인지, 1910년 '병합' 때 강제 병합의 현지 일선에 임한 일본군 병사는 물론 신문기자조차 눈앞에 벌어지고 있는 일이 침략 행위라는 인식을 전혀 나타내 보이지 않았다.[9]

가쿠슈인의 강화된 역사교육은 곧 문부성 신역사교과서 체제의 선행주자로서, 이를 주도한 미우라 고로는 메이지 정부의 중심 세력인 조슈 출신으로 육군 중장을 지낸 인물이다. 다만 번도(藩都) 하기(萩)의 번교 출신으로, 요시다 쇼인의 쇼카촌숙 출신의 주류와는 정치 노선이 달랐다. 그는 조슈의 군부 대표 격인 야마가타 아리토모보다 사쓰마 출신의 오야마 이와오(大山巖, 1842~1916) 쪽에 가까웠다. 1884년 2월부터 이듬해 1월까지 육군경(陸軍卿) 오야마 이와오가 유럽 군사시찰 순방에 나섰을 때, 가와카미 소로쿠(川上操六, 1848~

1899)와 함께 수행하였다. 미우라는 육군사관학교 교장, 가와카미는 보병대좌로 근위보병 제1연대장이었다. 당시 육군 소장 노즈 미치쓰라(野津道貫), 보병대좌 가쓰라 다로 등도 함께 수행하였다.[10]

시찰 후 10년에 걸쳐 일본 육군은 프랑스식에서 독일식으로 체제를 바꾸었다. 진다이(鎮臺) 중심의 지역 방어체제에서 해외 출정이 가능한 사단제(師團制)로의 대변혁이 이루어졌다. 조슈의 야마가타 아리모토와 사쓰마의 오야마 이와오를 중심으로 이루어진 개편 과정에서 다음 세대 리더로서 가와카미 소로쿠와 가쓰라 다로가 두각을 나타냈다. 미우라 고로는 개혁 전의 프랑스파 4장군의 한 사람이었다.[11] 그는 이 개혁을 비판하는 발언으로 군직(軍職)을 떠나 가쿠슈인 원장으로 부임하였다. 그는 1892년까지 가쿠슈인 원장으로 재직하다가 귀족원 의원으로 선출되어 가쿠슈인을 떠났다.

1894년 7월 일본제국은 조선을 차지하기 위해 청일전쟁을 일으켰다. 육군 확장의 주역들이 전쟁을 총괄하였다. 오야마 이와오가 육군대신, 야마가타 아리토모가 제1군 사령관, 가와카미 소로쿠가 대본영의 참모차장(본부장은 황족), 노즈 미치쓰라가 제5사단장, 가쓰라 다로가 제3사단장이 되었다. 전쟁이 끝난 뒤, 일본 육군은 한반도의 전신선 관리를 구실로 1개 대대 규모의 병력을 한반도에 잔류시키려고 하였다. 1880년대 후반에 조선 정부는 서로(西路) 전선, 남로(南路) 전선, 북로(北路) 전선을 이미 시설해놓고 있었다. 일본군은 이 시설을 장악하고 일부 구간에 군사 전신선을 가설하여 빠른 통신으로 청군을 선제적으로 제압하는 큰 이득을 누렸다. 삼국간섭으로 랴오둥반도를 포기하게 되자 일본 육군 지휘부는 이 전신선 관리를 구실로 병력의 잔류를 희망하였던 것이다. 그러나 조선의 고종이 강력하게 반대하면서 완전 철수를 명하자 새로운 대책을 모색하였다.[12] 즉, 조선에 비상사태를 만들어 친일정권을 세워 소기의 목적을 이룬다는 것이었다. 대원군과 왕비(명성후明成后) 사이의 반목을 이용하여 대원군이 쿠데타를 일으켜 왕비를 살해하는 것으로 꾸미고, 이때 일본군이 서울에 진입하여 무력을 배경으로 친일정권을 세울 것을 계획했다. 전시 통수 명령체계의 중심인 대본영의 참모차장 가와카미 소로쿠가 이를 주관하였는데, 그는 친구인 미우라 고로를 조선 주재 일본공사로 임명하여 실행의 중심으로 삼았다. 내각의 외무성 외교 일선이 완전히 배제된 상태에서 대본영 지휘체계를 통해 추진된 만행 계획이었다.

미우라 고로의 육군 확장 정책 반대는 제국 일본의 대외 팽창정책을 반대한 것이라기보다 주도권 싸움이었을 것으로 보인다. 가쿠슈인 원장으로서 역사교육 강화는 「교육칙어」 반포의 목표를 앞서가는 것이었다. 귀족원 의원 선출로 가쿠슈인 원장을 떠나 있던 중에 참모차장 가와카미 소로쿠가 그를 신뢰할 수 있는 친구로서 '중임'을 맡기자 기꺼이 수락하고 조선 주재 일본공사로 부임하였다. 미우라 고로의 이런 정치적 행보는 곧 가쿠슈인의 역사교육 특히 '동양 제국의 역사' 과목이 대륙 진출을 위한 '화족' 자제의 정신 무장을 목표로 한 것이었음을 스스로 입증하는 것이다.

(2) 시라토리 구라키치의 한국사 '유린'

1970년 시라토리 구라키치의 문인 제자들이 그의 평생 연구 성과를 모아 『시라토리 구라키치 전집』을 출간하였다. 총10권의 분류 제목은 다음과 같다.

제1권 일본 상대사 연구(상), 제2권 일본 상대사 연구(하)

제3권 조선사연구, 제4권 새외(塞外) 민족사 연구(상)

제5권 서역사 연구(상), 제6권 새외 민족사 연구(하)

제7권 서역사 연구(하), 제8권 아시아사론 (상)

제9권 아시아사론(하) (부: 서양 역사), 제10권 잡찬(雜纂) 타(他)

전집의 분류 제목은 그의 학문 영역을 그대로 보여준다. 『제3권 조선사 연구』에는 정식 논문이 21편, 논설 종류가 6편, 미완의 개설 「조선사 제1」과 「조선어와 우랄 알타이어 비교연구의 색인」 1건이 망라되었다. 논문은 대부분 조선 고대사와 조선어에 관한 것이다. 그런데 제10권의 「저작 목록」에 실린 강연문, 소론, 미발표 원고 등을 합하면 40편 정도가 된다. 제3권의 편집자 간다 노부오(神田信夫)의 「후기」에 따르면 조선사에 관한 것은 대부분 메이지 시대에 쓰고, 다이쇼 이후 곧 1910년대부터는 소수에 불과하다고 하였다. 다시 말하면 시라토리의 동양사 연구는 조선사에서 시작하여 만주, 몽골, 서역으로 옮겨갔다.

「저작 목록」에 나오는 첫 번째 글은 「역사와 인걸」(『사학회잡지史學會雜志』 1-3, 1890. 2.)이다. 이것은 도쿄제대 재학 중에 사학과 내 잡지에 실은 수필류의 글이다. 그다음이 「단군고(檀君考)」(『가쿠슈인보인회잡지學習院輔仁會雜誌』 28, 1894)이다. 역사학자 시라토리 구라키치 최초의 논문이 한국의 민족 시조 단군에 관한 것이다. 앞에서 보았듯이 시라토리는 첫 부임지 가쿠슈인에서 자신에게 부여된 '동양 제국의 역사' 강의를 감당하기 위해 가장 가까운 한국(조선)의 역사부터 보기로 하고 한국 역사의 머리에 있는 민족 시조 단군에 관한 논문을 썼다. 그런데 이 논문은 단군 설화가 삼국시대에 나온 것으로 보고 요(堯)와 같은 시대의 역사로 볼 수 없다고 하였다.[13] 단군 신화는 고구려 전성기 곧 장수왕 때 등장한 설화에 불과한 것으로 단정하였다. 한국의 역사는 중국 은나라의 망명 유신 기자(箕子)가 세운 것을 시작으로 보고, 그 뒤의 위만(衛滿)도 중국인으로 간주하였다.

일본사, 한국사(조선사), 북방사, 서역사에 걸치는 그의 역사 연구는 방대한 외양과는 달리 지리적 결정론 하나로 일관한다. 즉, '한지(韓地)'의 역사적 조건에 관한 장황한 설명은 여러 글에서 되풀이된다. 새외 곧 중국(지나) 북쪽 바깥인 만주, 몽골 지역에서 일어난 여러 유목민족의 남하, 지나(중국) 민족과의 대립 항쟁을 동양사의 기본틀로 세웠다. 지나는 '한지' 곧 한반도를 위해 북방 민족으로부터의 피해를 완화해주는 요인이어서 한국 민족의 지나 민족에 거는 기대와 숭경(崇敬)이 컸다. 한국 민족은 이 남북 충돌의 형세 속에 좌고우면하면서 겨우 눈앞의 소강(小康)을 얻는 데 불과하여 민족의 흥망과 힘의 소장이 계속 반복하는 가운데 국정이 동요하면서 나라의 중심을 세우지 못하였다는 것을 지론으로 삼았다.[14]

시라토리는 한국 민족을 둘로 나누었다. 북쪽의 고구려는 남쪽의 '한족(韓族)'과 계통이 다른 퉁구스 일족이라고 하였다. 한반도의 역사는 곧 남쪽의 진한, 변한, 마한의 '한족' 계통과 북방 퉁구스족의 하나인 고구려가 충돌 대립하는 구도를 설정하여 중시하였다.[15] 남쪽지역은 북으로부터의 압박, 곧 고구려 또는 지나의 압박에 대응하기 위해 일본을 끌어들이지 않을 수 없었다고 하였다. 『일본서기』의 진구 황후의 신라 정벌을 정사(正史)로 전제하여 남북 대치 구도의 중요한 축으로 삼았다. 신라는 진구 황후에게 정벌당하였지만, 곧 고구려 세력을 끌어들여 반항하면서 이탈하는 '무례'를 범하였다고 하였다. 반면, 백제는 '보호국'으로 일본과 우호관계를 지속한 것으로 설명하였다. 한반도 남부의 임나일본부를 인정한 것은 말할 것도 없다. 한때 용무(勇武) 곧 용감무쌍한 나라 고구려가 있었으나 근본적으로 한국은 북적(北狄), 지나, 일본 3대 세력 사이에서 치이고 압박당하여 지금 무기력한 빈약한 나라가 되었다고 논평하였다.[16] 시라토리의 견해는 1894년 봄에 나카 미치요가 제안하여 1902년에 모든 중등학교 교실에 배부된 역사 3분과 교과서의 일본사 교과서에 서술된 '복종예속'의 한국사 논지와 하나도 다른 것이 없다.[17] 그는 역사교과서에 큰 관심을 가지고 1908년 1월자로 중등학교 역사교사들을 위한 『통합역사교과서(統合歷史敎科書)』(사이토 히쇼齋藤斐章 지음)에 「통합역사교과서 서(序)」를 쓰기도 하였다.[18]

시라토리의 한국사 비하는 곧 일본사 자찬으로 이어진다. 그에 따르면 섬나라 일본은 세계의 모든 장점을 흡수한 실체이다. 근대 이전의 역사에서 아시아 대륙의 문화적 미질(美質)이 일본의 수려한 국토에 다 모였다. 서양 문물 접촉 전에 일본은 아시아에서 유일한 문명국의 힘을 가지고 있었다.[19] 진보는 일본의 특색으로, 한대(漢代) 문화의 영향을 받고, 남조(南朝)의 문화를 수입하고, 당대(唐代) 문물의 전래, 대승(大乘) 불교의 수입 등이 잇따랐다. 서양 문물도 일본에 맞는 것만 수용하였다.[20] 일본은 언어부터 주변 나라와 달랐다.[21] 따라서 그는 일본은 곧 동양 문화의 정수를 모으고 동서 문명의 접촉지라고 하였다. 이런 우수성은 만세일계의 황실을 중심으로 일본 국민이 결합한 힘의 결과로, 일본 민족은 남방 민족의 문화성을 주로 하고 북방 민족의 용무성(勇武性)을 더하여 남북 양 계통 종족의 장점

을 조화한 민족이라고 하였다.[22]

또한, 일본 황실은 지나(중국)의 주(周)나라에 해당하는 시기에 시작하였다고 보았다. 일본열도 안에는 아이누, 규슈, 야마토(大和) 세 세력이 있었다. 조선은 야마토의 속국(屬國)이었다. 일본은 고대에 이미 속국을 가진 나라로 지나와 교제하였다.[23] 황실은 오직 신민의 행복과 국가의 융성과 번창을 바랐다. 특정한 교리 신조를 내세워 바깥 세계와 우열을 다투는 것이 아니었다. 황국(일본)의 유교는 중국의 유교가 아니고 일본화한 유교가 되었으며, 황국의 불교는 인도의 불교가 아니라 일본화한 불교였으며, 황국의 야소교(耶蘇敎, 기독교)는 서양의 기독교가 아니라 일본화한 기독교가 되었다. 신도(神道)는 일정한 교의(敎義)를 표방하지만, 천황가의 황도(皇道)는 그렇지 않다. 천황은 현어신으로서 존숭받는 존재이다. 황도는 천황을 존숭하는 교(敎)이기 때문에, 천황이 신으로서 존숭되는 한 황도는 그곳에 존재하며, 천황은 오로지 신민의 행복을 염원한다. 진실로 이 목적에 부합하는 종교라면 어느 것이나 다 섭취 채용하였다. 황도는 포용적이면서 통괄적이다. 따라서 시라토리는 황국이 지금까지 동서양의 문화를 융합 동화하여 끝내 오늘의 융성을 이룬 것은 오로지 황도가 행해진 결과라고 웅변하였다.[24]

시라토리는 1910년을 전후하여 이미 황도주의자가 되어 있었다. 이 무렵에 쓴 「한국의 국시(韓國の國是)」란 글에서[25] 한국은 일본제국의 보호를 받는 것을 국시로 삼아 행복한 나라가 되리라고 하였다. 심지어 1905년에 일본의 보호국, 1910년에 병합으로 하나가 된 것은 한국이 역사적으로 겪은 모든 고난을 해소하는 쾌거라고 하였다. 일본제국이 이제 한국을 보호하는 나라가 됨으로써 남북 대결로 빚

그림 10-1. 시라토리 구라키치와 제자들 (1901~1902년경) 시라토리 구라키치(왼쪽)는 가쿠슈인에서 천황이 지배할 새로운 세계로서 '동양'의 역사를 개발하여 가르쳤다. 이러한 역사교육은 일반 '신민'뿐 아니라 황태자와 천황의 교육에서도 함께 이루어졌다.

출처:
白鳥庫吉全集刊行委員會, 1970,『白鳥庫吉全集』 第4卷, 岩波書店.

어지던 갈등이 없어지고, 일본의 보호와 지도로 입국의 기초가 공고해져 국민의 행복을 증진할 수 있게 되었으니 이를 국시로 삼으면 더 흔들리지 않을 것이라고 하였다. 이는 참으로 기쁜 일로서, 한국 국민은 이 국시를 호지(護持)하고, 일본의 우정과 성의를 신뢰하여 이 방침을 관철하면 국세가 점점 향상하고 일본도 이로써 더욱 안태(安泰)를 더할 것이라고 하였다.

1914년에 동궁어학문소(東宮御學問所)가 문을 열었다. 히로히토 (裕仁) 황태자(후에 쇼와 천황)는 화족 학교인 가쿠슈인 초등과 과정에 입학하여 교육을 받았다.[26] 초등과 졸업 후 1914년부터 7년간

(13~19세) 동궁어소(東宮御所) 내의 어학문소에서 5명의 학우와 함께 공부하였다. 유교 제왕학(帝王學)의 세자 시강(侍講)제도에 따른 것이었다. 시라토리 구라키치는 당시 도쿄제대 교수였지만, 가쿠슈인 교수를 겸하여 어용괘(御用掛) 곧 강의 담당자로 임명되었다. 이후 7년간 교무주임의 임무까지 겸하였다. 국사(일본사), 동양사, 서양사 3과목을 모두 담당하였다고 하지만, 현재 국사 과목만 내용이 확인된다.[27] 시라토리 구라키치 근찬(謹撰)의『국사(國史)』(원본 도서명)는 5권 60장으로 구성되었다.[28]「제1장 총설」,「제2장 신대(神代)」후,「제3장 진무(神武) 천황」부터 총58대 천황의 역사를 각 장(章)을 세워 서술하였다. 일반 역사책의 목차와는 달리 각 장을 역대 천황 중심으로 일본 역사를 설명하였다. 이 가운데 조선(한국)에 관한 것을 뽑으면 다음과 같다.

> **권1**: 제6장 주아이(仲哀) 천황「진구 황후, 신라 정벌하다」
> 제7장 오진(應神) 천황「조선반도」
> 제9장 유랴쿠(雄略) 천황「임나와 백제의 쇠퇴」
> 제11장 긴메이(欽明) 천황「임나부의 멸망」
> **권2**: 제2장「백제를 구하다」
> 제7장 고켄(孝謙) 천황「신라 토벌 계획」
> **권4**: 제8장 고코마쓰(後小松) 천황「명, 조선과의 통교」
> 제13장 고요제이(後陽成) 천황「명 정토 계획과 조선 출병」
> **권5**: 제10장 메이지(明治) 천황「조선의 문제」,「(러일전쟁) 전후의 상황과 한국병합」

동궁 교육을 위한 『국사』도 1902년 이후의 중등학교 『일본사』교과서와 마찬가지로 조선사(한국사)를 일본 역사에 편입시켰다.[29] 내용에서도 차이가 없다. 마지막 메이지 천황 시기의 청일전쟁, 러일전쟁은 책임을 한국에 돌리고 있는 것이 눈에 띈다. 이것은 시라토리 구라키치 특유의 '동양사에서의 남북 대립론'에 입각한 서술로, 한국이 약소국으로서 강대국의 형세에 의존하는 속성에서 비롯한 결과라고 하였다. 이를 옮기면 아래와 같다.

> 37~38년의 전쟁(1904~1905년 러일전쟁: 인용자)의 결과, 태평양상의 섬나라인 우리나라는 처음으로 아시아 대륙의 일각에 그 지보(地步)를 차지하고, 우리나라의 지위는 점점 향상하였다. 또 그 책임도 더욱 무겁게 되었으나, 동양의 평화를 확보하는 것은 우리나라 이외에는 없는 상황이 되었다. 그리고 우리나라가 앞서 청나라와 싸운 것도, 러시아와 싸운 것도 그 원인은 한국에 있었다.

필자는 일본제국의 대외 침략주의가 요시다 쇼인의 '주변국 선점론'에서 비롯한다는 것을 여러 차례 언급하였다. 서구 열강의 식민지가 되지 않기 위해서는 서구의 기술문명 특히 군사기술을 배워 열강에 앞서 일본이 주변국을 차지해야 한다고 주장하고, 그 제자들이 메이지 정부의 권력을 잡고 그대로 실천에 옮겨 수많은 침략전쟁을 일으켰다. 그리고 천황이 지배할 새로운 세계로서 '동양'의 역사를 개발하여 중등교육의 역사과목으로 삼아 가르쳤다. 이 왜곡의 역사가 일반 '신민'뿐 아니라 황태자와 천황의 교육에서도 함께 이루어졌다는 것은 주목할 만하다. 시라토리의 지리적 결정론은 침략을 합리화하기 위한 견강부회의 언설에 지나지 않는다.

도쿄제대의 역사학을 이끌었다는 시라토리 구라키치는 중등학교 교육에서부터 국가주의 교육을 받은 세대로서 제국대학의 엘리트 의식으로 차 있었다. 그의 역사학이 지닌 감성에 찬 어용(御用)의 굴레는 개인적인 허물에 앞서 일본제국이 져야 할 역사적 책임이다. 시라토리 구라키치의 허물은 최소한 동방문화학원에 속한 모든 지식인 그룹에 공통된 것이었다.

2) 세키노 다다시의 조선반도 유적 조사 의혹

동방문화학원 도쿄연구소 평의원 가운데 공학 전공은 도쿄제대 공과대학 교수 이토 주타와 세키노 다다시 두 사람이다. 이들은 모두 일본, 조선, 중국의 건축을 전공하였다. 이토 주타는 일본 고건축에 미친 인도 건축의 영향까지 폭넓게 연구하였다.

이토 주타는 1867년생으로 세키노보다 한 살 위였다. 제국대학 공과대학 졸업 연도로는 이토가 1892년, 세키노가 1895년으로 3년 차이다. 이토는 1893년 대학원 재학 중에 「호류지 건축론」을 발표하였고, 이듬해 1894년에는 영어 'Architecture'의 번역어 '조가(造家)'는 예술적 의미가 빠져 있다고 하여 '건축(建築)'으로 고칠 것을 제안하였다. 이것이 학계에 수용되어 1886년에 창립된 '조가학회(造家學會)'가 1897년에 '건축학회(建築學會)'로 이름을 고쳤다. 도쿄제대 공과대학 '조가학과'도 1898년부터 '건축학과'로 바뀌었다. 1895년 세키노 다다시는 '조가학과'를 졸업한 뒤, 이토 주타의 권고로 내무성(內務省) 기사(技師)가 되어 나라현(奈良縣) 고건축을 조사하는 일에 종사하였다.

이토 주타는 1897년 도쿄제대 공과대학 강사가 된 뒤 1899년 32세의 나이로 도쿄제대 공과대학 조교수가 되었다. 1902년 건축 연구를 위해 3년간 유학의 명을 받고 중국, 인도, 터키 등지를 유력하고, 1905년 구미를 거쳐 귀국하여 도쿄제대 교수로 승진하였다. 이토 주타의 외국 유학과 관련이 있었던지 세키노 다다시는 1901년 도쿄제대 조교수로 임명받고 이듬해 1902년 6월 도쿄제대 명으로 처음으로 조선으로 가서 '제1회 조선고적조사'를 수행하였다. 재직 대학의 명령은 내각의 결정을 이행한 것이었다.

세키노 다다시는 6월 27일 도쿄를 출발, 30일 고베(神戶)항에서 출항하여 부산을 거쳐 7월 5일에 인천항에 도착하여 곧 한성(서울)으로 갔다. 한성에서 성곽, 북한산성, 창경궁, 창덕궁, 경복궁 등을 조사하고, 개성으로 가서 나성(羅城, 외성), 내성, 왕궁, 만월대 등을 조사하였다. 조사는 사진 촬영을 위주로 이루어졌다. 7월 31일 배로 인천항으로 와서 다시 한성에 들어왔다. 8월 9일부터 후반 조사에 들어가 인천을 떠나 11일에 부산에 도착하였다. 동래, 양산 등지의 범어사, 통도사를 조사하고 육로로 북상하여 18일에 옛 신라의 수도 경주에 도착하였다. 3일간 읍성, 월성, 빙고, 분황사, 오릉, 태종무열왕릉, 불국사, 백률사 등을 조사하였다. 조선의 역대 수도, 즉 신라의 경주, 고려의 개성, 조선의 한성을 집중적으로 조사하였다.

경주에서 서쪽으로 향하여 영천, 대구를 지나 가야산에 오르고 여기서 남하하여 경상남도 칠원, 마산포를 거쳐 30일에 부산에 도착하였다. 이 일정은 임나일본부 지역 조사에 해당한다. 9월 4일에 부산항을 출발하여 5일에 나가사키에 도착하였다. 전 일정 62일간 고건축을 중심으로 하는 조사였다. 각지 유적을 사진으로 담아 1914년에 도쿄제대 공과학술보고 제6호로 『한국건축조사보고(韓國建築調査報告)』를 출간하였다.[30]

〈표 10-1〉에서 세키노 다다시는 일본, 조선, 중국(만주, 몽골 포함)의 건축 및 유적 조사로 일생을 보내다시피 하였다. 일본 국내에서 29회에 걸쳐 233개 지역을 조사하고, 조선에서 13회, 중국에서 6회에 걸쳐 조사에 임하였다. 일본 국내 조사에서도 건축사적으로 중요한 성과를 올렸지만, 13회에 걸친 '조선고적조사'는 일본 정부 또는 조선총독부 당국의 지원으로 이루어져 특별히 주목된다. 이에 관해서는 이미 여러 연구자에 의해 평가되고 또 문제점이 지적되었다. 그가운데 '조선고적조사' 자체의 동기에 관한 의문은 다음과 같이 제기되었다.

첫째로 1990년에 니시야마 다케히코(西山武彦)가 「'한국건축조사보고서'의 수수께끼」라는 글에서 과연 그 동기와 목적이 무엇인지를 물었다.[31] 니시야마는 글 제목대로 세키노 다다시의 조선고적조사 자체를 의혹의 대상으로 삼았다. 즉, '관명(官命)에 따른 조사'가 무슨 목적인지를 물었다. 내무성 기사의 신분으로 나라현의 고건축을 조사연구하던 그가 갑자기 도쿄제대 공과대학 조교수로 발령받은 다음에 바로 한국 파견 임무를 맡게 된 것이 매우 이례적이라서 그 과정에 무슨 의도가 작용한 것이 아닌가 의심하였다. 당시 공과대학 학장인 다쓰노 긴고(辰野金吾)가 세키노의 출발에 즈음하여 "한국 건축의 사적(史的) 연구에 치중하라! 그리고 되도록 폭넓게 관찰하라!"라고 지시한 것도 의혹의 대상으로 삼았다. 출장 명령과 조사 방향을 지시한 다쓰노 긴고 학장이 7개월 뒤인 1902년 12월 28일 퇴직한 사

표 10-1. 세키노 다다시 이력 및 국내외 출장(1903~1935)

시기	이력	출장		
		국내(일본)	한국	중국
1901	도쿄제대 이공학부(理工學部) 조교수			
1902	6월 내각 명령으로 조선 파견		제1회 조선고적조사 (7. 5.~9. 4.)	
1903	3월, 내무기사(종교국, 내무성) 3월, 의원면겸관(依願免兼官, 내각)	교토부(京都府) 외 5개 지역		
1904		후쿠시마현		
1905	6월, 건축학 제3강좌 담당(도쿄제대)			
1906	8월 16일	나가노현 외 1개 지역		중국 파견 (1907. 1. 11. 귀국)
1907	2월, 도쿄미술학교 도안과(圖案科) 교수 촉탁 6월, (파견 결정)	교토부 외 5개 지역	청·한 양국 파견 (1907. 9. 18.~1908. 1. 7.)	
1908	4월, 공학박사(문부성) 8월, 고건축물 조사 사무 촉탁(대한제국 탁지부)	나라현 외 7개 지역		
1909	5월, 일영박람회 출품계획위원	야마구치현 외 8개 지역	제2회 조선고적조사 (9. 16. 출발, 12. 23. 귀국)	
1910	10월, 사사(社寺, 신사와 사원) 고적 등 조사 촉탁(조선총독부)	교토부 외 11개 지역	제3회 조선고적조사 (10월)	
1911	8월, 사료 조사 사무 촉탁(조선총독부)	사이타마현 외 5개 지역	제4회 조선고적조사 (9. 11.~11. 7.)	

시기	이력	출장		
		국내(일본)	한국	중국
1912	8월, 고적 조사 사무 촉탁(조선총독부)	교토부 외 7개 지역	제5회 조선고적조사 (9. 16.~12. 16.)	
1913	6월, 문부기사 겸임(종교국, 내각)	교토부 외 11개 지역	제6회 조선고적조사 (9월~12월)	
1914	4월, 신사봉사조사위원회 (神社奉祀調査會委員, 내각) 6월, 메이지신궁조영국평의위원 (明治神宮造營局評議委員)	미야기현 외 15개 지역		
1915		나라현 외 7개 지역	제7회 조선고적 조사 (7월)	
1916	4월, 법륭사벽화보존방법조사위원 (法隆寺壁畫保存方法調査委員) 4월, 고적조사위원·박물관협의원 (조선총독부)	이바라키현 외 19개 지역	제8회 조선고적조사 (9월~11월)	
1917	6월,『조선고적도보(朝鮮古蹟圖譜)』, 프랑스학사원 '스타니슬라스 줄리앙 상' 9월, 메이지신궁봉찬설계 및 공사 위원(明治神宮奉贊設計及工事委員) 촉탁 (메이지신궁봉찬회)	이바라키현 외 8개 지역	제9회 조선고적조사 (6월~7월)	
1918	2월, 외국 유학 출발 (조선·중국·인도)		제10회 조선고적조사 (2월~5월)	
1919	유학(인도·영국·프랑스·스페인)			
1920	유학(이탈리아·스위스·독일·미국) 5월, 귀국 11월, 도쿄제대 교수 건축학 제5강좌 담당 11월, 사적명승천연기념물조사회 임시위원(내각)	교토부 외 5개 지역		

시기	이력	출장		
		국내(일본)	한국	중국
1921		오카야마현 외 12개 지역		
1922		나라현 외 16개 지역	제11회 조선고적조사 (5월)	
1923	12월, 학술연구회의 회원(내각, 1926년까지)	교토부 외 8개 지역	제12회 조선고적조사 (10월)	
1924		교토부 외 11개 지역	제13회 조선고적조사 (10월)	
1925		나라현 외 3개 지역		
1926		아이치현 외 7개 지역		
1927		나라현 외 10개 지역		
1928	3월, 도쿄제대 교수 정년, 고사사 보존계화조사(古社寺保存計畫調査)를 촉탁(문부성) 6월, 도쿄제대 명예교수(내각)	시가현 외 5개 지역		
1929	4월, 동방문화학원 도쿄연구소 평의원·연구원 11월, 국보보존위원(문부성)	야마나시현 외 15개 지역		
1930	7월, 제국미술원 부속 미술연구소 사무(문부성)	나가노현 외 9개 지역		난징(2개월)
1931		이와테현 외 3개 지역	(조선 출장)	허베이·산시·베이징(2개월 반)
1932		나라현 외 11개 지역		만주(1개월)

시기	이력	출장		
		국내(일본)	한국	중국
1933	4월, 중요미술품등조사위원회 위원(문부성) 12월, 조선총독부 보물고적명승 천연기념물보존위원, 만일문화협회(滿日文化協會) 평의원	나라현 외 4개 지역	(조선 출장)	러허(10월)
1934	법륭사국보보존협의회 위원 6월, 미술연구소 촉탁(문부성)	아이치현 외 5개 지역		
1935	7월 29일 사망			
합계		29회 233개 지역	13회	6회

※출처: 藤井惠介, 2012, 「關野貞の足跡」, 平勢隆郎·塩澤裕仁 編, 『關野貞大陸調査と現在』, 東京大學東洋文化研究所; 早乙女雅博, 1997, 「關野貞の朝鮮古蹟調査」, 『精神のエクスペヂシオン』, 東京大學.

실도 의문으로 삼았다.[32] 니시야마 다케히코는 의혹, 의심 끝에 학술조사라는 이름을 빌린, 일본 정부의 한국 침략을 위한 예비행동의 하나로 의심된다는 결론을 내렸다.

둘째, 김정동이 제기한 의문이다.[33] 2000년에 간행한 한 저서의 「이토 주타와 세키노 다다시의 전횡」이란 글에서 세키노를 "일본의 한국 침략 첩보에 앞장선 건축사가"라고 규정하였다. 제국대학 3년 선배인 이토 주타가 배후가 되어 '건축사가'가 첩보 역할을 한 것 자체를 특이 사항으로 간주하였다. 그리고 당시 주한 일본공사 하야시 곤스케(林權助)의 요청으로 대한제국 외무대신 임시서리 유기환(兪箕煥)이 1902년(광무 6) 7월 16일자로 강화, 개성, 파주, 부여, 은진, 경주, 합천 등지를 여행할 수 있는 호조(護照, 여권)를 발급해줄 것을 지시한 훈령(제15호)과 이에 근거하여 7월 17일에 발급된 호조의 이미지 2점을 제시하였다. 훈령에 표시된 세키노 다다시의 신분은 "제국 공과대학 조교수 겸 조신궁(造神宮) 기사 고사사보존회(古社寺保存會) 위원"으로 명시되어 있다.

셋째, 우동선도 2006년에 발표한 「세키노 다다시의 한국 고건축 조사와 보존에 대한 연구」에서 같은 문제를 정리하여 제시하였다.[34] 파견 명령의 배경을 비롯한 조사사업의 정황에 관한 앞의 두 연구의 문제 제기를 소개하고, 1909년의 두 번째 조선고적조사가 한국 탁지부 차관 아라이 겐타로(荒井賢太郞)가 탁지부 건축소 공사 고문이었던 쓰마키 요리나카(妻木賴黄)의 의견에 따라 의뢰한 조사였다는 사실도 소개하였다.[35]

1901년에 세키노 다다시가 갑자기 도쿄제대 공과대학 조교수 발령을 받고, 이듬해인 1902년 6월 하순에 '조선고적조사'에 나선 것은 일본 정부의 뜻에 따른 것일 확률이 매우 높다. 일본 정부는 당시 부산에서 서울 간 철도 부설이란 현안을 앞에 놓고 있었다. 여기에 도쿄제대 공과대학의 도움이 필요하였다. 일본제국 정부는 1895년 삼국간섭으로 랴오둥반도를 '포기'한 후, 이를 주동한 러시아와의 일전(一戰)을 결의하고 8년간 임시특별예산을 설정하여 군비 확장을 계속하였다. 청일전쟁 당시에는 '불평등조약 개정' 문제가 현안이 되어 구미 열강의 압력을 물리칠 수 없었지만, 이 문제도 1899년에 해결되어 구미 열강과의 관계도 자유로워졌다. 과도한 군비 확장은 1902년 당시 전쟁 수행비를 조달할 수 없는 상황이 되었다. 대장대신 마쓰카타 마사요시(松方正義)가 외채 조달을 위해 영국, 미국으로 떠났다.[36] 1902년 당시 전쟁이 일어날 확률은 매우 높았다. 이해 대한제국 황제는 8월 15일자로 러시아 황제에게 보내는 친서에서 러시아와 일본 양국의 전쟁을 예견하고 한러군사동맹을 제안할 정도였다. 당시 대한제국은 황제 즉위 40주년을 축하하는 예식 때 수교국의 특사를 초청하여 국제적으로 중립국을 승인받는 행사를 추진하고 있었다.[37] 일본 정부는 이에 민감한 반응을 보이면서 참석할 특사를 특정하기까지 하였다. 일본 정부가 도쿄제대 공과대학에 조선의 고건축 조사를 명분으로 세키노 다다시를 파견한 것은 이 국제행사와 연관하여 여행 허가를 의뢰했을 확률이 매우 높다. 첫 조사지 한성부에서 여러 궁궐 건물을 촬영할 수 있었던 것은 한국 정부가 그것을 칭경(稱慶) 예식에 관한 관심으로 간주하여 허용했을 수 있다. 그러나 일본 정부는 곧 일으키게 될 러시아와의 결전에서 한반도에 철도를 부설하는 문제가 다급한 현안이었다.

1894년 7월 25일 일본 정부는 청일전쟁을 일으키면서 조선 정부의 외무대신(김윤식)을 상대로 '일선잠정합동조관(日鮮暫定合同條款)'을 강제로 체결하였다.[38] 이 조약에서 경성-부산 간 및 경성-인천 간 철도 부설에 관한 규정이 있었다.[39] 이해 11월, 중국 동북부의 주롄청(九連城)에 있던 제1군 사령관 야마가타 아리토모는 천황에게 부산에서 경성을 거쳐 의주에 이르는 철도의 부설을 건의하는 「조선정책상주(朝鮮政策上奏)」를 올렸다. 그는 한반도를 종단하는 이 철도를 '동아대륙(東亞大陸)으로 통하는 대도(大道)'라고 일컫고, 나중에는 '지나(중국)를 횡단하여 바로 인도에 도달하는 도로'라고 표현하였다.[40] 이것이야말로 스승 요시다 쇼인이 제시한 주변국 선점론 실현의 큰 구상을 담은 그림이다.

청일전쟁 후, 일본 육군 군부는 전신선 관리를 위해 1개 대대 병력 이상의 잔류를 희망하였다. 그러나 그 제안이 조선 국왕(고종)에 의해 단호하게 거절되자 군부는 친일정권 수립을 위한 국면 전환을 노리면서 왕비를 살해하는 만행을 저질렀다. 원래 계획과는 달리, 만행이 일본인들의 소행으로 드러나 철도 부설 문제를 위한 당국 간 교섭은 엄두를 낼 수 없게 되었다. 전쟁이 종료된 뒤, 1896년 7월 은행가 시부사와 에이이치와 사업가 다케우치 쓰나(竹內綱) 등이 나서서 '경부철도 발기인회'를 조직하였다. 민간인을 앞세워 부설권 획득을 노린 것이다.[41]

청일전쟁 전에 조선 정부는 이 사업을 영국에 의뢰하려고 하였으나 전쟁으로 인해 영국과의 접촉이 성사되지 못했다. 일본 정부와 민간 양 방면의 노력으로 1901년 5월에 마침내 일본 정부가 경부철도 부설을 인가받았다. 이 인가에 관해서는 현재 자료상으로 구체적인 경위가 드러나지 않는다. 여하튼 1901년 도쿄제대 공과대학이 세키노 다다시를 조교수로 발령하고, 이듬해 1902년 6월 하순에 조선의 건축 및 유적 조사에 나서게 한 것은 이 '인가'와 1902년 4월 예정의 '즉위 40주년 칭경식' 초대와 밀접한 관련이 있었다.

야마가타 아리토모의 도쿄제대 공과대학 접속 루트로 후루이치 고이(古市公威, 1854~1934)로 상정한 연구가 있다.[42] 후루이치 고이는 도쿄제대 공과대학 초대 학장으로서 다쓰노 긴고의 전임자였다. 후루이치는 일본의 근대 토목공학, 토목행정의 최고 리더로서, 조선 반도에서의 철도 건설과 관계가 깊었다. 러일전쟁 전의 조선반도 수송 문제 담당관으로, 그 후에도 철도작업국 장관, 경부철도주식회사 총재, 한국통감부 철도관리국 장관 등을 역임하였다. 그는 야마가타 아리토모의 비호를 받아 제1차 야마가타 내각(1889. 12.~1891. 5.)에서 체신차관을 맡았다. 야마가타는 전문관료와 엔지니어들과 폭넓은 인맥을 형성하고 있었는데, 후루이치는 그 주요 멤버 중 한 사람이었다. 그는 1901년 경부철도 부설 문제가 해결되자 야마가타의 뜻을 받아 당시 도쿄제대 공과대학 학장 다쓰노 긴고에게 전달하였을 것이다. 다쓰노 학장은 먼저 조교수로 재직 중인 이토 주타와 의논했을 것이다. 이토 주타는 마침 해외 유학 계획이 있었거나, 아니면 이 일을 피하고자 유학길에 나서면서 후배인 세키노 다다시를 추천하였다. 세키노 다다시의 임무는 한국 역사의 중심 도읍과 철도 부설이 추진되는 지역의 형세를 둘러보는 일종의 광범위한 정부 자료 수집에 해당하는 것이었다.

세키노 다다시의 '조선고적조사'는 제2회부터 일본 정부가 아니라 한국의 통감부 또는 총독부 지원으로 이루어졌다. 1904~1905년의 러일전쟁 이후 '보호조약' 강제로 한국통감부가 설립되면서 외교권을 장악하고 내정권까지 발휘하는 가운데 한국에서의 조사사업은 통감부를 통하기 마련이었다. 세키노 다다시의 '제2회 조선고적조사'가 1909년에서야 이어지는 것은 그사이에 전쟁과 주권 탈취 등 정치적 과제가 중첩했기 때문이었을 것이다. 1910년 5월 제3대 한국통감으로 임명된 육군대신 데라우치 마사타케는 일본제국의 육군 총수 야마가타 아리토모와 같은 조슈 출신의 후배였다. 그는 러일전쟁 승리 후, 1906년 2월 사이온지 내각의 육군대신으로서 철도의 군사적 활용을 위해 철도 국유화 관련 법안이 상정되었을 때 가장 열렬한 추진 주체 중 한 사람이었다.[43] 1910년 한국통감으로 부임해서 이후 조선총독부 초대 총독이 된 그는 한반도의 경부, 경의 철도를 만주의 남만주 철도로 연결하기 위해 압록강 철교 건설을 강력히 추진하여 1911년에 개통하였다.

조선총독부 총독 데라우치 마사타케는 앞의 〈표 10-1〉에서 보듯이 세키노 다다시의 '조선고적조사'를 적극적으로 지원하였다. 이후 그 성과를 정리하여 『조선고적도보(朝鮮古蹟圖譜)』로 간행했으며, 이 저작은 1917년 6월에 프랑스학사원 '스타니슬라스 줄리앙 상'을 받았다. 데라우치는 1882년 간인노미야 고토히토(閑院宮載仁) 친왕이 프랑스에 유학할 때 프랑스 주재 무관으로 친왕을 수행하였다. 1887년 귀국 후 그는 육군사관학교 교장을 비롯해 요직을 두루 거치며 군부 실력자의 한 사람이 된다. 1910년 일본 육군대신의 직을 겸한 상태에서 조선총독부 제1대 조선총독으로 직무를 수행한 후, 1916년 10월 일본 정부 총리대신으로 승진하였다. 세키노 다다시가 『조선고적도보』로 프랑스학사원이 수여하는 상을 받게 된 데에는 총리대신 데라우치의 지원이 있었을 것이다. 데라우치가 세키노의 '조선고적조사'를 지원한 것은 조선의 독자 문화를 선양하기 위한 것은 결코 아니었다. 그것은 어디까지나 상고시대 이래 일본에 '복속'된 나라의 문화정리사업으로서 일본제국의 조선 통치가 문화적이라는 것을 구미 열강 앞에 보여주기 위한 것이었다.[44]

세키노 다다시가 유적 조사를 통해 현장과 유물을 사진으로 담아 도보(圖譜)로 남긴 공적은 크다. 그러나 조사 작업 자체가 정치적 의도에서 시작된 것이라면 학술적으로 어떤 평가를 받을 수 있을지 의문이다. 아라이 신이치(荒井信一)는 최근의 저술 『식민주의와 문화재: 근대 일본과 조선에 관하여 생각한다』에서 세키노 다다시의 조사사업을 다음과 같이 비판하였다.[45]

첫째, 1909년 탁지부 차관 아라이 겐타로의 요청으로 이루어진

그림 10-2. 세키노 다다시가 수집한 고구려 벽화 전시

1914년 4월 도쿄제국대학 공과대학 건축학과에서 주최한 제5회 전람회에 그동안 세키노
다다시가 수집의 고구려 벽화가 전시되었다.

출처: 關野貞研究會 編, 2010, 『關野貞日記』, 中央公論美術出版.

제2차 조사의 경우, 식민통치에 필요한 신(新)관청 건축, 구(舊)관청
의 해체 혹은 개축을 실행할 때의 문화재 건조물의 파괴, 개축 이용
의 가능성 등으로 고건축 조사가 요망되었다. 세키노 다다시가 (갑),
(을), (병), (정)으로 평가한 것에 따라 고건축물의 존속 폐기가 결
정되었다. 한 예로 많은 전각(殿閣)으로 이루어진 경희궁(慶熙宮)은
(병)으로 평가되어 1910년 '한국병합'이 강제된 해에 조선총독부에
의해 완전히 파괴되었다.[46] 아라이 신이치의 이 지적에 따르면, 이후
1913년까지 지속된 조사 끝에 1915년 병합 5주년 기념 공진회(共進
會) 장소를 마련하기 위해 경복궁 내 대다수 건물을 파괴한 것도 그
의 조사와 무관할 수 없다. 엄밀한 조사가 필요한 과제다.

둘째, 세키노 다다시의 조사는 건축에서 시작하여 고분 발굴을 포함한 유적 조사로 이어졌다. 후자의 경우, 세키노 다다시가 고고학자가 아니기에 조사는 아마추어적일 수밖에 없었다. 그런데도 그의 유적 조사는 "일본 고분 조사에 '신기원'을 이루었다"(후지타 료사쿠藤田亮策)라거나 "일본에서의 고고학 조사의 혁신 진보를 가져왔다"(하마다 고사쿠)라는 평을 받았다.[47] 발굴 현장을 사진으로 담아 보고서 책자로 남긴 것에 대해서는 이 평가가 타당할 수 있으나, 발굴 현장에 아마추어나 아마추어적 방식이 동원되었고, 매장품 수집가(도굴꾼)들이 뒤따랐다. 아라이 신이치는 이런 사실들을 지적하면서 사굴(私掘), 도굴에 의한 유적의 궤멸적 파괴를 조장하는 결과가 적지 않았다고 지적하였다.

아라이 신이치는 자신의 저서 앞부분에서 제국박물관(지금의 도쿄국립박물관)을 만든 구키 류이치(九鬼隆一)의 문화재 보존에 대한 특별한 인식을 소개하였다. 1894년 8월, 청일전쟁이 시작된 직후에 그는 궁중고문관(宮中顧問官) 겸 제국박물관 관장으로서 청국 및 조선의 문화재 수집에 '찬조'를 구하여, 일본 정부와 육해군 고관들에게 「전시(戰時) 청국 보물 수집 방법」이라는 방침을 보냈다. 전쟁 중에 '동양 보물의 정수' 수집을 완성하면, (1) 국력을 과시할 수 있고 (2) 일본이 동양 학술의 본거지가 되고 (3) 국산(國産)을 추진할 수 있다고 하면서 지금은 이로써 '국광(國光)'을 발휘할 수 있는 호기회이니 협조를 요망한다고 하였다.

그는 이런 취지로 전쟁에 편승한 수집 방법을 구체적으로 서술한 「요지」를 육군대신과 군사령관들에게 보냈다. 아라이 신이치는 이를 두고 중국과 조선에서의 군 주도의 문화재 약탈을 제안한 것으로 규

정하였다.[48]

세키노 다다시의 '조선고적조사'는 일본제국의 대륙 진출에서 가장 큰 이권이 결부된 철도 부설 계획을 비롯해 새로운 도시 계획에서의 건물 존폐 등 여러 주요 식민통치 현안과 관련되어 있었다. 학술적으로 처음 이루어진 것이란 점에 역점을 둔 평가로 일관하기에는 많은 문제가 있는 것으로 밝혀졌다. 1915년 경복궁에서 공진회 개최 이후 조선총독부박물관이 탄생하였다. 이 공진회를 위해 경복궁 경내의 전각들이 다수 철거되어 없어지거나 다른 장소로 옮겨졌다. 이 일에 그가 관여하지 않았을 리 없다.

공진회에서 가장 많은 사람이 모여든 곳은 철도관(鐵道館)이었다. 이곳에는 2층, 3층 누상 사이에 케이블카가 있고, 승차비 5전을 내면 탈 수 있었다. 위쪽 바깥 벽면에는 경의선, 아래쪽 벽면에는 경부선의 연선 그림이 걸려 있었다. 경부선에는 부산 부두에서 기차를 타고 대구의 시장을 내려서 보고, 서울 남대문 앞에서 내리는 형상이었다. 각종 연선 그림 이외에 철도관에서 사람들의 시선을 많이 끈 것은 일본의 대륙 진출 관문인 압록강 철교의 모형과 구아(歐亞, 유럽·아시아) 철도 연락의 모형도였다.[49] 이는 야마가타 아리토모의 아시아 광역 철도망 구상을 담은 모형도였다. 세키노 다다시는 1933년 러허를 방문하여 팔대사묘를 조사하고 이곳을 개발 보존하면 일본 닛코에 못지않은 문화관광 영지(靈地)가 될 것이라고 보고하였다. 야마가타 아리토모의 아시아 광역 철도망이 통과할 지점으로 상정하고서 그에 대한 자신의 착상을 피력한 것으로 보인다.

2. 제국 관학에 등 돌린 도리이 류조

1) 일본의 뿌리를 찾아 타이완에서 쿠릴열도까지

도리이 류조(鳥居龍藏, 1870~1953)는 일본의 인류학, 민속학, 고고학의 아버지라고 불리는 대학자다. 그의 활동과 저술은 1970~1971년에 출간된 『도리이 류조 전집(鳥居龍藏全集)』 전12권(아사히신문사朝日新聞社)에 집성되었다. 동방문화학원 도쿄·교토 연구소 평의원 33명 가운데 시라토리 구라키치, 나이토 고난, 도리이 류조, 신무라 이즈루, 구와바라 지쓰조 5인은 사후에 평생의 저술이 전집으로 출간되었다(본서 부록 1-1, 1-2 참조). 도리이 류조의 전집 제1권 머리에 둘째 아들 류지로(龍次郎)가 정리한 「도리이 류조 소전(鳥居龍藏小傳)」(이하 「소전」)이 실려 있다. 이와 함께 각 권에 붙인 「해제」가 인류학, 고고학, 토속학 세 분야에 걸친 그의 광범한 학문활동을 추적하는 데 큰 도움을 준다.[50]

도리이 류조는 1870년 4월 4일 아와국(阿波國) 도쿠시마(德島) 센바정(船場町)에서 태어났다. 아와국 연초사(煙草司) 소속 연초 도매상(大問屋, 오톤야) 아들로 태어났다. 도쿄연구소 평의원 19명의 평균 출생 연도는 1871년으로 계산되었다. 도리이 류조는 이 평균치에 근접한 시기에 태어났다. 이 연령층은 국가주의 신교육체제가 처음 적용된 중등 교육과정을 거치고, 1890년 「교육칙어」가 반포된 시기에 대학을 다녔다. 도리이 류조는 이 국가주의 제도권 교육 바깥에서 성장한 매우 이색적인 인물이다.

소년 도리이 류조는 수집벽이 강하고 정리에 능하였다. 1876년

6세에 간젠(觀善)소학교에 입학하였지만, 학교생활에 적응하지 못했다. 도미나가 이쿠타로(富永幾太郎) 선생의 방과 후 활동이 유일한 즐거움이었다고 한다. 도미나가 선생은 인근의 오타키산(大瀧山)으로 학생들을 데려가 주위 경관을 보면서 역사와 지리, 암석과 식물 등에 관해 얘기해주었다. 이때 도리이 류조의 자연과 인간에 관한 특별한 관심이 길러졌다. 그는 역사, 지리, 박물 관련 독서와, 고분이나 패총 찾기에 열중하였다. 정규 수업에는 흥미를 갖지 못하고 결국 소학교를 자퇴하였다. 가정에서 독학으로 고등소학교부터 중학교 과정을 공부하였다. 「소전」은 도리이 류조가 자퇴 후 향토의 선배 국학자들을 사사하면서[51] 『고사기(古事記)』, 『일본서기(日本書紀)』, 『만엽집(萬葉集)』 등의 고전을 배우고, 다케다 우시타로(武田丑太郎) 선생에게서 수학, 영어, 독어를 배웠다고 하였다. 『도쿄니치니치(東京日日)』, 『지지신보(時事新報)』, 『후쿠오카니치니치(福岡日日)』, 『야요이신문(彌生新聞)』 등으로 국내 사정을 익히고, 『지유신문(自由新聞)』에 연재된 프랑스 혁명사 번역문도 접하였다. 1883년 13세에 공립 신마치(新町)소학교의 중등과 제3급 졸업 증서를 받았다. 그의 독학 행진은 여기서 멈추지 않았다.

1886년 도리이 류조가 16세 때, 도쿄에서 '도쿄인류학회'가 조직되어 『도쿄인류학회보고(東京人類學會報告)』를 발간하였다. 학회에 관해 알게 된 도리이 류조는 바로 입회하였다. 도리이 류조의 학문 인생을 결정짓는 순간이었다. 입회 후 학회 간사 쓰보이 쇼고로(坪井正五郎) 교수의 서신 지도를 받았다. 고향 도쿠시마에서 인류학·고고학 조사를 실습하고 학회 간사 쓰보이 교수에게 이를 보고하였다. 『도쿄인류학회보고』와 『도쿄인류학회잡지』에 기고도 하였다.

1888년 도리이 류조가 18세 때, 쓰보이 교수가 도쿠시마에 와서 그의 집에서 숙박하였다. 도리이 류조는 인근에 있는 고분으로 쓰보이 교수를 안내하고, 그의 강연회도 개최하였다. 이를 계기로 도쿠시마 지역 학술모임이 결성되었다.[52]

1890년 9월, 20세가 된 도리이 류조는 도쿄로 상경하였다. 그런데 마침 쓰보이 교수가 유럽 유학 중이어서 귀향하였다가 1892년 12월에 가족 4명이 모두 도쿄로 이사하였다. 이해 여름에 쓰보이 교수가 귀국하였다. 이듬해인 1893년 제국대학 쓰보이 교수의 인류학 교실 표본정리계(標本整理係) 임시조수 직책을 받았다. 이때 쓰보이 교수의 인류학 강의를 대학생들과 함께 듣는 것이 허용되어 인류학 공부에 필요한 지질학, 동물학, 고생물학, 해부학, 발생학 등을 청강할 수 있었다. 그는 나중에 조수, 강사가 되어서도 문과대학의 언어학, 사회학 관련 강의, 그리고 역사 강의로 하가 야이치(芳賀矢一) 담당의 일본국민전설지(日本國民傳說誌), 시라토리 구라키치 담당의 흉노·동호(東胡) 민족사, 이치무라 산지로의 중국사 등을 청강하였다. 그는 도쿄제대의 직원으로서 여러 강의 중에서 자신이 필요한 과목을 선택하여 폭넓게 공부하였다.

1895년 25세 때 랴오둥반도를 조사하는 행운이 찾아왔다. 도쿄인류학회가 파견하는 최초의 해외 조사였다. 도리이 류조는 동아시아 곳곳을 찾아 37회에 걸친 해외 조사를 수행하였다(〈표 10-2〉 참조). 첫 조사가 이루어진 1895년 8월은 청일전쟁이 끝난 직후로 랴오둥반도에는 일본군이 주둔 중이었다. 이 조사는 처음에 도쿄지학협회(東京地學協會, 1879년 창설)가 제국대학 이과대학 진보 고토라(神保小虎, 1867~1924) 조교수에게 의뢰하였다. 도쿄지학협회가 스스로 기

표 10-2. 도리이 류조 해외 조사 일람

지역	연도(월)	횟수
만주	1895(8~12), 1905(9~11), 1909(3~5), 1927(8~10), 1928, 1933, 1935(11~12), 1938, 1940(허페이合肥 경유)	9
타이완	1896(여름), 1897(10), 1898(6), 1900(4), 1904(6~7)	5
류큐(오키나와)	1896, 1904(타이완 귀로)	2
지시마(千島)	1899(5~6)	1
가라후토(樺太, 사할린)	1921(6)	1
시베리아(동부)	1919(6~12), 1921(6. 사할린 연장), 1928(4~7)	3
서남 중국 (묘족苗族)	1902(7)~1903(3)	1
몽골	1906(3), 1907(6)~1908(12), 1930(8~12), 1933	4
조선	1910(여름), 1911(봄), 1912(봄), 1913(봄), 1914, 1915, 1916, 1932	8
산둥반도	1928(가을), 1940	2
남미	1937 브라질-페루-볼리비아	1
합계		37

※ 「도리이 류조 소전(鳥居龍藏小傳)」에 근거함.

획한 것이라기보다 정부의 의뢰를 받은 것으로 보인다. 진보 고토라 교수는 개인적인 사정을 이유로 평소 교류하며 지내던 도리이 류조에게 자기 대신 출장 조사를 가달라고 부탁하였다. 도리이는 인류학 조사를 병행하는 조건을 붙였다. 인류학교실의 쓰보이 교수 또한 이를 즉각 수락하여 도쿄인류학회의 파견 형식으로 출장 명을 받았다.[53] 〈표 10-3〉에서 보듯이 도리이 류조의 해외 조사를 지원한 기관은

표 10-3. 도리이 류조 해외 조사활동 지원 기관 일람

연도	조사 지역	지원 기관	연도	조사 지역	지원 기관
1895. 8.~12.	랴오둥반도	도쿄인류학회	1919. 1.~12.	동부 시베리아	도쿄제국대학
1896. 여름	타이완①	제국대학	1921. 6.	사할린, 시베리아(아무르)	?
1897. 10.	위와 같음②	위와 같음	1926	중국 산둥성	?
1898. 6.	위와 같음③	위와 같음	1927. 8.~10.	만주, 동부 몽골	남만주철도 주식회사
1899	기타치시마 (北千島)④	도쿄제국대학	1928. 4.~7.	동부 시베리아 및 만주	동방문화학원
1900. 4.	타이완⑤	위와 같음	1930. 8.~12.	몽골	카라친 왕부
1902. 7.~ 1903. 3.	서남 중국 묘족(苗族) 조사⑥	위와 같음	1932. 7.~8.	만주, 조선	문부성, 영상 교재촬영⑦
1904. 6.~7.	오키나와 (沖繩)⑧	위와 같음	1933. 3.	몽골	동방문화학원
1905. 9.~11.	만주⑨	위와 같음	1935. 11.~12.	만주	위와 같음
1906. 4.	몽골	카라친(喀喇沁) 왕부(王府)	1937	남미	외무성 사절단
1907~1908.	위와 같음	위와 같음	1938	화북, 만주	?
1909. 3.~5.	만주⑩	관동도독부	1939~ 1940	만주, 산시(山西), 산둥성(山東省)	옌칭대학 (燕京大學)
1911	남부 가라후토⑪	가라후토청 (樺太廳)			
1910~1916	조선(예비 1회, 조사 6회)	조선총독부			

① 타이완 동부 산지의 원주민(생번生蕃) 조사. 귀국 길에 오키나와(沖繩) 조사.
② 타이완 본도 동쪽 해상에 있는 훙터우위(紅頭嶼) 원주민을 조사하고 '야미(Yami)'족이라고 명명하였다.
③ 타이완 북부와 중부의 원주민 조사.

④ '봉칙의회(奉勅義會)' 회장 군지 시게타다(郡司成忠, 1860~1924) 대위의 초청으로
　도쿄제국대학으로부터 인류학 조사의 일환으로 지시마(千島, 지금의 쿠릴열도) 조사를
　명받았다. 그의 군함을 이용하여 에토로후토(擇捉島, 이투루프섬) 등 4개 섬을 조사하였다.
　패총, 주거지, 유적, 유물 조사. 지시마 아이누가 석기를 사용하고 토기를 제작한 것을
　밝혔다. 아이누 주민의 체질, 언어, 토속 등도 조사하였다. 군지 시게타다는 해군 장교이자
　탐험가, 개척자였다. 그는 1892년, 1896년 두 차례에 걸쳐 기타치시마 척식(拓殖)을 스스로
　수행하였다. 도리이 류조의 조사는 제2차 척식 시작 후 1904년 러일전쟁 중 봉칙의회가
　해산하기 전 시기에 이루어졌다(ja.wikipedia.org/wiki/%E9%83%A1%E5%8F%B8%E6%88%
　90%E5%BF%A0 참조).
⑤ 타이완 서부의 산지 조사, 원주민 안내로 최고봉 신가오산(新高山, 모리손산) 등정.
⑥ 타이완과 비교하기 위해 중국 서남부 산간에 사는 여러 민족, 특히 묘족(苗族) 조사를
　희망하였다. 도쿄제국대학의 인허를 받아 출장하여 묘족 촬영, 신체 측정, 언어, 토속 조사를
　마쳤다. 구이저우성(歸州省) 산간 지역 조사도 최초로 이루어졌다.
⑦ 「도리이 류조 소전」에서는 1931년 만주 조사는 문부성이 만주 각지의 교재 영화 촬영대를
　파견하여 도리이 류조가 그 지도자로서 가게 되었다고 하였다.
⑧ 오키나와(沖繩)의 미야코지마(宮古島), 야에야마(八重山)열도를 조사하여 패총 발견. 석기시대
　유적에 대한 고고학 조사 및 인류학 토속학 조사. 이때 야외 조사에 처음으로 납관(鑞管)
　축음기를 도입하였다.
⑨ 러일전쟁 후 랴오둥반도를 일본군이 장악한 상태에서, 도쿄제국대학이 이곳에 학술조사를
　위해 학자 파견 방침을 세워, 이과대학에서 도리이 류조를 파견하였다. 푸란뎬(普蘭店)에서
　석기시대 유적을 발굴하고 토기 석기를 채집하였다. 랴오양(遼陽)에서 전곽묘(塼槨墓)를 발굴한
　것은 만주에서의 최초 한대(漢代) 전묘(磚墓) 발굴이었다.
⑩ 한대(漢代)의 분묘 분포를 조사하고, 뤼순(旅順) 라오톄산(老鐵山)에서 적석총을 조사하였다.
　솽터우만(雙頭灣)에서 대패총을 발굴하여 토기, 석기, 골기, 기타를 다수 채집하였다.
⑪ 오로코, 기리야크, 가라후토(樺太, 사할린) 아이누 종족들에 대해 인류학적 조사를 하고
　토속품을 수집하였다.

소속 대학이 다수이다. 메이지 정부는 청일전쟁, 러일전쟁을 통해 새
로 점령한 지역에 대한 학술조사를 대학에 의뢰하여 관례처럼 시행
하였다. 앞에서 이미 살폈듯이, 청일전쟁으로 일본제국 속지가 된 타
이완에 대해 '구관(舊慣) 조사'란 이름으로 이루어진 것이 대표적 사
례이다.[54] 만주, 조선에서의 조사는, 앞에서 본대로 제국박물관 관장
구키 류이치가 「전시 청국 보물 수집 방법」이라는 방침을 만들어 군
부에 '동양 보물의 정수'를 수집해오기를 당부하기까지 하였다.[55] 제
국 일본이 동양 문화 연구를 통해 '국광(國光)'을 발휘할 절호의 기회

라고 그 이유를 붙였다.

도쿄제대와 교토제대는 정부의 방침을 따라야 하는 학교였다. 점령지 또는 속지로 편입된 지역 조사는 전문가 집단이 모인 제국대학으로 이관되어 대학 내의 해당 학과 또는 학회가 이를 수행하였다. 점령 지역의 자원 개발을 위한 지질 조사도 마찬가지였다. 도쿄제대의 조수급에 불과한 도리이 류조의 학술활동이 이 틀에서 벗어나 있기는 어려웠다. 그러나 그는 조사 현장에서 발견한 유물은 사진 촬영으로 끝내고 이를 반출하는 행위는 피하였다고 한다.[56]

첫 조사 지역이었던 랴오둥반도 슝웨청(熊岳城, 랴오닝성 잉커우시 營口市)에서 석기시대 석창(石槍)을 발견하고, 하이청(海城, 랴오닝성 동부) 성벽에 쌓인 돌에서 수호 사자상(獅子守り)이 새겨진 대석(臺石)을 발견하였다. 하이청의 시무청(枌木城)에서는 지석묘(dolmen) 2기를 발견하였다. 일본 인류학, 고고학의 아시아 대륙 최초의 야외 조사였다.

도리이 류조는 일본인, 일본 문화의 정체성을 찾는 데 주력하여 신석기시대의 석기, 토기, 패총에 관심이 많았다. 첫 해외 조사지 슝웨청에서 석기시대 유물을 만난 것은 반가운 일이었다. 시무청 지석묘 발견은 도리이를 이 분야의 개척자이자 최고 권위자로 이끌었다. 그는 해외 조사를 거듭하면서 지석묘가 몽골, 만주(랴오둥), 산둥반도, 조선, 일본 규수에 분포한 것을 확인 조사하면서 특히 한반도가 중심 발달 지역이라는 것을 알게 되었다. 이것은 석기시대 이후 고분시대(古墳時代)의 일본 문화의 맥을 찾는 데 주요한 단서가 되었다.

일본제국은 청일전쟁에서 랴오둥반도를 전리품으로 노렸으나 삼국간섭으로 인해 이를 포기하고 타이완만 속지로 인정받는 데 그쳤다. 통치 자료 확보로서 역사시대의 구관조사는 교토제대에 위촉하였지만, 원주민 조사는 도쿄제대에 위촉하여 도리이 류조가 4차례나 타이완에 다녀왔다. 그는 위험을 무릅쓰고 원주민이 사는 산악지로 찾아가서 그들의 체질, 언어, 토속을 조사하고, 평지에서는 패총 및 석기시대의 유적을 조사하였다. 타이완 원주민은 명·청 시대에 한족(漢族)이 이 섬에 들어오자 거주지를 산악지로 옮겨갔다. 타이완 인류학, 고고학의 시발인 이 조사에서 도리이 류조는 사진기를 처음 사용하여 유용한 자료를 후세에 남겼다.

도리이 류조는 일본인, 일본 문화 뿌리 탐구로 석기시대의 조몬(繩文)토기와 그 사용인인 아이누 탐구에 집중하였다. 타이완, 사할린, 쿠릴열도(지시마千島열도) 지역과 동부 시베리아(아무르 유역) 등지를 조사하여 일본열도의 아이누 종족이 남긴 유물과의 변별에 열중하였다. 소년 시절 향리 도쿠시마 근처에서 발견한 패총과 토기에 관심을 가지고 시작한 탐구였다. 몽골, 만주, 조선 등지 조사에서는 신석기와 고분문화 두 계통에 관심을 기울였다. 전자에서는 조몬토기 문화와의 변별, 후자에서는 고분시대 야요이(彌生)문화와의 이동(異同) 변별에 집중하였다. 타이완 조사 후에는 중국 남부 지역 오지의 묘족(苗族)을 찾았다. 일본열도 좌우 평행선상의 섬들에서 나타나는 원주민 문화가 대륙 남부 지역의 원주민 묘족과 상관이 있는지 확인하기 위한 탐사였다.

1906년 도리이 류조의 몽골행은 내몽골의 카라친(喀喇沁) 왕부(王府)가 여학당(女學堂)의 일본어 교사로 그의 부인 기미코(きみ子)를 초청하여 가게 되었다. 기미코와 결혼한 지 6년째 되는 해였다. 도리이 류조 자신도 이를 몽골 토속 연구의 호기로 삼고자 4개월간 몽골어

를 배운 뒤 뒤따라갔다. 그는 현지에서 교육 고문 자격으로 숭정학당(崇正學堂)의 남학생 교육을 담당하면서 조사를 수행하였다.

1907년 1월 도리이 부부는 일단 귀국하여 도쿄에서 장녀 도리이 사치코(鳥居幸子)를 낳았다. 이듬해 갓난아이를 데리고 다시 몽골로 향하였다. 싱안링(興安嶺)을 넘어 북쪽으로 치후(七湖) 호반에서부터 남쪽으로 츠펑(赤峯),[57] 둬룬(多倫)[58]에 이르는 광범한 지역을 여행하고 조사를 수행하였다. 상상을 초월하는 여행이었다. 몽골에 석기시대 유적, 유물이 존재한다는 것을 처음으로 확인하는 한편, 내몽골 곳곳에서 확인되는 요(遼)나라 시대의 유적, 유물은 이후 만주 지역 조사와 어우러져 도리이 류조 만년의 중요한 연구 영역이 된다. 도리이 부부와 장녀는 1908년에 귀국하였다. 이후 1930년에 도리이 부부는 내몽골을 다시 찾았다. 요대(遼代)의 문화에 관한 연구가 깊어지면서 다시 이곳을 방문하게 된 것이다.

2) 다이쇼 데모크라시 속 지자체 지원 유적 조사 발굴

1910년대 도리이 류조는 한반도의 유적 조사와 일본 국내 주요 유적지 발굴을 수행하여 상대, 고대의 일본 문화와 한반도 및 대륙과의 관계에 대한 체계를 굳혀갔다. 1910년 도리이 류조는 조선총독부의 '촉탁'으로 조선에 관한 학술조사를 준비하고 이듬해 1911년부터 1916년까지 매년 출장하여 조선 전도(全道)에 걸쳐 석기시대 유적을 조사하고 한국인의 체질 측정 및 토속 조사를 진행하였다. 그의 발길은 울릉도에까지 미쳤다. 당시 일본 학계에는 조선에 석기시대 유적이 존재하지 않는다는 비하 견해가 있었지만, 도리이 류조의 조사로 그런 부당한 편견이 일소되었다. 또 전국 곳곳에서 지석묘를 확인하면서 지석묘의 유형을 북방형과 남방형으로 분류하고 그것이 매장(埋葬) 유적이란 것도 밝혔다.[59] 평양 대동강 남쪽 지역의 고분은 그때까지 세키노 다다시 등이 고구려시대 고분으로 추정하였지만, 1910년 도리이가 한(漢)나라의 낙랑군 유적이라고 지적하여 바로잡은 것은 유명하다. 1915년 조사를 마치고 일본으로 돌아가는 길에 쓰시마(對馬)섬에도 들려 그곳도 조사하였다.[60]

한반도 유적 조사 초반인 1913년부터 일본 국내 고분 유적지 조사도 동시에 시작하여 1929년까지 계속하였다. 한반도와 관련이 많은 규슈 미야자키현의 노베오카(延岡)를 중심으로 많은 고분을 발굴하여 신화에 나오는 휴가(日向)의 상대(上代) 문화를 고고학적으로 해명하였다. 1915년에는 무사시노회(武藏野會)를 창립하여 도쿄와 주변의 향토문화사 연구를 고취하였다. 1918년에 잡지『무사시노(武藏野)』를 발행하고 매월 회원들과 함께 도쿄와 부근 유적지를 찾아 견학하였다.[61] 1917년 나라현을 중심으로 긴키(近畿)의 오사카(大阪), 와카야마(和歌山) 등지를 조사하여 소수의 조몬식 유적과 다수의 야요이식 유적을 찾아 답사하였다.

1918년 나가노현 조사에 착수하였다. 현 내의 스와군(諏訪郡)을 조사하고,[62] 이듬해 가미이나군(上伊那郡)의 고산지대를 조사하였다. 나가노현의 고분에서 발굴된 마구(馬具)가 시베리아에서 발굴된 우랄·알타이 민족계의 그것과 매우 유사한 것을 포착하였다. 나가노현 내 두 지역의 발굴 성과는 일본 고고학 체계 수립에 중요한 역할을 했다. 도리이 류조는 이 외에도 1920년대 전반기까지 산인(山陰) 지방에서는 돗토리현(鳥取縣)·시마네현(島根縣), 도카이(東海) 지방에서는 아이치현(愛知縣) 각지를 조사하였다. 주고쿠(中國) 지방에서는 오카야마현(岡山縣) 일대를 조사하여, 쓰쿠모(津雲) 패총을 시굴했다. 규슈에서는 이키(壹岐)·쓰시마부터 미야자키현·가고시마현(鹿兒島縣)의 사쓰마(薩摩)·오스미(大隅)에 이르고,[63] 구마모토현·후쿠시마현(福島縣)·오이타현(大分縣) 각지를 조사하였다.

시코쿠(四國)에서는 1922년 고향 도쿠시마현 내 유적을 조사하고, 도쿠시마시의 시로산(城山) 공원에서 동굴 패총을 발견하여 발굴하였다. 또 고치현(高知縣)의 스쿠모(宿毛)시 지역에서도 패총을 발굴하였다. 에히메현(愛媛縣)에서는 마쓰야마(松山)에서 오즈(大洲)에 이르는 지역에서 거석 유적을 조사하였다. 또 간토 지방에서는 도치기현(栃木縣)·이바라키현(茨城縣)의 이북 각지를 조사하였다. 니가타현(新潟縣)의 유명한 금광 소재 섬 사도(佐渡)도 조사하였다. 1910년대 후반에서 1920년대에 이르기까지 일본 각지의 유적을 광범하게 조사한 데는 각지 군(郡)당국과 군교육회 등에서 조사 발굴을 의뢰하면서 재정을 지원하는 경우가 많았기 때문이다.

도리이 류조는 이와 관련하여 『선사 및 원사시대의 가미이나(先史及原史時代の上伊那)』(1926)의 서문에서 이렇게 기술하였다.[64]

이 책은 어느 지방의 한 소교육회(小敎育會)가 출판한 것이지만, 이는 『대학기요(大學紀要)』, 『대학보고서(大學報告書)』에 필적할 만한 것이다. (…) 한 지방 소교육회가 나서서 이와 같은 순수학술의 지방 관련 논문을 출판한 것은 우리나라 학술이 이제 관학(官學)이란 대학의 손뿐만 아니라, 이를 떠나 민간으로도 옮겨가는 과도기 기운이 생긴 것이다.

도리이 류조는 군교육회가 단순히 출판사업을 담당한 것이 아니라, 군내 각 소학교 조사계가 위원의 지도를 받아 하나로 보조를 취하면서 규칙대로 조사사업 자료를 수집하고 제공하는 노력을 기울였다고 지적하여, 군교육회 교사들 각자가 실질적으로 학술서 간행에 여러 형태로 참가했음을 특별히 밝혔다.

『도리이 류조 전집』제4권「해제」에서 모리 데이지로(森貞次郎, 규슈산업대학九州産業大學) 교수는 1926년 3월 시나노(信濃, 나가노현의 일부 지역)교육회 가미이나부회(上伊那部會)가 간행한 이 책은『스와사(諏訪史)』(1924),『시모이나의 원사 및 선사시대(下伊那の原史及先史時代)』(1924)와 3부작을 이루는 것으로, 지방사 연구에 한 획을 긋는 것이라고 높이 평가하였다. 지방사 연구에서 고고학적 개안(開眼)이 이루어지는 계기가 되었다고도 하였다. 모리 데이지로는 또 다음과 같은 논평을 붙였다.

다이쇼 시대는 짧은 기간이요, 또 국민 생활이 매우 다난한 시대였다. 그런 가운데 일본의 근대사회가 각 방면으로 크게 성장을 이루었다. 자연과학뿐만 아니라 인문과학에서도 국제적 수준에 도달한 시대였다. 지방사 연구에서도 현사(縣史), 시사(市史), 군사(郡史), 정촌사(町村史) 등의 편찬사업이 활발히 전개된 시기였다. 지방사 연구는 일종의 문화운동, 사회교육운동으로서 이 3부작에 공통으로 보이는 것은 지방사 연구에 대한 미개척 분야가 처음으로 전문학자에 의해 선사(先史: 조몬, 야요이)·원사(原史: 고분) 두 시대의 문화로서, 역사지리적 시야를 가지고 향토의 자연 중에 위치 지어졌다. 다른 하나는 출판이 모두 군교육회라는 지방의 소학교 교원단체가 감당하여 이루어진 점이다. 이는 국정교과서의 국체사관(國體史觀)에 입각하여 추상적으로 고대사 교육이 행해지고 있던 당시, 군교육회가 매우 넓은 시야와 높은 수준의 지식을 가지고 있다는 것을 보여주는 것이라고 할 수 있다.[65]

도리이 류조는, 시나노국(信濃國)은 산국(山國)이지만, 선사시대에는 벽지가 아니라 가장 높은 문화를 가진 지역이었음을 강조하였다. 기나이(畿內)에서부터 미노(美濃)를 거쳐 미사카토게(御坂峠)를 넘어 이나다니(伊那谷)를 북상하는, 선사시대 이래의 교통의 대동맥으로 멀리 도고쿠(東國) 지방으로 연결되는 문화사적으로 매우 중요한 위치라고 하였다. 모리 데이지로는 도리이 박사가 지방 인사들로부터 존경받는 매력적인 인간성의 소유자로서 대중 속에 몸을 두는, 대중과 함께하기를 좋아하는 서민적인 학자였기 때문에 여러 군교육회가 조사를 의뢰하였다고 밝혔다.[66] 도리이 류조의 '관학(官學)'과의 결별은 멀지 않았다.

3) 주변 나라와 공존하는 일본인, 일본 문화의 추구

『도리이 류조 전집』전12권 중 제1권은 일본 고대 문화를 다룬 대표적인 저술 두 가지를 실었다. 첫 번째는『인류학상으로 본 우리 상대 문화(人類學上より見たる我が上代文化)』(제1편, 1925)이고 두 번째는 『유사 이전의 일본(有史以前の日本)』(1918년 초판, 1925년 제13판)이다. 그런데 출판 연도로나 내용으로 보나 첫 번째와 두 번째는 순서가 바뀐 듯하다. 첫 번째의 저서가 총설 성격을 지닌 까닭에 이렇게 편집

된 것으로 짐작된다. 제1권에 대한 야와타 이치로(八幡一郎) 조치단 기대학(上智短期大學) 교수의 「해제」에 의존하여 도리이 류조의 일본 문화의 기원에 대한 이해를 살펴보고자 한다. 도리이 류조가 즐겨 쓴 '유사 이전(有史以前)'과 '원사시대(原史時代)'라는 용어에 대한 설명이 특별하다. 전자는 석기시대, 후자는 상대(上代) 곧 역사시대 또는 고분시대를 각각 뜻한다고 하였다.

『고사기』,『일본서기』의 '신대(神代)' 신화에 대한 도리이의 기본 시각은 다음과 같이 소개되었다. 먼저 신화의 장소인 다카마가하라 (高天原)에 대해서는 (1) 원시종교 혹은 원시철학에 흔히 보이는 신화적 세계라는 신화학파 (2) 역사상의 사실로 간주하는 역사학파 (3) 일종의 종교관으로 보는 종교학파 이렇게 세 갈래가 있는데, 도리이 류조의 견해는 (3)에 속한다고 하였다. 메이지에서 쇼와까지 천황제 국가주의의 국체사관은 (2)에 해당한다. 도리이의 신화 해석은 역사학파의 어용의 세계와는 처음부터 거리가 멀었다.

오진(應神) 천황릉 등 고총(高塚)은 세계 각지의 거석기념물 (Megalithic monument)에 해당하는 것으로 간주하였다. 즉, 상대인은 신을 제사하는 영역(靈域)을 암석을 열 지어 경계로 삼으면서 거암에 신비적 영력(靈力)이 있다는 관념을 가졌다는 해석이다. 아마테라스 오미카미(天照大神)가 '아마노이와토(天岩戶)' 동굴에 숨은 것도 일종의 거석문화 현상으로 해석하였다. 신화에 대한 이러한 해석은 신비주의가 발동될 수 없었다. 스사노오노미코토(素盞鳴尊) 설화에서 큰 뱀[大蛇]의 꼬리를 잘라 얻었다는 아메노무라쿠모노쓰루기(天叢雲劍)도 신화의 무대 이즈모(出雲) 근처가 사철(砂鐵) 산지인 것과 관련하여 단야 기술의 신식 철검의 등장에서 생긴 설화로 해석하였다.

『유사 이전의 일본』은 1918년에 출간되어 1925년 당시 13판을 거듭하였다. 「해제」에 따르면, 도리이는 1917∼1918년 긴키(近畿) 지방의 조사연구를 통해 일본인에 관해 다음과 같은 이해 체계를 제시하였다. '유사 이전'의 아이누 다음에 이 지역에 산 '고유 일본인'은 여전히 석기를 사용하였지만, 조몬식이 아니라 야요이식 토기를 사용하는 사람들이었다. 그 뒤를 따라 도래(渡來) 즉 바다를 건너온 사람들은 금속기를 사용하였다. 일본국 요람기의 땅이라고 할 야마토도 예외가 아니다. 야마토국 각지에서 타제석기와 마제석기가 야요이식 토기와 함께 다량으로 출토되는 것을 증거로 들었다.[67] 야요이식 토기를 사용하는 사람들이 처음에는 마제석기를 사용한 점을 주목하였다. 마제 석포정(石包丁, 이시보초: 손으로 쥐는 절단기)은 조선과 만주에서 출토된 것과 아주 비슷하다고 지적하였다. 석부(石斧)의 날[刃]도 한반도 남쪽(경주) 것과 비슷한 것이 많다고 하였다. 후대 일본 고고학자들은 도리이 류조가 한반도 유래로 본 것을 시베리아를 비롯해 더 먼 곳으로 바꾸었는데, 그보다 더 자연스런 해석이다. 토기의 성질도 조선, 만주, 연해주, 동부 몽골의 석기시대 토기와 매우 유사한 점을 밝혔다. 그는 '고유 일본인'의 모태국(母胎國)이 아시아 대륙의 조선반도이며, 더 넓게 만주, 연해주, 동부 몽골과도 관계가 있다고 하였다.[68] 도리이 류조의 고고학, 인류학에는 시라토리 구라키치의 역사학처럼 조선, 한반도에 대한 부정적 편견이 없다.

조몬토기와 야요이토기에 대한 도리이 류조의 연구는 다음과 같이 소개되었다. 메이지 시대 이래로 조몬토기를 중심으로 한 석기시대 문화를 남긴 사람들의 인종 계통을 둘러싼 논의는 당초에 두 가지 설이 있었다. (1) 홋카이도에 현재 거주하는 아이누의 조선(祖先)이

그림 10-3. 타이완에서 현지 조사 중인
도리이 류조
1897년 도리이 류조(앞줄 왼쪽)는 타이완 본도
동쪽 해상에 있는 훙터우위(紅頭嶼) 원주민을
조사하고 '야미(Yami)'족이라고 명명하였다.
출처: 도리이 류조 사진자료연구회·도쿄대학
종합연구박물관.

그림 10-4. 쿠릴열도의 원주민
쿠릴열도 조사 때 원주민 아이누 부부를 그린
일러스트(사토 호양佐藤弧羊 그림). 이 섬의
인류학·고고학 조사로 프랑스학사원으로부터
상을 받았다.
출처: 鳥居龍藏, 1976, 『鳥居龍藏全集』第7卷,
朝日新聞社.

일본 전토에 퍼져 이 문화유산을 남겼다고 하는 아이누설 (2) 아이
누 이전에 일본에 원주민이 있어서, 그들이 남긴 문화라는 비(非)아
이누설이다. 도리이 류조는 쿠릴열도 아이누를 조사한 뒤, 쿠릴열도
아이누야말로 홋카이도 아이누보다 더 위[魁]로서, 일본열도에 살면
서 토기, 석기를 남긴 사람들의 자손이라고 하였다. 홋카이도 아이누
는 그 후예로서 홋카이도, 사할린에 퍼져 지금까지 살고 있다고 하
였다. 즉, 광의의 아이누가 바로 조몬문화의 주인공이라고 보고, 조
몬토기를 아이누 석기시대의 토기로 보아 아이누식 토기라고 불렀
다. 현재의 조몬토기시대 연구 상황으로는 '전(前) 시대적'이란 한계

가 있지만 학설상 의미가 큰 것으로 평가되었다.[69] 도리이가 타이완, 오키나와, 홋카이도, 사할린, 쿠릴열도 등지를 열심히 조사하여 내린 아이누인과 그 문화에 대한 해석이다.

도리이 류조의 일본 고대 즉 상대(上代) 연구에서 빼놓을 수 없는 것은 1923년 도쿄·요코하마 일대에 미증유의 대진화재(大震火災, 간토대진재)가 일어나 시가지가 "일망천리(一望千里)의 불탄 들판[野原]"이 되었을 때 이 지역에서 행한 조사이다. 1910년대 후반에 이미 조선반도 조사와 함께 일본열도 내의 유적지를 조사 또는 발굴하던 도리이 류조에게 대도시 도쿄부와 요코하마 일대의 대진재는 고고학적 발굴조사 현장이 되었다. 그 조사활동의 결과를 1924~1926년 3년간 『무사시노와 그 주위(武藏野及其周圍)』(1924), 『무사시노와 그 유사 이전(武藏野及其有史以前)』(1925), 『상대의 도쿄와 그 주위(上代の東京と其周圍)』(1926) 등 3책으로 선보였다. 제1책은 20개의 주제, 제2책은 총설을 비롯해 33개의 주제, 제3책은 21개의 주제로 각각 구성되었다. 분량으로 보면 3년 안에 이루어진 저술이라고 믿어지지 않을 정도이다. 이는 평소에 이 지역을 포함한 일본열도 전체에 대한 고고학적, 인류학적 지식의 온축이 많았다는 것을 의미한다. 3책은 『도리이 류조 전집』 제2권에 실렸다. 총74개 주제 가운데 몇 가지를 표본으로 제시하면 다음과 같다.

「대륙으로부터 본 무사시노(大陸より見たる武藏野)」
「무사시 국명고(武藏國名考)」
「무사시노의 고(구)려인[武藏野の高(句)麗人]」(이상 제1책)

「무사시노와 목마(武藏野と牧馬)」

「무사시노 유사 이전의 해안 지역 상태(武藏野有史以前の海灣狀態)」

「유사 이전 당시의 지반·유물 포함층(有史以前當時の地盤·遺物包含層)」

「유시마 패총으로 본 당시 도쿄의 문화(湯島貝塚より見たる當時東京の文化)」(이상 제2책)

「간다 스루가다이의 대총(神田駿河臺の大塚)」

「시바공원의 패총 유적과 그 토기(芝公園の貝塚遺跡とその土器)」(이상 제3책)

히구치 교유키(樋口清之) 고쿠가쿠인대학(國學院大學) 교수는 『도리이 류조 전집』 제2권에 대한 「해제」에서 대진재 이후의 상황을 다음과 같이 언급하였다. 대진재의 화마는 지금까지 건조물로 덮였던 도시의 지표를 원초의 모습으로 드러나게 하였다. 불분명했던 지형, 토지의 기복을 한눈에 관찰할 수 있게 되었다. 도리이 류조는 이 원초의 모습이 드러난 무사시노 일대에 대한 조사연구에 열중하였다. 지금까지의 몽골, 만주, 조선 지역 조사 여행이 큰 무기가 되었다. 무사시노는 예부터 원시림으로 만몽(滿蒙)의 들판[原野]과 비교되었다. 물[水]의 문제를 다루고, 그 환경 중에서 생육한 사람들의 정신구조나 기마(騎馬) 습속을 밝히고, 아시아 섬나라에서 일본이 유일하게 말[馬]을 가진 사실을 지적하였다. 말을 가진 이 집단이 나중에 '아즈마국(東國)'[70]의 무사단(武士團, 부시단)을 형성한다는 것도 밝혀 강조하였다.[71] 히구치 교유키 교수는 이에 대해 오늘날의 기마민족설을 설명하는 것은 아니지만, 대륙의 기마 습속이 일본 땅 아즈마국 일대에 정착한 것을 터키, 만주, 몽골과 유사한 형태로 설명한 것은 비교민족학적으로 매우 흥미로운 착상이라고 평가하였다. 또, 무사시노의 야화(野火)를 소전(燒畑) 관행이라고 지적한 것이나, '무사시(武藏)'의 어원을 한국어의 모시[苧] 씨의 전음(轉音)이라고 한 것,[72] 점치는 견소(肩燒)를 몽골의 습속과 비교한 점 등은 당시 도리이 류조만이 낼 수 있는 탁월한 착상이라고 하였다. 소전, 견소 등의 증거는 대진재의 폐허에서 얻은 발굴 유물들이었다. 히구치 교유키 교수는 제2권에 수록된 저술을 도리이 류조가 넓은 견식으로 아시아 중의 일본의 위치를 알려고 한 노력의 결실로서 일본 고고학의 전환기를 가져온 역저로 평가하였다.[73]

4) 제국 '관학'의 중심 도쿄제국대학 사임

1922년 도리이 류조는 52세의 나이로 도쿄제대 조교수가 되었다. 간토대진재가 일어나기 1년 전이다. 1913년 은사 쓰보이 쇼고로 교수가 러시아 상트페테르부르크 학회 출장 중에 급서한 뒤, 9년이 지나 그의 뒤를 이어 인류학교실 제2대 주임이 되었다. 조교수인데도 특별히 교수 담당 강좌를 담임하였다. 교수회 출석 자격도 주어졌다. 그런데 그는 도쿄제대 재임 중인 1923년 5월 10일에 사립 고쿠가쿠인대학 교수가 되어, 이듬해 1924년 6월 2일 도쿄제대를 사직하였다. 제국대학을 버리고 사립대학을 선택하는 것은 대학교수라면 누구도 쉽게 내리기 어려운 결정이었다.[74]

이 무렵 도쿄제대 인문학 교수들은 핫토리 우노키치를 중심으로 유학(儒學) 연구단체인 사문회를 통해 천황에 대한 절대 충성을 맹세하는 어용 분위기가 가일층 조장되고 있었다. 1923년의 간토대진재로 빚어진 사회적 혼란 속에 도리이 류조는 도쿄제대와의 결별을 결심하였다. 대진재로 "일망천리의 불탄 들판"이 되어버린 대도시 도쿄부 일원에 대한 고고학적 조사활동에 전념하기 위한 결단이었는지도 모른다. 도리이 류조는 도쿄제대를 사직하고 가족들이 구성원이 되어 운영하는 연구소로 '도리이인류학연구소(鳥居人類學硏究所)'를 설립하였다. 무사시노에 관한 역저 3책은 이 연구소를 통해 세상에 나왔다.

1926년 12월 25일 쇼와 천황이 즉위하였다. 다이쇼 데모크라시 사조가 꺾이기 시작하고, 1927년 다나카 기이치 내각이 산둥 출병을 결행하면서 군국주의 사조가 고개를 들었다. 도리이 류조의 예측은 틀리지 않았다. 도리이는 가톨릭 신자로서 고쿠가쿠인대학 재직(1923. 5.~1933. 12.) 중에 가톨릭 수도회 예수회가 세운 조치대학(上智大學)의 문학부 창설을 도와서 1928년 교수 겸 문학부장으로 부임하였다. 고쿠가쿠인대학의 교수직도 사임과는 달리 겸무로 1935년까지 유지하였다. 1929년 동방문화학원 도쿄연구소가 창립되었을 때 그는 두 대학의 교수직을 맡고 있던 상태였다.

도리이 류조는 동방문화학원 도쿄연구소에 평의원 겸 연구원으로 참여하였다. '관학'에서 물러난 도리이 류조가 외무성 주관의 동방문화학원에 관계한 것은 모순일 수 있다. 아마도 이 연구기관이 당초에 중국 학자들과의 공동연구를 표방하면서 중국 외에 만주, 몽골 연구를 과제로 삼은 것이 유인 요소가 되었을지 모른다. 오카자키 다카시(岡崎敬) 규슈대학(九州大學) 교수는 『도리이 류조 전집』

그림 10-5. 고쿠가쿠인대학 상대문화연구회

도쿄제국대학을 사직하고 고쿠가쿠인대학으로 옮긴 도리이 류조(앞줄 가운데)는 1926년
상대문화연구회(上代文化硏究會)를 창립해 고고학과 민속학 연구에 전념했다.

출처: 고쿠가쿠인대학.

제6권 「해제」에서 이와 관련하여 다음과 같이 기술하였다. 즉, 도리
이는 1905~1908년의 몽골 조사에서 요나라 문화를 접하고서 강렬
한 인상을 받았다. 그 과제를 해결하기 위해 동방문화학원 도쿄연구
소의 연구원이 되면서 "주로 '고고학상으로 본 요대의 문화'를 연구
주제로 하여 조사를 계속"하였다.[75] 그러나 그것도 1932년 만주국
건국에 이어 1935년에 '일만문화협회'가 창설되면서 조사를 중단하
게 되었다. 그 이후로는 가족이 운영하는 연구소인 '도리이인류학연
구소'의 인력으로 그 작업을 계속하였다.

5) 다시 해외로 향한 학구열, 요대 문화 연구 몰두

도리이 류조는 무사시(武藏) 연구를 끝낸 뒤 1927년 만철로부터 강연 초청을 받아 만주를 방문했다. 강연회 후에 그는 하얼빈에 새로 설립된 러시아 박물관을 방문하여 도르마체프 관장과 면담하였다. 도르마체프 관장은 구석기 전문가였다. 이 자리에서 도리이는 자라이눠얼에서 발견된 녹각기(鹿角器)가 구석기 유물이란 의견을 냈다. 이후 도리이는 도르마체프 관장과 함께 금나라의 상경(上京) 성적(城跡)을 조사하였다. 이어서 무단(牡丹)강을 건너 발해의 성적과 남만주 랴오닝성 푸란뎬(普蘭店)의 지석묘를 방문 조사하였다. 만주 일원에 관한 연구의 새로운 시작이었다.

〈표 10-4〉는 1928년부터 1938년까지 해외 조사를 정리한 것이다. 1937년 4월부터 이듬해 2월까지 외무성 문화사절로 남미를 다녀온 기간을 제외하면 대부분 만주, 몽골, 북부 지나 등지의 요나라 문화 조사에 몰두하였다. 요나라와 북송 및 고려와의 관계 자료를 찾아 해당 지역을 찾기까지 하였다. 도리이 류조가 요나라 문화에 열중한 까닭은 한마디로 말하기는 내용이 너무 많다. 외형적으로 그는 5경(京)의 성적 외에 화상석(畵像石), 능묘(陵墓)의 벽화, 불교 사찰 및 불상 등에 큰 관심을 보였다. 요나라 유적지에는 발해, 금나라 것이 함께 발견되는 경우가 많아 관심을 더 자극하였다. 5경 중의 남경(南京)은 곧 원·명의 북경(北京)으로 도리이 류조는 1939년 이곳 소재의 옌칭대학(燕京大學)을 찾아간다.

1936년 도리이 류조는 요나라 문화 연구 성과로『고고학상으로 본 요의 문화 도보(考古學上より見たる遼の文化圖譜)』(제1~4책, 사진집)

표10-4. 1928~1938년 도리이 류조의 해외 조사활동

연도	장소	조사 대상 및 내용	주요 성과
1928	동부 시베리아(제3회) 만주 조사(제5회)	(1) 지린성 둔화(敦化) 일대 고고학 조사 (2) 안산(鞍山) 화상석묘(畫像石墓) 등 유적	(2) 한(漢)의 유적이란 통설을 깨고 요(遼)의 것으로 판정.『만몽의 탐사(滿蒙の探査)』(만리가쿠쇼보滿里閣書房) 간행
1929	(일본 내)	(이먀자키현 노베오카延岡)	
1930	제3회 몽골 조사(부인 도리이 기미코 동행)	(1) 요 태조릉과 조주(祖州) 성적(城跡) (2) 림둥현(林東縣) 요나라 상경(上京) 성적 (3) 바이타쯔(白塔子)의 경주(慶州) 성적 (4) 우루만하의 영경릉(永慶陵) (5) 요의 성종(聖宗), 흥종(興宗), 도종(道宗)의 능묘 등 (6) 석기시대 유적	이 조사로 요대(遼代) 문화의 중요성이 세상에 알려짐
1931	만주 조사(제6회)(부인과 차남 류지로 동행)	9월 만주사변으로 오지(奧地) 조사 단념 (1) 랴오양현(遼陽縣) 요나라 동경(東京) 성적과 그 주변	도리이 기미코,『토속학상으로 본 몽골(土俗學上より観たる蒙古)』(리쿠분칸六文館)
1932	만주 조사(제7회) 조선 조사(제7회)(차녀 미도리코綠子·차남 류지로 동행)76	(1) 요와 고려의 비교연구를 위해 만주에서 조선으로 와서 고려 수도 개성 조사 (2) 경성 이왕직(李王職)박물관, 총독부박물관에서 고려시대 유물 조사 (3) 경주 방문	도리이 류조·도리이 기미코 공저,『만몽을 다시 살피다(滿蒙を再び探る)』(리쿠분칸)
1933	몽골 조사(제4회) 만주 조사(제8회)(부인·차녀 미도리코·차남 류지로 동행) 동방문화학원 파견	(1) 카라친(喀喇沁) 중기(中旗) 관하 요나라 중경(中京) 성적과 주변 조사 (2) 바이타쯔에서 요나라 경주 성적 (3) 우르만하의 요나라 황제릉 재조사	(1) 요나라 태조 야율아보기(耶律阿保機) 석상(추정) 발견
1934	4월까지 만주·몽골 조사 계속		

연도	장소	조사 대상 및 내용	주요 성과
1935	만주·북부 중국 조사(제9회) (부인·차남 류지로 동행) 동방문화학원 파견	(1) 베이전현(北鎭縣) 이우뤼산(醫巫閭山)과 요의 동단왕릉(東丹王陵) 조사 (2) 안산(鞍山) 거쳐 룽창저우(隆昌州) 부근 란산루(鸞山麓)의 요대 화상석묘 조사 (3) 베이징에서 요대 남경(南京) 성적, 요대의 천령사(天靈寺) 불탑, 성안사(聖安寺) 전단불(栴檀佛) 등 조사 (4) 베이징 동방 징현(薊縣)의 독락사(獨樂寺) 조사	
1936			『고고학상으로 본 요의 문화 도보(考古學上より見たる遼之文化圖譜)』제1책~제4책(동방문화학원 도쿄연구소) 『만몽 그 밖의 생각(滿蒙其他の思い出)』(오카쿠라쇼보岡倉書房)
1937	외무성 문화사절로 브라질 출장 중일전쟁 발발	(1) 상파울루 석기시대 유적, 패총, 동굴 유적 조사. 아마존 하구 섬 유적 조사 (2) 페루의 라마 잉카 유적 방문 (3) 볼리비아 라파스(La Paz) 유적 시찰 (4) 로스앤젤레스에 들려 대규모 패총 조사	『요의 문화를 탐구하다(遼の文化を探る)』(쇼카샤章華社)
1938	화북(華北)에서 요(遼)와 북송(北宋) 관계 유적 조사 (차남 류지로 동행)	(1) 경한(京漢)철도로 남하. 이현(易縣), 쥐현(涿縣), 딩현(定縣), 정딩현(正定縣) 등 각 현에서 고묘(古廟)·사원(寺院)·불탑(佛塔) 및 송대(宋代) 유물 등 조사 (2) 베이징에서 장자커우(張家口)를 거쳐 다퉁(大同) 도착, 다퉁 남방 잉현(應縣)에 있는 요대 목조 불탑 조사	

※출처: 도리이 류지로 편, 「도리이 류조 소전」, 『도리이 류조 전집』 1책 수록; 「저술 총목록(著述總目錄)·연보(年報)」, 『도리이 류조 전집』 별권(別卷).

를 출간하였다. 1929년 동방문화학원 도교연구소의 평의원 겸 연구원으로 활동하면서 지원받은 것에 대한 일종의 보고서였다. 오카자키 다카시 교수는 『도리이 류조 전집』 제6권 「해제」에서 이 저작에 관해 다음과 같이 소개하였다. 『고고학상으로 본 요의 문화 도보』는 제1책부터 제4책까지 1936년에 간행되었다. 제5책(화상석에 관한 권)은 사진 제판(製版)은 나왔지만, 이어서 간행되지 않았다. 도보 제1책의 머리에 "이 도보는 『고고학상으로 본 요의 문화』의 부록으로 모두 수(數) 책이 된다. 이는 주로 본문의 비교·대조로서 출판된 것이다"라고 적혀 있다고 하였다. 그런데 실제로 도보는 전6책을 낼 예정이었는데 4책까지 출판하였고, 본문은 1책도 간행하지 못했다. 도리이 류조는 동방문화학원 연구원 시절부터 이 본문의 완성을 최대의 과제로 삼고 그 출판을 최후의 희망으로 삼고 있었지만 끝내 완성을 보지 못했다. 도리이 류조 사후에 본문 원고가 발견되었는데, 400자 원고지로 약 1,600매에 달하고 도판이 약 600점이나 되었다고 한다. 원고는 미완성이기 때문에 『도리이 류조 전집』에 수록하지 못하고 현재 차남 도리이 류지로가 보관하고 있다고 하였다.[77]

1939년 도리이 류조는 69세의 노령에 접어들었다. 이해 5월에 그는 베이징에 있는 옌칭대학의 객원교수로 초빙되었다. 중일전쟁이 계속되고 있는 불안한 시기였다. 그래도 그는 8월 31일 도쿄를 떠나 9월 초에 베이징에 도착하였다. 월급 250엔의 우대로 전 가족이 이동하였다. 미국의 명문 사립대학교인 하버드대학의 자매 대학으로서 자유로운 분위기에 배일(排日)의 기풍이 있었다. 당시 베이징과 화북 지역은 일본군 점령 지역으로 친일 괴뢰정부가 들어서 있었다. 그 바람에 도리이 류조는 도리어 일본 정부 흥아원 등의 여러 기관으로부터 백안시당하였다. 베이징의 일본인 사회에서도 고립되었다. 그래도 그의 조사, 연구 활동은 멈추지 않았다.

1940년에 도리이 류조는 중국 동북 지역의 요대 화상석묘와 시무청의 지석묘를 찾아 조사하였다. 1895년 첫 해외 조사 지역이었다. 1941년까지 산시성 다퉁 윈강석굴이나 산둥성의 석기시대 유적, 주(周)·한(漢) 시대의 각종 유적을 조사하였다. 이해 도리이 부처는 내몽골의 카라친 왕부의 숭정국민학교 개교식에 초청을 받았다. 1906년 이곳 학당에서 몽골 학생들을 가르치면서 조사했던 젊은 날을 회상할 수 있는 기회였기에 기꺼이 응하였다.

1941년 12월 태평양전쟁이 시작되자 옌칭대학은 바로 폐쇄되었다. 객원 교수직도 잃고 가족 모두 연금 상태에 처하였다. 일본군 당국과 베이징 괴뢰정부가 취한 조치였다. 1년 후에 겨우 석방되어 두 딸이 취직하여 생활을 지탱하였다. 아들 류지로는 이때 아버지가 "일본인은 중국 민족의 강함을 모른다. 슬픈 일이지만, 중국은 크게 된다. 전화(戰火)가 확대될수록 일본인은 지는 쪽으로 쫓기게 될 것이다"라고 하였다고 전한다.

1945년 8월 전쟁이 끝나자 도리이 류조는 옌칭대학으로 복귀하였다. 학교와 자택에서 조용히 연구생활을 하는 중에 중국의 국공(國共)내전이 계속되고 1948년 12월 인민해방군이 베이징에 입성하였다. 1949년 10월 중화인민공화국이 성립한 후에도 옌칭대학 연구교수로서 연구에 전념하는 것이 허용되었다. 그러나 이 대학이 국립 베이징대학으로 흡수되는 것을 기회로 도리이 류조는 퇴직을 결심하였다. 중국 정부는 종신을 요망하였으나 그는 1951년 11월 29일 영국선 '홋카이도호(北海號)'에 올라 귀국하였다. 81세였다.[78]

귀국 후 도리이 류조는 아사히신문사로부터 자서전 집필 의뢰를 받았다. 자서전『어느 노학도의 수기(ある老學徒の手記)』는 이와나미 문고(岩波文庫)판 507쪽 분량으로, 서문을 쓴 날이 1952년 9월 10일로 되어 있다. 원고 청탁에서 출판까지 1년이 걸리지 않았다. 그는 베이징에서 이미 자서전을 쓰고 있었던 것이 분명하다. 이듬해 1953년 1월 14일 도쿄에서 83세로 생을 마감하였다.

작가 마쓰모토 세이초(松本淸張)는『도리이 류조 전집』제12권 「해제」에서 '고고(孤高)한 사람' 도리이 류조를 이렇게 서술하였다.

메이지 (시대) 독학의 학구로서는 드물게 혜택을 입은 운 좋은 사람이었다. 그러나 관학 만능의 세태에 관학 속에서 길러졌다고 하나, 정규의 학력을 누리지 못한 점에서 관료 취향이 강한 학자들로부터 늘 냉혹한 눈으로 감시받고, 평가받아야 했던 불운한 사람이었다. 이것이 오히려 박사를 고고(孤高)로 몰아 무의식중에 늘 저항의 자세를 취하게 했다. 이것은 박사의 연구 업적상으로는 전인미답(前人未踏)의 땅을 밟게 하고 탐험가적(探險家的) 성격을 가지게 했지만, 인간관계에서는 의외로 지기(知己)가 적지 않았고, 좋고 싫음이 분명한 성격을 만들었다. 특히 은사 쓰보이 박사 사후, (도리이) 박사의 학문상의 자신감이 확립되면서부터 이 저항성은 강하게 표면으로 나타났다. 그리고 그것도 하나의 원인이 되어, 자기를 키워준 도쿄제국대학을 버리고, 스스로 재야의 학자를 칭하고 관학에의 저항을 멈추지 않았다.[79]

작가 마쓰모토 세이초는 이어서 '이색적인 문하생'에서 몇 사람의 특별한 제자를 소개하던 중에 소비에트 고고학자나 오스기 사카에(大杉榮)는[80] 도리이 박사의 아시아 대륙에서의 수많은 업적을 제국주의적 침략사업으로 오해하고 서술하였다고 하면서 도리이 박사의 참된 면모를 다음과 같이 소개하였다.

박사가 제국주의적인 영국이나 프랑스, 미국의 학자와 드물게 다른 점은 그토록 수많은 중국이나 조선, 타이완의 연구조사 중에 접한 문화재적인 자료는 모두 그 땅의 문화유산으로서 원지(原地)에 두어야만 하는 것으로, 일본에 가져올 수 없는 것이라는 신념을 일생 가진 점이다. (…) 문하에도 이를 엄하게 훈계한 점은 특필할 만하다. (…) 도쿄제국대학에 있을 때, 쓰보이 박사 아래서도 국내 자료조차 교실에 모으는 것에는 열심이지 않았다. 박사에게 필요한 것은 사실을 아는 것이요, 물품을 입수하는 것이 아니었다. 이 점이 세상의 탐험학자와 크게 다른 점으로 평가하지 않으면 안 된다.[81]

11장

'쇼와유신' 세대와 어용 '동아학'

1. '쇼와유신'과 황도주의

1) 청년 장교들의 쿠데타와 '쇼와유신' 외침

1929년의 미국발 세계 대공황으로 일본의 경제가 크게 악화하였다. 미국의 일본에 대한 경계로 배일이민법(Immigration Act of 1924)이 제정된 것도 반미 감정을 유발하였다. 1927년 이후 3차에 걸친 산둥 출병 조치로 인해 중국과의 관계도 악화하였다. 이런 악재들이 모여 군부 급진파와 우익단체들의 '다이쇼 데모크라시'에 대한 반감을 더욱 자극하였다. 메이지 시대 정신의 부흥을 위해 천황이 친정해야 한다는 소리가 급속히 높아졌다. 원로와 중신들이 '군측(君側)의 간(奸)', 즉 천황을 둘러싼 간신으로 몰렸다. 그들이 국정을 오도

하는 실체라고 비난하였다. 기성 정치에 대한 청년 장교들의 불만은 1932년 '5 · 15사건' 이후 잇따라 터져나왔다.

1934년에는 육군사관학교 안에서 쿠데타 미수 사건이 일어났다. 이소베 아사이치(磯部浅一, 1905~1937), 무라나카 다카지(村中孝次, 1903~1937) 등 천황 절대 신성을 신봉하는 청년 장교들과 육군사관학교 생도들이 정부의 중신과 원로들에 대한 습격을 계획하였다. 헌병대가 사전에 이 사실을 알고 중심인물들을 체포하여 미수로 끝났다. 2년 뒤 1936년 2월 26일에는 육군 보병 중위 구리하라 야스히데(栗原安秀, 1908~1936)를 비롯한 육군 청년 장교들이 무장한 1,483명의 병력을 거느리고 수도 도쿄를 장악하였다(2 · 26사건). 29일까지 4일간 국정이 마비되었다. 앞서 육군사관학교 쿠데타 미수 사건에 연루되었던 자들도 이 쿠데타에 가담하였다.

군인들은 '천황을 둘러싼 간신들'을 직접 처단하였다. 당시 오카다 케이스케(岡田啓介) 총리대신의 비서 마쓰오 덴조(松尾傳藏), 대장대신 다카하시 고레키요(전 총리대신), 내대신 사이토 마코토(齋藤實, 전 총리대신), 교육총감 와다나베 조타로(渡辺錠太郎) 등이 살해되었다. 쿠데타 주역들은 이때 '쇼와유신(昭和維新)'을 부르짖었다. 메이지 시대의 정치를 '메이지유신(明治維新)'이라고 일컫고 그 시대를 본받자는 뜻으로 '쇼와유신'을 내세웠던 것이다. '메이지유신'이라는 말은 이때부터 상용되었다.[1] '데모크라시'가 아니라 천황을 중심으로 하는 '일군만민(一君萬民)'의 복원이 곧 제국 일본이 살 길이라는 외침이었다.

그림 11-1. 2·26사건 당시 건설 중인 신국회의사당으로 집결하고 있는 반란군

출처: 슈칸분슌(週刊文春) 인터넷판.

그림 11-2. 반란군이 점거해 사령부로 삼은 산노(山王)호텔을 둘러싼 진압부대

출처: 산케이신문(産經新聞) 인터넷판.

2) 쇼와 천황의 '직접 정치'와 정당정치 충돌

1932년 '5·15사건' 앞에 미수 사건이 두 건 더 있었다. 1931년 '3월사건'과 '10월사건'이다. 1934년 '육군사관학교 미수 사건', 1935년 '2·26사건' 등 1930년대 초반 육해군 현역 청년 장교들이 잇따라 쿠데타를 도모한 것은 범상한 일이 아니었다. 그들은 모두 '쇼와유신'을 외쳤다. 천황에 대한 친위 쿠데타 성격의 사건들이었다. 군부 내 황도파 세력이 형성되고 있었다. 아라키 사다오와 마사키 진자부로(眞崎甚三郎, 1876~1956)가 그 중심으로 알려졌다. 이들은 공공연하게 일본군을 황군(皇軍)으로 불렀다.

아라키 사다오는 1928년 8월에 육군대학교 교장이 되면서 두각을 나타내어 1931년 12월 이누카이 쓰요시 내각 출범 때 육군대신으로 입각하였다. 그는 재임 중에 청년 장교들과 지나치게 가까이 지내다 1934년 5월 과음으로 급환이 생겨 대신에서 물러났다. 정당정치 지향의 대표 주자인 이누카이 내각의 육군대신이 대표적 황도주의자라는 것은 아이러니였다. 다이쇼 데모크라시는 그만큼 한계가 많았다. 아라키 사다오는 1938년 5월 문부대신으로 다시 입각하여 '국민의 군국화(軍國化) 교육' 보급을 주도하였다. 그 뒤를 이어 황도파를 견제한 '통제파(統制派)'의 리더 도조 히데키가 천황이 지배하는 '대동아' 세계 확립을 위해 '대동아전쟁'을 일으켰다. 황도파든 통제파든 천황이 지배하는 세계 제국 건설은 군부의 공통 목표였다. 통제파는 기존 제도를 존중하여 육군대신을 통해 육군의 뜻을 전달해야 한다고 보는 정도의 차이가 있었을 뿐이다. 1930년대 접어들어 빈발하는 청년 장교들의 쿠데타 기도는 천황의 용인 또는 묵인을 예상하지 않는다면, 군인으로서 감행할 수 없는 반역 행위이다. 천황으로부터 어떤 보증이 있었던가?

하라 다케시(原田史)는 메이지·다이쇼 천황과 쇼와 천황의 정치 행위 차이점에 관해 매우 중요한 사실을 다음과 같이 지적하였다. 메이지 후기부터 다이쇼에 걸쳐, 천황이라는 존재는 신민의 눈에는 보이지 않는 존재였다. 그런데 다이쇼 천황이 병으로 건강이 악화한 가운데, 황태자 히로히토는 1921년에 유럽 순방에 나섰다. 1920년 국제연맹 출범 당시 일본제국이 '5대국'의 하나로 참여하게 된 것이 배경이 되었다. 이 순방 때, '천황제 쇄신'의 변화가 일어났다. 그때까지 보이지 않았던 천황(황태자)의 살아 있는 육체[生身]를 직접 보여주는 이벤트가 시작되었다. 활동사진 상영 금지를 해제하고, 유럽에 체재하는 히로히토의 모습을 적극적으로 보여주기 위한 영사회(映射會)가 전국 각지에서 행해졌다. 그리고 섭정이 되자 식민지 타이완, 가라후토를 포함한 전국을 적극적으로 시찰하였다. 그 결과로 다이쇼 말까지 오키나와현을 포함한 전국 부현(府縣)을 순회하고, 천황이 되어서도 지방 시찰을 계속하였다.[2]

하라 다케시는 그때 전국 각지에서 이른바 '군민일체'의 공간이 형성되고 있었다고 본다. 연병장이라든가 운동장, 비행장 같은 광장에 황태자 또는 천황으로서 모습을 나타냄으로써 그곳은 갑자기 정치 공간으로 변모하였다. 광장에 모인 신민은 기미가요(君が代, 천황의 치세를 봉축하는 노래)나 봉영가(奉迎歌)를 제창(齊唱)하고, 만세를 삼창하고, 황태자나 천황의 눈앞에서 분열식을 거행하였다. 그들은 단순히 수동적으로 황태자, 천황을 환영하는 것이 아니라, 황태자나 천황의 시선을 의식하면서 적극적으로 일사불란한 퍼포먼스를 연출

그림 11-3. 영국을 방문한 히로히토 황태자
1921년 유럽 순방 중 영국에서 히로히토 황태자(앞 왼쪽에서 세 번째)는 데이비드 로이드 조지
총리(David Lloyd George, 앞줄 왼쪽에서 두 번째)를 만났다.
출처: 위키미디어 커먼스.

하였다. 수도 도쿄에서는 8만 3,000명을 수용할 수 있는 고쿄마에(皇居前) 광장이 가장 대표적인 장소였다. 이곳에서 1928년 11월 즉위식, 그리고 12월에 재향군인, 남녀 중학교 이상 학생 등의 친열식(親閱式)이 열린 것을 발단으로 만 명 단위 이상의 여러 행사가 열렸다.[3] 1940년 11월의 기원 2600년 봉축회(奉祝會)에는 천황이 백마를 타고 광장에 나타나 육군시관병식(陸軍始觀兵式)을 가졌다. 1938년의 우한 점령, 1942년 2월 싱가포르 점령 때도 천황이 백마를 타고 나타났다. 형식은 어디까지나 아래로부터의 '봉사'였다.[4]

하라 다케시의 지적대로라면 쇼와 천황은 천황 직접 정치를 행한 것이나 마찬가지다. 하라 다케시도 쇼와 초기의 상황을 "정당정치를 부정하고 천황과 신민의 일체화를 주장한 쇼와 초기의 초국가(超國家)주의"라고 언급하였다.[5] 청년 장교들의 '쿠데타'는 신민과 군인 앞으로 직접 다가온 쇼와 천황의 뜻을 받들어 정당정치에 반기를 든 행위라는 성격을 가졌다.

황도는 유교의 '제왕(帝王)의 도'를 천황제에 적용하여 천황이 인덕(仁德)으로 나라를 다스리는 길을 뜻한다. 고대(상고)의 '신대(神代)' 역사가 후대 유교 정치이념으로 윤색되어 만들어진 개념이다. 조서·조칙 자체가 유교 정치에서 유래한다. 앞에서 살폈듯이 쇼와 천황은 1912년 12세 소년으로 어학문소에서 '당대 최고의 역사학자'인 시라토리 구라키치로부터 천황제 중심의 '국사(일본 역사)' 교육을 받았다. 히로히토의 역사교육은 즉위 후에도 동양사, 서양사를 가리지 않고 계속되었다. 제국학사원 회원으로부터 유교 경전에 관한 '진강(進講)'도 잦았다.[6] 중국의 천자(天子) 중심의 유교 정치사상과 역사에 대해서도 숙지하였다. 그는 일본의 신대 이래의 천황제와 중국의 천자 유교 정치의 교합을 이상으로 삼았는지도 모른다.

〈표 11-1〉은 메이지, 다이쇼, 쇼와 3대 천황의 조서·조칙 발부 상황을 정리한 것이다.[7] 이 표에 따르면, 3대 천황의 조서·조칙 발부 빈도가 쇼와 시대에 매우 높아지고 있다. 메이지 시대는 재위 44년 중 22회, 다이쇼는 14년 중 9회, 쇼와는 20년 중 21회이다. 메이지 시대에 평균 2년에 1회이던 것이 쇼와 시대에는 평균 매년 1회로 빈도가 배로 높아졌다. 1921년 11월에 다이쇼 천황의 병환으로 황태자 히로히토가 '섭정'하던 기간(2년)에 발부된 2건을 더하면 빈도는 더 높아진다.

표 11-1. 메이지·다이쇼·쇼와 천황의 조서·조칙 내용 분류

	재위 기간	즉위·강령·법·내정	신민·국민·학도	군인	국제관계	전쟁	합계
메이지	44년	6	2	2	4	8	22
다이쇼	14년	2	1	4	1	1	9
쇼와	20년	4	1	6	2	8	21
합계	78년	12	4	12	7	17	52

앞의 하라 다케시의 지적대로라면, 히로히토가 황태자로서 그리고 후에 천황으로서 신민과 군인들에게 내린 조서·조칙은 메이지·다이쇼 시대의 그것과는 다르게 볼 필요가 있다. 즉 메이지·다이쇼 천황은 신민과 공간을 격하여 조서와 조칙을 내렸다면, 쇼와는 이미 직접 대면하고 있는 신민과 군인들에게 문장으로 된 '옥음(玉音)'을 내린 것이나 마찬가지다. 전자가 수칙(守則)의 제시라면 후자는 대화의 성격을 지녔다는 차이가 있을 수 있다. 쇼와 천황이 내린 조서·조칙은 이전 것과 달리 내용이 배 이상 늘어난 점도 주목된다. 이에 관해서는 별도의 연구가 필요하지만, 다수가 고쿄마에 광장의 집회와 연관된 것으로 보인다. 그 가운데 1926년(쇼와 원년) 12월 26일 즉위를 선포하며 육해군인에게 내린 칙유(勅諭)[8]에서 육해군인은 "짐의 고굉(股肱)" 곧 '나의 다리와 팔'이라고 표현하였다. 이런 직접적인 유대관계의 표현은 메이지, 다이쇼 시기의 것에서 보이지 않던 것이다. 그 전문을 옮기면 다음과 같다.

짐은 조종(祖宗)의 위령(威靈)에 힘입어 만세일계의 대통을 이으면서 짐의 고굉인 육해군인에 고한다. 생각하건대 황조고(皇祖考, 메이지 천황: 인용자)께서 일찍이 너희들 군인에게 성훈(聖訓, 「군인칙유」를 가리킴: 인용자)을 내리시고 황고(皇考, 다이쇼 천황: 인용자) 또한 성유(聖諭, 임금의 칙유)[9]를 내리셨다. 너희들 군인이 열심히 이를 마음에 간직하고 잊지 않으면서[服膺] 진충보국(盡忠報國)의 위대한 업적[偉績]을 세웠다. 짐은 선조(先朝)가 자육애무(慈育愛撫)하신 군대를 중요하게 생각하여[切念] 너희들 군인의 충성용무를 믿고 의지하여[信倚] 열성(列聖)의 유업(遺業)을 이어[紹述] 곱절로[倍倍] 국위(國威)를 현양하여 수많은 신민[億兆]의 경복(慶福)을 증진케 하기를 바란다. 너희들 군인은 더욱 짐의 뜻을 실행하고 선조(先朝)의 훈유(訓諭)를 지켜 세계의 대세를 자세히 살피고 시세의 추이를 깊이 식별하여 갈고 닦기[切嗟砥礪]를 더욱 열심히 하여 굳게 한마음으로 봉공(奉公)의 지성(至誠)을 특별하게 하여서 (나라의) 큰 계획[宏猷]을 보호하고 돕기를 바란다.

3) 언론인 도쿠토미 소호의 황도주의 제창

1920년대 후반에 접어들면서 천황의 직접 정치 성향은 다이쇼 데모크라시, 곧 정당정치와 충돌할 소지가 있었다. 내정뿐 아니라 국제정세도 일본의 입지로 볼 때 정당정치 사조에 불리하게 작용할 국면이었다. 제1차 세계대전 참전으로 일본제국은 동아시아와 남양군도에서 독일의 이권을 인수하는 큰 소득을 얻었다. 1920년에 출범한 국제연맹에서도 5대국의 하나가 되어 중국에서 획득한 독일 이권의 인수를 확실하게 보장받을 수 있었다. 다만 국제연맹의 평화공존주의는 제국 일본의 대외 팽창정책과 충돌할 소지가 있었다. 워싱턴 해군군축회의가 제국 일본의 입지를 간섭하고 들었다. 일본 언론의 일각에서 이에 반발하여 황도주의를 노골적으로 고취하는 움직임이 일었다. 그중『고쿠민신문(國民新聞)』사장 도쿠토미 소호가 대표적인 인물이었다.

도쿠토미 소호는 1870~1880년대 일간지『고쿠민신문』과 월간지『고쿠민노토모(國民之友)』(이하, '『국민의 벗』')를 창간하여 자유민권운동에 앞장섰다.[10] 그러나 1890년「교육칙어」가 반포된 이후 천황제 국가주의 선양으로 노선을 바꾸었다. 그는 1892년 봄 도쿄 혼코회당(本鄕會堂)에서[11] 요시다 쇼인을 주제로 강연회를 열고, 그 강연 내용을 같은 해 5월부터 9월까지『국민의 벗』에 10회에 걸쳐 연재하였다. 그리고 1893년 12월에 연재 글을 묶어 단행본『요시다 쇼인』을 출간하였다. 요시다 쇼인은 도쿠가와막부 말기에 왕정복고를 외치다가 형장의 이슬로 사라졌다. 그는 옥중에서『유수록』을 지어 일본이 살아남는 길은 서양의 우수한 기술을 속히 배워 구미 열강에 앞서 주변국들을 먼저 차지하는 것이라고 주장하였다. 그의 제자들이 도쿠가와막부 타도에 성공하여 이를 대외정책의 전범(典範)으로 삼아 실천에 옮겼다.

그러나 도쿠토미 소호는 이 책에서 요시다 쇼인을 '작은 마치니'로 그렸다. 이탈리아의 혁명가 주세페 마치니(Guisippe Mazzini, 1805~1872)는 이탈리아가 외국 세력에 의해 분열되어 있는 상황을 타개하여 대중 민주주의의 공화국(popular democracy in a republican state)의 통일국가를 만든 '영웅'이었다. 저자 도쿠토미 소호는 자유민권운동에 대한 미련이 남아 요시다 쇼인을 그에 비유한 것이었다. 이 책이 1908년까지 13판을 거듭하며 출판되자 메이지 정부의 중심 세력이 된 조슈 번벌 인사들은 스승 요시다 쇼인을 '작은 마치니'에 비유한 것을 못마땅하게 여겨 도쿠토미 소호에게 그 내용을 고칠 것을 종용하였다.

1908년 개정판 『요시다 쇼인』이 출간되었다. '작은 마치니'는 사라졌다. 요시다 쇼인은 개혁자의 모범이자 일본 남아의 전형으로서, 오랫동안 국민의 마음[心]을 태울 수 있는, 그의 생애는 피[血] 끓는 국민적 시가(詩歌)로서 "쇼인은 죽어서도 죽지 않은" 열렬한 천황주의의 모범으로 새롭게 그려졌다. 그의 "존왕심(尊王心)이 가는 곳은 들불이 타는 것과 같고", "천황 아래에는 막부도, 제번(諸藩)도 없고 오직 일본제국만이 있다"라고 하였다. 이 책은 1942년 당시 제27판을 낼 정도로 '일본제국 신민'에게 널리 읽힌 '국민독본'이었다.

도쿠토미 소호는 다이쇼 천황 즉위 후 1913년에 『시무일가언(時務一家言)』을 출간하였다. 이 책은 신하가 군왕에게 상소를 올리는 형식을 취하였다. 도쿠토미 소호는 특별히 '군덕(君德)'이란 제목을 내세워 인군(人君)의 천직(天職)에 대하여 기탄없는 의견을 개진하여 새로 즉위한 다이쇼 천황에 대한 보필의 일단으로 삼았다. 제국의 정치가 천황의 인덕(仁德) 위에 서야 한다는 주장이었다. 그는 다이쇼 데모크라시 사조 초기에 이미 이와 대척하여 황도를 표방하였다. 그는 제1차 호헌운동으로 실각한 가쓰라 다로의 오랜 동지이기도 하였다.

1916년에는 『다이쇼 정국사론(大正政局史論)』, 『세계의 변국(世界の變局)』, 『다이쇼의 청년과 제국의 전도(大正の青年と帝國の前途)』 등

3책을 출간하였다. 제1차 세계대전이 일어난 시국에 일본제국이 나아가야 할 길을 모색한 저술들이었다. 그는 세계대전으로 위상이 높아진 미국을 경계하였다. 미국이 동아시아에 진출한다면 그것은 곧 1900년대에 러시아와 대치하던 상황의 재판이라고 판단하고, 이 형국에 데모크라시를 따르는 사조를 위험시하였다. 그는 거침없이 반미(反美)를 외쳤다. 농촌의 청년들까지 나서서 천황에 대한 충성을 아끼지 않는 것만이 제국 일본을 안전하게 하는 길이라고 역설하였다. 농촌 출신의 청년 장교들이 그의 책을 읽고 쿠데타에 나섰을 소지는 얼마든지 있다.

도쿠토미 소호는『다이쇼의 청년과 제국의 전도』등 3종의 저술에서 페리 제독에 의한 개국을 '강간'으로 표현하고 그에 따른 외교를 '고두(叩頭)' 외교라고 하였다. 그는 이런 굴욕의 역사를 거부하고, 요시다 쇼인의 정신을 실천하여 조슈 · 사쓰마 세력이 왕정복고에 성공하여 이룩한 메이지 시대의 역사의 연원을 새로 정리할 필요성을 느꼈다. 1918년 그는『근세일본국민사(近世日本國民史)』집필을 결의하였다. 새로운 일본 역사의 체계화를 위한 거대 계획이었다. 당초에 10년을 예정한 집필이었으나 실제로는 34년의 세월이 지난 1952년 4월에 최종 제100권의 원고를 탈고하였다.

1923년 9월 1일 간토대진재가 일어났다. 이 참사도 도쿠토미 소호의 필력을 멈추지는 못하였다. 그는 지진으로 무너진 집 마당에 책상을 내놓고 글을 써서 1925년 2월에『국민소훈(國民小訓)』을 세상에 내놓았다. 65쪽에 불과한 소책자였지만, 사회적 반응은 컸다. 1933년 10월에 증보판을 내면서 도쿠토미는 이렇게 회고하였다. "『국민소훈』은 50년간의 문필 생애에서 1916년의『다이쇼의 청년과 제국의 전도』와 함께 미증유의 발행 부수"를 기록하였다. 이런 종류의 책으로서는 공전의 기록일 것이라고 자부하였다. 책이 나오자 조야(朝野)의 명사와 강호(江湖)의 지우들이 3월 9일에 제국호텔에서 출판 기념 축하회를 열어주었다. 이때 구니노미야 구니요시 왕이 축하의 뜻으로 존영(尊詠, 왕이 내린 시문) 한 폭을 하사하여 "의외의 영광"을 입었다고 밝혔다. 이에 고무되어서였을까? 도쿠토미 소호가 1927년에 출간한 『쇼와일신론(昭和一新論)』은 천황에게 올리는 "미신(微臣)의 상소(上疏)" 형식을 취하였다.

1933년 증보판 『국민소훈』은 황실과 관련되는 내용을 대폭 늘였다. 책머리에 1925년 3월 9일 출판 기념 축하회 때 구니노미야 구니요시 왕이 하사한 존영의 진적(眞蹟) 사진과 함께 칙어 1점과 조서 3점을 실었다. 그 목록은 다음과 같다.

① 「교육칙어(敎育勅語)」, 메이지 23년(1890) 10월 30일
② 「무신조서(戊申詔書)」, 메이지 41년(1908) 10월 13일
③ 「국민정신 작흥에 관한 조서(國民精神作興ニ關スル詔書)」, 다이쇼 12년(1923) 11월 10일 동궁 히로히토의 천황 대행
④ 「국제연맹 탈퇴에 관한 조서(國際聯盟脫退ノ詔書)」, 쇼와 8년 (1933) 3월 27일

『국민소훈』 초판 발간 후 증보판이 나오기까지, 즉 1925년에서 1933년까지의 시기에 청년 장교들의 쿠데타 성격의 사건이 줄을 이었다. 청년 장교들, 특히 농촌 출신들이 도쿠토미 소호의 책에서 많은 영향을 받았을 것이 분명하다. 『국민소훈』의 「제9. 황도의 요의(第

九 皇道の要義)」는 황도주의를 이렇게 기술하였다.

제국헌법 제28조에는 안녕질서를 방해하지 않고 신민으로서의 의무
에 위배되지 않는 한에서 신교(信敎)의 자유를 가진다고 했다. 이렇
듯이 일본 국민은 무슨 종교든 믿을 수 있다. 그러나 오직 하나인 황
도, 황실 중심주의에서는 하나로 결합해야 한다. 황도는 정신적으로
우리 국민을 통일하는 일대 도의적 영력(靈力)이다. 황도는 종교가
아니라 종교를 초월한 종교이며, 그 교리 또한 교리를 초월하는 교리
이다. 황도는 윤리도 철학도 아니다. 모든 윤리설과 철학 위에 군림
한다.

구미 제국은 사해동포(四海同胞) 곧 인류는 하나의 동포라고 부르
짖지만, 그것은 백석인종(白晳人種, 백인: 인용자)의 기독교 사이에서
만 행해지는 것으로, 이교도, 이종족은 제외되어 있다. 우리 황도는
그렇지 않다. 일본에 근원하고, 야마토 민족에 뿌리를 내리고 있지
만, 사해팔황(四海八荒)으로 움직여 세계의 모든 민족을 총괄하는 사
명을 가진 것이다. 오늘날 동아(東亞)를 위해 우리 일본이 희생적 운
동을 개시한 것도 황도의 일단(一端)이다. 황도의 종국(終局)은 여기
서 끝나지 않는다. 우리 황도는 무편무당(無偏無黨), 외외탕탕(巍巍蕩
蕩)하다. 일본 국민은 결코 무력을 가지고 세계를 정복하려는 야심을
가지고 있지 않다. 다만 우리 황도를 세계에 빛내어 세계 인류가 우
리 황도를 추앙하게 하는 것이 본래 우리의 이상이다.[12]

2. 쇼와 시대의 전쟁과 어용 '동아학'

1) 교토·도쿄 양 제국대학의 '동아학'

1979년 교토대학에서 발행한 『인문과학연구소 50년』은 1939년 인문과학연구소의 신설에 대해 "동아에 관한 인문과학의 총합 연구를 목적으로 1939년(쇼와 14) 교토(제국)대학에 부치(附置)되었다"라고 밝혔다.[13] 연구 대상으로서 '동아'란 표현은 1929년 창설된 동방문화학원 역사에서는 보지 못하던 단어이다. 이 단어는 중일전쟁으로 중국 본토 진입이 시작되면서 무성하게 쓰이기 시작하였다. 『인문과학연구소 50년』에 실린 1939년 6월 22일 설립 준비위원회가 마련한 연구 대간(大幹) 4항목도 '동아 건설', '동아 신질서 건설의 기초', '동아 신질서에 관한 정책', '동아 제국(諸國)에 관한 특수문제' 등 '동아'란 단어 일색이다.[14]

도쿄제대의 동양문화연구소도 마찬가지이다. 1939년 동방문화학원의 도쿄·교토 연구소가 각기 제국대학 소속으로 분리·독립하는 조치에서 도쿄연구소는 도쿄제대 내의 '숙학 문제'로 새 연구소 발족이 늦었다. 1941년 11월 26일, 칙령 제1012호로 동양문화연구소가 '동양 문화에 관한 종합적 연구'를 목적으로 창설되었다. 1941년 5월 1일자로 총장은 그 설립 이유로 "대동아공영권의 건설을 도모하여 동양 영원의 평화 기초를 다짐은 우리나라 부동의 방침"에 따른 것이라고 하였다.[15]

일본제국에서 동아시아를 가리키는 용어로는 (1) 동양사 또는 동양학 (2) 동방학 (3) 동아학 등 세 가지가 등장하였다. (1)은 1894년 역사교과서 3과목 신체제에서 처음 나왔다. 이 동양은 일본 천황이 지배할 동아시아 세계에 대한 범칭이었고, 동양학이란 말보다 교육 영역 또는 연구 영역으로서 동양사란 용어가 많이 쓰였다. (2)는 1929년 외무성이 의화단 사건 배상금과 「21개조 요구」에 따른 권익 기금 등을 활용하여 세운 동방문화학원의 명칭에서 유래한 것이다. 중국 학자들과의 공동연구를 협의할 때 중국 학자들이 일본 측의 '지나학(支那學)'에 반발하여 내놓은 대안으로서 '동방학'이다. 중일 공동연구는 결렬되었으나, 일본 외무성은 일본 단독으로 연구원을 세우면서 그 이름을 채택하였다. 동방문화학원의 주요한 연구 영역은 '지나학'에 만주, 몽골, 서역에 관한 연구를 더한 형태였다. 그렇다면 (3)의 '동아학'은 과연 앞의 두 가지와 어떤 차이가 있을까?

2) 쇼와 천황 조칙의 '동아'

쇼와 시기에 '동아'란 용어가 역사적 의미를 띠고 새롭게 등장하는 것은 1933년 3월 27일에 나온 쇼와 천황의 「국제연맹 탈퇴에 관한 조서(詔書)」를 들 수 있다. 이를 인용하면 다음과 같다.[16]

이번 만주국의 신흥에 당(當)하여 제국은 그 독립을 존중하고 건전한 발달을 촉진함으로써 동아의 화근을 없애고 세계의 평화를 보전하는 기초로 하였다. 그런데 불행하게 국제연맹의 소견이 이와 배치됨이 있었다. 짐이 이에 정부가 신중히 심의하도록 했는데 마침내 연맹을 이탈하는 조치를 채택하기에 이르렀다. 그렇더라도 국제평화의 확립은 짐이 항상 이를 기구(冀求)하여 마지않는 것이다. 그래서

평화를 위한 여러 부면의 기도는 향후에도 협력하여 빠짐없이 하고 지금은 연맹과 손을 끊고 제국의 소신대로 하기로 한다. 그럴지라도 동아에 국한[偏]해서는 우방의 정의(情誼)를 소홀히 함이 없도록 하여 믿음을 국제(관계)에 독실히 하여 대의를 세계[宇內]에 떨치도록 함은 밤낮으로 짐이 절실히 생각하는 바이다.(강조는 인용자)

1931년 만주사변으로 일본 관동군이 만철부속지 바깥 지역으로 나오자, 1933년 국제연맹이 조사단을 보내 현지 정황을 조사 심의한 뒤 '원상회복'을 권유하였다. 이에 일본 정부는 국제연맹 탈퇴를 선언하였다. 탈퇴 선언 조서는 만주국의 건국은 '동아의 화근'을 없애는 세계평화를 위한 것인데, 국제연맹은 일본과 생각이 달라 부득이 관계를 끊을 수밖에 없다고 선언하면서, 그럴지라도 '동아'에 국한해서는 '우방의 정의'를 소홀히 함이 없도록 한다는 내용이다. 그 '동아'는 곧 중국을 비롯한 만주국, 몽골 등지를 가리킨다.

앞의 탈퇴 선언 조서에 처음 보이는 '동아'의 용례는 이후 1938년 7월 7일자의 「내각총리대신을 불러서 내린 칙어(內閣總理大臣ヲ召サル賜ハリタル勅語)」에 다시 보인다. 중일전쟁의 사단이 된 루거우차오 사건 1주기를 맞아 고노에 후미마로 총리대신을 소견(召見)하여 내린 칙어로서, 만주사변 발발 이래 1년간의 "용무(勇武)한 장병들의 과감한 역투"와 "충량한 신민이 협심하여 힘을 다해 후방에서 준비를 튼튼히 해준 것"을 깊이 가상히 생각하면서, "오래된 화근을 자르지 않는 것은 동아의 안정을 영구히 얻을 희망이 없는 것이다"(강조는 인용자)라고 하였다. 그리고 "일본과 지나(중국)의 튼튼한 제휴로 공영(共榮)의 실을 거두는 것이 진실로 세계평화의 확립에 기여"하는

길이라고 강조하였다. 중국과의 제휴 그것이 바로 '동아 안정'의 핵심 과제라는 문제의식이다.

1931년의 만주사변은 만주국 건국만을 위한 것이 결코 아니었다. 관동군 장교들은 중국 본토 진출을 위한 초석으로 만주를 노렸다. 그리고 그 목적이 만주국 건국으로 일단 완성되자 1937년 중일전쟁을 일으켜 중국 본토 진입에 나섰다. 쇼와 천황은 중국 점령으로 확립되는 공간을 '동아'라고 규정하면서 이를 실현하기 위한 제반 조치를 독려하였다. 만주사변은 곧 '동아'라는 새 공간으로 향하는 첫걸음이었으며, 국제연맹이 이에 제동을 걸자 탈퇴를 선언하는 조서에서 일본제국이 목표로 하는 공간에 대한 규정으로서 '동아'란 단어가 처음 등장하였다.

고노에 총리대신은 1938년 4월에 '국가총동원법'을 공포한 뒤, 7월 7일자로 칙어를 받고서 11월에 「동아 신질서 건설 성명」을 발표하였다. 그리고 이듬해 1939년 1월 14일 고노에 후미마로 내각의 문부대신 아라키 사다오는 전국 6개 제국대학 총장과의 간담회를 열었다. 이 자리에서 아라키 문부대신은 "일본적 학문의 전개, 동아 신질서의 건설, 생산력의 확충" 등의 현안에 대한 대학 측의 협력을 구하였다. 이 협력 지시를 따라 교토제대가 이해 8월 1일 인문과학연구소를 교내에 설립하였다. 동방문화학원의 해체와 새로운 '동아학' 연구를 목표로 한 인문과학연구소 창설은 곧 천황의 '동아' 세계 실현 의지에 부응하는 어용(御用)의 발휘였다.

한편, 도쿄제대는 1941년 11월 26일에서야 천황과 정부의 뜻에 부응하여 동양문화연구소를 세운다. 근 2년 사이에 정국은 내각이 세 번이나 바뀌었다. 1939년 1월 고노에 후미마로 총리대신이 사임한 뒤, 히라누마 기이치로(平沼騏一郞), 아베 노부유키(阿部信行), 요나이 미쓰마사(米內光政) 내각이 수개월씩 단명으로 교체되다가 1940년 7월 제2차 고노에 후미마로 내각이 발족하였다. 그사이 1939년 9월 아베 노부유키 내각 때 독일의 폴란드 침공으로 제2차 세계대전이 발발하였다. 1940년 6월 고노에는 재야에서 신체제운동 추진의 결의를 표명하고 7월에 바로 내각총리대신에 임명되어 제2차 고노에 내각을 구성하였다.

1930년대 들어와 일본제국은 기원 2600년이 되는 1940년에 도쿄에서 올림픽을 개최하기 위해 유치를 추진하였다. 1936년 독일의 베를린 올림픽을 추종한 기획이었다. 그러나 1937년에 발발한 중일전쟁이 장기화하고 또 독일의 폴란드 침공으로 세계가 대전쟁으로 빠져들자 올림픽 개최 자체가 무산되었다. 이를 대신하여 메이지신궁(明治神宮) 외원(外苑)에서 1939년부터 '메이지신궁 경기대회'가 열리고, 1940년에는 아시아의 스포츠 대회를 '동아경기대회(東亞競技大會)'라는 이름으로 성대하게 열어 5만 명이 넘는 선수가 참가하였다.[17] 대동아공영의 의식이 날로 무르익어갔다.

1940년 7월 26일 제2차 고노에 후미마로 내각은 출범과 거의 동시에 「기본국책요강」을 각의로 결정하였다. 이 요강의 제1 '근본방침'은 이미 '동아' 대신에 '대동아'란 용어를 쓰고 있었다.

황국의 국시는 팔굉일우의 조국(肇國, 건국의 뜻: 인용자)의 대정신에 기초하여 세계평화의 확립을 가져오는 것을 근본으로 하여 먼저 황국을 핵심으로 하여 일만지(日滿支)의 강고한 결합을 근간으로 하는 대동아의 신질서를 건설함에 있다. 이를 위해 황국 스스로 속히 신 사태에 즉각 응하는 흔들림 없는 국가 태세를 확립하여 국가의 총력을 동원하여 위 국시 구현에 매진한다.(강조는 인용자)

'대동아'는 일본, 만주, 지나(중국)를 넘어 동남아시아의 피식민지 국가들을 아우르는 개념이다. 1940년 '동아경기대회'에 동남아시아의 영국, 프랑스, 네덜란드 등의 식민지가 된 나라들이 초대되었다. 이해 9월에 일본군이 북부 프랑스령 인도차이나에 진주하고, 일본·독일·이탈리아의 삼국동맹이 체결되었다. 이어 10월에 모든 정당을 해산하고 모두 대정익찬회에 모이도록 하는 조치가 취해졌다. 교토제대의 인문과학연구소나 도쿄제대의 동양문화연구소는 이런 초국가주의적인 시국과 맞닿아 있었다. 교토제대보다 2년 늦은 1941년에 출범한 도쿄제대 동양문화연구소는 그새 새로 내세워진 구호인 '대동아 질서'를 연구 과제로 삼았다.[18]

1941년 12월 8일자 「미국 및 영국에 대한 선전 조서(米國及英國ニ對スル宣戰ノ詔書)」에도 '동아'란 단어가 반복적으로 사용되고 있다. 황조고(皇祖考) 곧 메이지 천황이 "세계평화에 이바지하기 위해 동아의 안정을 확보"(강조는 인용자)하였고, 황고(皇考) 곧 다이쇼 천황은 이를 "원대한 모범으로 삼았다"라고 서두를 열었다. 메이지 시대의 러일전쟁이 침략 행위가 아니라 세계평화를 위한 것임을 강조하고자 '동아의 안정'을 위한 전쟁이었다고 표현하였다. "나(쇼와 천황)는 이를 정성스럽게 생각하여 (…) 열국과의 교의(交誼)를 독실히 하고 만방 공영(共榮)의 영예를 함께 하고자 늘 이를 국교의 요의(要義)로 삼았으나 (…) 지금 불행하게도 미영 양국과 흔단(釁端)이 생겨 전쟁을 멈출 수가 없게 되었다"고 변론하였다. 이어서 중국과의 관계를

그림 11-4. 일본 육군을 사열하는 쇼와 천황

1942년 11월 1일 일본 육군의 기동훈련에서 근위사단을 사열하는 쇼와 천황. 전쟁이 확대되자 일본 본토가 침공당할 가능성에 대비하여 8일간 기동훈련을 실시하였다.

출처: 월드 히스토리 아카이브(World History Archive).

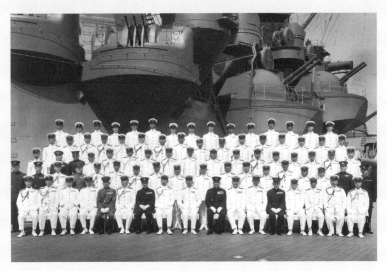

그림 11-5. 전함 무사시 준공 1주년 기념식

1943년 6월 24일 전함 무사시 준공 1주년 기념식에 쇼와 천황(앞줄 가운데)은 해군 군복을 입고 참석했다. 대동아전쟁 기간 동안 쇼와 천황은 1종 군복을 착용하고서 전쟁을 독려했다.

출처: 위키미디어 커먼스.

밝히면서 '동아'란 단어를 다시 올렸다. 즉, 중화민국 정부가 "일찍이 제국의 진의를 이해하지 못하고 헛되이 일을 만들어 동아의 평화를 교란하여 부득이 제국(일본)이 무기[干戈]를 들게 된 지 이미 4년여가 되었는데, 다행히 우한의 국민정부가 변화가 있어서 제국과 선린(善隣)의 우의(友誼)을 맺게 되었으나, 충칭에 잔존(殘存)한 정권은 미영의 비호를 믿고 (우한정부와) 서로 싸우고 있다. 미영 양국은 잔존 정권을 지원하여 동아의 화란을 조장하면서 평화의 미명으로 몰래 동양 제패의 헛된 야망[非望]을 드러내고 있다"(강조는 인용자). 마무리 부분에서도 쇼와 천황은 "신민의 충성용무에 힘입어 속히 화근을 잘라내어 동아 영원의 평화를 확립하여 제국의 광영(光榮)을 보전할 것을 바란다"(강조는 인용자)고 하였다.

그리고 같은 날에 「일영미 개전에 제하여 육해군인에게 내리는 칙어(日米英開戰ニ際シ陸海軍人ニ賜ハリタル勅語)」에서도 "제국의 자존 자위와 동아 영원의 평화 확립을 위해 미영 양국에 대해 전쟁을 선언함을 결정하였다"(강조는 인용자)라고 하였다. 중국문제는 대동아공영권 수립의 승패를 좌우하는 문제였다. 그것은 일본제국이 단독으로 해결을 봐야 할 가장 중대한 '동아'의 현안이었다.

3) '쇼와유신' 세대의 침략주의 황도 역사교육

(1) 인문과학·동양문화 연구소 인력의 세대 조건

1929년에 설립된 동방문화학원은 근 10년간 존속하면서 제국 일본 정부가 역사학 분야에서 필요로 하는 역할에 충실했다. 만주국 건국에 이바지하고 중국 본토 진입을 위한 여러 가지 초석 작업을 수행하였다. 그러나 1937년 중일전쟁 발발 후 화북분리정책을 비롯한 본토 진입 작전은 만주 지역 제압과는 상황이 전혀 달랐다. 전선의 확대, 전력의 분산 등 난제가 잇따르면서 전쟁이 장기화하였다. 이로써 국력 총동원 정책이 다방면으로 강구되는 와중에 학술활동도 다른 차원에서 이바지할 것이 요구되었다. 이 무렵 동방문화학원의 중심 인력인 평의원의 평균 연령은 1937년을 기준으로 63세(교토연구소), 66세(도쿄연구소)에 달하였다.

1939년에 설립된 교토제대의 인문과학연구소, 1941년에 설립된 도쿄제대의 동양문화연구소는 평의원제도가 없었다. 별도의 재단 없이 제국대학 내 부설 연구소였기 때문이다. 연구소는 연구 과제 중심으로 운영되었다. 이에 참여하는 연구 인력은 동방문화학원의 평의원 또는 연구원의 제자급 연령층이었다. 두 연구소의 소속 연구원, 조수, 촉탁을 막론하고 연구 과제 수행에 참여한 인력으로 생몰 연대가 확인되는 경우들을 조사한 결과는 〈표 11-2〉, 〈표 11-3〉과 같다.

〈표 11-2〉와 〈표 11-3〉에서 출생 연도를 1900년 이전과 이후로 구분했다. 〈표 11-2〉의 교토제대 인문과학연구소의 경우, 1900년 이전 출생자(A-1) 5명의 평균 출생 연도는 1893.6년이고, 쇼와 원년인 1926년 당시 평균 연령은 32.4세로 집계되었다. 그리고 1900년 이후 출생자(A-2) 9명은 평균 출생 연도가 1902.7년, 1926년 당시 평균 연령이 23.3세로 확인되었다.

〈표 11-3〉의 도쿄제대 동양문화연구소의 경우, 1900년 이전 출생자(B-1) 6명의 평균 출생 연도는 1896.7년이고, 1926년 당시 평균 연령은 29.3세이다. 그리고 1900년 이후 출생자(B-2) 15명은 평균 출생 연도가 1910년, 1926년 당시 평균 연령은 16세로 확인되었다. 출

표 11-2. 교토제국대학 인문과학연구소 연구 사업 참여 인력 정보

1900년 이전 출생자(A-1)		1900년 이후 출생자(A-2)	
이름	생몰 연도	이름	생몰 연도
나바 도시사다(那波利貞)	1890~1970	오타케 후미오(小竹文夫)	1900~1962
마키 겐지(牧健二)	1892~1989	고사카 마사아키 (高坂正顯)	1900~1969
와타나베 소타로 (渡辺宋太郎)	1893~1983	구로다 사토루(黑田覺)	1900~1990
고쿠쇼 이와오(黑正巖)	1895~1949	호즈미 후미오(穗積文雄)	1902~1979
고마키 사네시게 (小牧實繁)	1898~1990	시바타 게이(柴田敬)	1902~1986
		아베 다케오(安部健夫)	1903~1959
		미즈노 세이이치 (水野清一)	1905~1971
		나가히로 도시오 (長廣敏夫)	1905~1990
		가시와 스케카타(柏祐賢)	1907~2007
평균 출생 연도	1893.6년	**평균 출생 연도**	1902.7년
1926년 현재 평균 연령	32.4세	**1926년 현재 평균 연령**	23.3세

생 연도에 따른 연구 인력들의 초등, 중등, 대학 교육 시기를 추산해
보면 〈표 11-4〉와 같다.

〈표 11-4〉에서 A-1과 B-1 그룹은 메이지 말기~다이쇼 시대에 대
학교육까지 받고, 쇼와 시대는 대학 졸업 후에 맞이하는 세대이다.
반면에 A-2와 B-2 그룹은 다이쇼~쇼와 초기에 초등교육부터 대학
교육까지 받은 세대가 된다. A-2와 B-2 그룹은 '쇼와유신' 세대라고
규정해도 무방하다. 앞서 살핀 1930년대 초반 군부 내 쿠데타를 기

표 11-3. 도쿄제국대학 동양문화연구소 연구 사업 참여 인력 정보

1900년 이전 출생자(B-1)		1900년 이후 출생자(B-2)	
이름	생몰 연도	이름	생몰 연도
아라키 미쓰타로 (荒木光太郎)	1894~1951	야베 데이지(矢部貞治)	1902~1967
로야마 마사미치 (蠟山政道)	1895~1980	우에다 도시오(植田捷雄)	1904~1975
쓰치야 다카오(土屋喬雄)	1896~1988	가지요시 고운(梶芳光運)	1904~1984
와가쓰마 사카에(我妻榮)	1897~1973	이즈카 고지(飯塚浩二)	1906~1970
도바타 세이이치 (東畑精一)	1899~1983	요시카와 이쓰지 (吉川逸治)	1908~2002
미야자와 도시요시 (宮澤俊義)	1899~1976	오구치 이이치(小口偉一)	1910~1986
		야마모토 다쓰로 (山本達郎)	1910~2001
		가와노 시게토(川野重任)	1911~2010
		쓰키시마 겐조(築島謙三)	1911~1992
		스즈키 주세이(鈴木中正)	1913~1983
		마루야마 마사오 (丸山眞男)	1914~1996
		이마호리 세이지 (今堀誠二)	1914~1992
		시노미야 가즈오 (四宮和夫)	1914~1988
		이소다 스스무(磯田進)	1915~2002
		반노 마사타카(坂野正高)	1916~1985
평균 출생 연도	1896.7년	**평균 출생 연도**	1910년
1926년 현재 평균 연령	29.3세	**1926년 현재 평균 연령**	16세

표 11-4. 인문과학·동양문화 연구소 인력의 교육 시기 추산

평균 출생 연도	초등교육	중등교육	대학교육
A-1 (1893.6년)	1900~1907	1908~1916	1917~1921
B-1 (1896.7년)	1903~1910	1911~1917	1918~1922
A-2 (1902.7년)	1909~1915	1916~1923	1924~1928
B-2 (1910년)	1917~1923	1924~1930	1931~1935

※초등교육과 중등교육 기간이 그룹마다 다른데, 이는 조사 대상 연구 인력들의 입학·졸업 연도에 근거한 것으로, 학제 변동 또는 학교에 따른 차이일 수 있음.

도한 청년 장교들은 연령 면에서 이 A-2와 B-2 그룹에 속한다. 이들 가운데 이름이 알려진 무라나카 다카지가 1903년생, 이소베 아사이치가 1905년생, 구리하라 야스히데가 1908년생이다. 곧 인문과학연구소, 동양문화연구소의 '동아학', '대동아학' 연구에 참여한 다수가 '쇼와유신' 세대에 속한다.

(2) '쇼와유신' 세대의 중등 역사교육

1910~1920년대 다이쇼 데모크라시 사조 속에서 황도 사상이 사회적으로 영향력을 확대해가는 과정에서 역사교육 문제를 빼놓을 수 없다. 각급 교육과정에서 천황 중심의 '국사'를 가르쳤다면 그 영향력은 절대적이다. 1890년 「교육칙어」의 반포를 계기로 일본의 중등 교육과정의 역사교육은 일본사·동양사·서양사 3분과 체제로 자리를 잡았다. 본방사라고 부르던 일본사를 '일본 역사'로 바꾸고, '지나사'로 부르던 것을 중국과 주변 여러 민족의 역사를 합쳐 '동양사'라고 하고, 외국사를 '서양사'라고 고쳐 불렀다. 1894년 4월 고등사범학교 교수들의 교과과정 회의에서 나카 미치요가 '동양사' 신설

을 제안한 것이 계기가 된 제도 쇄신이었다. 문부성이 이 제안을 즉시 채택하였으나 1902년도에야 비로소 3분과 역사교과서가 중등학교 교실에 배부되었다.[19]

새 역사교과서에서 주목할 점은 조선사(한국사)가 '동양사'가 아니라 '일본 역사' 속에 포함된 사실이다. 조선(한국)은 4세기 진구 황후의 '신라 정벌'로 이미 일본에 복속되었다는 것이다. 일본제국은 1902년에 먼저 한국의 역사를 일본사에 편입한 뒤 1910년 강제로 국권 '병합'을 단행하였다. '동양사'의 '동양'은 곧 일본 천황이 동아시아의 유일한 신문명국으로서 통치하게 될 동아시아 세계에 대한 지칭으로 설정되었다. 그 실현에 이바지하는 학문 및 교육으로서 동양사라는 영역이 설정되었다.[20] 이렇게 틀을 잡은 교과서는 처음부터 황도 사상 선양 기능을 탑재한 것이라고 해도 과언이 아니다.

〈표 11-5〉와 〈표 11-6〉은 1902년부터 1929년 사이에 발행된 4종의 '일본 역사' 교과서의 내용을 비교한 것이다. 같은 일본사 교과서로서, 황도주의가 강조되는 흐름을 읽기 위해 작성한 것이다. 〈표 11-5〉에는 '일본 역사' 교과서 4종의 저자 및 출판사와 함께, 책머리에 제시된 「예언(例言)」, 「서문·서언」의 내용 유무를 표시하였다. 〈표 11-6〉은 고대 부분만 간추린 것이다. 〈표 11-5〉를 중심으로 추이를 보면 다음과 같다.

1900년대에 발행된 2종(①, ②)은 항목이 있어도 내용이 매우 간략하다. 「예언」의 경우, ①(1902)의 범례 3칙은 '(1) 중학교 제1학년, 제2학년용으로 만들었다, (2) 이 책은 1902년 2월 문부성 훈령(訓令) 중학교 교수(教授) 요목에 근거하여 만들었다, (3) 책의 분량은 여러 사람의 가르침과 저자의 경험으로 이루어진 것이다'라는 내용을 밝

표 11-5. '일본 역사' 교과서의 내용 추이 비교 I

서명 (출간 연도)	①『일본역사 교과서』 (1902)	②『통합역사 교과서 일본사』 (1908)	③『통일중등 역사교과서 일본사』(1917)	④『개정중학 일본역사교과서』 (1929)
저자	다나하시 이치로 (棚橋一郎)· 이나바 조난 (稻葉常楠)	사이토 히쇼 (齊藤斐章)	후지오카 쓰구히 라(藤岡繼平)	후지이 진타로 (藤井甚太郎)
예언(例言)	범례 3칙	예언(2항)	7항	예언1, 예언2
서문·서언	없음	있음	없음	없음

표 11-6. '일본 역사' 교과서의 내용(고대 부분) 추이 비교 II

서명 (출간 연도)	①『일본역사 교과서』 (1902)	②『통합역사 교과서 일본사』 (1908)	③『통일중등 역사교과서 일본사』(1917)	④『개정중학 일본역사교과서』 (1929)
목차 (상고 시대)	제1편 태고사 제2편 상고사 제1기 야마토의 시대 상(上) (1) 진무(神武)~ 주아이(仲哀) (2) 스진(崇神)- 스이닌(垂仁) (3) 게이코(景 行), 야마토타게 루(日本武尊) 구 마소(熊襲) 및 에 조(蝦夷), 세이무 (成務) 천황 (4) 사회 풍속 제2기 야마토의 시대 하(下) (1) 진구(神功) 황후 <u>한토(韓土) 내부(內附)</u>	상고사 1. 신대(神代) 2. 진무 천황 3. 스진 천황 4. 스이닌 천황, 상고의 풍속 5. 구마소와 에조 6. <u>한토 내부</u> 7. 학문·공예의 전래 8. 닌토쿠(仁德) 천황 9. 유랴쿠(雄略)천 황 대신가(大臣家) 10. <u>한토의 반란</u> 11. 불교의 전래 12. 성덕태자 13. 지나와의 교통 14. 소가(蘇我) 씨의 멸망	제1편 태고 (진무 천황 이전) 제1장 신대, 우리 의 국체(國體) 제2편 상고(진무 ~고교쿠皇極) 제1기 제2장 진 무 천황 제3장 스진 천황, 스이닌 천황 제4장 야마토타 게루 세이무 천황 제2기 (주아이仲 哀~긴메이欽明) 제5장 진구 황후, <u>조선반도의 복속</u>	제1편 상고사 (신대~소가 씨) 1. 신대 2. 진무 3. 스진, 스이닌 4. 야마토타게루 5. <u>삼한 임나 및 삼국 진구 황후</u> 6. 문물의 전래 7. 닌토쿠 천황, 유랴쿠 천황 8. <u>조선반도의 변 천</u> 9. 불교의 전래, 스가(蘇我)·모노 노베(物部) 2씨 쟁란 10. 성덕태자 11. 소가 씨의 무 도와 그 멸망

※밑줄은 인용자.

혀놓은 것에 불과하다.

②(1908)의 「예언」 2항도 저술에 활용한 교안(敎案)과 책에 들어간 그림, 지도 자료의 출처 제시에 관한 것이다. ②는 4종 중에 유일하게 「서언」을 실었는데, 그 내용은 시대구분에 관한 것이다. 시대를 다섯으로 구분하여 각 시대의 내용을 밝혔다. 즉, 상고는 개국에서 소가(蘇我) 씨 멸망까지, 중고는 다이카개신(大化改新)에서 안토쿠(安德) 천황까지 540년, 근고는 고토바(後鳥羽) 천황부터 아시카가(足利) 씨 멸망까지, 근세는 아시카가 씨 멸망부터 도쿠가와막부 멸망까지, 현대는 메이지 원년 이후라고 밝혔다. 교과서의 새로운 형식과 체제 소개에 열중한 느낌이다.

그런데 1917년에 간행된 ③과 1929년에 간행된 ④에서는 이전과는 다른 차이가 나타난다. ③의 「예언」은 7가지 사항을 나열하였는데, 그중 제2항은 "본서는 황실을 중심으로 **국민정신 계발 배양**〔啓培〕을 주된 취지로 편술하고, 대세의 추이에 따라 시대와 시기를 나누어 국가의 성쇠, 사회의 변천에 관한 개념을 얻을 수 있도록 하였다"(강조는 인용자)라고 하였다. "국민정신 계발 배양"은 앞에서 보지 못하던 문구이다. 또, 제6항에서는 "생도의 덕성 함양에 바탕이 되고, 또 사적(史的) 흥미를 돕기 위해 곳곳에 시가, 문장을 인용하였다"라고 하였다. 제2항과 제6항은 쇼와 시대 초기 역사교과서에서 수신서(修身書)의 기능을 부여할 때 나타나는 내용이다. 실제로 쇼와 2년(1927) 11월 25일자 문부성 훈령 제20호가 "국민정신을 계배(啓培)함과 함께 직업에 관한 이해를 얻게 한다"라고 하였다. 그런데 거의 같은 내용이 1917년 '일본 역사' 교과서의 「예언」에 표시되었다. "황실을 중심으로 한 국민정신의 계배"가 교육의 목표로 내세워진 것이다. 해당 교과서의 출판 연도가 잘못되지 않은 한, 이것은 1917년 당시 이미 사회적으로 나돌던 '국민정신 계배'를 문부성이 1927년에 훈령으로 취한 것이라고 보아야 할 것이다. 앞에서 살폈듯이 1917년 전후 일본 사회에서는 제1차 세계대전 참전을 계기로 황실 중심의 국민 결속을 강조하는 사조가 확산하고 있었다.

1929년에 간행된 ④에서는 이 같은 추세가 더 뚜렷하다. 여기서는 「예언」이 교사와 생도에 대한 것으로 나뉘어 제시되었다. 교사를 위한 「예언1」의 (2)항은 중학교에서의 '국사' 교육은 "국민정신 작흥(作興)에 훈육상 가장 중요한 것"이라고 하였다. 그리고 학생들을 위한 「예언2」의 (4)항은 "국사는 국민정신과 아울러 인격 도야의 기초이므로 일상적으로 정독하여 국체(國體)의 정화(精華)를 깨달아 알아내서[會得] 선인(先人)의 유업을 앙모(仰慕)하게 되어야 한다"라고 하였다.

1923년 9월 1일 간토대진재가 일어난 뒤, 같은 해 11월 10일자로 다이쇼 천황의 「국민정신 작흥에 관한 조서」가 내려졌다. 큰 재화로 인한 피해를 극복하는 길로서 국민정신의 '작흥'을 내세운 것이다. 즉, 문화의 소복(紹復), 국력의 진흥은 모두 국민의 정신에서 결정되는 것이므로 상하가 협육(協戮)하여 진작(振作) 경장하기를 촉구하였다. 이 조서가 반포될 당시 동궁 히로히토(후에 쇼와 천황)가 섭정을 하던 시기였으므로 이 조서는 동궁의 뜻을 담은 것이다. 1929년에 발행된 교과서의 「예언1」 (2)항의 "국민정신 작흥"은 곧 이 조서의 강조점을 반영한 것이다.

쇼와 천황은 1926년 등극 후, 관례대로 3년째 되던 해인 1928년 11월 10일에 고쿄마에 광장에서 즉위식을 거행하며 즉위에 임하는

'칙어'를 내렸다.[21] 이 칙어는 신대(神代)의 황조황종의 건국임민(建國臨民)에서 군민(君民)이 일체가 되는 '국체의 정화'가 이룩되었음을 언급하였다. 이어 황조고(메이지 천황)의 유신 홍도(鴻圖), 황고(다이쇼 천황)의 중흥 업적을 언급하고, 이를 이어받아 안으로 민심을 화회(和會)하게 하여 국운 융창(隆昌)이 이루어지게 하고, 밖으로 친선 국교를 통해 세계평화와 인류 복지에 이바지하기를 바란다고 밝혔다. 1890년 10월 30일에 내려진 「교육칙어」는 '국체의 정화'로서 교육의 연원으로 삼아야 한다고 하였다. 쇼와 천황은 등극에 임하여 군민이 일체가 되는 것이 바로 국체의 정화로서 마땅히 천지와 나란히 있어야 할 바라고 하였다. 1929년에 발행된 교과서 ④는 쇼와 천황의 이러한 의지에 부응하여, '국체의 정화' 곧 군민이 하나가 되는 것을 역사를 통해 깨닫게 하는 것을 제일의 목표로 내세웠다. 역사교과서가 쇼와 천황의 황도주의 정신에 맞추는 추세로서, 바꾸어 말하면 쇼와 천황 자신이 곧 황도주의 선양의 주체가 되고 있다. ④의 학생들을 위한 「예언2」는 "소학교에서 수업받은 국사, 국어독본 또는 수신서 중에 기술된 역사 사항은 본 교과서 수업에서 관계 사항이 나오면 복습하기 바란다"라고 하여 반복 숙지를 강조하였다.

1939년, 1941년에 각각 설립된 인문과학연구소, 동양문화연구소의 연구 인력 다수는 이와 같은 천황 주도의 황도주의 역사교육을 받은 세대이다. 다시 말하면 그들은 쇼와 천황의 황도주의에 복종하는 성향을 강하게 가진 세대였다. 그들이 쇼와 천황이 조서, 칙어를 통해 제시한 '동아의 신질서'를 위한 '동아학', '대동아학'에 쉬이 뛰어든 것은 오히려 자연스러운 일이다.

(3) 군사학교의 세계 제패 역사교육

청년 장교들을 배출하는 사관학교의 역사교육은 일반 중등 교육 과정보다 황도주의의 색채가 더 짙을 것은 당연하다. 먼저, 1929년에 간행된 육군사관학교용 『본방사교정(本邦史敎程)』을 예로 들어보기로 한다.[22] '본방사'란 명칭은 1894년 이래 새 교과서에서는 사용하지 않게 된 명칭인데, 이를 고수한 것은 국수적 성향의 발로이다.

책머리의 「예언」은 첫째로 "존황애국(尊皇愛國)의 심정을 양성하는 것"을 교육 목표로 삼는다고 하였다. 둘째로는 편년체의 본방사는 생도가 이미 여러 번 학습한 것이므로 본서의 편찬은 기사본말체로 하여 중복을 피한다고 하였다. 다시 말하면 요목별로 주요 사항들을 정리해서 언제라도 부하 교육 또는 강연에 사용할 수 있게 한다는 것이다. 이 책은 일반 중등 교과서와는 달리 책의 앞부분에 「역대 천황 표(歷代天皇表)」 등 황실 자료 4종을 31쪽에 걸쳐 제시하였다. 세 번째로 "우리나라(일본: 인용자)는 세계 최강국의 하나로서 앞으로 열국과의 교섭을 빈번히 하게 되므로 예부터 우리나라 사람이 해외에 향하여 어떻게 활동했는지, 또 외래 사상에 대해 어떻게 취급했는지를 기억할 필요가 있으므로, 이에 맞추어 외국과의 관계 및 사조(思潮) 문물을 자세히 기술한다"고 하였다. 사관학교 출신 장교들이 해외 근무를 많이 하는 점을 유의하여 일본 역사의 해외 선양을 의식한 편찬 의도이다.

본편(본론)에서는 제1장의 제목을 「황상(皇上)과 신민」으로 설정하고, 여기서 서론 격으로 '1. 국체와 황실, 2. 신민, 3. 국세(國勢)의 발전' 등 세 항목을 설정하였다. 이하는 제2장 「정치제도」, 제3장 「외국과의 관계」, 제4장 「병제(兵制)의 연혁(沿革)」, 제5장 「사조와 문물」

순으로 구성하였다. 제5장 「사조와 문물」은 '제1기 고유 사상 시대, 제2기 인도·지나 사상 영향 시대, 제3기 인도·지나 사상 동화 시대, 제4기 무사도(武士道) 시대, 제5기 존왕 사상의 대두 및 그 성과 시대, 제6기 서양 사상 섭취 시대' 등으로 나누었다. 근대 이전 일본 역사와 문화에 영향을 준 인도와 중국은 이제 일본 황도의 '팔굉위우'의 구성원이 되어야 하는 대상이 되었다. 부록 「대외전기(對外戰記)」는 군사학교 교재로서는 당연한 내용이지만, '불패 일본'의 자부심을 돋우려는 의도가 엿보인다.[23]

1944년 5월 해군성 교육국 발행의 『연습병용(練習兵用) 역사교과서』는 200쪽 분량이다. '연습병용'이란 용도 표시와는 달리 내용이 매우 고급 수준에 해당한다. 목차는 〈표 11-7〉과 같다.

〈표 11-7〉에서 보듯이 목차에서 조국(肇國), 황위(皇威), 근황(勤皇), 존황(尊皇) 등 황도 관련 단어가 많고, 국운(國運), 국위(國威), '대동아 질서' 등의 용어로 팽창주의를 강하게 표시하였다. 「서설(序說)」의 주요 부분을 옮기면 다음과 같다.

(…) 그러니 우리(일본: 인용자) 국민은 국사를 배움으로써, 역대 천황의 위업을 우러르고, 조선(祖先)이 남겨온 사적(事蹟)을 연모하여 국사 중에 맥맥이 흐르는 조국(肇國)[24]의 위대한 정신을 앎으로써 우리 국체의 존엄을 이해해야 한다. 그리고 다시 우리나라를 둘러싼 세계 각국의 동향을 살필 때, 우리 국사는 한층 찬연하게 빛나고, 충군애국의 지성은 점점 높아져, 우리나라 현재의 역사적 사명인 세계질서 건설에 모든 것을 다하려는 각오가 더욱더 굳어지게 되는 것이다.

지금 우리 국민은 대조(大詔)[25]를 받들어[奉戴] 대동아전쟁의 한

표 11-7. 해군 교육국 『연습병용 역사교과서』 목차

순번	제목
서설(序說)	
1	조국(肇國)
2	황위(皇威)의 발전
3	국운(國運)의 융창과 동아의 정세
4	무사의 발흥과 원구(元寇의) 격양(擊攘)
5	건무(建武) 중흥과 근황(勤皇)정신
6	해외 발전과 세계의 정세
7	존황(尊皇) 사상의 발달
8	막말 내외의 정세
9	메이지유신과 신정(新政)의 진전
10	국위(國威)의 선양
11	다이쇼 시대와 세계의 정세
12	대동아 신질서의 여명
(결론)	국사의 회고와 우리의 각오

가운데[眞只中]에 있다. 이 전쟁을 완수하기 위해서는 '조국' 이래의 대이상인 팔굉위우의 정신을 선양하고,[26] 신무(神武, 훌륭한 무예와 용맹: 인용자)를 발양(發揚)하여 대동아공영의 실을 거두지 않으면 안 된다. 세계의 역사에서 홀로 우리나라만 신대(神代) 이래, 황조조국(皇祖肇國)의 위대한 정신에 기초하여 부단한 진전을 이어온 것은 우리나라가 바로 대동아 아니 세계 신질서의 중심이요, 또 중심이지 않으면 안 된다는 것을 가르친다. 제국의 해군 군인인 우리는 지금

바로 국사가 가르치는 사실을 깊이 살피고, 충성봉공(忠誠奉公)의 결심을 더욱 강고히 하지 않으면 아니 된다.

이 교과서의 결론 부분 「국사의 회고와 우리의 각오」는 황도의 과제 '팔굉위우' 곧 세계 정복과 미국, 영국의 횡포 곧 그 제국주의와의 차이를 지적하면서 전쟁에서 승리해야 할 이유를 다음과 같이 찾았다.

(…) 우리나라(일본: 인용자)에서 무력의 행사는 구미 제국에서의 무력과는 그 성질을 전혀 달리하여, 황조 아마테라스 오미카미의 신칙(神勅)에 근거하여, '팔굉위우'의 대이상을 실현하려고 하는 경우에서만 쓰이는 것이다. 그것은 결코 개인으로서의 투쟁을 구하는 것이 아니며, 또 타국을 침략하기 위한 무력행사도 아니며, 오직 황조가 크게 마음먹으신 대로 황위(皇威)로서 세계평화를 확립하고 인류의 고뇌를 구하기 위한 신무(神武)의 발동이다. 여기에 천황 친솔(親率)을 건군(建軍)의 본의로 하는 우리 황군(皇軍)의 숭고한 사명과 정강(精强)을 과시하는 그 혁혁한 전통이 있다. (…) 지금 세계의 정세는 앵글로-색슨(미국과 영국: 인용자)의 횡포를 타파하여 세계에 신질서를 건설해야 하는 미증유의 변혁 시대를 만났다. 특히 우리나라는 지금이야말로 '팔굉위우'의 대이상을 실현하기 위해 1억(일본인: 인용자)이 모두 나서서 포악하고 사나운[暴戾] 미영의 격멸을 기약하고, 진무(神武) 천황의 신념에 투철한 우리 충성스럽고 용감한 장사(將士)는 미영의 반격을 받아치면서 밤낮으로 장렬한 격전을 전개하여 진충보국의 충성을 다하고 있다. 지금 전쟁의 국면은 결정 단계에

돌입하고 있다. 이때 이 미영의 반격 공세를 쳐부수어 '대동아전쟁'을 완수할 자 우리 해군을 빼고 누가 있겠는가. 더욱이 이때를 놓치면 인류의 고뇌는 영원히 구해질 때가 없다. '팔굉위우'의 대사명 실현을 두 어깨에 진 우리 제국 해군 군인의 사명이야말로 실로 중대하고 숭고하다.(강조는 인용자)

세계 제패를 향한 '대동아전쟁'(태평양전쟁)에서 해군의 역할이 큰 것은 말할 것도 없다. 이 글 가운데서 "신무의 발동"으로 일본 역사에서 수군(水軍)의 역할이 국가 흥륭(興隆)의 바탕이 된 역사가 있다는 것을 언급하고 그것을 신무의 한 면모라고 하였다. 이 글에서 주목되는 것은 오늘의 신무 발동 곧 해군의 활약을 '천황 친솔' 곧 쇼와 천황이 직접 지휘한 것으로 명시한 점이다. 이것은 과장으로 보기 어려운 점이 있다. 해군기관학교(海軍機關學校, 사관양성학교)에서 발행한 『조칙집』에는 태평양전쟁 시기에 주요 해전의 함대 사령관에게 작전 명령을 지시하는 칙어가 6건이나 실려 있다.

① 「일미영 개전에 당하여 연합함대 사령장관에게 내린 칙어(日米英開戰ニ當リ聯合艦隊司令長官ニ賜ハリタル勅語)」(1941. 12. 8.)
② 「하와이 해전의 전첩을 맞아 연합함대 사령장관에 내린 칙어(布哇海戰ノ戰捷ニ際シ聯合艦隊司令長官ニ賜ハリタル勅語)」(1941. 12. 10.)
③ 「말레이해협 해전을 앞두고 연합함대 사령장관에게 내린 칙어(馬來沖海戰ニ際シ聯合艦隊司令長官ニ賜ハリタル勅語)」(1941. 12. 12.)
④ 「홍콩 공략을 앞두고 지나 파견군 총사령관과 남방군 총사령관에게 내린 칙어(香港攻略ニ際シ支那派遣軍總司令官竝ニ南方軍總司令官

二賜ハリタル勅語)」(1941. 12. 27.)

⑤「싱가포르 공략을 앞두고 연합함대 사령장관과 남방군 총사령관
　에게 내린 칙어(新嘉坡攻略二際シ聯合艦隊司令長官竝二南方軍總司令
　官二賜ハリタル勅語)」(1942. 2. 16.)

⑥「동인도제도의 전첩을 맞아 연합함대 사령장관과 남방군 총사령
　관에게 내린 칙어(東印度諸島ノ戰捷二際シ聯合艦隊司令長官竝二南方
　軍總司令官二賜ハリタル勅語)」(1942. 3. 10.)

　쇼와 천황의 칙어 ①은 연합함대 사령장관(司令長官)에게 적군을
소멸하라는 출사(出師) 명령이다. ②는 1941년 12월 8일 하와이 진
주만 공습 작전 성공이 보고되자 이를 '위공(偉功)'으로 가상(嘉尙)하
는 내용의 칙어이다. 이것은 출사 명령에 해당하지 않는다. 이하 ③
~⑥은 모두 '적군을 섬멸하라'(③), '복멸(覆滅)하라'(④, ⑤), '격멸하
라'(⑥)는 출동 명령의 칙어이다.

　이보다 앞서 메이지 천황도 군인에게 몇 가지 조서와 칙어를 내
렸다. 하지만 「징병의 조(詔)」(1872), 「군인에게 내리는 칙유」(1882)
는 새로운 제도 시행의 뜻을 담은 것으로, 작전 명령과는 전혀 다르
다. 전쟁과 관련한 것으로 「일청전역 후 육해군인에게 내리는 칙유
(日淸戰役後陸海軍人二賜ハリタル勅諭)」(1895. 5. 13.)가 있지만, 이것은
어디까지나 전쟁(청일전쟁)이 끝난 뒤 그간의 분투에 대한 칭찬을 담
은 것이다. 메이지, 다이쇼 시대에 천황이 출격 명령을 내린 칙유의
예는 달리 찾아볼 수 없다. 이『조칙집』에 실린 6건의 칙어는 쇼와 천
황이 '대동아전쟁'을 직접 지휘, 통솔하였다는 명백한 증거이다.

　일본제국의 중심 대학이었던 교토, 도쿄 양대 제국대학의 인문과

학연구소와 동양문화연구소는 곧 쇼와 천황이 '대동아' 건설을 위해 전선을 직접 지휘하는 상황에서 그 '대동아'에 관한 연구를 위해 새로이 창설되었다. 이는 곧 천황이 주도하는 전쟁범죄를 돕는 행위로서 매우 충격적이다.

천황제 파시즘의 행로와 함께한
도쿄·교토 제국대학의 동방학

I.

메이지 시대 일본제국의 대외 침략은 1904년 러일전쟁의 승리로 최고조에 달했다. 1905년 11월 전승을 배경으로 대한제국에 '보호조약'을 강제하고, 1907년 대한제국 황제가 헤이그 만국평화회의에 특사 3인을 파견하여 그 불법 강제의 사실을 폭로하자 통감 이토 히로부미는 대한제국 황제를 강제로 퇴위시켰다. 이듬해 일본 천황은 「무신조서(戊申詔書)」를 내려 앞으로 일본은 서구 열강과 동등한 지위에서 발전할 것이며, 그 발전을 위해 국민이 일치 협력하기를 당부하였다. 대국 러시아를 이긴 것에 대한 충만한 자신감의 표현이었다.

1911년 메이지 시대가 끝나고 다이쇼 시대가 열리자마자 1912년 호헌운동이 일어났다. 제2차 사이온지 긴모치 내각(1911. 8.~1912.

12.)에서 군부의 육군 2개 사단 증설 요구를 부결하였다. 비교적 자유주의적 성격을 지닌 사이온지 내각이 지나친 군비 확장으로 생기는 국민의 조세 부담을 우려하여 내린 결정이었다. 조슈 번벌의 대표격으로 군부를 장악하고 있던 야마가타 아리토모가 원로 자격으로 나서서 총리대신 후보로 조슈번 출신의 가쓰라 다로를 천황에게 추천하였다. 제3차 가쓰라 내각(1912. 12.~1913. 2.)이 출범하자 이에 민중이 반발하여 '벌족 타도', '헌정 옹호'를 외쳤다. 조슈 번벌은 메이지 시대의 대외 팽창정책의 중심이었다. 민중은 이들의 일방적인 국정 주도를 비판하였다. 지금까지의 대외 팽창정책에 대한 일종의 국정 전환 운동이었다. 1880년대에 천황제 국가주의로 억눌리고 말았던 자유민권운동의 부활 기세였다.

1881년 천황은 10년 뒤인 1890년에 국회 개설을 약속하는 조서를 내렸다. 이토 히로부미 정부가 자유민권운동의 열기를 누르기 위해 내놓은 조치였다. 이 조서가 나오자 자유민권운동 세력은 국회 개설에 대한 기대 속에 자유당(프랑스식 급진 자유주의), 입헌개진당(영국식 점진적 입헌주의), 입헌제정당(立憲帝政黨, 정부 어용 정당) 등 여러 정당을 발족시켰다. 그러나 천황의 약속은 의회 정당정치를 보장하는 것이 결코 아니었다. 헌법 기초자들은 모든 국가권력은 천황에게서 나온다는 대원칙을 세우고, 이를 위한 천황제 절대주의 관료체제를 만들었다. 인민의 권리는 거의 무시된 채, 관료와 군부가 국정을 주도하는 체제를 만든 것이었다. 1886년의 '제학교령', 1889년의 「대일본제국헌법」, 1890년의 「교육칙어」 등의 반포로 강력한 천황제 국가주의 체제가 완성되었다. 1890년에 약속대로 국회가 개원되었으나 그것은 민의가 아니라 천황이 허용하여 열리는 형식을 밟았다. 상원으로서 귀족원은 천황이 화족과 관료 가운데서 의원을 지명하여 구성되었고, 하원인 중의원의 선거·피선거권은 재산 정도로 제한하였다. 국회는 연중 1회만 소집되어 정부의 예산을 심의하는 것이 역할의 전부였다.

1890년 11월에 국회가 처음 열린 뒤, 정당은 크게 민당(民黨)과 이당(吏黨)으로 나뉘었다. 민당은 국민 재산 보호를 내세우고, 이당은 정부에 대한 협조를 표방하였다. 개원 당시 민당으로는 자유당과 입헌진보당, 이당으로는 국민협회 등이 있었다. 그 후 10년간 정당 계보가 여러 차례 바뀐 끝에 1900년 이토 히로부미가 제4차 내각 구성에 임하면서 민당 계열을 통합하여 '입헌정우회'를 만들었다. '당'이라는 표현을 쓰지 않은 '입헌정우회'라는 명칭이 암시하듯이, 이토는 제국헌법 기초자로서 정당정치를 배제하고자 했다. 민당을 '입헌정우회'로 모아 정당 세력을 준관료 어용집단으로 만들려는 시도였다. 1911년 메이지 시대가 끝나는 시점에 정당은 입헌정우회 외에 입헌개진당의 후신으로 민당의 명맥을 유지한 입헌국민당, 이당 계열의 중앙구락부 등이 남아 있었다.

II.

1912년 다이쇼 시대가 열리자마자 입헌국민당과 입헌정우회의 대표를 중심으로 호헌운동이 일어났다. 입헌정우회도 1909년 이토 히로부미 사망 후 정치적 입지가 변하고 있었다. 호헌운동은 메이지 시대 국가주의 체제를 주도한 조슈, 사쓰마 번 출신의 관료와 군부의 영향력 배제를 통한 정당정치 실현을 지향하였다. 호헌운동은 정당 대표가 내각총리대신으로 지명받는 체제를 바랐다. 1912년의 호헌운동은 1913년 조슈 번벌계의 가쓰라 내각을 붕괴시켰지만, 목표하는 정당정치체제는 확보하지 못하였다. 1914년 7월에 일어난 제1차 세계대전은 정당에 구애받지 않는 이른바 '초연내각'을 등장시켰고, 1918년 하라 다카시 내각 구성에서 비로소 정당 대표가 총리대신이 되었다. 하지만 천황이 지명하는 형식은 그대로 남았다.

제1차 세계대전의 전시 상황은 메이지 시대 후반을 이끈 대외 팽창정책을 다시 살아나게 하였다. 전시 상황은 「무신조서」(1908)가 표방한 "열강과 동등하게 발전하는" 일본을 실현하기에 좋은 기회였다. 정당정치 지향의 호헌운동도 이를 억제할 수 없었다. 1914년 8월에 일본제국은 독일에 선전포고를 하고 적도 이북의 독일령 남양군도에 군대를 파견하여 점령하였다. 이어서 11월에는 중국 산둥반도의 독일 조차지 칭다오 등지를 점령하였다. 1915년 1월에 일본 정부는 이 점령을 기정사실로 하는 내용의 「21개조 요구」를 중국 위안스카이 정부에 제시하여 그해 5월에 승인을 받았다. 산둥반도를 중심으로 하는 일본의 권익은 물론 남만주와 동부 내몽골에서의 권익까지 요구하였다. 전시 상황에서 내정 개선의 호헌운동은 특별한 성과를 얻지 못하다가 1918년 9월 종전 무렵에 하라 다카시가 입헌정우회 당수로서 천황으로부터 총리대신 지명을 받았다. 이때 시작된 제2차 호헌운동은 보통선거권을 실현하는 성과를 올리면서 '다이쇼 데모크라시'의 정당정치 시대를 열었다. 그러나 1921년 11월 하라 다카시 총리대신이 도쿄역에서 우익 성향의 한 역원에게 살해당하는 사건이 발생하였다. 곧 열릴 워싱턴 해군군축회의가 일본제국 해군의 함대 보유량을 제한할 것이라는 소문을 놓고 여론이 찬반으로 엇갈리던 상황에서 일어난 사건이었다. 살해범은 조약 참가 자체를 반대하는 쪽에 속하는 자로서 총리대신이 회의에 대표를 보낼 것이라는 소문에 불만을 가진 것으로 알려진다. 총리대신 피살은 다이쇼 데모크라시에 드리운 어두운 그림자였다.

1918년 1월 윌슨 미국 대통령은 '민족자결주의'를 선언하고 전후의 세계질서로서 인류 평화공존을 위한 국제연맹 창설을 주도하였다. 다이쇼 데모크라시의 정당정치에도 이에 부응하는 국제협조 외교로서 '시데하라 기주로 외교 노선'이 등장하였다. 그러나 새로운 국제정세는 근본적으로 일본제국의 대외 팽창정책과 충돌하는 것이었다. 1920년에 창설된 국제연맹에서 일본제국은 연맹의 주축인 5대국 반열에 드는 행운을 얻었다. 「무신조서」의 표방이 현실이 되었다. 정당정치 시대의 국제협조 외교는 제국이 지향해온 대외 팽창정책 욕구와 갈등을 일으킬 수밖에 없었다. 다이쇼 데모크라시의 정당정치로 자유민권운동이 부활할 기세였으나, 그간에 구축된 천황제 절대주의 체제를 뚫기에는 역부족이었다.

III.

1921~1922년의 워싱턴 해군군축회의 결과로 일본제국 해군의 함대 보유량은 미국, 영국에 비해 더 많은 제한을 받게 되었다. 천황제 국가주의가 이로부터 받은 충격은 컸다. 1925년 쇼와 시대가 열리면서 구미 열강의 제재에 대한 반발 기세가 나타나기 시작하였다.

새로 즉위한 천황 자신이 대외 팽창 지향의 성향이 강하였다. 1927년 4월 입헌정우회 총재로서 총리대신 지명을 받은 다나카 기이치는 조슈 출신의 육군 대장으로 육군대신을 역임한 인물이었다. 그는 총리대신 지명을 받자 곧 외무대신을 겸하여 '시데하라 외교'를 배제하고 3차에 걸친 산둥반도 출병을 단행했다. 중국 국민정부의 장제스가 북벌을 선언하여 중국 통일정책을 추진하자 다나카 내각은 산둥반도, 만주, 몽골의 일본 이권이 위협받을 것을 우려하여 세계대전 중에 교두보로 확보한 산둥반도에 출병을 단행한 것이다. 이는 명백한 메이지 시대 대외 팽창정책의 부활이었다.

사회적으로도 천황제 국가주의가 다시 부상하는 분위기가 조장되었다. 젊은 쇼와 천황 스스로 대중 앞에 자주 나와 천황을 중심으로 하는 제국의 번영을 의식하게 하였다. 국수 지향의 언론은 천황을 중심으로 하는 신민의 단결을 '황도주의'라는 용어로 표현하였다. 군부 안에 황도파가 생기고, 청년 장교들이 정당정치를 공격하였다. 정당의 지도자들이 천황을 오도한다면서 그들을 '간범(干犯)'으로 몰아 살해하는 사건이 잇따랐다. 1930년 11월 하마구치 오사치 총리대신이 도쿄 철도역에서 우익 분자의 저격을 받고 중상을 입었다. 총리대신이 런던 해군군축조약에 서명한 것을 통수권 '간범 행위'로 몰아 저격하였다. 하라 다카시 총리대신 피살 사건 이후 9년 만에 비슷한 사건이 다시 발생하였다.

1931년에는 정당 내각을 무너트리려는 청년 장교들의 쿠데타로 3월사건, 10월사건이 잇따랐다. 1932년에는 유명한 5·15사건이 일어났다. 육해군 장교들이 총리대신 관저를 침범하여 이누카이 쓰요시 총리대신을 살해하였다. 한 해 앞서 1931년 관동군이 본국 정부의 지휘체계를 무시하고 독자적으로 '만주사변'을 일으켰다. 다롄, 뤼순의 조차지를 넘어 만주 전역 지배를 목표로 하는 군사행동이었다. 국제연맹이 조사단을 파견하여 원상회복을 '권유'하는 수준의 제재를 가하자 일본제국은 국제연맹에서 탈퇴하였고 정당정치도 이무렵 종언을 고하였다. 1936년 2월 26일에는 국가사회주의를 지향하는 황도파 청년 장교들이 약 1,400명의 병력으로 도쿄 도심을 장악하는 사건이 일어나기도 하였다.

IV.

제국 일본의 대외 팽창정책을 뒷받침한 천황제 국가주의는 신성불가침으로 강고하였다. 특히 신대(神代)의 팔굉위우(八紘爲宇)를 실현하는 것이 오늘의 제국의 임무라고 강조한 역사교육이 발휘하는 힘은 매우 컸다. 고대 야마토 조정이 일본열도 안의 팔방의 여러 세력을 하나의 집 안에 모으고자 한 뜻이 청일전쟁에서 천황의 동아시아 세계로 과대 적용되더니 이제 전 세계를 천황의 집으로 만들어야 한다는 비약의 강설을 내놓고 있었다. 쇼와 시대 청년 장교들은 역사 교과서에서 배운 대로 천황에 충성하는 군인으로서 정당정치를 공격하였다. 쇼와 천황 자신이 황도 지상주의에 빠져 있었다. 천황은 12세 동궁 시절부터 신대 지상주의 역사교육을 받았다. 가쿠슈인과 도쿄제대에서 '동양사' 개발의 중심 역할을 한 시라토리 구라키치가 가르친 역사 공부였다.

1929년 외무성 관리 아래 동방문화학원이 출범하였다. 다나카 기이치 총리대신의 산둥 출병이 단행된 바로 그 시기였다. 동방문화학원은 다이쇼 데모크라시의 정당정치의 반대편, 곧 천황제 국가주의 사조와 닿아 있었다. 외무성은 의화단 사건의 배상금과 「21개조 요구」의 권익 기금을 동방문화학원의 운영 자금으로 활용하였다. 지금까지 의화단 사건 배상금만 기금이 된 것으로 알려졌지만, 이번 연구를 통해 「21개조 요구」의 권익 기금까지 활용된 사실이 새로 밝혀졌다. 그래서 동방문화학원은 만주 지역 연구뿐만 아니라 몽골 연구에도 매진하였다. 동방문화학원 아래 도쿄연구소, 교토연구소를 두어 도쿄, 교토 두 제국대학의 교수들을 연구 인력으로 동원하였다. 출범 자체가 대외 침략정책의 과실금에 의존하였지만, 점령지나 점령 예정지에 대한 학술조사연구는 제국이 품어야 할 영토로서의 편입 및 영구 통치를 목표로 하는 것이었다. 동방문화학원은 만주국 건국을 학술적으로 뒷받침하고 '일만문화협회'를 별도로 구성하여 만주 통치의 영구화를 기하였다. 그리고 러허를 비롯해 몽골 지역의 역사와 지리, 문화에 관한 연구에도 열중하였다. 동방문화학원의 도쿄·교토 연구소 평의원 가운데 시라토리 구라키치를 비롯한 다수가 해마다 쇼와 천황의 '진강'에 참석하여 '주변국'의 역사를 강의하였다. 제국의 영토 확장에 맞추어 천황의 역사 지식을 넓히는 과정이었다.

동방문화학원은 기관 잡지 『동방학보』를 간행하여 메이지 시대에 시작한 '동양학'에 '동방학'이란 이름을 추가하였다. 동방문화학원의 도쿄연구소와 교토연구소의 연구 인력은 도쿄, 교토 제국대학의 교수들로서 제1급 학자들이었다. 그들은 만주, 몽골 일대에서 부침한 유목민족이 중원으로 쳐들어가 새로운 왕조를 세운 역사를 통해 만주, 몽골 지배자가 중원을 차지한다는 논리를 개발하여 오늘의 문명국 일본제국이 중국 본토까지 지배하는 당위성을 개발하는 데 열중하였다. 40명 안팎의 연구원·평의원, 그 밑에 딸린 20여 명의 조수, 촉탁급의 인력이 수많은 논문과 저서를 생산하였다.

1930년대 말에 이르러 동방문화학원의 이사장을 비롯해 지도급 학자들 대부분은 사망하거나 노년에 접어들었다. 외무성의 기금 또한 1930년대 후반부터 흥아원과 대동아성의 관리로 넘어가 재정난에 빠졌다. 이러한 상황에서 1939년 군부 황도파의 중심인물이던 아라키 사다오가 문부성 대신이 되어 도쿄, 교토 두 제국대학이 새로운 '동아학' 확립에 나설 것을 종용하였다. 이에 1939년 교토제대의 인문과학연구소, 1941년 도쿄제대의 동양문화연구소가 각각 발족하였다. 두 연구소는 쇼와 천황이 조칙에서 자주 사용한 새 용어 '동아', '대동아'를 빌려 '동아학', '대동아학'을 개발하였다. 이 새로운 용어들은 동남아시아와 태평양 지역을 천황의 '팔굉위우'의 영역으로 확보하고자 하는 뜻을 담았다.

도쿄, 교토 두 제국대학은 메이지 시대 천황제 절대주의 체제 확립 초기에 이미 '동양학' 개발의 임무를 수행하였다. 총서 제1권에서 밝혔듯이 제국대학의 일본사, 동양사 전공 교수들은 천황이 지배할 새로운 동아시아 세계 확보를 목표로 '동양학', '동양사' 개발에 나섰다. 도쿄제대 출신 다수가 신설된 교토제대 교수진을 구성하여 초기에는 제국대학 또는 도쿄제대 출신들이 모든 것을 담당하였다. 1902년 중등학교 교실에 배포된 역사 3분과 교과서는 고등사범학교 출신과 도쿄제대 출신들이 집필을 담당하거나 추천의 임무를 담당하였다. 역사학 자체가 관에 의해 주도되는 어용의 세계였다. 다이쇼 데모크라시의 갈등의 시대를 건너 쇼와 시대에 들어와 도쿄, 교토 두 제국대학의 어용 역사학은 동방문화학원에 헌신하였다. 이곳에서 조수, 촉탁으로 활동한 후학들은 1939년 이후 '대동아전쟁' 시기에 같은 두 제국대학 안에 새로 세워진 연구소 두 곳에서 '(대)동아학' 개발에 열중하였다.

V.

2015년 일본의 미디어 작가 하라다 이오리(原田伊織)가 『메이지유신이란 과오(明治維新という過ち)』(2015, 마이니치완즈每日ワンズ; 2017, 완전증보판, 고단샤講談社)를 내놓았다. 이 책은 '일본을 멸망시킨 요시다 쇼인과 조슈 테러리스트'라는 부제를 달았다. 필자가 2014년에 발표한 요시다 쇼인에 관한 논문[1]과 같은 논지이다. 필자는 이 논문에서 밝힌 요시다 쇼인의 '주변국 선점론'을 총서 제1권 구성의 뼈대로 삼기도 하였다. 저자 하라다 이오리는 '메이지유신'이란 용어는 쇼와 시대에 황도주의자들이 만들어 사용하기 시작한 것이라고 하였다. 즉, 쇼와 시대 다이쇼 데모크라시의 영향으로 천황제 절대주의가 흔들리는 세태에 반발하여, 러일전쟁의 승리를 가져온 메이지 시대의 '제국의 영광'을 본받자는 '쇼와유신'을 부르짖으면서 메이지 시대의 국가주의 혁신을 가리키는 '메이지유신'이란 조어를 내놓았다고 밝혔다. 그리고 천황제 국가주의를 찬양하는 역사교육을 가리켜 '관(官)·군(軍) 역사교육'이라고 지적하여 그 역사 오도의 죄를 통렬하게 비판하였다.

하라다 이오리의 일본제국 '관·군 역사교육'에 대한 비판은 전후 일본 역사학계가 일찍이 수행했어야 할 사안이 아니었을까? 필자의 소견으로 미디어 작가의 저술이라고 하여 학술성이 떨어지는 것은 결코 아니다. 저자 하라다는 그간 일본 역사학계가 밝힌 구체적인 사건 규명의 성과를 충실하게 활용하여 전체 입론에서도 역사 전문가로서의 면모에 조금도 부족함이 없다. 그는 전후 '메이지유신' 신화 창출과 전파에 결정적 역할을 한 시바 료타로(司馬遼太郎)의 역사 소설 작품에 대해서도 엄중한 비판을 가하였다. 시바 료타로의 역사 소재 문학을 같은 미디어 작가의 입장에서 학술적으로 비판하면서 대중 역사교육의 새로운 세계를 기하고 있는 형세이다.

필자는 본서의 '프롤로그'에서 전후 일본 역사학계 동향 가운데 우에하라 센로쿠의 일본 역사학 반성의 소리를 주목하였다. 그는 현대는 인류를 생각하는 시대로서 제국 일본이 중시한 민족 · 국민 · 종교 만능의 역사관에서 벗어나 세계 · 일본 · 개인의 삼위일체적 역사 연구와 인식이 필요하다고 주장하였다. 하라다 이오리의 제국 시대 '관 · 군 역사교육' 비판은 우에하라 센로쿠의 반성과 호흡을 같이하는 것이다. 본서 10장에서 다룬 동방문화학원 도쿄연구소 연구원으로 활동한 적이 있는 도리이 류조의 학문 또한 이 계열의 선구에 해당하므로 주목할 필요가 있다.

도리이 류조는 소학교를 중퇴한 후 정규 교육과정을 거치지 않고 독학으로 일관하였다. 고향 도쿠시마의 패총 등에 관한 관심에서 고고학과 인류학 서적들을 읽기 시작하였다. 인류학회에 가입하면서 도쿄제대의 쓰보이 쇼고로 교수와의 접촉이 이루어져 그의 도움으로 이 학교 인류학교실에 근무하게 되었다. 이때 그는 도쿄제대 강의를 청강하면서 전문지식을 쌓았다. 그는 인류학교실을 통해 정부 기관으로부터 위촉받은 국내외 현장 조사에 임하여 광범한 지역의 고고학적, 인류학적 유물을 대면하는 행운을 누렸다. 마치 천황이 지배할 '동양'에 대한 사전 답사로 착각할 정도로 그 범위가 넓었다.

도리이 류조의 조사활동은 시종 일본인과 일본 문화의 근원을 찾는 데 전념하였으며, 이는 관부(官府) '동양학'의 추구와는 거리가 있었다. 1922년 쓰보이 쇼고로 교수의 사망으로 도쿄제대 조교수가 되었지만 3년도 되지 않아 사직하고, 가족들과 함께 '도리이인류학연구소'를 세워 조사활동을 계속하였다. 1928년에는 가톨릭계에서 조치대학을 창립할 때 교수로 취임, 문학부장으로 활약하였다. 바로 이 듬해에 동방문화학원이 출범하면서 그동안 그가 쌓은 고고학과 인류학 분야의 높은 공적을 인정받아 평의원·연구원으로 초빙되었다. 그는 이후 근 10년간 동방문화원 사업에 관여하면서 요대(遼代) 문화 탐구에 열중하였지만 일만문화협회에는 관여하지 않았다. 중일전쟁이 일어난 뒤, 1939년에는 베이징의 옌칭대학(미국 하버드대학의 자매대학)의 객원교수로 초빙을 받아 일본 내 연구기관과 손을 끊었다가 패전 후 1951년 12월에 귀국하였다. 그의 학문은 북방 기원의 고대 문화가 조선반도를 거쳐 일본열도에 전파되는 과정을 밝히는 데 역점을 두었다. 관련 학계는 일본열도 고대 문화의 우수성을 과장하기에 급급하였지만, 그는 이에 맞서 문화 전파 과정의 순리적 해석으로 아카데미즘의 순수성을 지켰다.

도리이 류조의 학문 세계는 곧 일본의 역사학계가 천황제 국가주의를 비판하면서 걸어갔어야 할 정도(正道)였다. 전후(戰後) 우에하라 센로쿠가 자유주의 세계로의 진입 조건으로 그 '바른길'의 입구를 다시 찾았지만 따르는 자가 많지 않았다. 학계는 사회주의 역사학의 천황제 비판에 더 큰 기대를 모으다가 자본주의 경제 발달로 그 기세가 기울자 우익 정치 세력의 부상 속에 제국 시대 천황제 국가주의 역사학의 '부활'을 방관, 방조하는 처지로 의심받았다. 적어도 한국, 중국 역사학계의 시선은 그러했다. 미디어 작가 하라다 이오리의 비판은 곧 일본 역사학계의 이 어정쩡한 태도에 대한 경고음이 아닐까.

VI.

필자는 총서 제1권, 제8권을 통해 일본제국의 동양학이 1880년대 천황제 국가주의 달성에 관여한 실상을 밝혀보려고 노력하였다. 1889~1890년 「대일본제국헌법」, 「교육칙어」의 반포로 달성되는 천황제 국가주의는 일본제국이 구미 열강의 식민지가 되지 않는 것을 목표로 한 체제 구축 노선이었다. 그것은 주변국의 희생을 강요하는 반인류적인 지향이란 오류를 범하고 있었다. 이를 위해 도쿠가와 막부 말기까지의 역사문화의 집적에서 우러나온 자유민권운동을 억압 내지 말살한 것이 그릇된 길의 초입이었다. 그 입구에서 청일전쟁을 반대한 가쓰 가이슈는 재조명할 가치가 높은 인물이다. 그는 미래의 일본을 해상무역 대국으로 상정하고 국방체제도 방어적인 지향을 내세웠다. 1860년 간린마루(咸臨丸)를 타고 태평양을 횡단하여 미국으로 간 것은 해상무역 입국의 길을 여는 의지를 담은 것으로, 요시다 쇼인의 주변국 선점론과는 반대편의 그림이었다. 그와 친교 관계가 있던 사카모토 료마(坂本龍馬)나 사이고 다카모리(西鄕隆盛)에게서도 조슈 세력의 국가주의 성향에 찬동하지 않는 면모를 엿볼 수 있다. 이 점은 앞으로 주목할 가치가 있다. 도쿠가와막부 후기에 융성한 유학(儒學)은 무사들의 지식인화에 이바지하면서 동아시아 전체의 평화공존 지향의 보편적 사고 생성에 공로가 없지 않았다. 그것이 바로 자유민권운동의 바탕이 된 것은 두말할 것도 없다. 1880년대 천황제 국가주의가 이 기반을 흔들어 전쟁국가로 만든 것이야말로 일본 근현대사의 큰 오류가 아닐 수 없다.

이번 저술을 통해 만난 고고인류학자 도리이 류조, 전후의 서양경제사가 우에하라 센로쿠, 그리고 그 앞에 있었던 가쓰 가이슈 등은 모두 기독교 신자라는 공통점이 발견된다. 이 점은 그들이 충실한 '국가신도(國家神道)' 이념의 소지자가 아니었다는 반증으로서 의미가 있다. 1880년대 국가주의 체제 수립자들은 기독교가 구미 열강의 제국주의 침략의 첨병이라는 일방적 인식으로 국가신도를 창설하여 모든 종교 위의 정신세계로 위치 지었다. 위 3인은 국가신도에 가까이 가지 않았기에 학문의 자유와 인류 공존의 세계를 염원할 수 있었던 것은 아닐까?

메이지 천황은 '침묵'의 천황으로 알려진다. 천황은 신문물 수용의 '개화(開化)'보다 동아시아 고유 사상인 유학에 더 관심이 많았던 것으로 알려진다. 군인들에게 내린 칙유도 전쟁이 끝난 뒤 군인들의 노고를 위로하는 것이었다. 다이쇼 천황도 마찬가지였다. 그러나 쇼와 천황은 달랐다. 중일전쟁 때부터 쇼와 천황은 칙유에 특정 전쟁이 일어나는 지역의 육해군 사령관에게 출격을 명령하는 내용을 담았고, 칙유 반포의 빈도도 훨씬 잦았다. 천황 스스로 전쟁 총사령관 역할을 한 혐의를 벗기 어렵다. 메이지 천황은 청일전쟁 직전 일본 육군이 조선 왕궁(경복궁)을 침범한 것에 관한 사후 보고를 받고 격노하였다. '역린 사건'으로 알려진 이 사건 후 그는 '침묵'의 천황이 되었다. 스스로 택한 '침묵'인지, 제도의 탓인지 가리기 어렵다. 쇼와는 천황의 거소 앞 광장(고쿄마에皇居前)을 비롯해 군중이 모인 여러 장소에 백마를 타고 나타났다. 동궁 시절 초입부터 시작된 역사교육이 전혀 다른 천황의 모습을 만들었다. 쇼와는 신대의 역사를 찬양하는 역사교육이 만든 새로운 유형의 천황이었다.

제국 일본의 '잘못된' 역사교육은 무려 반세기 이상 동아시아에 여섯 차례나 큰 전쟁을 반복하게 만들었다. 참극의 역사가 잘못된 역사교육에서 비롯한다면 일본 역사학계는 지금이라도 이를 바로잡는 것을 최우선의 과제로 삼아야 마땅하다. 피해국의 역사학도 그 실체 파악에 더 적극적이어야 할 것이다. 지난 세기의 참혹한 동아시아 역사에 대한 바른 규명 없이 21세기 동아시아의 진정한 평화공존체제를 과연 기대할 수 있을까? 한중일 3국 역사학계의 반성과 협력관계가 절실한 상황이다.

동방문화학원 도쿄·교토 연구소
주요 인력 정보 모음

동방문화학원(東方文化學院) 평의원(임원 겸직)은 일본제국 '동양학'의 중심으로 이들에 관한 분석은 동방문화학원 나아가 일본제국의 동양학 성격 파악에 필수다. 이들에 대한 일반 정보는 저술 성과를 주로 소개하는 데 그칠 뿐, 대륙 진출이라는 침략주의와의 관계에 대해서는 침묵으로 일관하고 있다. 이 부록 자료는 인물 소개 현황을 통해 동양학 중심 인물들의 시대적 공통점과 특성을 파악하기 위해 모은 것이다. 인물 정보 가운데 훈장 수여 여부와 1945년 8월 패전 이후 정보에 대해서는 생략하였다. 『아사히일본역사인물사전(朝日日本歷史人物事典)』(아사히신문사, 1994), 위키피디아 일본어판, 『동방학회상(東方學回想)』 I-IV(동방학회 편, 도스이쇼보刀水書房, 2000), 개인 전집(全集) 등을 참조했으며, 도쿄와 교토 연구소로 나누어 모았다.

동방문화학원 도쿄연구소
평의원 이력 및 업적

1. 핫토리 우노키치(服部宇之吉, 1867~1939): 이사장·이사

1867년 무쓰국(陸奧國)의 니혼마쓰번(二本松藩, 지금의 후쿠시마현福島縣 니혼마쓰시二本松市)의 하급 무사 핫토리 도하치로(服部藤八郎)의 셋째 아들로 출생. 부친은 보신전쟁(1868)에서 전사. 숙부 핫토리 기헤이(服部喜平)의 양자로 입양. 왕정복고 후 양부를 따라 상경. 번주(藩主) 니와(丹羽) 씨 번저(藩邸, 도쿄 아자부麻布 롯폰기六本木)에 살면서 잠시 오카주고숙(岡壽考塾)에 다니다가 1876년 아자부(麻布)소학교 입학, 1880년 졸업. 1881년 공립(公立)학교(지금의 가이세이중학교開成中學校) 입학. 1883년 대학예비문(大學豫備門, 구제 제1고등학교의 전신) 입학. 1887년 제1고등학교 졸업, 제국대학 철학과 입학, 1890년 졸업. 문과대 학장 도야마 마사카즈(外山正一) 추천으로 문부성에 취업하여 전문학무국(專門學務局) 국장 하마오 아라타(濱尾新, 나중에 도쿄제국대학 총장) 밑에서 일함. 하마오의 소개로 은사 시마다 고손(島田篁村, 重禮, 동양철학)의 딸과 결혼. 1891년 9월 제3고등중학교 교수, 1894년 고등사범학교 교수, 1897년 문부대신(하마오 아라타)의 비서관과 참사관 겸임. 1898~1899년 도쿄 고등사범학교 교수 및 도쿄제국대학 문과 조교수 겸임. 1899~1903년 중국(한학 연구), 독일(교수법 및 연구법) 유학 명받음.

1900년, 중국 유학 중 의화단 사건(북청사변北淸事變) 발생, 가노 나오키(狩野直喜), 고조 데이키치(古城貞吉) 등과 농성 참가. 9월 귀국.『베이징 농성일기(北京籠城日記)』(히로부미관博文館, 1900) 출간. 1900년 말에 독일 유학 출발. 라이프치히대학에서 1년, 베를린대학에서 1년 반 체류. 1902년 6월 귀국 명령으로 8월 도쿄 도착. 도착에 앞서 7월 도쿄제국대학 교수 발령, 문학박사학위 취득. 같은 해 가을 베이징에서 중국인 교육 담당으로 경사대학당 속성사범관(速成師範館, 대학 교육학부) 개설, 총교습(總敎習)으로서 중국인 교사 양성. 1909년 귀국. 중국 정부로부터 문과진사(文科進士)의 칭호를 받음. 도쿄제국대학 복귀. 중국철학 강좌 주임. 1928년 3월 말 정년퇴임까지 재직. 1915년 하버드대학교 객원교수로 중국철학 강의. 1917년 6월 22일 제국학사원 회원. 1920년 제2회 만국학사원 회의에 교토제국대학의 오다 오로즈(織田萬, 국제법) 박사와 함께 참석. 1921년 궁내청 동궁직 어용괘(東宮職御用掛, 황실 비용으로 고용하는 왕자녀를 위한 교원) 임용. 1923년 가을, 조선 경성제국대학 창립준비위원회 위원 위촉. 1926~1927년 경성제국대학 총장 역임. 1928년 도쿄제국대학 퇴임, 명예교수.『도쿄제국대학 50년사』(1932) 편찬 주관. 1929~1933년 고쿠가쿠인대학 학장. 1923년 간토대진재로 무너진 유시마성당 재건 기성회 조직, 복구에 진력(1935년 준공). 성당 앙고문(仰高門) 앞에 세워진 석비의 '유시마성당(湯島聖堂)'이란 글자는 핫토리의 친필. 의화단 사건 배상금에 의한 중일 공동의 베이징인문과학연구소 설립 협의 참여. 이후 동방문화학원 및 도쿄연구소 설립 참여, 초대 이사장 선임. 1933년 일만문화협회 이사. 1939년 사망.

▷저서『淸國通考』第一編 · 第二編(三省堂, 1905) 등 6종.

※『東方學回想』I(刀水書房, 2000) 수록「服部宇之吉博士略年報」(아들 핫토리 다케시服部武 작성) 참조.

2. 오기노 나카사부로(荻野仲三郎, 1870~1947): 이사

1870년 9월 25일 미에현(三重縣) 평민 오기노 야시치(荻野彌七)의 2남으로 출생. 1897년 도쿄제국대학 국사학과 졸업. 1899년 대학원 진학. 1903년 도쿄여자고등사범학교 교수. 1911년 전후 오차노미즈여자대학(お茶の水女子大學) 교수. 국보보존위원회 위원, 중요 미술품 등 조사위원회 위원, 사적명승천연기념물 조사위원회 위원 등 역임. 고미술 보존 사업에 진력. 고노에가(近衛家)의 미술품 관리를 위해 요메이분코(陽明文庫)의 관리직을 역임.

▷저서『七大寺日記』(大塚工藝社, 1936) 등 15종.

3. 다키 세이이치(瀧精一, 1873~1945): 이사

도쿄 출생. 저명 화가 다키 가테이(滝和亭)의 장남. 1897년 도쿄제국대학 철학과 졸업. 대학원 입학 미학 전공. 도쿄미술학교, 교토제국대학, 도쿄제국대학 등 강사. 1914년 모교 교수가 되어 미술사 담당. 1915년 문학박사학위. 도쿄제국대학에서 일본 미술사, 지나(중국) 회화사, 인도 불교미술 등 강의, 강술(講述). 미술사학의 기초 확립에 이바지함. 1920년 동궁어학문소(東宮御學問所) 어용괘 임용, 동궁(히로히토裕仁, 후에 쇼와 천황)에게 미술사 강의. 1925년 제국학사원 회원. 1927년 도쿄제국대학 평의원, 문학부장. 1934년 정년퇴임, 명예교수.

고사사보존회(古社寺保存會), 국보보존회(國宝保存會) 회원으로 중요미술품등조사회(重要美術品等調査會) 창설에 노력. 호류지(法隆寺) 보존사업 기획 참여, 벽화 모사 실행. 그 외 인도 아잔타(Ajanta) 석굴사원 벽화, 대영박물관 둔황(燉煌) 발굴 벽화 모사 참여. 미술품의 과학적 연구를 목적으로 고미술자연과학연구회(古美術自然科學研究會) 발기, 자연과학자들 참여로 여러 업적 거둠. 1929년 동방문화학원 평의원, 1939년에 이사장 역임. 오카쿠라 덴신(岡倉天心)이 창간(1886)한 잡지『곳카(國華)』편집 참여(1901년부터 종신). 1940년 아사히문화상 수상.

▷저서『瀧拙庵美術論集日本篇』(座右宝刊行會, 1932) 등 3종.

4. 우노 데쓰토(宇野哲人, 1875〜1974): 이사

구마모토(熊本) 출신. 1900년 도쿄제국대학 한학과(漢學科) 졸업. 1904년 도쿄제국대학 조교수. 1907〜1910년 중국 유학. 동년배 역사학자 구와바라 지쓰조(桑原隲藏)와 동행. 1912년 견문록『지나문명기(支那文明記)』(다이도칸大同館) 출간. 이어 독일 유학. 1919년 도쿄제국대학 중국철학 강좌 교수, 문학박사학위 취득. 1929년 도쿄문리과대학 교수 겸임. 1933년부터 궁중 어강서시(御講書始: 천황을 위한 신년 강의) 회원으로 매년 1월 천황에게 진강(進講). 1935년 1월 쇼와 천황에게『한서(漢書)』진강. 1936년 도쿄제국대학 퇴임, 명예교수. 1939년 국립베이징대학 명예교수. 1945년 동방문화학원 원장, 동방학회 이사장. 1974년 사망.

▷저서『孔子教』(富山房, 1911) 등 27종. 전후『中國哲學史』(日月社, 1946) 등 6종.

▷편저『新漢和大辞典』(長澤規矩 也編, 三省堂, 1932, 1937).

▷논문「二程子の哲學」(哲學叢書 1-3, 1890) 등 125편.

※ 저서와 논문 편수는『東方學回想』III(刀水書房, 2000) 수록「宇野哲人著作目錄」참조.

5. 야스이 고타로(安井小太郎, 1858~1938)

지쿠고국(筑後國, 후쿠오카현福岡縣) 구루메(久留米) 번사(藩士) 나카무라 사다타로(中村定太郎)의 아들. 1862년 아버지가 존왕양이운동으로 체포되어 옥사. 어머니는 화가 미칠 것이 두려워 이혼하고 모자가 외조부 야스이 솟켄(安井息軒, 1799~1876)의 성을 따름. 야스이 솟켄은 저명한 한학자로, 문하에서 배출된 인재 2,000명 가운데 다니 다테키(谷干城, 육군 중장), 무쓰 무네미쓰(陸奧宗光, 외무대신) 등이 있음. 야스이 고타로는 1867년에 솟켄의 고향인 휴가(日向) 미야자키군(宮崎郡)으로 이사. 이곳 번교 신토쿠도(振德堂)에서『효경』,『논어』,『맹자』등을 배웠다. 1872년 에도(도쿄)로 상경, 솟켄의 산케이숙(三計塾) 입문. 1876년 솟켄 사망 이후 시마다 고손의 소케이숙(雙桂塾)과 니쇼가쿠샤(二松學舍)를 다니다가 1878년 교토로 가서 구사바 센잔(草場船山)의 경숙(敬塾)에 들어감.

1882년 도쿄대학 고전강습과 갑부(甲部, 국문학 전공) 입학. 1886년 제국대학(이해부터 교명이 바뀜) 졸업 후에 가쿠슈인의 조수, 조교수를 거쳐 교수가 되었다. 1902년 베이징 경사대학당의 초빙으로 교수를 지내다 1907년 귀국 후 제1고등학교 교수를 맡음. 1915년 제1고등학교 퇴직, 다이토분카가쿠인 교수, 니쇼가쿠샤, 고마자와대학(駒澤大學) 등의 강사 겸임. 사문회(간사), 회란사(廻瀾社) 등에 참여. 당대 '최후의 유자(儒者)'로 일컬어졌다.

▷저서『本邦儒學史』全6卷(冨山房, 1939) 등 10종.

6. 이치무라 산지로(市村瓚次郎, 1864~1947)

히타치(常陸) 쓰쿠바(筑波)군 출신. 1878년 상경, 와타리 도구(渡東嵎, 1811~1887)·고나가이 쇼슈(小永井小舟, 1829~1888) 문하에 들어가 한학 공부. 이어 메이지법률학교(明治法律學校)에서 수학. 1887년 제국대학 고전강습과 졸업. 하야시 다이스케(林泰輔, 1854~1922) 등과 동양학회 창립, 1890년까지『동양학회잡지』발간. 1888년 가쿠슈인 교사로 채용되어 지나사(支那史)와 한문 교수. 1890년 조교수, 1892년 교수. 사적(史蹟) 조사차 중국 출장, 11월 귀국. 1898년 도쿄제국대학 문과대학 조교수(가쿠슈인 교수 겸임). 1901년 5월 중국 출장, 의화단 사건 후, 자금성과 문연각의 사고전서(四庫全書) 등 전적(典籍) 조사. 1903년 2월 다시 중국 출장. 한커우(漢口), 신양(信陽), 루닝(汝寧) 카이펑(開封), 뤄양(洛陽), 창안(長安), 셴양(咸陽), 쑤저우(蘇州), 항저우(杭州) 등지 순례. 항저우의 문란각과 정씨팔천권루(丁氏八千卷樓) 장서를 열람하고 6월 귀국. 1905년 7월 도쿄제국대학 교수. 같은 달 만주로 출장, 펑톈(奉天), 랴오양(遼陽), 톄링(鐵嶺), 카이위안(開原) 각지 순찰, 11월 귀국. 1907년 문학박사학위 취득. 1908년 8월 궁내성(후미노미야富美宮) 어용괘. 9월 교과서용 도서조사위원회 위원, 국어교과서위원 담당. 같은 달 와세다대학 강사 촉탁(1943년까지). 같은 해 야노 쓰네타(矢野恒太)와 공자교회 설립(1919년 사문회斯文會와 합동). 1909년 핫토리 우노키치, 오카다 마사유키(岡田正之) 등과 동아학술연구회 조직,『간가쿠(漢學)』(후에『동아연구(東亞研究)』) 발행. 1910년 5월, 궁내성(야스노미야泰宮) 어용괘. 한문학회 설립(1919년 사문회로 합류). 1918년 재단법인 사문회 설립 때 이사 겸 연구부장.

1924년 3월 조선 경성으로 출장. 공자 석존(釋尊)에 임하고, 부여, 경주, 울산의 사적 탐방. 7월 문부성 명으로 중국 출장. 외무성 대외 문화사업 교환 강의 위촉. 조선 경유 만주로 가서 타오난(洮南), 하얼빈, 지린 등 순시. 9월 베이징에서 구이화청(歸化城), 바오터우진(包頭鎭), 다퉁(大同), 윈강(雲崗), 다위안(大原)을 순시, 톈진(天津), 지난(濟南), 상하이(上海), 샤먼(廈門), 산터우(汕頭), 홍콩(香港), 광둥(廣東), 사오저우(韶州), 우저우(梧州)에 이르렀다. 12월 귀국. 이 기간에 베이징, 광둥의 여러 대학에서 강연.

1925년(62세) 1월 천황을 위한 어강서시에『논어(論語)』의 「십세가지야(十世可知也)」장을 주제로 진강. 3월 도쿄제국대학 정년퇴직, 명예교수. 4월 제국학사원 회원. 고쿠가쿠인대학 교수 위촉. 1926년부터 다이토분카가쿠인(大東文化學院) 교수, 교수회장 위촉(1928년 사임). 1927년 5월 교원 검정위원회 임시위원, 9월 경성제국대학 법문학부 강사 촉탁. 1928년 릿쿄대학(立敎大學) 교수 촉탁. 1930년 4월 동방문화학원 도쿄연구소 지도원 촉탁. 10월 다이호쿠(臺北)제국대학 강사 촉탁. 타이완에 출장, 각지 순시. 1932년 1월 귀국. 1933년 3월 대만(對滿)문화사업 심사위원회 회원 촉탁. 5월 교원검정위원회 임시위원. 12월 고쿠가쿠인대학 학장(1935년 사임). 1939년 3월 사학회(史學會) 창립 50주년 기념 때 동회의 평의원, 감사 사임. 고문. 1943년(80세) 와세다대학, 릿쿄대학 강사 사임. 1944년 고쿠가쿠인대학 교수 사임. 1947년 2월 사망.

▷저서『支那史要』(吉川半七, 吉川弘文館, 1895) 등 7종.

※『東方學回想』I(刀水書房, 2000) 수록 「市村瓚次郎博士略曆」[市村瓚次郎,『東洋史統』第4卷 수록 연보 초록,『東方學』第53輯(1977)에 옮긴 것 전재] 참조.

7. 시라토리 구라키치(白鳥庫吉, 1865~1942)

가즈사국(上總國) 나가야군(長谷郡, 지금의 지바현千葉縣 모바라시茂原市) 출신. 아버지는 농업인(가이치로嘉一郎). 1873~1878년 소학교. 1879~1883년 현립 지바중학교. 1884~1887년 도쿄대학 예비문(제1고등학교). 1887년 제국대학 사학과 입학. 동급생 3명과 유일한 역사학 교수였던 루드비히 리스(Ludwig Rieß)의 지도를 받음. 1889년 학내 사학회 발족, 위원을 맡음. 1890년 사학과 제2회 졸업. 이듬해 8월 가쿠슈인 교수, 역사지리과 과장. 이 무렵 지나사는 이치무라 산지로가 담당하고, 신설 동양사 강의를 담당하게 되어 조선사, 만주·몽골·중앙아시아 등 '동양사' 연구 시작. 1897년 『서양역사』(후잔보富山房) 출판. 1899년 로마에서 열린 제12회 국제동양학자 회의(Congrés international des Orientalistes)에 쓰보이 구메조(坪井九馬三, 1859~1936, 서양사)가 시라토리의 논문 「돌궐궐특륵비명고(突厥闕特勒碑銘考)」와 「흉노동호제부족어론(匈奴東胡諸部族語論)」을 대신 제출해줌. 후자가 러시아 상트페테르부르크학사원 1900년 불러틴(bulletin, 회보)에 실림. 1900년 문학박사학위 취득. 모교 출강. 1901~1903년 가쿠슈인의 명으로 3년간 유럽 유학. 독일 베를린대학에서 중국 연구 권위자인 페르디난트 폰 리히트호펜(Ferdinand von Richthofen) 교수 강의 참석. 터키어를 배우고, 헝가리 부다페스트로 가서 헝가리어 습득. 「오손고(烏孫考)」, 「조선고대왕호고(朝鮮古代王號考)」 등을 독일어로 번역하여 헝가리 동방학 잡지 『켈레티 셈레(Keleti Szemle)』(Bd III, 1902 / IV, 1903)에 게재. 유럽 체재 중 독일, 덴마크, 러시아의 중앙아시아사 전공 석학과 교유. 프랑스로 가서 중국학 대가인 에두아르 샤반(Édouard Chavannes), 앙리 코르디에(Henri Cordier) 등과 교류. 1902년 독일 함부르크 제13회 국제동양학자회의 참석. 그해 도쿄제국대학의 독일인 교수 루드비히 리스가 임기 만료로 독일로 귀국. 1903년 북유럽 여러 나라와 러시아를 거쳐 개통 직후의 시베리아 철도로 10월에 귀국. 도중에 블라디보스토크에서 동양학교(東洋學校) 방문.

1904년 귀국 후 도쿄제국대학 사학과 교수(한학 · 지나어학 제3강좌 분담) 겸임(1921년까지). 1905년 동양사학 진흥 목적의 아세아학회 설립, 1907년 동양협회와 합병. 1906년 만주, 조선 유력(遊歷). 1908년. 남만주철도주식회사 총재 고토 신페이(後藤新平)에게 도쿄지사에 '만선사(滿鮮史)' 조사실 설립 건의. '만선역사지리조사부'가 설립되자 이를 주관. 이케우치 히로시(池内宏), 이나바 이와키치(稲葉岩吉), 세노 우마쿠마(瀬野馬雄), 쓰다 소우키치(津田左右吉), 마쓰다이라 히토시(松平等), 야나이 와타리(箭内亙) 등과 함께 참여함. 1910년 만주 실지 조사 기획 착수, 발해 구도(舊都)와 금나라 상경(上京) 유지 소재 확인. 1911년 도쿄제국대학 교수로 가쿠슈인 교수 겸함. 1912년 메이지 천황이 사망하자 가쿠슈인 원장 노기 마레스케(乃木希典)가 자살하여 그의 뒤를 이어 9월부터 11월까지 가쿠슈인 원장 업무대리를 맡음. 당시 궁내성 당국과 가쿠슈인 관계자로부터 가쿠슈인 원장에 추대되었지만 고사함. 1914년 동궁어학문소가 열려 어용괘로 임명. 동궁 히로히토에게 국사, 동양사, 서양사 진강 담당. 어학문소 교무주임으로 7년간 직무 수행. 1919년 제국학사원 회원. 1921년 가쿠슈인 교수 겸임을 면함. 1922년 5월부터 이듬해 2월까지 도쿄제국대학 명으로 미국 경유 구미 여러 나라 시찰. 이때 파리에서 열린 프랑스 아시아학회의 창립 100년 및 이집트 고문자 해독 100년 기념제에서 도쿄제국대학 총장의 축사 대독. 유럽 방문 후 이집트를 거쳐 귀국. 1923년 재단법인 동양문고(東洋文庫) 창설로 이사 겸 연구부장으로 활약. 1925년 도쿄제국대학 정년퇴임, 명예교수. 1929년 재단법인 사학회 이사. 1935년 일만문화협회 회합에 참석하기 위해 만주로 감. 베이징, 내몽골, 러허를 거쳐 귀국. 1938년 뇌출혈로 쓰러짐. 1942년 3월 사망.

▷저서 『白鳥庫吉全集』 全10卷(岩波書店, 1969~1971): 1 · 2卷 日本上代史研究, 3卷 朝鮮史硏究, 4 · 5卷 塞外民族史硏究, 6 · 7卷 西域史硏究, 8 · 9卷 アジア史論, 10卷 雜纂 · 総索引. 『日本歴史 昭和天皇の敎科書』 上 · 下(勉誠文庫, 勉誠出版, 2000). 『國史: 昭和天皇の歴史敎科書 口語訳』(出雲井晶 譯 · 解說, 講談社, 2004).

※『東方學回想』 I(刀水書房, 2000) 수록 「白鳥庫吉博士略年譜」(1972年 7月, 『東方學』 第44輯 수록 「年報」 전재) 참조.

8. 고조 데이키치(古城貞吉, 1866~1949)

구마모토현 사족(士族) 고조 다다시(古城貞)의 셋째 아들로 태어남. 6세에 다케조에 세이세이(竹添井井, 다케조에 신이치로竹添進一郎의 아호) 사숙 입문. 1881년 사사고쿠도(佐佐克堂, 사사도모후사佐佐友房의 아호)의 도신가쿠샤(同心學舍, 후에 세이세이코濟濟簧로 개명)로 옮김. 1884년 상경, 제1고등학교에 입학했다가 다음 해 중퇴. 1885년 11월에 세이세이코(지금의 구마모토현립 세이세이코고등학교) 수료 이후 독학으로 중국문학과 경학(經學) 수업. 1897년 『지나문학사(支那文學史)』 출간, 국내외의 주목을 받음. 『닛포샤(日報社)』(후에 『오사카마이니치신문大阪毎日新聞』으로 개명, 현재 『마이니치신문毎日新聞』) 입사, 중국 상하이 유학. 변법개혁파의 정기간행물 『시무보(時務報)』의 주필 량치차오(梁啓超)가 일본 문장 번역자로 초청. 유학 중 1900년 의화단 사건이 일어나 『닛포샤』 기자 신분으로 가노 나오키, 핫토리 우노키치 등과 2개월간 일본공사관에서 농성. 유학 중 1898년 뤄전위(羅振玉) 등이 세운 상하이 동문학사(東文學社)에서 후지타 도요하치(藤田豊八), 다오카 레이운(田岡嶺雲), 나이토 고난(나이토 도라지로), 가노 나오키 등과 교류. 1901년 귀국, 데쓰가쿠칸대학(哲學館大學)이 도요대학(東洋大學)으로 개칭하는 일을 주관, 교수가 됨. 1907년 와세다대학 총장으로 오쿠마 시게노부(大隈重信)를 추대, 고조 데이키치 자신은 이 대학 강사가 됨. 그해 중국 단기 유학.

1920～1922년 니혼대학(日本大學) 강사. 1923년 릿쿄대학 강사. 다이토분카가쿠인 창립과 동시에 초대 원장 이노우에 데쓰지로(井上哲次郎) 초청으로 교수가 됨. 1925년 릿쿄대학 강사 사임. 1928년 게이오의숙(慶應義塾) 강사. 1929년 다이토분카가쿠인 교수 사임. 동방문화학원 설립 후 평의원으로서 도쿄연구소 소원(所員) 대상으로『자치통감(資治通鑑)』, 『서경(書經)』등 읽기 지도(1943년까지). 1940년 게이오의숙 강사 사임. 1949년 사망.

▷저서『巡禮日記』등 다수. 유고(遺稿)『井上毅先生』(古城貞吉 稿, 梧陰文庫研究會 編, 木鐸社, 1996).

▷편저『肥後文獻叢書』全6卷(武藤嚴男·宇野東風·古城貞吉 編, 隆文館, 1909, 구마모토현 현창사업).『肥後先哲偉蹟』正·續編 校了(1911).

※『東方學回想』I(刀水書房, 2000) 수록「古城貞吉先生年譜」참조.

9. 시마다 긴이치(島田鈞一, 1866～1937)

에치고국 출신의 시마다 고손(도쿄제국대학 교수)의 장남. 핫토리 우노키치의 처남. 오사카(大阪)의 명유(名儒) 후지사와 난가쿠(藤澤南岳, 1842～1920)의 하쿠엔서원(泊園書院, 간사이대학關西大學의 전신) 입문. 1888년 제국대학 고전강습과 졸업. 1894년부터 수년간 제1고등학교 교수. 1929년 도쿄 문리과대학 교수, 도쿄고등사범학교 강사 겸임. 1936년 퇴임. 다이쇼대학(大正大學) 교수, 사문회 이사 등 역임.

▷저서 『論語全解』 등 유교 고전 강의에 관한 저술 9종.

10. 이토 주타(伊東忠太, 1867〜1954)

야마가타현(山形縣) 요네자와(米澤) 출신. 1881년 도쿄외국어학교 독일어과 입학. 1885년 학교 폐지에 따라 제1고등중학교 편입. 1892년 제국대학 공과대학 졸업(졸업논문 「건축철학」) 후 대학원 진학. 1893년 「호류지 건축론」 발표. 1897년 제국대학 공과대학 강사. 1899년 도쿄제국대학 공과대학 조교수. 1901년 공학박사학위 취득. 1902〜1905년, 재직 대학으로부터 외국 유학의 명을 받고 일본 건축의 뿌리를 찾아 중국·인도·터키를 답사한 후 구미를 거쳐 귀국. 1905년 도쿄제국대학 교수. 1923년 메이지 시대 이후 노후화되어 철거 예정이었던 류큐의 14세기 말 건축물 슈리성(首里城, 무역 거점) 정전(正殿)을 보존하기 위해 가마쿠라 요시타로(鎌倉芳太郎, 도쿄미술학교, 염직 전공) 등과 함께 노력해 보전에 성공함. 1928년 도쿄제국대학 정년퇴임. 명예교수. 와세다대학 교수(1938년까지). 1937년 제국예술원 회원. 1954년 사망.

1894년 'Architecture'의 번역어 '조가(造家)'는 예술적 의미가 빠져 있다고 하여 '건축(建築)'으로 바꿀 것을 제안. 1886년 창립된 '조가학회(造家學會)'가 1897년에 '건축학회(建築學會)'로 개명. 도쿄제국대학 공과대학 '조가학과'도 1898년에 '건축학과'로 변경. 1913년에 미토(水戶) 도쿠가와 가문 소장의 「지원정사도(祇園精舍圖)」를 조사해 17세기 전반 나가사키(長崎)의 통역(시마노 겐료島野兼了로 알려짐)이 그린 앙코르 와트의 실측도임을 밝힘. 1926년 간토대진재로 소실된 간다(神田)신사 부흥 설계 고문을 맡아 불연(不燃) 내진화(耐震火)를 목적으로 철골 철근 콘크리트 구조를 채택함.

▷저서『伊藤忠太建築文獻』第1卷-第6卷(龍哈社, 1936~1937),『日本建築の硏究』上·下(伊藤忠太著作集, 原書房, 1982) 등 5종 11권.

▷작품(설계) 橿原神宮(1890)~俳聖殿(1941) 등 151건.

▷편저『周漢古銅器及其紋樣』(日本美術社 東洋芸術資料 第1集, 1909) 등 64종 [『支那建築裝飾』1-5卷(1941~1944, 동방문화학원 사업) 포함].

11. 세키노 다다시(關野貞, 1868~1935)

에치고국 다카다번(高田藩, 지금의 니가타시) 출신. 구제1고등학교를 거쳐 1895년 도쿄제국대학 공과대학 조가학과(후에 건축학과로 개명) 졸업. 졸업논문은 교토 우지(宇治) 소재 사찰 뵤도인(平等院) 연구. 건축학과 교수 다쓰노 긴고(辰野金吾)가 주관한 일본은행(중앙은행) 신축 설계 참여. 1896년 고사사보존법(古社寺保存法) 입안 때, 이토 주타 권고로 내무성(內務省) 기사(技師)가 됨. 나라현(奈良縣)에서 고건축 조사, 건축연대 제정. 1889년에 헤이조궁(平城宮) 터 발견. 1912년 야마토 지역의 고대 산성 기이성(基肄城) 성적(城跡) 조사. 1901년 도쿄제국대학 조교수. 1902년 한국 방문. 한성(서울), 개성, 경주 등지 조사. 1906년 중국 파견. 1910년 도쿄제국대학 교수. 그사이에 헤이조궁 연구 계속하여 이 주제로 1908년 공학박사학위 취득. 국보보존위원회 위원, 문부성 국보감정관으로 일본 건축 보존사업에 노력. 1910년 조선총독부 위촉을 받아 여러 차례 한반도와 중국의 고건축 조사. 조선총독부의『조선고적도보(朝鮮古蹟圖譜)』간행사업 참여로 1917년 프랑스학사원으로부터 '스타니슬라스 줄리앙(Aignan-Stanislas Julien) 상' 수상. 1917년 조선식 고대 산성

야시마성(屋嶋城) 유지 발견. 1920년 소림사(少林寺) 촬영. 1929년 이후 동방문화학원 도쿄연구소에서 「지나역대제왕릉(支那歷代帝王陵) 연구」, 「요금시대(遼金時代)의 건축과 그 불상」 등 발표.

▷저서『韓國建築調査報告』(東京帝國大學工科大學, 1906) 등 12종.

▷편저『朝鮮古蹟圖譜』全15冊(朝鮮總督府, 1916~1935).

▷공저『支那文化史蹟』全12冊(常盤大定 共著, 法藏館, 1939~1941).

12. 오야나기 시게타(小柳司氣太, 1870~1940)

에치고국(越後國, 지금의 니가타현新潟縣) 출신. 부친 구마쿠라 겐슈(熊倉玄周) 사망으로 외삼촌 오야나기 우사부로(小柳卯三郞)의 양자가 됨. 1885년 아오우쓰촌(粟生津村) 소재의 조젠칸(長善館)에 입학. 1888년 상경, 관립 도쿄영어학교 입학. 1894년 제국대학 한학과 선과(選科) 졸업. 사학과 졸업생 후지다 세이이치(藤田精一) 등과 동아학원 설립, 월간지 『동아설림(東亞説林)』 간행. 히로시마심상중학교 교유(敎諭). 1899년 야마구치고등학교(구제) 교수. 1904년 가쿠슈인대학 교수. 1922년 고쿠가쿠인 교수, 게이오대학 교수. 1926년 유교 중심의 다이토분카가쿠인 교수. 1940년 다이토분카가쿠인 학장, 사망.

▷저서『宋學槪論』(哲學書院, 1894) 등 13종.

13. 도키와 다이조(常盤大定, 1870~1945)

이와키국(磐城國, 지금의 미야기현宮城縣) 출신. 1898년 도쿄제국대학 문과대학 철학과 졸업. 정토진종(淨土眞宗) 오타니파(大谷派) 승려. 1907년 도쿄제국대학 인도철학 강사. 1921년 문학박사학위 취득, 1925년 도쿄제국대학 교수. 1931년 도쿄제국대학 정년퇴임. 도요대학 교수, 동방문화학원 도쿄연구소 연구원과 평의원. 만년에는 아사쿠사(淺草) 혼간지(本願寺)의 사찰 업무 처리 담당 윤번(輪番). 1917년부터 1929년 사이에 다섯 차례 중국으로 건너가 불교·유교·도교 관련 문화 유적지 답사, 세키노 다다시와 중국 불교 사적에 관한 공동저작.

▷저서『佛陀之聖訓』(無我山房, 1904) 등 23종.

▷편저『支那佛教史蹟』(關野貞 共著, 佛教史蹟研究會, 1925~1926) 등 5종.

▷기념논총『佛教論叢 常盤博士還曆記念』(宮本正尊 編, 弘文堂書房, 1933).

14. 도리이 류조(鳥居龍藏, 1870~1953)

1870년 4월 4일 아와국(阿波國) 도쿠시마(德島) 출생. 아와국 연초사(煙草司) 소속의 연초 도매상(大問屋, 오톤야) 조닌(町人) 도리이 신지로(鳥居新次郎)의 차남. 1876년 간젠(勸善)소학교 입학, 중도 퇴학. 독학으로 고등소학교부터 중학교 과정 수업. 1886년(16세) '도쿄인류학회' 입회. 1888년 도쿄제국대학 이과대학 동물학과 대학원생 쓰보이 쇼고로(坪井正五郎)가 도쿠시마에 와서 도리이 집에 숙박, 그에게 인류학 가르침을 받음. '도쿠시마인류학재료취조모임(德島人類學材料取調仲間, 후에 도쿠시마인류학회)' 조직. 1890년 도쿄로 상경. 도쿄제국대학의 쓰보이 교수가 유럽 유학 중이어서 귀향(그해 여름 쓰보이 교수 귀국). 1892년 가족 모두 도쿄로 이사. 1893년 도쿄제국대학 이과대학 인류학교실의 표본정리계(標本整理係) 직원이 됨.

도쿄제국대학 재직 시기: 1895년 도쿄 인류학회 파견으로 요동반도, 남만주 출장, 도리이 류조의 첫 해외 조사이자 일본 최초의 대륙 조사연구. 1896년 타이완 산악지 동부의 원주민(생번生蕃) 조사. 이때 조사 도구로 사진기 처음 사용. 1897년 타이완 본섬 동쪽 해상에 있는 홍터우위(紅頭嶼) 원주민을 조사하고, '야미(Yami)'족으로 명명. 1898년 이과대학 조수. 타이완 본섬의 산악지 북부, 중부의 원주민 조사. 1899년 봉칙의회(奉勅義會) 회장 군지 시게타다(郡司成忠)의 초청으로 기타치시마(北千島) 출장. 도쿄제국대학 인류학 조사 명의로 에토로후토(擇捉島, 이투루프섬) 등 4개 섬 조사. 1900년 타이완 산악지 서부 조사. 이때 최고봉 위산(玉山, 표고 3,952미터) 등정. 외부인의 첫 등정으로 알려짐. 1901년 기미코(きみ子)와 결혼. 1902년 타이완 원주민과의 비교연구 목적으로 중국 남서부 산간 여러 민족 특히 묘족(苗族)을 최초로 조사. 1904년 오키나와(沖繩) 본도 등 3개 섬 조사. 1905년 이과대학 강사. 만주 푸란뎬(普蘭店, 다롄시 구역)·랴오양 조사. 1906년 부인 기미코가 몽골 카라친(喀喇沁) 왕부(王府) 여학당 교사로 초빙되어 동행 방문. 남학생 교육기관인 숭정학당(崇正學堂)에서 교수로 활동하면서 몽골 토속 조사. 1907년 1월 귀국. 3월 장녀 출산. 갓난아이를 안고 다시 몽골로 가면서 동부 몽골을 비롯한 여러 지역 조사. 몽골의 석기시대 유적·유물 확인. 이때 요대(遼代)의 유적도 조사. 1909년 만주 출장, 한대(漢代) 분묘 분포 조사, 뤼순 적석총 조사, 솽터우만(雙頭灣) 대패총 발굴.

1910년 조선총독부 촉탁으로 조선 예비조사. 1911년부터 1916년까지 6회에 걸쳐 조선 각지(울릉도 포함) 석기시대 조사, 민족 체질 측정. 지석묘의 북방식, 남방식 분류와 매장묘 구조 첫 확인. 1911년 가라후토청(樺太廳, 사할린)의 원조로 남가라후토 인류학 및 토속 조사(제1회 시베리아 조사). 1913년부터 1929년에 걸쳐 여러 차례 미야자키현(宮崎縣)의 노베오카(延岡) 중심으로 많은 고분 발굴. 신화가 많은 휴가(日向)의 상대(上代, 神代)를 고고학적으로 해명. 1916년 무사시노회(武藏野會, 지금의 무사시노문화협회) 창립하여 도쿄와 주변 향토문화사 연구 고취. 잡지『무사시노(武蔵野)』 발행. 1917년 나라현 중심으로 긴키(近畿) 각지 조몬(繩文)식 유적과 야요이(彌生)식 유적 답사. 1921~1922년 나가노현(長野縣) 스와군(取訪郡) 내 각지 조사 발굴. 1922년 고향 도쿠시마 유적 조사, 동굴 패총 발굴. 이 외 국내 여러 유적 조사 발굴. 1920년 프랑스학사원의 종려나무 학술상(an Ordre des Palmes Academiquesiques of France) 수상. 1921년 「만몽의 유사 이전(滿蒙の有史以前)」 논문으로 문학박사학위 취득. 제2회 시베리아 조사. 1922년 도쿄제국대학 조교수. 은사 쓰보이 쇼고로 교수의 뒤를 이어 인류학교실 제2대 주임.

고쿠가쿠인대학 · 조치대학 재직 시기: 1923년 고쿠가쿠인대학 교수 부임. 1924년 도쿄제국대학 사직. 가족들과 함께 '도리이인류학연구소(鳥居人類學研究所)' 설립. 1926년 부인 기미코와 중국 산둥성(山東省) 출장. 주(周) · 한(漢) 시대 유적, 윈먼(雲門), 타이산(泰山) 등지의 북위(北魏) 불상 조사. 장뎬(張店, 쯔보시淄博市) 등지에서 중국 최초의 돌멘(dolmen) 발견. 1927년 남만주철도주식회사 초청으로 만주 출장. 하얼빈 박물관 방문. 금나라 상경(上京), 발해 옛 성지, 남만주 푸란뎬(다롄) 지석묘 조사(제2차). 1928년 조치대학 문학부 설립에 진력, 문학부장 및 교수가 됨. 1929년 동방문화학원 도쿄연구소의 평의원 · 연구원. 동부 시베리아 여행 후 만주로 들어가 둔화(敦化) 일대, 랴오닝성(遼寧省) 안산(鞍山) 부근에서 요대 화상석 관계 유적 분묘 조사 발굴. 1930년 부인 기미코와 함께 제3회 몽골 조사. 요나라 태조릉 등 유적 다수 조사. 1931년 만주 출장 중 만주사변을 만나 오지(奧地) 조사 단념. 랴오닝현의 요대 동경성(東京城)과 주위 조사. 1932년 만주 조사 이후 요와 고려의 비교연구로 조선으로 들어와 개성 조사. 경성의 이왕가박물관, 조선총독부박물관에서 고려시대 유물 조사. 남하하여 경주 방문. 1933년 고쿠가쿠인대학 사

직, 제4회 몽골 여행. 요나라 중경(中京) 성지 유적과 주변 조사. 북상하여 바이타쯔(白塔子) 등 여러 지역 요나라 유적 조사. 1936년『고고학상으로 본 요의 문화 도보(考古學上より見たる遼之文化圖譜)』(전4책) 동방문화학원 도쿄연구소에서 발행. 1937년 외무성의 문화사절 위촉으로 브라질 출장. 아마존 하구의 섬 유적 조사, 페루의 잉카제국 유적 방문, 볼리비아 라파스 유적 시찰. 귀국 길에 미국 로스앤젤레스에서 대패총 조사. 1938년 귀국 후 다시 중국 베이징 출장. 요나라 문화와 북송 문화 비교 연구 목적으로 철도로 남하하여 허베이성(河北省) 이현(易縣) 등 4개 현의 고묘(古廟)와 불교 사원, 불탑 조사. 북상하여 산시성(山西省) 잉현(應縣) 등지의 요나라 목조 불탑 조사.

옌칭대학 재직 시기: 1939년 중국 베이징에 있는 옌칭대학(미국 하버드대학의 자매대학) 초빙으로 객원교수로 부임. 1941년 12월 태평양전쟁 발발 전까지 만주의 요나라 화상석묘, 랴오닝성 하이청(海城) 소재 시무청(杺木城) 지석묘 재조사, 산시성 요나라 성지 유지, 윈강석굴, 산둥성 신석기 유적, 패총 발굴, 주·한 시대 유적 조사 등을 행함. 요나라 시대 화상석 묘 조사 결과는 영문으로 하버드–옌칭연구소에서 간행. 전쟁 발발로 옌칭대학이 폐쇄되어 베이징 성내로 이사하여 요대 문화 연구 계속함. 1945년 일본 패전 후 옌칭대학이 다시 문을 열자 객원교수로 복귀. 1951년 퇴직하고 귀국.

1953년 1월 14일 도쿄도에서 사망(82세). 1959년 부인 기미코 사망. 1965년 1월, 도쿄 타마(多摩) 묘지에 묻혀 있던 도리이 부처의 유골 도쿠시마현립도리이기념박물관(德島県立鳥居記念博物館) 관내 지석묘형 묘에 이장.

▷저서『苗族調査報告』(1907) 등 8종.『鳥居龍藏全集』全12卷(朝日新聞社,

1975~1976).

※『鳥居龍藏全集』제1권 수록 「鳥居龍藏小傳」(鳥居龍次郎 記) 및 별권의 「年譜」 참조.

15. 스기 에이자부로(杉榮三郞, 1873~1965)

오카야마현(岡山縣) 데쓰타군(哲多郡, 지금의 니미시新見市) 출신. 1900년 도쿄제국대학 법과대학 정치학과 졸업. 회계검사원에 들어감. 1902년 중국 정부 초청으로 경사대학당 교수로 공법, 경제학 등 강의. 1911년 신해혁명으로 이듬해 귀국하여 회계검사원으로 돌아와 검사관, 제1부 제3과장의 직무에 임함. 그 뒤 궁내성으로 옮겨 서기관, 참사관, 제실임야국(帝室林野局) 주사, 도서두(圖書頭), 제릉두(諸陵頭) 등을 역임하고 1932년 제실박물관 총장이 됨. 1939년 퇴직, 궁중 고문관(궁내대신 자문) 취임. 일화학회(日華學會) 이사. 1945년 전후 일본국립박물관 평의원회 평의원 및 회장. 귀족원 의원.

16. 나카다 가오루(中田薰, 1877~1967)

가고시마현(鹿兒島縣) 출생. 제2고등학교 거쳐 1900년 도쿄제국대학 법과대학 정치학과 졸업, 동 대학원 입학. 1902년 도쿄제국대학 법과대학 조교수. 1908년부터 1911년까지 문부성 유학생으로서 유럽 유학. 1910년 박사학위 취득, 1911년 도쿄제국대학 교수. 1925년 제국학사원 회원, 1937년 도쿄제국대학 퇴임. 귀족원 의원. 지금까지의 선례(先例, 유직고실有職故實) 중심의 법을 이어받은 법제 연구를 외국과 비교하는 새로운 방법 도입. 저서 『도쿠가와 시대의 문학에 보이는 사법(德川時代ノ文學ニ見エタル私法)』이 널리 알려짐. 그의 문하에서 도쿄제국대학 중세사

의 초석이 되는 이시이 료스케(石井良助, 도쿄대학 교수), 당령(唐令) 연구
로 유명한 니이다 노보루(仁井田陞)가 배출되었다. 중국 고대사·중세사
연구가인 이시모다 쇼(石母田正, 호세이대학 교수)에게도 큰 영향을 주
었다.

▷저서『德川時代の文學と私法』(半狂堂, 1923) 등 12종.

17. 이케우치 히로시(池內宏, 1878~1952)

교토의 상인 집안 출신, 도쿄에서 태어남. 조부 이케우치 다이가쿠
(池內大學, 1814~1863)는 막말 절충파 유학자. 1898년 도쿄심상중학교
(후에 도쿄부립제1중학교) 졸업, 제1고등학교 문과 입학. 1901년 7월 졸
업. 1901년 도쿄제국대학 문과대학 사학과(동양사 전공) 입학. 1904년
졸업. 1908~1914년 남만주철도주식회사 '만주역사조사' 촉탁. 1911~
1934년 동양협회 학술조사부 편집주임으로『동방학보』편집. 1913년
도쿄제국대학 문과대학 강사. 1915~1916년 도쿄제국대학 명으로 '만
주지리역사조사' 사업 수행. 1916년 도쿄제국대학 조교수, 조선사 강
좌 분담. 1918년 7월 도쿄제국대학 학술조사로 조선(한국) 출장(함경남
도 방면 조사). 1919~1945년 조선총독부 고적조사위원. 1922년 문학박
사학위 취득. 같은 해 3월 조선사 강좌 담임. 9월 조선총독부 의뢰로 조
선 평안북도 방면 조사. 1924~1949년 사학회 평의원. 1925년 도쿄제국
대학 교수. 1926~1927년 동아고고학회(東亞考古學會) 위원. 1929년 4월
동방문화학원 평의원, 1940년 11월 이후 이사 겸임(1948년 3월 해산까
지). 1932~1933년 만주 동경성 조사. 1933~1935년 러허(熱河) 이궁(離
宮) 조사. 1936년 9월 지안현(集安縣) 고구려 유적 조사. 1933년 3월 교
토제국대학 문학부 강사. 1933~1945년 일만문화협회 상임이사 및 이

사장. 1937년 제국학사원 회원. 1939년 도쿄제국대학 정년퇴임, 명예교수. 1940년 만주국 출장(푸순撫順 조사). 1941년 9월 만주국 및 조선 조사. 1943년 1월, 1944년 1월 궁내성 어강서시 진강.

▷저서『文禄慶長の役 正編 第一』(南滿洲鐵道株式會社 歷史調査報, 1914) 등 10종.『滿鮮史研究』全5卷(中世 第1冊 1933, 中世 第2冊 1937, 上世 編 1951, 上世 第2冊 1960, 中世 第3冊 1963).

※『東方學回想』II(刀水書房, 2000) 수록「池內宏博士略曆」,「池內宏博士著書目錄」참조.

18. 시오노야 온(鹽谷溫, 1878~1962)

1878년 도쿄시에서 한학자 시오노야 세이잔(鹽谷靑山)의 아들로 출생. 도쿠가와 말기「해방론(海防論)」을 지음. 쇼헤이코(昌平簧) 교수였던 시오노야 도인(塩谷宕陰)이 백부. 1887년 가쿠슈인 입학. 1896년 9월 제1고등학교 입학, 제1부 학과 수업. 1902년 7월 도쿄제국대학 문과대학 한학과 졸업. 9월 대학원 진학, 지나문학사 연구. 1903년 제일임시교원 양성소 국어 한문학과 강사. 1905년 6월 가쿠슈인 교수. 1906년 도쿄제국대학 문과대학 조교수. 10월 지나문학 연구로 독일 라이프치히대학 거쳐 중국 베이징과 창사(長沙)에서 연구, 1912년 8월 귀국. 1920년 박사학위 취득. 도쿄제국대학 교수. 지나철학·지나문학 제2강좌 담임. 1929년 1월 어강서시, 쇼와 천황에게『한서』진강. 1931년 3월 황자(皇子) 출생 7일째 입욕 의식(浴湯之儀)에서 독서공(讀書控) 담당. 1932~1933년 구미 출장. 1939년 정년퇴임, 명예교수. 1941년 4월 동방문화학원 이사. 1962년 사망.

▷역저서『支那文學槪論講話』(大日本雄弁會, 1919) 등 31종.『興國詩選 皇朝篇,

漢土篇』(弘道館, 1931～1934),『賴山陽と日本精神』(日本精神叢書 文部省思想局
日本文化協會, 1936),『皇國漢文選 弘道館記述義・新論鈔』(目黒書店, 1936),『皇
國』(目黒書店, 1936),『大東亞戰役詩史』(弘道館圖書, 1944) 등 황도 사상 고취
문학 다수 저술.

※『東方學回想』II(刀水書房, 2000) 수록「塩谷溫博士略歷」,「塩谷溫博士著述目
錄」[東京支那學報 第9號 게재「塩谷溫節山先生年報」및「塩谷溫節山先生著述目錄」
에서 발췌(塩谷桓),『東方學』第72輯(1982年 7月) 수록본을 옮김] 참조.

19. 하라다 요시토(原田淑人, 1885～1974)

도쿄 간다(神田) 출생. 1904년 도쿄제국대학 사학과 입학, 시라토
리 구라키치에게 동양사 배움. 1908년 사학과 졸업, 졸업논문으로「명
대(明代)의 몽골(蒙古)」을 씀. 대학원에서는 중국 풍속사와 복식사 전공.
1914년 도쿄제국대학 사학과에 처음으로 고고학 강의가 개설되었을
때, 강사로 위촉받아 고고학에 입문. 이학부 인류학교실과 협조하여 '동
양 고고학'의 길을 엶. 하라다 고고학은 중국 역사와 고전에 대한 지식이
유물 및 유적 분석에 유용하게 작용하였다는 평을 받음. 1938년 3월부
터 '고고학 강좌' 담당.

1915년 미야자키현 사이토바루(西都原) 고분군 조사(이 조사에
1916～1917년 초, 교토제국대학의 하마다 고사쿠, 우메하라 스에지도 참가).
1918년 조선총독부 고적조사위원회(1916) 위원으로 경주 보문동(普門
洞) 신라 고분 1기 조사. 1921년 도쿄제국대학 조교수. 약 2년간 영국과
프랑스로 유학 가서 서양 고고학 연구법과 동양 고고학 관계에 관한 재
외 자료 수집 연구. 귀국 후 조선반도 조사 재개, 본격적인 발굴 활동.
1925년 9월 하마다 고사쿠와 함께 베이징 출장. 베이징대학교 마헝(馬

衡, 금석학), 선젠스(沈兼土, 중국언어문자학) 두 교수와 협의. 귀국 길에 평양으로 가서 낙랑군 한묘(漢墓) 발굴. 1927년부터 동아고고학회 주최로 중국에서 일련의 조사 수행. 1928년 10월 랴오둥반도의 뤼순 무양청(牧羊城) 조사. 1930년 다자와 긴고(田澤金吾)와 공저로 『낙랑(樂浪)』 출판(도쿄제국대학 문학부). 1931년 조선고적연구회(朝鮮古蹟研究會) 조직. 평양에 낙랑 유적 연구소 설치. 1933년부터 일본 학술진흥회의 보조금 수혜 연구원으로 등재되었으나 동아고고학회 일로 바로 참가하지 못함. 동아고고학회 주최로 1933~1934년 발해 5경 중 상경(上京) 용천부(龍泉府) 조사. 1935~1937년 3회에 걸쳐 조선고적연구회 위촉으로 낙랑군치지(樂浪郡治址) 추정 토성리(土城里) 토성 발굴.

1937년 내몽골 원나라 상도(上都) 유적 조사. 1939년 6~7월 동아고고학회 주최 산시성 다퉁 부근 북위(北魏)의 도성(都城) 평성지(平城址) 조사단장. 1940년 8~10월 동아고고학회 주최로 허베이성(河北省) 한단(邯鄲)의 전국시대 조(趙)나라 도성 조사. 1942~1943년 동아문화협의회 사업으로 산둥성 취푸(曲阜) 소재의 노(魯)나라 도성 조사 2회. 1941~1942년 일본학술진흥회 주최로 랴오닝의 한묘 조사.

▷저서 『漢六朝の服飾』(東洋文庫, 1938: 增補版 1967) 등 7종.

▷편저 『日本考古學入門』(吉川弘文館, 1950). 『中國考古學の旅 訪中考古學視察団報告』(毎日新聞社, 1957).

※『東方學回想』 III(刀水書房, 2000) 수록 「原田淑人博士略譜」 참조.

동방문화학원 교토연구소
평의원 이력 및 업적

1. 가노 나오키(狩野直喜, 1868~1947): 소장 · 이사

1868년 2월 구마모토에서 태어남. 1879년 도신가쿠샤(同心學舍) 입학. 1882년 세이세이코(濟濟簧, 도신가쿠샤의 후신) 본과 2급 편입, 1884년 졸업. 도쿄로 가서 간다(神田) 공립학교 입학. 1886년 가이세이중학교(開成中學校, 구 공립학교) 졸업, 대학예비문(제1고등중학) 입학. 1892년 제1고등중학교 졸업, 도쿄제국대학 문과대학 한학과 입학. 시마다 고손의 고증학 전수. 1895년 도쿄제국대학 문과대학 한학과 졸업, 대학원 입학. 1896년 사립 세이소쿠(正則)심상중학교에서 한문, 지리, 역사를 가르쳤다. 1897년 중등학교 교원 검정시험위원 위촉. 1899년 도쿄외국어학교에서 한문 교수. 1900년 4월 문부성 유학생으로 베이징에 감. 그해 6월 의화단 사건으로 베이징 공사관에서 농성 참가, 8월에 귀국. 11월 교토제국대학 법과대학 강사. 1901년 다시 중국 유학. 상하이를 중심으로 연구활동을 하며 뤄전위, 나이토 고난 등과 교유. 구미의 동양학자와도 교류. 1903년 귀국. 타이완총독부로부터 타이완구관조사회(臺灣舊慣調查會) 사무 위촉받음. 오다 요로즈(織田萬, 행정법)와 함께『청국법제사(清國法制史)』편찬. 1906년 교토제국대학 문과대학 문학과 창설위원, 7월 문과대학 교수직을 맡음. 지나철학사 담당. 8월 정부로부터 타이완구관조사위원 위촉. 1907년 문학박사학위 취득. 1908년 문과대학에서 문학과 수업 시작. 아오키 마사루(青木正兒, 중국문학, 도시샤대학同志社大學 교수)·요시카와 고지로(吉川幸次郎, 중국문학, 교토제국대학 교수) 등의 중국학 전문학자 육성. 1910년 발견 초기의 둔황 문서 조사를 위해 교토제국대학에서 나이토 고난, 오가와 다쿠지(小川琢治, 지질학), 도미오카 겐조(富岡謙蔵, 고경古鏡 연구), 하마다 고사쿠(고고학) 등과 베이징으로 감.

1912년 유럽 유학. 프랑스에서 중국학의 대가 에두아르 샤반(Édouard Chavannes), 폴 펠리오(Paul Pelliot) 등에게서 연구 방법을 배워 둔황 문서 연구에 열중. 1913년 귀국. 1915년 타이완구관조사사업 완료. 1916년 오사카 가이토쿠도(懷德堂) 중건사업의 고문으로 위촉. 1919년 교토제국대학 문학부장. 1920년 고등학교 교육검정위원회 임시위원 위촉. 1923년 대지문화사업(對支文化事業) 조사회 위원 위촉. 프랑스로부터 농업공로훈장(Commandeur de l'Ordre du Mérite agricole) 받음. 1924년 어강서시에서『상서(尚書)』「요전(堯典)」첫 구절 진강. 1925년 제국학사원 회원. 동방문화사업 위원회 성립을 위해 핫토리 우노키치와 함께 베이징으로 감. 1927년 지나(중국) 유교 정치에 관해 진강. 1928년 정년퇴임, 명예교수. 대지문화사업 일로 베이징 출장. 1929년 동방문화학원 개설로 이사 겸 교토연구소 소장. 일본의 유학 변천에 관하여 진강. 1932년 유학의 정치원리에 관하여 진강. 1933년 일본학술진흥회 회원.

일만문화협회 평의원. 1934년 일만문화협회 이사. 1935년 파리 아시아 학회(Société Asiatique) 명예회원. 1938년 동방문화학원 교토연구소장 사임. 대지문화사업 위원 면직. 1944년 12월 동방문화연구소 소장 마쓰모토 분자부로(松本文三郎) 서거로 소장 사무대리. 1945년 2월 동방문화연구소 소장 사무대리를 사임. 『다이쇼천황어제시집(大正天皇御製詩集)』 편찬 종료. 1947년 12월 13일 사망.

▷저서 『中國哲學史』(岩波書店, 1935) 등 12종.

『御進講錄』(1984, 新裝版 2005): 宮崎市定 解説, 「経学を軸とする昭和天皇への 進講」.

『支那學論叢 狩野教授還暦記念論集』(弘文堂, 1928).

※『東方學回想』 I-先學を語る(1)(刀水書房, 2000) 수록 「狩野直喜博士年譜」 참조.

2. 나이토 도라지로(内藤虎次郎, 나이토 고난, 1866~1934)

소년기의 가학(家學): 1866년 7월 18일 아키타현(秋田縣) 가즈노시(鹿角市) 도와다정(十和田) 게마나이촌(毛馬內村)에서 난부(南部) 번사 나이토 조이치(内藤調一, 주완十灣)의 차남으로 출생. 아버지가 요시다 쇼인(吉田松陰, 본명 '도라지로寅次郎', 쇼인松陰은 호)을 숭모하여 아들의 이름을 요시다 쇼인의 이름 도라지로(寅次郎)와 같은 음과 뜻의 '도라지로(虎次郎)' 라 지음. 고향에 있는 호수 도와다호(十和田湖)의 남쪽이란 뜻으로 고난(湖南)이라는 호를 지음. 아버지의 아호 주완(十灣)도 도와다 호수의 굽이치는 만곡(灣曲)을 뜻함. 아버지 주완은 절충학파(折衷學派) 유학. 도라지로는 6세에 『대학(大學)』을 습득하고, 7세에 『이십사효(二十四孝: 중국의 유명한 효자 24명에 관한 교훈서)』와 사서(四書) 공부. 13세에 아버지의 권유로 라이산요(賴山陽)의『일본외사(日本外史)』통독. 1883년 아키타사범학교 입학, 1인 기독교교회 미국인 선교사의 도움으로『만국사(萬國史)』독서. 1885년 아키타사범학교 4년 과정을 2년에 마치고 10대의 나이로 쓰즈레코(綴子)소학교 주석 훈도(교장에 해당)가 됨.

　　저널리스트 시기: 1887년 8월 쓰즈레코소학교 사직. 상경하여 오우치 세이란(大內青巒, 국수주의 경향의 불교 지도자)의 불교 잡지『메이교신지(明教新誌)』기자가 됨. 1888년 1월~9월 같은 계열의 잡지『만포이치란(萬報一覽)』편집 담당. 1889년 5월부터 오우치 세이란의 존황봉불(尊皇奉佛) 다이도단(大同團) 기관지『다이도신보』(大同新報) 편집. 1890년 9월 시가 시게타카(志賀重昂) 추천으로 미카와국(三河國, 지금의 아이치현 愛知縣 도요카와시豊川市)의『미카와신문(三河新聞)』주필. 11월 귀경. 12월 국수주의 단체 세이교샤(政教社)에 입사, 기관지『니혼진(日本人)』기자. 1891년『니혼진』을 개명한『아지아(亞細亞)』편집. 두 기관지에서는 시가 시게타카, 미야케 세쓰레이(三宅雪嶺, 국수주의 철학자), 스기우라 주고(杉浦重剛, 국수주의 사상가) 등의 논설 대필. 1893년 세이교샤 퇴사,『오사카아사히신문(大阪朝日新聞)』객원으로 주필 다카하시 겐조(高橋健三, 저널리스트, 관료, 정치가)의 논설 대필. 1894년 7월『오사카아사히신문』입사. 1896년 다구치 아사히코(田口旭子)와 결혼. 9월 '마쓰모토(松本)·오쿠마(大隈)' 내각의 서기관장이 된 다카하시 겐조의 내각 정강 기초 초안 작성. 12월『오사카아사히신문』퇴사. 1897년 4월『타이완일보(臺灣日報)』주필로 타이베이로 감. 1898년 4월『타이완일보』퇴사. 5월 도쿄로 돌아와 구로이와 루이코(黑岩淚香, 번역가이자 소설가) 주재의『요로즈초보(萬朝報)』의 논설 기자가 됨. 1899년 3월 화재로 장서 소실. 9월~11월 북청(北青)과 창장(長江) 지방 여행. 1900년 4월『요로즈초보』퇴사. 7월

『오사카아사히신문』 재입사, 논설 담당. 1902년 10월 『오사카아사히신문』 파견으로 조선과 만주 그리고 북청, 장쑤(江蘇), 저장(浙江) 등 중국 각지 여행. 1903년 1월 귀국. 러시아의 만주 경영을 시찰한 결과에 근거해 대(對)러시아 주전론 주장. 1905년 6월 외무성 위촉으로 만주 점령지 행정조사 목적으로 현지 시찰. 11월 중국 주재 특명전권대사 고무라 주타로의 전보 초청으로 베이징에 감. 1906년 1월 귀국. 이 무렵 외무성 간도(間島) 조사 위촉. 7월 『오사카아사히신문』 퇴사. 11월까지 조선, 만주 지방 시찰.

교토제국대학 재직 시기: 1907년(41세) 10월 교토제국대학 문과대학 강사, 동양사학 강좌 담당. 1908년 6월 『만주사진장(滿洲寫眞帳)』 간행. 8월~11월 간도·지린 시찰. 1909년 9월 교토제국대학 문과대학 교수. 동양사학 제1강좌 담당. 대학을 졸업하지 않은 학력이 문제 되었으나, 제2의 고향인 아키타현 출신 가노 고키치(狩野亨吉) 교수가 그의 높은 한학 지식을 높이 사서 강력하게 추천. 1910년 9월 학술 시찰을 위해 오가와 다쿠지, 가노 나오키, 도미오카 겐조, 하마다 고사쿠 등과 함께 중국 출장. 10월 문학박사학위 취득. 1911년 12월 고사사보존회 위원 위촉. 1912년 3월 사료 수집 목적으로 펑톈으로 감. 도미오카 겐조, 하네다 도루 등의 협력으로 『만문노당(滿文老檔)』, 『오체청문감(五體淸文鑑)』 사진 촬영, 사고전서 진본(珍本) 초사(鈔寫). 1913년 여름~가을, 조선 유력(遊歷) 중 고구려 고분 참관. 1917년 10월 이나바 이와키치, 다카하시 모토키치(高橋本吉, 중의원 의원) 등과 산둥, 창장, 베이징 여행. 1918년 10월 만주 각지 시찰. 1924년 7월~1925년 2월 유럽 여행. 1925년 9월 오지마 스케마(小島祐馬, 교토제국대학), 간다 기이치로(神田喜一郎, 교토제국대학) 동반, 궁내성 도서료(圖書寮) 소장 도서 조사. 같은 달 조선사편수회

(朝鮮史編修會) 고문 위촉으로 10월에 경성에 감. 1926년 1월 제국학사원 회원. 8월 교토제국대학 교수 퇴임. 1927년 7월 교토제국대학 명예교수. 1929년 4월 동방문화학원 교토연구소 평의원. 1931년 1월 어강서시에서 두우(杜佑)가 편찬한 『통전(通典)』 진강. 1933년 10월 일만문화협회 설립 모임으로 만주행. 1934년 6월 26일 사망.

▷저서 『近世文學史論』(東華堂, 1897) 등 11종. 단편문 「宗敎家敎育學」(『明敎新誌』 2301-9, 1887) 등 약 1,350편.

▷전집 神田喜一郎 · 內藤乾吉 編, 『內藤湖南全集』 全14卷(筑摩書房, 1969~1976; 復刊 1996~1997). 內藤湖南硏究會 編, 『內藤湖南未收錄文集』(河合文化敎育硏究所, 河合出版, 2018). 전집 미수록 327편.

▷장서 1. 장서 약 3만 3,000책, 간사이대학(關西大學) 도서관 소장. 1986~1996년 장서 목록 「內藤文庫 漢籍古刊古鈔目錄」 및 「內藤文庫 리스트」(全5冊) 발행.

2. 大阪市立大學 구 장서 5,892책 '內藤文庫'.

3. 『內藤湖南敦煌遺書調査記錄 影印』(正 · 續, 玄幸子 · 高田時雄 編, 「東西學術硏究所資料集刊」, 關西大學出版部, 2015~2017).

※ 『內藤湖南全集』 14冊 수록 「年譜」 · 「著作目錄」 참조.

3. 다카세 다케지로(高瀨武次郎, 1869~1950)

가가와현(香川縣) 사사키 와다루산파치(佐々木彌三八)의 4남. 다카세 니로(高瀨二郎)의 양자가 되어 1911년 가독(家督) 상속. 1898년 도쿄제국대학 문과대학 한문학과 졸업, 대학원 진학. 양명학(陽明學) 전공. 이노우에 데쓰지로의 지도로 1905년 중국철학 전공 제1호 박사학위 취득 후 교토제국대학 조교수. 1911년 중국철학 연구 목적으로 중국, 영국, 독일, 미국 등 유학. 귀국 후 교토제국대학 교수.

1899년에 반포된 「교육칙어」에 대한 「연의(衍義)」를 지은 지도교수 이노우에 데쓰지로의 영향으로 유교의 국가적 지향 추구. 다카세의 양명학은 객관적 학문의 대상이 아니라 실천의 지침으로서, 「교육칙어」로 표상되는 유교주의적 천황제 국가를 옹호하면서 서양에서 수입된 문명, 특히 윤리적 이기주의와 기독교를 공격함.

▷저서 『日本之陽明學』(1898) 등 양명학 관련 10여 종.

4. 마쓰모토 분자부로(松本文三郎, 1869~1944)

가가국(加賀國, 지금의 이시카와현石川縣 가나자와시金澤市) 출생. 1893년 제국대학 문과대학 철학과 졸업. 제1고등학교 교수. 1899년 문학박사학위 취득, 독일 유학. 귀국 후 1906년 교토제국대학 문과대학 인도철학사 교수. 1908년부터 1915년까지 문과대학 학장, 1929년 정년퇴임, 명예교수. 1919년 제국학사원 회원. 1938년 동방문화연구소 소장. 『니혼다이조쿄(日本大蔵経)』편집(1914~1921). 다년간 인도와 중국의 불교 유적 조사 종사.

▷저서 『心理學』(敬業社, 1897) 등 23종.

5. 오가와 다쿠지(小川琢治, 1870~1941)

1870년 기이국(紀伊國) 다나베번(田辺藩, 지금의 와카야마현和歌山縣 다나베시)에서 유학자 오가와 아사이아츠시(小川浅井篤)의 차남으로 출생. 1875년 5세 때 와카야마시로 이사. 1872년 학제 제정 후 개교한 소학교에는 다니지 않음. 1883년(13세) 아버지가 아리타군(有田郡) 다이큐샤(耐久社)에 초빙되면서 그 서고에 자유 출입, 다수의 한적(漢籍) 독서.

1884년 와카야마중학교 입학. 그때까지 아버지로부터 사서·오경 구수 (口授). 재학 중 『자치통감』 통독. 중학교 중퇴, 상경. 1886년(16세) 제1고 등학교 입학. 1891년 도쿄에서 전 기이(紀伊) 번사 오가와 고마키쓰(小川 駒橘)의 서양자(婿養子)가 되어 오가와(小川) 성을 가짐. 그해 기이주 여 행 준비 중 10월 28일 '노비 지진(濃尾地震)'을 만나 피해 지역을 보고 집 으로 돌아옴. 구마모토 여행에 앞서 자연, 인문 사상을 상세히 관찰하 고 지학(地學) 연구를 결심함. 1893년 제국대학 이과대학 지질학과 입 학. 1895년 재학 중에 도쿄지학협회(東京地學協會)가 타이완 지지(地誌) 편찬을 위촉하여 『타이완제도지(臺灣諸島誌)』 집필, 이듬해 간행. 1896년 7월 제국대학 이과대학 지질학과 졸업, 대학원 진학. 1897년 1월 7일 대 학원을 그만두고, 1월 9일 농상무성(農商務省) 기수(技手)가 됨. 지질조사 소 지질과 근무. 1898년 2월 농상무성 기사(技師). 고등관 7등, 광산국장 근무. 1900년 1월 고등관 6등. 파리 만국박람회 일본 출품 심사관으로 서 만국지질학회의(萬國地質學會議) 참가. 3월에 정7위의 위계(관위)를 받 음. 1901년 5월 16일 귀국. 7월 프랑스공화국 훈장 받음. 1902년 4월 고 등관 5등. 4월 중국 파견. 1904년 7월 고등관 4등. 대본영(大本營) 소속 으로 중국의 대륙 지질조사(1905년 1월까지). 당시로서는 선진적인 시도 였던 탄광의 노천 발굴을 제안함. 1905년 9월 관동주(關東州) 민정서(民 政署) 소속 겸무(1906년 3월까지). 1907년 4월 고등관 3등. 8월 한국통감 부 파출소 사무관 사무 위촉받아 통감부 파출소 조사과장(1908년 2월까 지). 1908년 5월 교토제국대학 문과대학 교수, 사학지리학 제2강좌 담임. 1909년 2월 이학박사학위 취득(총장 추천). 12월 1일, 1907~1908년에 있었던 한국 '폭도진압' 사건 공로를 인정받음. 1910년 7월 중국 출장. 1911년 1월 고등관 2등. 3월 정5위. 1912년 7월 중국 다롄, 뤼순, 펑톈 출장. 이학부 지질 광물학과 초대 주임교수. 1916년 6월~12월 중국 출장. 1917년 1월~7월 중국 출장. 1918년 2월 고등관 1등. 5월 구미 제국 출장 명을 받고 10월 29일 출발. 1920년 6월 귀국. 11월 학술연구회 의원 피임. 9월 사학지리학 제2강좌 담임 면하고 사학지리학 제2강좌 분담. 1923년 3월 도서관 상의회(商議會) 위원. 1925년 12월 교토제국대학 이학부장. 1926년 2월 제국학사원. 12월 이학부장 사임. 1930년 5월 지질학 제1강좌 분담, 6월 정년퇴임, 8월 명예교수. 1936년 10월 교원검정 위원회 임시 위원(1937년 3월까지). 1941년 1월 사망.

▷저서『臺灣諸島誌』(東京地學協會, 1896) 등 7종.

※『東方學回想』II(刀水書房, 2000) 수록「小川琢治博士略歷」참조.

6. 구와바라 지쓰조(桑原隲蔵, 1871~1931)

1871년 에치젠국(越前國, 지금의 후쿠이현福井縣 쓰루가시敦賀市) 제지업자 구와바라 규베(桑原久兵衛)의 차남. 1885년 교토부심상중학교(京都府尋常中學校, 지금의 교토부립중학교) 입학. 1890년 제3고등중학교 문과 진학. 1893년 제국대학 문과대학 한학과 입학. 1896년 7월 한문학과 졸업, 대학원 입학, 동양사 전공. 8월 모교 제3고등학교 교수. 1899년 도쿄 고등사범학교 교수. 1906년 11월 문부성 파견으로 중국 유학, 1907년 4월 출발. 1909년 4월 귀국, 교토제국대학 문과대학 교수, 동양사학 제2강좌 담임. 1910년 문학박사학위 취득. 1923년 11월 아랍계 중국 상인 포수경(蒲寿庚) 관련 저서『송대 남해 무역사의 연구(宋代の南海貿易史の研究)』로 제국학사원 상 수상. 1930년 12월 60세 정년퇴임. 1931년 2월 명예교수, 5월 사망.

▷저서『大宛國の貴山城に就いて』(鷄声堂書店, 1915) 등 10종.

▷편저『中等東洋史』上·下(大日本圖書, 1898) 등 6종.

▷전집·기념논총『桑原隲藏全集』全5卷, 別冊 1卷(岩波書店, 1968: 新版 1987~ 1988): 1. 東洋史説苑 2. 東洋文明史論叢 東西交通史論叢 3. 支那法制史論叢 東西交通史論叢 4. 中等東洋史 東洋史參考圖書 東洋史敎授史料 5. 蒲寿庚の事蹟 考史遊記 6. 別冊 桑原隲藏博士所藏圖書目録(全集 總索引).『東洋史論叢 桑原隲藏博士還暦記念』(桑原博士還暦記念祝賀會 編, 弘文堂書房, 1931).

※『東方學回想』II(刀水書房, 2000) 수록「桑原隲藏博士略年譜」참조.

7. 야노 진이치(矢野仁一, 1872~1970)

야마가타현 요네자와시 출생. 1890년 제1고등학교 입학. 1896년 도쿄제국대학 사학과 입학. 1899년 졸업, 와세다대학 강사. 1905년 중국 정부의 초빙으로 경사대학당 진사관(進士館)에서 가르침. 1912년 교토제국대학 조교수. 1917년부터 2년간 미국 유학. 1920년 교토제국대학 교수. 1923~1924년 남방(南方) 시찰. 1930년 소련 출장. 1932년 정년 퇴임, 명예교수. 중국 근현대사 연구의 선구자로서 '중국비국론(中國非國論)'을 주장하여 만주국 건국 옹호론을 폄.

▷저서『近代蒙古史研究』(弘文堂書房, 1925) 등 19종. 국수주의 저서『滿洲國歷史』(目黑書店 1933),『國民東洋史大綱』(目黑書店, 1933),『大東亞史の構想』(目黑書店, 1944) 등이 있음.

※『東方學回想』III(刀水書房, 2000) 수록「矢野仁一博士略歷」참조.

8. 신조 신조(新城新藏, 1873~1938)

후쿠시마현(福島縣) 아이즈와카마쓰(會津若松, 아이즈번會津藩의 중심지)의 양조장집 6남. 와카마쓰중학교(若松中學校, 지금의 후쿠시마 현립 아사카고등학교福島縣立安積高等學校), 제2고등중학교 거쳐 1895년 제국대학 이과대학 물리학과 졸업, 대학원 진학. 1897년 육군포공학교(陸軍砲工學校) 교수. 1900년 교토제국대학 이공과 조교수. 이후 독일 괴팅겐대학교로 유학, 천문학을 배움. 귀국 후 교토제국대학 교수. 1918년 교토제국대학 우주물리학교실 설립, 이학부장을 거쳐 1929년 학장(총장)에 취임. 1935년 동방문화사업으로 상하이에 설립된 상하이자연과학연구소 제2대 소장 취임. 1937년 중일전쟁 발발로 귀중 문화재 보호 위해 동분서주. 1938년 과로로 시찰지 난징(南京)에서 급사.

▷저서『宇宙進化論』(丸善, 1916),『戰國秦漢の曆法』(東洋天文學史研究別冊, 1928) 등 10종.

9. 이시바시 고로(石橋五郎, 1876~1946)

지바현 출신. 지바현립심상중학교(千葉縣立尋常中學校), 제1고등학교 졸업. 1901년 도쿄제국대학 문과대학 사학과 졸업, 대학원 입학. 1904년 고베고등상업학교(神戸高等商業學校) 교수. 1907년 교토제국대학 문학부 사학지리학 조교수 겸임. 1910~1912년 영국, 독일 유학. 1919년 교토제국대학 교수. 1938년 퇴임. 오가와 다쿠지 등과 교토제국대학 지리학파의 토대 구축.

▷편저『日本経済地理』(冨山房, 1917) 등 6종.

▷공저『現代教育學大系 各科篇 第13卷 地理教育論』(別技篤彦 共著, 成美堂書店, 1937).

10. 신무라 이즈루(新村出, 1876~1967)

야마구치현(山口縣) 현령(縣令) 세키구치 다카요시(關口隆吉, 1836~

1889)의 차남. 야마구치시 도조몬젠(道場門前)에서 태어남. '이즈루(出)'란 이름은 부친이 야마구치현 현령과 야마가타현 현령으로 출사(出仕) 중이라는 뜻. 1889년 4월 아버지 다카요시가 기관차 사고로 사망하여 신무라 다케오(新村猛雄)의 양자가 됨. 1891년에 시즈오카(靜岡)심상중학, 제1고등학교를 거쳐 1899년 도쿄제국대학 문과대학 박언학과(博言學科) 졸업. 재학 중 우에다 가즈토시(上田萬年, 국어학자, 언어학자) 지도로 국어연구실 조수. 1902년 도쿄고등사범학교 교수. 1904년 도쿄제국대학 조교수 겸임. 1906~1909년 영국, 독일, 프랑스 유학, 언어학 연구 종사. 유학 중이던 1907년 교토제국대학 조교수 발령. 귀국 후 교수로 임명되어 언어학 강좌 담당, 1910년 문학박사학위 취득. 1928년 제국학사원 회원. 1936년 정년퇴임. 1933년 궁중 어강서시로 뽑혀 1월 28일『국서(國書)』진강. 1933년 교토에 거주하면서 사서(辭書) 편찬 사업에 전념. 1955년『고지엔(廣辭苑)』초판 편찬. 아들 신무라 다케시(新村猛)와 공동 작업. 신무라 이즈루는 1946년 현대 가나즈카이(仮名遣い, 가나표기법)를 반대, '廣辭苑'의 표기가 '広辞苑'으로 변경되었을 때 눈물을 흘렸다고 함. 에스페란티스트로서, 1908년 드레스덴 제4회 에스페란토 대회에 JEA(Japana Esperantista Asocio) 대표 구로이타 가쓰미(黑板勝美, 역사학자)와 함께 참가.

▷저서『南蛮記』(東亞堂書房, 1915) 등 20종.

▷전집『新村出全集』全15卷(筑摩書房, 1971~1973),『新村出全集 別卷 索引』(付, 書誌·稿本目録·年譜, 新村出記念財団 編·刊, 1983),『美意延年 新村出追悼文集』(新村猛 編, 新村出遺著刊行會, 1981).

▷사후 출판 저서『歌集 白芙蓉』(初音書房, 1968) 등 12종.

▷편저『異國情趣集』(更生閣書店, 1928) 등 7종.

▷번역·교정·공저『イエスペルセン氏 言語進步論』(東京專門學校出版部, 1901)

등 5종.

11. 스즈키 도라오(鈴木虎雄, 1878~1963)

1878년 니가타현에서 스즈키 겐조(鈴木劍三, 데키켄惕軒)의 8남으로
태어남. 아버지는 사숙 조젠칸(長善館)의 제2대 관주(館主). 한때 오하시
가(大橋家)의 양자가 되어 그 성을 취했지만, 나중에 다시 스즈키(鈴木)
성을 썼다. 1885년 3월 니가타의 아오즈(粟生津)소학교 초등과 졸업. 아
버지의 사숙 조젠칸에서 한학 배움. 1891년 7월 상경, 도쿄영어학교 초
등과. 1894년 4월 도쿄부심상중학교 졸업. 1897년 제1고등학교 졸업.
1900년 도쿄제국대학 문과대학 한학과 졸업. 1901년『니혼신문(日本新
聞)』입사. 1902년 와세다대학 강사. 1903년『타이완니치니치신보(臺灣
日日新報)』한문부(漢文部) 주임으로 타이베이로 감. 1905년『타이완니치
니치신보』퇴사, 도쿄로 돌아옴. 4월 도쿄 동문서원(同文書院) 교수. 같은
달에 도쿄고등사범학교(한문과) 강사. 1906년 9월 도쿄제국대학 문과대
학 강사. 10월 메이지대학(明治大學) 강사. 1907년 고쿠가쿠인대학 강사.
1908년 2월 구가 가쓰난(陸羯南, 정치평론가, 일본신문사 사장)의 차녀와
결혼. 4월 도쿄고등사범학교 교수. 1908년 12월 신설 직후의 교토제국
대학 문과대학 조교수. 1912년 4월 도시샤대학 문학부 강사. 1915년 4월
교토제국대학 지나어학·문학 강좌 분담. 1916년 1월 한학 연구 목적으
로 중국에 2년간 유학. 1919년 교토제국대학 교수 임명. 지나어학·문학
제2강좌 담임. 9월 문학박사학위 취득. 1929년 7월~1930년 1월 유럽
각국 출장. 1932년 10월 도쿄제국대학 문학부 강사. 1933년 1월 '어강
서시의 의(儀)'로『한서』진강. 1934년 4월 일본학술진흥회 학술부 제17

소위(고전번역사업) 위원. 1938년 1월 교토제국대학 교수 정년퇴임, 5월 명예교수. 1939년 1월 제국학사원 회원. 1963년 사망.

▷저서『支那詩論史』(弘文堂書房, 1925: 復刻 1961, 弘文堂) 등 21종.

▷수집 한적(漢籍) 1만 4,000책 교토대학 문학부 도서실 수장.

※『東方學回想』II(刀水書房, 2000) 수록「鈴木虎雄博士著作目錄」,「鈴木虎雄博士略曆」참조.

12. 하마다 고사쿠(濱田耕作, 1881~1938): 이사

1881년 기시와다번(岸和田藩, 지금의 오사카부大阪府 기시와다시) 번사 하마다 겐주로(濱田源十郎)의 장남으로 출생. 기시와다의 사숙 요쇼칸(豫章館) 입문. 부립 오사카심상중학교 입학. 중도에 도쿄부 와세다중학교로 전교. 1899년 3월 와세다중학교 졸업. 9월 교토의 제3고등중학교 입학, 1902년 7월 졸업. 9월 도쿄제국대학 문과대학 입학, 서양사 전공. 1905년 졸업. 희랍(그리스) 미술의 동점(東漸)에 관하여 졸업논문을 씀. 대학원 진학. 일본 미술사 특히 외국 미술과의 관계를 연구 주제로 삼음. 미술잡지『곳카(國華)』편집 참여. 1909년 9월 교토제국대학 문과대학 강사. 1910년 8월 중국 출장, 베이징에서 둔황 문서 등 조사, 뤄양(洛陽) 여행 뒤 남만주의 유적 조사. 1912년 4월 효고현(兵庫縣) 고분 조사. 같은 해 5~8월 중국 출장, 남만주 가둔(刁家屯)·목장역(牧場驛)의 고분을 발굴조사. 12월~이듬해 1월 미야자키현 사이토바루(西都原) 고분군 발굴조사 참가. 1913년 3월 교토제국대학 조교수. 시베리아 경유로 유럽(영국·프랑스·이탈리아·그리스) 유학길에 오름. 1916년 3월 귀국. 7월 스미토모가(住友家) 소장 중국 고동기(古銅器) 조사. 9월 교토제국대학에 신설된 고고학 강좌 담당. 12월부터 이듬해 1월까지 미야자키현 사이토바루 고분군 발굴조사. 이어 구마모토 장식(裝飾) 고분 조사. 1917년 6월 오사카부 고쿠후(國府) 석기시대 유적 발굴. 8월 후쿠이현 유적·유물 조사. 9월 교토제국대학 교수 임명. 1918년 1월 구마모토현 장식 고분 조사. 4월 조선총독부 고분조사위원. 9월 조선 경상북도 성주와 고령, 경상남도 창령 등지 고분군 발굴조사. 10월 박사학위. 1919년 4월 가고시마현 이부스키(指宿) 유적 발굴조사. 8월 오사카부 고쿠후 석기시대 유적 제2차 발굴. 12월 구마모토현 도도로키 패총(轟貝塚) 발굴조사. 1920년 9월 우메하라 스에지와 조선 경상남도 김해 패총 발굴조사. 11월 하세베 고톤도(長谷部言人)와 가고시마현 이즈미(出水) 패총 발굴조사. 1921년 4월 신무라 이즈루 교수와 오사카부에서 새로 발견된 '기리시탄(吉利支丹)' 유물 조사. 9월 조선 경주에서 금관총 조사. 1922년 오이타현(大分縣) 오이타(大分) 및 우스키(臼杵) 석불 조사. 1923년 4월 사가현(滋賀縣) 미즈오촌(水尾村) 가모가와(鴨川) 고분 발굴조사. 1924년 4월 조선 출장, 경주 금관총 출토품 정리 담당. 1925년 1월 시마네현(島根縣) 다마쓰쿠리(玉造) 유적 조사 및 오이타현 석불 조사. 4월 도치기현(栃木縣)·후쿠시마현 석불 조사. 7월 나가사키현 우키(有喜) 패총 발굴조사. 9월 중국 출장, 허난성(河南省) 은허(殷墟)·산시성 윈강석굴 등 시찰. 1926년 하라다 요시토·시마무라 고자부로(島村孝三郎) 등 여러 사람과 동아고고학회 조직. 중국 학자와 제휴 목적의 동방고고학협회(東方考古學協會) 설립. 1927년 4월 동아고고학회 제1회 사업으로 관동주 피쯔워(貔子窩)의 선사 유적 발굴. 7월 구미 출장 명으로 미국행. 9월 런던, 10월 베를린 방문. 11월 스톡홀름에서 스웨덴 왕실의 초대를 받음. 12월 파리 방문. 1928년 스위스, 이탈리아, 이집트 시찰 마치고 3월 귀국. 9월 동아고고학회 주최로 랴오닝성 무양청 발굴조사 참가. 1929년 3월 교토제국대학 문학부 최초로 고고학 전공 학생 4명 졸업. 4월 동방문화학원 이사 겸 교토연구소 평의원. 9월 동아고고학회 주최의 랴오닝성 난산리(南山裡) 고분 발굴조사 관여. 11월 국보보존위원회 위원. 1930년 5월 일본 고고학회 부회장. 7월 교토제국대학 문학부장(1932년 10월까지). 1931년 4월 가가와현 이와세오야마(石淸尾山) 고분군 조사. 6월 제국학사원 회원. 1932년 1월 오키나와 여행, 10월 만주국 출장. 1933년 10월 일만문화협회 이사. 11월 나라현 이시부타이(石舞臺) 고분 제1기 발굴조사. 12월 조선총독부 보물고적명승천연기념물보존회 위원. 1934년 4월 일본고문화연구소(日本古文化硏究所) 이사. 국제문화진흥회(國際文化振興會) 이사. 오사카부 아부야마(阿武山) 고분 조사. 5월 호류지(法隆寺) 국보보존협의회 위원. 1935년 4월 이시부타이 고분 제2기 발굴조사. 5월 동아고고학회 주최 러허성 츠펑(赤峯) 부근의 유적 발굴조사 참가. 9월 이케우치 히로시·우메하라 스에지 등과 지안현(輯安縣)에서 새로 발견된 고구려 벽화 고분 조사. 12월 후쿠오카 스메이오즈카(壽命王塚) 고분 조사. 1936년 4월 가가와현 고쓰타(小蔦) 패총 발굴조사. 9월 이케우치 히로시·우메하라 스에지 등과 지안현 제2차 고구려 고분 조사. 1937년 1월 일본-이탈리아 교환교수. 3월 국제문화진흥회 교토 지방위원회 위원장. 6월 교토제국대학 총장. 8월 일본학술진흥회 이사. 12월 교육심의회 위원. '국체명징(國體明徵)', '조국(肇國)의 정신' 등을 취급하는 교학국(敎學局) 참여. 일본 문화협회 고문. 1938년 1월~2월 타이완 출장. 봄부터 요독증 발병으로 7월 사망(57세).

저서 『통론고고학(通論考古學)』은 고고학의 교과서 역할을 하였다. 영국의 이집트 고고학자 플린더스 페트리(Flinders Petri)의 『고고학의 방법과 목적(Methods and aims in archaeology)』(1904)을 참고하여 저술하였다. 우메하라 스에지, 스에나가 마사오(末永雅雄), 고바야시 유키오(小林行雄) 등 후학 배출, 고고학 교토학파 형성. 일본 고고학 방법에 유럽 고고학 연구 방법을 도입하고 중국 및 조선반도를 포함한 아시아 유적을 조사하는 등 일본 고고학 발전에 크게 공헌하였다. 1988년에 고향 기시와다시와 아사히신문사 공동으로 그의 아호를 딴 '하마다 세이료(濱田青陵) 상' 제정.

▷저서 『希臘紀行』(大鐙閣, 1918) 등 19종. 濱田耕作著作集 全7卷(同朋舍出版, 1987~1993).

▷논문 「考古材料」(東京人類學會雜志 13-147, 1898) 등 145편.

▷보고서 『肥後に於ける裝飾ある古墳及橫穴』(京都帝國大學文科大學考古學研究報告 第1輯, 梅原末治 共著, 1917) 등 26종.

※『東方學回想』 II(刀水書房, 2000) 수록 「濱田耕作博士略年表」, 「濱田耕作博士主要著作目錄」 참조.

13. 오지마 스케마(小島祐馬, 1881~1966)

1881년 고치현(高知縣) 아가와군(吾川郡, 지금의 고치시)에서 오지마 시게타로(小島茂太郎)의 장남으로 출생. 고치현립제1중학교, 제5고등학교를 거쳐 1907년 교토제국대학 법과대학 졸업. 잠시 중국 여행. 1912년에 교토제국대학 문과대학 철학과(지나철학사 전공) 졸업. 재학 중 교토법정학교(京都法政學校, 지금의 리쓰메이칸대학立命館大學) 부설 동방어학교(東方語學校)에서 가노 나오키에게 중국어 배움. 같은 해 9월 교토부립(府立)제1중학교 촉탁. 1916년 도시샤대학 법학부 교수. 1920년 교토제국대학 경제학부 강사, 동양경제사상사 강의. 1921년 제3고등학교 강사, 1922년 교토제국대학 문학부 조교수. 1925년 프랑스 유학. 1928년 귀

국. 1931년 교수 승진. 지나철학사 강좌 담당. 6월 문학박사학위(논문『지나고대사회의 연구支那古代社會の研究』). 1936년부터 문학부장. 1938년 7월 제국대학 총장 임명권 문제 회의 교토제국대학 대표위원. 1939년 인문과학연구소 초대 소장 겸무. 1941년에 퇴직, 향리 거주. 1942년 명예교수. 1949년 일본학사원 회원. 1966년 11월 사망.

▷저서『古代支那研究』(弘文堂, 1943: 改制 新版『古代中國研究』, 筑摩書房, 1968: 平凡社, 1988: ワイド版東洋文庫, 2008) 등 12종.

▷논문「太宰春臺」(同文館經濟大辭書 6卷 2511, 1914) 등 68편.

▷번각서『輶軒語・勸學篇鈔』(張之洞 著, 小島祐馬 點, 漢學研究叢書 第二篇, 1919) 등 5점.

▷장서 고치대학(高知大學) 부속도서관 오지마문고(小島文庫: 중국사회사상사 관계中國社會思想史關係 컬렉션) 한적(漢籍) 2만 2,586책, 일본서 4,328책, 양서 1,685책, 기타 331종.『小島文庫目錄』(1987).

※『東方學回想』II(刀水書房, 2000) 수록「小島祐馬博士略年譜」,「小島祐馬博士著作目錄」참조.

14. 하네다 도루(羽田亨, 1882~1955)

1882년 교토부에서 요시무라 가즈(吉村和)의 4남으로 태어났다. 1897년 3월 고카촌(五箇村) 심상소학교 고등과 졸업. 오로분교(大呂分校) 조교가 됨. 1898년 11월 16세로 우시다가(于田家)에 입적. 1899년 4월 교토부립제1중학교 3학년 편입. 1904년 7월 제3고등학교 졸업. 9월 도쿄제국대학 문과대학 사학과 입학. 1907년 7월 도쿄제국대학 문과대학 사학과 졸업. 시라토리 구라키치 교수 지도로 몽골 관계 졸업논문. 9월 교토제국대학 대학원 동양사 강좌(과정) 입학(나이토 고난이 불렀다는 소문이 있음). 1909년 9월 교토제국대학 강사 위촉. 동양사학 제2강좌 담당. 그해 하네다가(羽田家)의 양녀 하네다 미치요(羽田道代)와 결혼. 1911년 10월. 교토제국대학 문과대학 총서 제1호『대당서역기·동고이색인(大唐西域記·同考異索引)』2권 교정(校訂) 위원 및 편수 담당, 1912년 4월 나이토 고난을 따라 중국 펑텐과 베이징 출장. 펑텐 고궁의 숭모각(崇謨閣)에서『만문노당(滿文老檔)』,『오체청문감(五體淸文鑑)』등 사진 촬영. 1913년 4월 교토제국대학 조교수. 1914년 6월 러시아 출장. 라드로프 박사와 위구르문 불전(佛典)『천지팔양신주경(天地八陽神呪經)』,『금광명경(金光明經)』등 협동연구 시작. 러시아의 제1차 세계대전 참전으로 2개월 만에 귀국. 1919년 7월 언어학 및 우랄 알타이어학 연구 목적으로 2년간 미국, 영국, 프랑스 유학을 계획. 1920년 3월 출발. 미국에는 가지 못하고, 영국과 프랑스에서 둔황 문서, 서역 문서 특히 위구르 문서 조사·수집. 나머지 반년은 펑텐에서 몽골어 습득. 1922년 5월『당대의 위구르에 관한 연구(唐代の回鶻に關する硏究)』로 문학박사학위를 받고 1924년 4월 교토제국대학 교수가 됨. 1926년 동양사학 제3강좌 담임. 1928년 7월 중국 출장. 동방문화사업에 대해 관계자와 협의. 톈진의 장서가 리성둬(李盛鐸) 방문, 경교전(景敎典)『지현안락경』(志玄安樂經) 필사하여 가져옴. 1929년 4월 동방문화학원 교토연구소의 평의원. 어강서시 진강(주제: 중앙아시아의 탐험과 그 의의). 교토제국대학 평의원. 1931년 2월 동양사학 제2강좌 담당. 1932년 교토제국대학 문학부장. 1934년 7월 교토제국대학 만몽조사회(滿蒙調査會) 이사. 문학부장을 면함. 1935년 6월 만주국 출장. 러허 방면 고적 조사. 1936년 1월 어강서시 진강(주제: 금사 세종본기 대정 13년 4월조金史世宗本紀大定十三年四月條). 7월 제국학사원 회원. 10월 교토제국대학 도서관 관장. 1938년 4월 동방문화연구소 평의원 겸 이사 위촉. 7월 만주국 및 중국에 출장. 쑤이위안(綏遠), 난징 등 실지 조사. 10월 동양사학 제2강좌 분담 면함. 11월 제실박물관 고문. 교토제국대학 총장. 1940년 4월 중국 출장. 1945년 2월 동방문화연구소 소장. 11월 교토대학 총장 면함. 12월 귀족원 의원. 1946년 3월 교토대학 명예교수.

▷저서『中等東洋史教科書』(富山房, 1916. 10. NDLJP:985667.),『元朝駅傳雑考』(東洋文庫叢刊 第1 附篇, 東洋文庫, 1930) 등 15종.

▷편저『燉煌遺書』第1集[ポール・ペリオ(Paul Eugène Pelliot)・羽田亨 공편, 東亞攻究會, 1926].

▷기념논총『東洋史論叢 羽田博士頌寿記念』(羽田博士還暦記念會 編, 東洋史研究會, 1950).

※『東方學回想』II(刀水書房, 2000) 수록「羽田博士年譜」참조.

동방문화학원 도쿄연구소
평의원 인력 분석

〈범례〉

① 평의원(임원 겸직) 19명의 이름 및 출생 연도(평균 출생 연도는 1871년)

② 전통 한학 수업 여부

③ 1886년 국가주의 '제학교령' 반포 이후 중등 교육과정 이수 인원 파악. 1886년 이전 졸업자 2명(강조 표시), 중퇴 또는 중등교육을 받지 않은 경우 3명, 13명은 '제학교령' 시기 중등 교육과정 이수

④ 제국대학(1877년 개교), 도쿄제대(1886년 제국대학에서 도쿄제국대학으로 개명). 1889년 「교육칙어」 반포 이후 재학 여부: 이전 졸업자 3명(강조 표시), 대학 이수 없는 경우 2명, 나머지 15명 반포 이후 모두 제국대학 또는 도쿄제국대학 출신

⑤ 전공 표시

⑥ 대학·대학원 졸업 후 취업 상황: 제국대학 또는 도쿄제국대학 13명, 가쿠슈인 2명, 기타 4명

⑦ 천황 진강 연도 및 교재

⑧ 제국학사원 회원 선임 연도

순번	① 이름(생년)	② 한학	③ 중·고교 재학 시기	④ 대학 졸업 연도	⑤ 전공	⑥ 취업	⑦ 진강	⑧ 학사원
1 (이사장· 이사)	핫토리 우노키치 (1867)	O	1881~1887	1890 제국대학	철학	1899 제국대학	1921 (동궁)	1917
2 (이사)	오기노 나카사부로 (1870)		1887~1893	1897 도쿄제대	사학	1903 도쿄여자 고등사범		
3 (이사)	다키 세이이치 (1873)		1885~1891	1897 도쿄제대	철학 미술사	1914 도쿄제대	1920 (동궁) 미술사	1925
4 (이사)	우노 데쓰토 (1875)	O	1890~1896	1900 도쿄제대	한학	1904 도쿄제대	1933 『한서』	
5	야스이 고타로 (1858)	O (외조부)	중학 과정 없음	1886 제국대학	한학	1907 제1고		
6	이치무라 산지로 (1864)	O	1877~1883	1887 제국대학	고전강습	1890 가쿠슈인	1910 (야스노미야) 1925 『논어』	
7	시라토리 구라키치 (1865)		1879~1887	1890 도쿄제대	사학	1891 가쿠슈인 1904 도쿄제대 (겸임)	1914 (동궁) 1928 역사 1932 교무주임	1919
8	고조 데이키치 (1866)	O (사숙)	1885(중퇴)	독학	경학 문학	1901 도요대학		
9	시마다 긴이치 (1866)	O (서원)	1878~1884	1888 제국대학	고전	1929 도쿄제대		
10	이토 주타 (1867)		1881~1888	1892 제국대학	공학	1899 제국대학		1937
11	세키노 다다시 (1868)		1886~1892	1895 도쿄제대	공학	1901 도쿄제대		
12	오야나기 시게타 (1870)	O (사숙)	1885~1890	1894 제국대학	선과 중국문학	1904 가쿠슈인		

순번	① 이름(생년)	② 한학	③중·고교 재학 시기	④대학 졸업 연도	⑤ 전공	⑥ 취업	⑦ 진강	⑧ 학사원
13	도키와 다이조 (1870)		1888~1894	1898 도쿄제대	철학	1925 도쿄제대		
14	도리이 류조 (1870)		(소학교 중퇴)	독학	인류학 민속학 고고학	1893 도쿄제대 (인류학 표본실)		
15	스기 에이자부로 (1873)		1890~1896	1900 도쿄제대	법학	회계검사원		
16	나카다 가오루 (1877)		1890~1896	1900 도쿄제대	법학	1902 도쿄제대		1925
17	이케우치 히로시(1878)	○ (조부)	1894~1901	1904 도쿄제대	사학	1916 도쿄제대	1943 1944 만선사	1937
18	시오노야 온 (1878)	○	1892~1898	1902 도쿄제대	한학	1920 도쿄제대	1929 『한서』	
19	하라다 요시토 (1885)		1898~1904	1908 도쿄제대	사학	1914 도쿄제대		1943

부록 2-2

동방문화학원 교토연구소
평의원 인력 분석

〈범례〉

① 평의원(임원 겸직) 14명의 이름 및 출생 연도(평균 출생 연도는 1874년)

② 전통 한학 수업 여부

③ 1886년 국가주의 '제학교령' 반포 이후 중등 교육과정 이수 인원 파악. 1886년 이전 졸업자 2명(강조 표시), 12명은 '제학교령' 시기 중등 교육과정 이수

④ 제국대학(1877년 개교), 도쿄제대(1886년 제국대학에서 도쿄제국대학으로 개명). 1889년 「교육칙어」 반포 이후 재학 여부: 나이토 도라지로와 오지마 스케마를 제외한 12명 전원 「교육칙어」 반포 이후 제국대학 또는 도쿄제국대학 출신

⑤ 전공 표시

⑥ 대학·대학원 졸업 후 취업 상황: 교토제대(교토제국대학) 13명, 도시샤대학 1명

⑦ 천황 진강 연도 및 교재

⑧ 제국학사원 회원 선임 연도

순번	① 이름(생년)	② 한학	③ 중·고교 재학 시기	④ 대학 졸업 연도	⑤ 전공	⑥ 취업	⑦ 진강	⑧ 학사원
1 (소장· 이사)	가노 나오키 (1868)	○	1879〜1886	1895 도쿄제대	한학	1906 교토제대	1924 『상서』「요전」	1925
2	나이토 도라지로 (1866)	○	1883〜1885	–	동양사	1909 교토제대	1931 『통전』	1926
3	다카세 다케지로 (1869)		1888〜1894	1898 도쿄제대	한학	1911 교토제대		
4	마쓰모토 분자부로(1869)		1883〜1889	1893 제국대학	철학	1906 교토제대		1919
5	오가와 다쿠지 (1870)	○ (사숙)	1884〜1893	1896 제국대학	지질학	1908 교토제대		1926
6	구와바라 지쓰조 (1871)		1885〜1992	1896 제국대학	한문학	1909 교토제대		1923
7	야노 진이치 (1872)		1890〜1895	1899 도쿄제대	사학	1912 교토제대		
8	신조 신조 (1873)		1885〜1891	1895 제국대학	물리학	1900 교토제대		
9	이시바시 고로 (1876)		1891〜1897	1901 도쿄제대	사학	1919 교토제대		
10	신무라 이즈루 (1876)		1891〜1895	1899 도쿄제대	언어학	1907 교토제대	1933 『국서』	1928
11	스즈키 도라오 (1878)	○ (사숙)	1891〜1897	1900 도쿄제대	한학	1908 교토제대	1933 『한서』	1939
12 (이사)	하마다 고사쿠 (1881)	○ (사숙)	1896〜1902	1905 도쿄제대	사학	1913 교토제대		1931
13	오지마 스케마 (1881)		1897〜1903	1907 교토제대	법학· 철학	1916 도시샤대		1949
14	하네다 도루 (1882)		1898〜1904	1907 도쿄제대	사학	1913 교토제대	1936 『금사』	1936

제1부 외무성 관리 '동방학'의 등장

1장 중국과의 문화사업, 외무성이 나선 사연

1 이태진, 2017, 「요시다 쇼인(吉田松陰)과 도쿠토미 소호(德富蘇峰): 근대 일본 한국 침략의 사상적 기저(基底)」, 『끝나지 않은 역사: 식민지배 청산을 위한 역사인식』, 태학사, 114-147쪽. 이 논문은 2014년 6월 『한국사론(韓國史論)』 60집(서울대학교 국사학과 발간)에 처음 발표되었고, 2015년에 일본어로 번역되어 일본 쓰루문과대학(都留文科大學)에서 발간하는 『쓰루문과대학기요(都留文科大學研究紀要)』 제80호에 실렸다. 辺英浩·小宮秀陵 飜譯, 2015, 「吉田松陰と德富蘇峰: 近代日本による韓國侵略の思想的基底」, 『都留文科大學研究紀要』 第80號. pp. 175-202.

2 유영익, 1990, 『갑오경장연구(甲午更張研究)』, 일조각, 56-57쪽.

3 시데하라 기주로(幣原喜重郎, 1872~1951)는 오사카(大阪) 지역 호농(豪農) 집안 출신으로, 도쿄제국대학 법과대학을 졸업한 후 바로 외교관으로 활동하던 끝에 외무대신의 지위에 올랐다.

4 '시데하라 외교(幣原外交)'의 대지(對支) 방침은 (1) 대지 내쟁(內爭) 불간섭의 철저 (2) 경제제휴에 의한 공존공영(共存共榮) (3) 지나 현상에 대한 관용과 동정 (4) 합리적 권익의 합리적 옹호 등 4원칙이었다. 立野信之, 1963, 『昭和軍閥 勃興篇』, 講談社, p. 38.

5 이태진, 2017, 앞의 책, 257쪽(「한국병합 무효화 운동과 구미의 언론과 학계: 1908~1936」).

6 위의 책, 261쪽.

7 篠原初枝, 2010, 『國際聯盟 世界平和への夢と挫折』 中公新書 2055, 中央公論新社, p. 41.

8 이우진, 1987, 「임정의 파리강화 외교」, 『한국정치외교사논총』 3, 한국정치외교사학회, 141쪽.

9 윌슨 대통령이 최종적으로 일본을 택한 데는 「스뮈츠(Jan Smuts) 각서」의 영향이 컸던 것으로 알려진다. 篠原初枝, 2010, 앞의 책, pp. 63-64.

10 이태진, 2017, 앞의 책, 282-285쪽.

11 일본의 화폐 단위 표기가 '圓'(구자체旧字體)에서 '円'(신자체新字體)으로 바뀐 것은 맥아더 사령부 시대인 1949년 무렵으로 알려진다. 1920년대 100만 엔(圓)의 화폐 가치는 물가 상승률이 다양하기 때문에 일률적으로 말하기는 어렵다. 보통 현재보다 3,000~1만 배로 상정하는 경우가 많다. 즉, 100만 엔(圓)이라면 현재 30억 엔(円) 또는 100억 엔(円)에 상당하는 것으로 추정할 수 있다. 이 정보는 필자가 일본 경제사 전공자의 자문을 거

처 제시하는 것이다.

12 阿部洋, 2004, 『'對支文化事業'の研究: 戰前期日中敎育文化交流の展開と挫折』(上), 汲古書院, p. 7.

13 이태진, 2022, 「7장 제1차 세계대전 전후 도쿠토미 소호의 반미주의」, 『일본제국의 '동양사' 개발과 천황제 파시즘』, 사회평론아카데미.

14 이 외 참고문헌의 수량을 제시하면 다음과 같다. I. 자료 (2) 일반 자료 1. 자료집 · 조사 보고서 53종, 2. 연감 · 연표 · 통계류 18종, 3. 교육문화기관 · 단체지(團體誌) 52종, 4. 사서(辭書) · 명감류(名鑑類) 18종, 5. 인터뷰 기록 4종, 6. 정기간행물 11종, II. 저서 · 논문 (1) 저서 184종(본인 저서 9종 포함), 논문 94종(본인 33) 등.

15 이 자료는 필자가 온라인 검색에서 일본국회도서관 디지털 컬렉션 서비스에서 확보하였다. https://dl.ndl.go.jp/info:ndljp/pid/1881172 유감스럽게도 이 자료는 阿部洋, 2004, 『'對支文化事業'の研究: 戰前期日中敎育文化交流の展開と挫折』(上 · 下), 汲古書院의 방대한 참고문헌(pp. 1027-1060) 속에서는 찾을 수 없었다.

16 『개요』의 총설은 본문 인용문에 이어 '자원'의 운용에 관해 다음과 같이 설명하고 있다. (1933년도 현재 기준) "본 사업의 자원인 단비(團匪) 배상금은 지나(중국) 관세를 담보로 하여 원리의 공체(共滯) 없이 수납하고 있다. 다음으로 자오저우(膠州)-지난(濟南) 철도의 국고 증권 이자는 매월 이 철도 수입으로부터 요코하마(橫濱) 쇼킨은행(正金銀行) 칭다오지점(靑島支店) 또는 지난지점(濟南支店)에 미리 예입(預入)하는 약속으로 이자를 지불받고 있다. 1930년 이후는 지나동란(支那動亂)의 영향을 받아 지불 지연을 가져온 것이 여러 번 있었어도 1932년 이후는 기한대로 수입(受入)하고 있다. 그런데 칭다오 공유재산(公有財産) 및 제염업(製鹽業) 보상 국고 증권의 원리(元利)는 1925년 9월 이후 염세 잉여 부족이 많으므로 그 원리 및 연체 이자 모두 지불이 연체되어 금일에 이르고 있는 상태이다."

17 外務省 文化事業部, 1934. 12, 『文化事業部事業槪要』, p. 1. '부록 1'에 「對支文化事業 特別會計法」 11개조가 수록되어 있다.

2장 '대지 문화사업'의 중일 협동 노선 좌절

1 阿部洋, 2004, 『'對支文化事業'の研究: 戰前期日中敎育文化交流の展開と挫折』(上), 汲古書院, p. 8.

2 위의 책, p. 204의 「3. 대지문화사무국(對支文化事務局) 및 대지문화사업조사회(對支文化事業調査會)의 설립」 참조. 外務省 文化事業部, 1934. 12, 『文化事業部事業槪要』에는 '부록 3'으로 「대지문화사업조사회 관제(對支文化事業調査會官制)」[다이쇼 12년(1923) 12월 28일 칙령 제528호, 다이쇼 13년(1924) 12월 20일 칙령 제314호 개정, 쇼와 2년(1926) 6월 22일 칙령 190호 개정]가 수록되어 있다.

3 위의 책, pp. 9-10.

4 위의 책, 제II부 「제2장 왕-데부치(汪-出淵)협정」 참조. 아베 히로시(阿部洋)의 저서는

'서장'에서 개요를 서술한 다음 장 또는 절을 세워 상세한 내용을 기술하였다.

5　위의 책, p. 10.

6　위의 책, pp. 10-11, p. 13.

7　위의 책, p. 13.

8　위의 책, p. 11.

9　위의 책, p. 12.

10　위의 책, pp. 12-13.

11　위의 책, p. 13.

3장 1927∼1928년 중일 무력 충돌: 북벌 개시와 산둥 출병

1　3장의 이하 서술은 中山隆志, 2000, 『關東軍』(講談社選書メチエ 180)의 「제1장 만주와 일본」, 「제2장 관동군의 탄생과 일중관계」, 「제3장 1931년 9월 18일: 도큐멘트 만주사변」 등에 근거하였다.

2　북벌전군총사령(北伐全軍総司令) 장제스(蔣介石), 총참모장(総参謀長) 허잉친(何応欽). 제1집단군총사령(第一集団軍総司令) 장제스 겸무 18군(蔣介石兼務＝一八軍) 29만 명, 제2집단군총사령(第二集団軍総司令) 펑위샹(馮玉祥) 25군(馮玉祥＝二五軍) 31만 명. 제3집단군총사령(第三集団軍総司令) 옌시산(閻錫山) 군(軍) 15만 명, 조금 늦게 리쭝런(李宗仁)을 총사령(総司令)으로 하는 제4집단군(第四集団軍) 16개 군, 9개 독립사(独立師)가 더해졌다. 이에 맞서 군벌(軍閥) 연합은 장쭤린(張作霖)이 대원사(大元帥)가 되어 쑨촨팡(孫傳芳), 장쭝창(張宗昌), 장쉐창(張學長), 양쯔팅(楊宇霆) 등이 지휘하는 7개 방면군(方面軍) 약 100만 명을 모았다.

4장 1929년 일본 '단독' 사업 결정과 동방문화학원 창설

1　阿部洋, 2004, 『'對支文化事業'の研究: 戰前期日中教育文化交流の展開と挫折』(上), 汲古書院, pp. 13-15.

2　이 자료들은 필자가 2013년 9월에 자료 수집차 도쿄대학 동양문화연구소를 방문하였을 때, 필자의 연구 주제에 관한 설명을 듣고 본 연구소 히라세 다카오(平勢隆郎) 교수가 자료를 모아 11월에 우송해준 것들이다.

3　京都大學人文科學研究所, 1979, 「創立期」, 『人文科學研究所50年』, pp. 4-5, pp. 10-15. 평의원의 순서는 창설 당시의 기록들에 근거하여 재배열하였다.

4　사와무라 센타로(澤村專太郎, 1884∼1930)는 1923년 문부성 재외 연구원으로 유럽에 갔다가 1926년 귀국. 건강이 좋지 않아서 외부 활동을 못하고 1930년에 사망했다. 본서 「부록 1-2. 동방문화학원 교토연구소 평의원 이력 및 업적」에서는 사와무라 센타로를 제외한 14명만 다루었다.

5　교토시 사쿄구(左京區) 기타시라카와(北白川) 오구라정(小倉町) 50번지(지금의 히가시

오구라정東小倉町 47번지).

6 史學研究會, 1942, 『史林』27卷 2號, pp. 127-129에 미야자키 이치시다(宮崎市定)가 쓴
「〈紹介〉傅芸子著 正倉院考古記」가 실려 있다.

7 이태진, 2022, 『일본제국의 '동양사' 개발과 천황제 파시즘』, 사회평론아카데미의 제2부
7장 참조.

제2부 만주국 건국 후의 '동방학' 변화

5장 1932년 만주국 건국과 대만 · 북지 문화사업

1 '滿洲'(중국어 발음으로 '만저우')라는 명칭은 불교의 문수보살을 뜻하는 산스크리트어
'만주수리(Manjushri)'에서 차용된 이름이다. 만주족(여진족)뿐만 아니라 그 이전에 여
러 북방 민족이 이 지역을 만주라고 부른 적은 없다. 일본의 '만주'라는 국호 선택에 관한
별도의 고찰이 필요하다.

2 山室信一, 2004, 『キメラー滿洲國の肖像』增補版, 中公新書 1138, 中央公論新社, pp. 9-13,
pp. 278-284.

3 이태진, 2022, 『일본제국의 '동양사' 개발과 천황제 파시즘』, 사회평론아카데미의 제2부
7장 참조.

4 청나라 선통제(宣統帝)였던 푸이(溥儀)가 청나라를 잃은 뒤 다시 만주국 강덕제로 등극
한 것을 '회란(回鑾, 황제가 타는 수레의 방향을 돌렸다는 뜻), 곧 환궁으로 표현하였다.

5 '일만의정서(日滿議定書)' 체결 때, 일본 측 전권대사는 무토 노부요시(武藤信義)였다. 그
는 당시 관동군 사령관 겸 만주국 주재 특명전권대사 겸 관동장관이었고, 만주국 측은
국무총리 정샤오쉬(鄭孝胥)가 서명하였다. 정샤오쉬는 일본 주재 청국대사관 서기관으
로 근무한 적이 있다. 1911년 신해혁명 후 은퇴 중에 푸이(溥儀)의 내무대신과 고문을 담
임하여 일본인과의 관계가 이루어져 푸이가 자금성에 잡혀 있을 때 베이징 일본대사관,
톈진 일본 조계지로 피신하는 것을 도왔다. 이런 인연으로 만주국 총리대신의 직임을 담
당하였지만, 장관직은 대부분 중국인[漢族]이 담당하고 실권은 일본 측에 있는 상황에
직면하여 나중에 일본의 압제에 반대하여 물러나 서원(書院)을 세워 은거하였다. 일만의
정서 체결 때도 격하게 동요한 것으로 알려진다.

6 阿部洋, 2004, 『'對支文化事業'の研究: 戰前期日中教育文化交流の展開と挫折』(下), 汲古書院,
p. 668.

7 위의 책(上), p. 17.

8 위의 책(上), pp. 16-17; 위의 책(下), pp. 668-669.

9 外務省 文化事業部, 1934. 12, 『文化事業部事業概要』, pp. 59-64.

10 상하이자연과학연구소에 대해서는 外務省 文化事業部, 1934. 12, 『文化事業部事業概要』,
pp. 7-14에 자세히 소개되어 있다.

11 이태진, 2022, 앞의 책, 7장 참조.

12 『문화사업부 사업 개요』의 부록 (4) 「대만문화사업심사위원회내규(對滿文化事業審査委員會內規)」의 제1조는 "문화사업부장의 자문에 응하여 만몽문화연구사업 조성의 신청을 심의하기 위해 대만문화사업 심사위원을 둔다"고 하고, 제2조는 (1) 문화사업부장의 지명에 속하는 1명 (2) 동방문화학원의 도쿄, 교토의 각 연구소장 (3) 동방문화학원, 도쿄와 교토 연구소 소속의 평의원회가 추천하는 자 6명 이내 등으로 하여 9명 이내로 조직한다고 하였다. 이로써 대만문화사업은 동방문화학원의 주요 연구 과제가 되었다.

13 당시 경성제국대학(京城帝國大學) 부속도서관에 소장되어 있던 『조선왕조실록』을 가리킨다. 경성제국대학은 1929~1932년 사이에 이 방대한 자료를 4분의 1로 축소·영인하여 『이조실록(李朝實錄)』이란 이름으로 30부 한정판으로 간행하였다. 『문화사업부 사업 개요』에 따르면, 이 사업이 '대만문화사업'의 하나로 이루어진 것이 된다. 이에 관해서는 따로 조사가 필요하다.

14 外務省 文化事業部, 1934. 12, 『文化事業部事業概要』, p. 63.

15 '만몽학술조사연구단'이 『아사히신문(朝日新聞)』의 지원을 받아 25책 3,937페이지에 달하는 보고서를 편찬했다고 하는 정보도 있다. 그리고 이 조사활동에서 발견된 신종(新種)은 현생 동물 68종, 현생 식물 124종, 고생물 21종 합계 213종이라고 하였다. 단장 도쿠나가 시게야스(德永重康)는 이 조사 성과로 1937년 아사히문화상(朝日文化賞)을 받았다. 德永重康-Wikipedia. 日外アソシエーツ, 2004, 『20世紀日本人名辭典』.

16 阿部洋, 2004, 앞의 책(下), p. 671-672.

17 아베 히로시(阿部洋)의 『'대지문화사업'의 연구('對支文化事業'の研究)』에서 뤄전위(羅振玉, 1866~1940)에 대한 소개를 옮기면 다음과 같다. "자는 숙언(叔言) 또는 숙온(叔薀), 호는 설당(雪堂). 절강성 상위(上虞) 출신. 청일전쟁에 자극을 받아 상하이에 농학사(農學社)를 열어 후지타 도요하치(藤田豊八)의 협력을 받아 동서양의 농서(農書)를 번역하고, 또 동문학사(東文學社)에서 일본어 교육에 임하면서 잡지 『교육세계(教育世界)』를 발간하여 일본 교육서의 번역을 통해 근대 교육의 이론과 실천을 계통적으로 소개하였다. 1909년 경사대학당(京師大學堂) 농과대학 감독으로 취임, 신해혁명이 일어나자 일본으로 가서 나이토 고난(內藤湖南), 가노 나오키(狩野直喜) 등과 교제하였다. 1925년 귀국 후에는 톈진에 우거, 잠시 선통제(宣統帝)의 사부(師傅)가 되었다. 퇴임 후에는 뤼순(旅順)으로 옮겨 만주국의 설립과 함께 참의부(參議府) 참의, 감찰원장(監察院長) 기타 요직을 역임했다. 오랜 기간 고학(古學)의 연구 발양에 노력하여 갑골학의 연구, 둔황 문서의 보존과 연구, 내각대고(內閣大庫) 사료의 보존 등 학술상에 현저한 공헌을 하였다. 만년에 베이징인문과학연구소의 속수사고전서(續修四庫全書) 제요(提要) 편찬사업에 협력, 가장(家藏)의 희구본(稀覯本)에 대해 제요를 편찬, 송고(送稿)하였다." 위의 책(하) p. 683.

18 은행가 룽허우(榮厚)는 일만문화사업의 자금 운영 임무로 참여하였다.

19 阿部洋, 2004, 앞의 책(下), p. 671.

20 위의 책(上), p. 18.

21 도서관은 폭살당한 장쭤린(張作霖)의 아들 장쉐량(張學良)이 장제스의 국민당에 합류한
   뒤 펑텐에 비어 있던 그의 저택을 이용하였다. 外務省 文化事業部, 1934. 12,『文化事業部
   事業槪要』, p. 61.

22 오카베 나가카게(岡部長景)는 구 기시와다번(岸和田藩) 출신의 다이묘화족(大名華族).
   1884년 오카베 나가모토(岡部長職)의 아들로 태어났다. 가쿠슈인(學習院) 초·중·고등
   과를 거쳐 도쿄제대 법과대학에 입학, 1909년에 졸업. 외교관 보(補)로 외무성에 들어가
   1910년 주미 대사관 근무, 1916년 외무성 본부 근무를 거쳐 1927년 문화사업부 부장이
   되었다. 1929년 궁내성(宮內省)으로 전보하여 내대신(內大臣) 서기관 겸 식부(式部) 차
   관이 되고, 1930년 귀족원 의원에 선출되었다. 伊藤眞希, 2014,「華族の家庭敎育: 華族男
   性の子育てのかかわりから」, 愛知淑德大學大學院 現代社會硏究科 論文.

23 이태진, 2022, 앞의 책, 7장 참조.

24 구니노미야 구니요시 왕(久邇宮邦彦王, 1873~1929)은 구니노미야 아사히코 친왕(久邇
   宮朝彦親王)의 제3자로서, 쇼와 천황의 황후(고준황후香淳皇后)의 아버지이다. 친왕은
   육군사관학교, 육군대학교를 나와 군사참의관(軍事參議官)을 역임, 육군 대장 원수(元
   帥)의 지위에 올랐다.

25 칙어 1점은 1890년(메이지 23) 10월 30일 메이지 천황의「교육칙어(敎育勅語)」이고, 조
   서 3점은 (1) 1908년(메이지 4)의「무신조서(戊申詔書)」(2) 1923년(다이쇼 12)의「국
   민정신 작흥에 관한 조서(國民精神作興ニ關スル詔書)」(3) 1933년(쇼와 8)의「국제연맹
   탈퇴에 관한 조서(國際聯盟脫退ノ詔書)」이다.

26 나한당(羅漢堂), 광안사(廣安寺), 수상사(殊像寺), 보타종승지묘(普陀宗乘之廟), 수미복
   수지묘(須彌福壽之廟, 판첸 라마의 행궁), 보녕사(普寧寺), 보우사(普佑寺), 광연사(廣
   緣寺).

27 7세기 초 토번국의 송찬감포(松贊幹布, 송첸캄포) 왕이 티베트를 통일하고 당나라 태종
   의 조카이자 수양딸인 문성공주(文成公主)를 왕비로 맞아 홍산(紅山) 위에 지은 새 궁전
   을 말한다.

28 東方文化學院 東京硏究所, 1934. 12,「彙報」,『東方學報』第5冊. 세키노 다다시(關野貞) 연
   구원 강연 – 러허성(熱河省) 건축 조사 여행담. 조사 기간: 1933년 9월 21일 출발, 11월 4
   일 귀경. "청더(承德)의 이궁과 사묘(사찰)는 더할 나위 없이 귀중한 것이지만 매우 황폐
   되어 있다. 속히 수리 보존의 방도를 강구해야 한다. 이궁을 유료 공원으로 하는 것, 궁전
   의 건물을 박물관으로 하는 것, 동물원·식물원을 그 가운데 설치하는 것, 각종 운동기
   관을 설립하는 것 등이 고려된다. 라마사묘(喇嘛寺廟)는 이를 수리하여 라마의 본산으로
   삼는 것 등의 안이 있다. 이렇게 이궁 사묘(사찰) 보호가 이루어지면 청더는 우리나라 닛
   코(日光)처럼 시민의 유람소가 될 뿐만 아니라 세계의 일대 명소 영장(靈場)이 될 것
   이다."

29 이런 변화가 곧 1930년대 '쇼와유신(昭和維新)'의 원천이 되었다는 견해가 있다. 河棕文,
   2009,「大正デモクラシーと天皇制 ― 臣民·赤子·直訴を中心に」(發表文)(jww.iss.u-to-
   kyo.ac.jp/research/monthly/2009/20090714.html).

30 小林英夫, 2006,『滿鐵調查部の軌跡』, 藤原書店, pp. 157-168.

31 위와 같음.

32 水野直樹, 1996,「朝鮮近現代史における金日成: 解放前を中心として」, 和田春樹・水野直樹, 『朝鮮近現代史における金日成』, 神戶學生・靑年センタ出版部.

33 阿部洋, 2004, 앞의 책(上), p. 19.

34 위의 책(상), p. 19; 위의 책(下), p. 692.

35 이 밖에 타이위안(太原) 농사시험장(農事試驗場) 설립, 중일학원 (中日學院) 부설 농사시험장 보조 비용도 책정되었다. 위의 책(下), p. 694.

36 위의 책(下), p. 695.

37 위의 책(上), p. 20.

38 위의 책(上), p. 20.

39 위의 책(下), p. 696.

6장 1937년 중일전쟁 이후, 외무성 '대지 문화사업' 관리체제 변화

1 생존자 수는 8,000여 명이라는 설에서부터 여러 가지 설이 있다.

2 시안(西安)의 '병간(兵諫)' 사건에서 장제스가 무사히 석방되는 과정에 저우언라이(朱恩來)가 중심 역할을 한 사실을 소상하게 밝힌 연구가 있다[서상문, 2020,「시안사변과 저우언라이」(blog.daum.net) 참조]. 이 논문의 요지는 다음과 같다. 저우언라이는 중국 공산당 군사위원회 부주석이자 중앙동북군 공작위원회 서기로서 장쉐량과 그의 동북군을 대상으로 하는 통일전선 공작의 책임자로서 장쉐량의 의견을 중재할 수 있었고, 또 장제스와는 과거 황푸군관학교(黃浦軍官學校)에서 각각 교장과 교무부장을 지냈던 특별한 인연이 있었기에 장제스를 구하려는 쑹메이링(宋美鈴)과의 접촉도 순조로웠다. 저우언라이는 장제스가 항일전선에서 비중이 높은 인물이므로 당장 제거할 수 없다는 점을 강조하여 장쉐량, 장제스, 공산당 3자의 입장을 조정하는 데 성공하였다.

3 무타구치 렌야(牟田口廉也, 1888~1966)는 일본제국 육군사관학교와 육군대학교를 거친 엘리트 장교로, 시베리아 출병에 참전하고 프랑스 주재 무관, 참모본부 근무 경력을 쌓았다. 1936년에 중국에 파견되어 베이징 주둔 제1연대 연대장이 되었다. 그는 소좌 시절에 캄차카반도에 잠입하여 홀로 반도를 종단하는 정탐활동을 벌인 인물이었다. 이는 요시다 쇼인의 '주변국 선점론'을 신봉한 행위로 간주된다. 요시다 쇼인은『유수록』에서 첫 번째 할 일로 에조(蝦夷, 아이누)의 땅을 개척하여 러시아의 캄차카반도로 진출할 진영을 구축해야 한다고 했다. 이런 인물이 중일전쟁을 일으킨 중심이 된 것은 우연이 아닐 것이다.

4 文部省 編, 1937,『國體の本義』, 文部省.

5 이태진, 2022,『일본제국의 '동양사' 개발과 천황제 파시즘』, 사회평론아카데미의 제3부 9장에 황도주의가 언론인 도쿠토미 소호에 의해 발전한 과정이 자세히 서술되었다.

6 깃부(切符)는 배급제(配給制)의 일종으로, 중일전쟁 및 태평양전쟁 중에 시행되었다. 전

시체제 아래에서 군수품 생산이 우선되어 생필품이 부족해지자 일본 정부는 1938년 '국가총동원법'을 발부하여 생필품 배급제를 도입하여 관리하였다.

7   小林英夫, 2006, 앞의 책, pp. 157-163. 본서 5장 2절 참조.

8   阿部洋, 2004, 『'對支文化事業'の研究: 戰前期日中敎育文化交流の展開と挫折』(上), 汲古書院, p. 21.

9   1937년 10월에 일본의 북지나 방면군의 특무부장 기타 세이이치(喜多誠一)가 일본 유학 경력으로 친일 성향이 강한 왕커민(王克民), 왕이탕(王揖唐) 등을 포섭하여 친일정권을 조직하고 12월 14일에 베이핑(베이징)에 중화민국 임시정부를 세웠다. 왕커민이 행정위원회 위원장 겸 행정부 총장으로서 최고 수뇌가 되었다.

10   阿部洋, 2004, 앞의 책(上), p. 22.

11   위의 책.

12   이 자료도 도쿄대학 동양문화연구소의 히라세 다카오 교수로부터 제공받았다.

13   wikipedia. '東方文化學院'(ja.wikipedia.org/wiki/%E6%9D%B1%E6%96%B9%E6%96%87%E5%8C%96%E5%AD%A6%E9%99%A2). 이 항목은 근거 자료를 여럿 제시하였는데, 그 가운데 제일 앞에 놓인 "東方文化學院, 『東方文化學院一覧』各年版; 東方文化研究所, 『東方文化研究所要覧』各年版"이 주목되지만, 온라인 서비스가 되지 않아 이번 연구에서 활용하지 못하였다.

제3부 '대동아전쟁'과 '동아학'·'대동아학'

7장 '대동아전쟁'과 홍아원·대동아성

1   楊海英, 2015, 『日本陸軍とモンゴル: 興安軍官學校の知られざる戰い』中公新書 2348, 中央公論新社. 저자는 서문에서 몽골과 일본과의 관계를 다음과 같이 서술하였다. "근대에 들어와서부터 내몽골이 중국에 점령되고, 나중에 내몽골자치구라는 특수한 행정조직이 탄생하였다. (…) 이런 상황에서 일본은 청조의 폐제(廢帝)를 맞아들여 1932년에 만주국을 세웠다. 괴뢰국가가 몽골인에게는 선망의 적이었다. 중국인의 식민을 저지하고, 몽골인이 전통적인 유목생활에 종사하는 것을 (일본이) 어느 정도 존중했기 때문일 것이다. 1939년 7월 루거우차오 사건부터 일본은 중국과의 전면전쟁에 돌입하면서, 몽골 민족주의자들은 일본의 힘을 빌려서 중국으로부터 독립을 목표하여 몽골 연합자치정부를 만들었다. 내몽골 인민혁명당의 젊은 군인들도 만주국과 몽골 자치국에 살면서 일본과 협력하면서 민족자결의 때를 기다렸다(ii-iii). (…) 식민지에 억압이 생기면서 저항도 생겼다. 처음에 몽골인은 일본의 힘을 빌려 중국으로부터 독립을 이루려고 하는 것만으로 그 노복[下僕]이 된 느낌이 없었다. 같은 일본적 교육을 받으면서도 몽골인과 일본 청년 장교들 사이에는 알력이 끊이지 않았다. 알력과 고뇌를 품고 그들은 대(對)소련 전선에 섰다(iv). (…) 몽골 군인들의 반란에 대해서는 「제6장 '초원(草原)의 2·26사건'과 흥안군

관학교의 궤멸」에서 다루었다."

2 사이토 다카오(齋藤隆夫, 1870~1949) 의원은 도쿄전문학교(東京專門學校, 지금의 와세다대학) 행정과 입학, 1894년 수석 졸업, 사법시험 불합격, 이듬해 변호사 시험 합격. 그후 미국 예일대학 법과대학에 유학하여 공법과 정치학을 공부하였다. 1940년 2월 2일 '반군연설'로 압도적 다수표로 제명되었지만(3월 7일), 1942년 익찬(翊贊) 선거에서 '비추천(비공천)'으로 효고현(兵庫縣) 제5구에 출마하여 최고 득표로 재당선되었다. 패전후 제1차 요시다 시게루(吉田茂) 내각에 무임소 대신으로 입각하였다.

3 1940년 내무성은 정내회(町內會), 부락회(部落會)의 정비를 부현(府縣)에 하달하여 인조(隣組, 도나리구미)가 발족하였다. 인조는 대정익찬회의 상의하달 기관이 되어 행정기구의 말단조직으로서 기능하였다. 인조를 단위로 방공 연습, 물자 배급, 출정 병사 환송 등이 이루어졌다.

4 고노에 후미마로(近衛文麿)는 5섭가(五攝家, 고셋케: 후지와라藤原 씨의 주류 혈통으로 고노에近衛, 다카쓰카사鷹司, 구조九條, 이치조一条, 니조二条) 중 하나인 고노에가의 제30대 당주(當主)이자 고요제이(後陽成) 천황(재위 1571~1617)의 12세손이다. 5섭가는 가마쿠라시대에 성립한 공가(公家)의 최상위 가문들로서 섭정(攝政), 관백(關白), 태정대신(太政大臣)에 오를 수 있는 자격이 부여되었다. 고노에 후미마로의 부친 고노에 아쓰마로(近衛篤麿)는 제7대 가쿠슈인(學習院) 원장을 지내며 아시아주의 제창의 맹주로서 동아동문회(東亞同文會)를 일으켜 활발한 정치활동을 펼쳤다. 고노에 후미마로는 가문을 계승하는 공작(公爵)을 이어받고, 귀족원 의원, 동아동문회 회장이 되었다. 귀족원내의 '연구회(研究會)'에 소속하여 원내 친목 및 교섭단체로 화요회(火曜會)를 결성하여 귀족원 부의장과 의장의 요직을 역임한 끝에 총리대신이 되었다. 황실 중심주의 곧 황도주의 고유 사상의 핵심 경력 소지자였다.

5 당시 대미 협조파는 황실의 히가시쿠니노미야 나루히코(東久邇宮稔彦) 왕을 추천하자는 소리가 높았다. 이에 대해 고노에 총리대신뿐 아니라 도조 히데키를 포함한 육군의 강경파도 찬성하였다. 그런데 내대신 기도 고이치(木戶幸一)는 쇼와 천황의 뜻을 읽고 도조 히데키를 올려 천황의 승인을 받는 수순을 밟았다. 이와 관련하여 쇼와 천황이 "호랑이 굴에 들어가려면 호랑이 아이를 얻지 않고 어떻게 하느냐"고 말했다는 일화가 전한다. 이 총리대신 지명에 당사자인 도조 히데키도 놀랐다고 한다.

6 阿部洋, 2004, 『"對支文化事業"の硏究: 戰前期日中敎育文化交流の展開と挫折』(上), 汲古書院, p. 22.

7 中野文庫-興亞院官制(archive.org).

8 제1부 3장에서 언급하였듯이 우가키 가즈시게(宇垣一成, 1868~1956)는 히젠(肥前, 지금의 오카야마현岡山縣) 출신이지만, 조슈번 출신의 다나카 기이치(田中義一) 추천으로 육군대신이 되어 이후 조슈벌 계열의 다나카계로 분류되었다. 1920년대 후반 이후 우에하라 유사쿠(上原勇作, 1856~1933) 원수를 중심으로 하는 규슈벌(九州閥)과 대립하였다. 그렇다고 전통적인 조슈벌식의 행동으로 일관하지도 않았다. 그는 제1차 세계대전후 국제협조 외교를 이해하는 위치에서 육군 병력의 수를 줄이고 무기를 현대화하는 방

향으로 개혁을 추진하여 성공함으로써 육군의 리더로 지위를 굳혔다. 그러나 군부에 의한 국가 지배를 획책한 3월사건(三月事件)에 관계하였음에도, 총리대신 지명을 받으면서 개입을 부인하여 군부로부터 신망을 크게 잃었다. 요컨대 그는 파시즘에 저항한 것이 아니라, 파시즘에 들어가지 않았다는 평을 받는 인물이 되었다(ja.wikipedia.org/wiki/%E5%AE%87%E5%9E%A3%E4%B8%80%E6%88%90 참조).

9 제2부 6장 참조.

10 木畑洋一, 2014,『二十世紀の歴史』岩波新書 1499, 岩波書店, p. 154.

8장 도쿄 · 교토 제국대학의 문부성 지원 '동아' · '대동아' 연구

1 이하 왕징웨이와 장제스에 관한 서술은 아래의 글들에 근거하였다. 배경한, 1989, 「난징(南京) 국민정부(國民政府)의 성립과 그 성격」, 서울대학교 동양사학연구실 편, 『강좌 중국사 VII: 신질서의 모색』, 지식산업사; 이승휘, 1989, 「항일전선」, 위의 책; 문명기, 2000, 「왕정위(汪精衛) 공작 중일전쟁 초기(1937~39) 왕정위파의 화평운동과 화평이론」, 『동양사학연구』 제71집, 동양사학회; ja.wikipedia.org/wiki/%E6%B1%AA%E5%85%86%E9%8A%98%E5%B7%A5%E4%BD%9C 참조.

2 장제스의 국민군은 항전이 불리하여 퇴각할 때는 초토전술(청야전)을 쓰기로 하였다. 1938년 11월 10일 일본군이 웨양(岳陽)을 함락하고 창사로 진격할 때, 민병 자위대의 전보문 오독으로 미리 멋대로 방화하는 바람에 중국인 인명 피해가 크게 났을뿐더러 춘추전국시대 이래 누적된 지역 문물이 대량으로 불에 타버렸다. 왕징웨이는 장제스의 초토전술 자체에 동의하지 않다가 이 참사를 보고 강하게 비판하였다.

3 「일화협의기록(日華協議記錄)」, 일명 「중광당밀약(重光堂密約)」은 구체적으로 다음과 같은 6개 조항을 담았다. (1) 중일방공협정을 체결하여 내몽골을 특수 '방공' 기지로 획정하여 일본이 이곳에 병력을 주둔한다. (2) 만주국을 승인한다. (3) 일본은 중국에서의 치외법권을 없애고 일본의 중국 내 조계(租界)를 반환한다. (4) 중일 경제제휴로 화북 방면의 자원을 개발하며, 일본을 위해 특수편리를 제공한다. (5) 사변으로 인한 보상 조성으로 재중 일본 교민의 손실을 보상하고 일본은 전비(戰費) 배상을 요구하지 않는다. (6) 화평 회복 후 일본군은 2년 이내에 철수한다.

4 1979년 당시 교토대학 인문과학연구소 소장 가와노 겐지(河野健二)는 이 책자 서두에 50주년에 관한 다음과 같은 주기를 달았다. "인문과학연구소 50주년이라고 함은 현 연구소의 전신인 동방문화연구소, 교토대학 인문과학연구소, 서양문화연구소 중에서 동방문화연구소(창립 당시는 동방문화학원 교토연구소라고 칭함)의 발족부터 계산한 것이다."(www.zinbun.kyoto-u.ac.jp/wp-content/uploads/2010/09/50years.pdf 참조).

5 京都大學人文科學研究所, 1979, 『人文科學研究所 50年』, 京都大學, p. 51(www.zinbun.kyoto-u.ac.jp/wp-content/uploads/2010/09/50years.pdf 참조).

6 위의 책, p. 51.

7 京都帝國大學人文科學研究所 編, 昭和 16年 3月, 『東亞人文學報』第一卷 第1號, 京都帝國大

學 人文科學硏究所.

8 京都大學百年史編集委員會 編, 1997, 「第16章 人文科學硏究所」, 『京都大學百年史』 部局史編
   2, 京都大學後援會, pp. 828-830.

9 위의 책, pp. 829-830.

10 위탁사업 연구원으로 이케우치 히로시(池內宏), 미카미 쓰기오(三上次男), 하타다 다카
   시(旗田巍), 무라카미 마사쓰구(村上正二), 스도 요시유키(周藤吉之), 마쓰모토 요시미
   (松本善海), 모모세 히로시(百瀨弘)가 선정되었다. 東方文化學院 編, 1948, 『東方文化學院
   二十年史』, 東方文化學院, p. 15.

11 위의 책, p. 2.

12 東京大學百年史編集委員會 編, 1986, 『東京大學 百年史』 部局史 4, 東京大學出版會. 제1장
   동양문화연구소 통사(通史). 제1절 동양문화연구소의 창설과 전중(戰中)·전후(戰後)의
   연구활동(쇼와 16년 11월~24년 3월) 1. 연구소의 창설과 전시 중의 연구활동. 교토제
   국대학의 『인문과학연구소 50년(人文科學硏究所50年)』처럼 『동양문화연구소 50년(東洋
   文化硏究所の50年)』이 있다. 그러나 이는 1991년에 간행되어 『도쿄대학 100년사(東京大
   學百年史): 부국사 4(部局史四)』보다 더 자세한 내용이 없다. www.u-tokyo.ac.jp/adm/
   his tory/03_03_07_j.html 참조.

13 오노즈카 기헤이지(小野塚喜平次, 1871~1944)는 1900년 도쿄제국대학 법과대학 조교
   수, 1901년 도쿄제국대학 법과대학 교수, 1917년 제국학사원(帝國學士院) 회원, 1918~
   1919년 도쿄제국대학 법과대학 학장, 1925~1943년 귀족원 의원, 1928~1934년 도쿄
   제국대학 총장. 1935년 도쿄제국대학 명예교수를 지냈다. ja.wikipedia.org/wiki/%E5
   %B0%8F%E9%87%8E%E5%A1%9A%E5%96%9C%E5%B9%B3%E6%AC%A1 참조.

14 '도다이(東大) 7박사'는 도쿄제국대학 교수 도미즈 히론도(戶水寬人), 도미 마사아키(富
   井政章), 오노즈카 기헤이지(小野塚喜平次), 다카하시 사쿠에(高橋作衛), 가나이 노부루
   (金井延), 데라오 도루(寺尾亨), 가쿠슈인 교수 나카무라 신고(中村進午) 등이다. 이들은
   고무라 주타로(小村壽太郞) 외무대신에게 제출한 「대(對)러시아 강경론」 의견서에서 가
   쓰라 다로 내각의 외교가 연약하다고 규탄하고, 만주, 조선을 잃으면 일본의 방어가 위
   험하게 되며, 만주에서 러시아의 완전 철수를 주장하였다. 이 의견서는 1903년 6월 『도
   쿄니치니치신문(東京日日新聞)』, 『도쿄아사히신문(東京朝日新聞)』 등에 게재되었다.

15 1939년 도쿄제국대학 총장 히라가 유즈루(平賀讓)가 경제학부의 가와이 에이지로(河合
   栄治郎), 히지카타 세이비(土方成美) 두 교수를 휴직시킨 사건으로, '히라가숙학(平賀肅
   學)'이라고도 부른다. 자유주의파(순리파純理派)의 가와이 에이지로와 국가주의파(혁신
   파)의 히지카타 세이비의 파벌항쟁이 격해지자 총장은 경제학부 교수회에 의견을 묻지
   않고 독단으로 두 교수의 휴직을 문부대신(아라키 사다오)에게 올렸다. 휴직 사유로 가
   와이에게는 '학설 표현의 격격', 히지카타에게는 '강기의 문란'이라는 이유를 붙었다. 이
   에 대해 두 파의 교수들이 학부 자치와 사상의 자유에 개입한 처분이라고 항의하면서 13
   명이나 경제학부에 사표를 제출하는 사태가 벌어졌다. 히라가 총장은 화족 신분으로 해
   군 출신 공학자, 해군 기술 중장(中將)이었다. 사태는 1940년에 수습되었다.

16 東京大學百年史編集委員會 編, 1986, 앞의 책, pp. 292-293.

17 1991년 간행된 『동양문화연구소 50년』은 이 '설립 이유'(3-4쪽) 외에는 『도쿄대학 100
년사: 부국사4(部局史 四)』의 「제16편 동양문화연구소」 소개 내용과 다른 것이 없으며,
오히려 내용이 소략한 감이 있다.

18 본서 11장 참조.

19 東京大學百年史編集委員會 編, 1986, 앞의 책, p. 293

20 이태진, 2022, 『일본제국의 '동양사' 개발과 천황제 파시즘』, 사회평론아카데미의 4장
참조.

21 東京大學百年史編集委員會 編, 1986, 앞의 책, p. 293.

22 위의 책, p. 294.

23 위의 책.

24 중국 명·청 시대에 유행한 민간 종교. 명나라 중기에 군인 출신의 나청(羅淸)이 창립하
였다. 경서로 『고공오도권(苦功悟道卷)』이 있다. 인심(人心)의 본성을 깨닫는 것을 추구
하여 밖으로 종교 의식이나 조상(造像)을 반대하였다. 교조 나청은 조운(漕運)의 군사
출신으로, 회당이 대강(大江) 주위에 많고 신도들은 경서를 암송하고 소찬을 먹고 평화
의 풍기 조성을 노력하였다.

25 東京大學百年史編集委員會 編, 1986, 앞의 책, p. 294.

제4부 연구 인력의 연구 성향 분석: 「교육칙어」에서 '쇼와유신'까지

9장 동방문화학원과 「교육칙어」 세대

1 이태진, 2022, 『일본제국의 '동양사' 개발과 천황제 파시즘』, 사회평론아카데미의 제1부
3장 '3. 국가주의 학제 정비' 참조.

2 위와 같음.

3 渡辺浩, 2005, 「大日本帝國憲法」, 『岩波天皇·皇室辭典』, 岩波書店, pp. 103-108.

4 1899년 불평등조약 개정 때, 구미 열강이 기독교 신교의 자유를 조건으로 내세웠기 때
문에 일본 정부는 기독교 금지제도를 철폐하였지만, 이후에도 경계감을 늦추지 않았다.
麻生將, 2020, 「近代日本におけるキリスト教と國家神道」, 『高橋學教授退職記念論集』, 立命
館大學人文學會, p. 167; 森岡淸美, 1976, 『日本の近代社會とキリスト教』, 評論社, p. 62.

5 「교육칙어」가 이루어진 경위는 다음과 같다. 1890년 2월 지방관 회의에서 덕육(德育) 문
제가 제기되어 문부대신 에노모토 다케아키(榎本武揚)에게 「덕육 함양의 의(義)」에 대한
건의」가 제출되었다. 지육(知育) 중시의 현행 교육을 비판하는 내용이었다. 이 건의가 3
월 중순 천황 친림(親臨) 각의에서 의론되어 덕육에 관한 칙유를 기초하도록 문부대신
에게 칙명이 내려졌다. 칙명을 받은 문부대신 에노모토가 5월 17일 파면되고, 요시카와
아키마사(芳川顯正)가 취임했다. 요시카와는 내각총리대신 야마가타 아리토모(山縣有

朋)와 의논하여 원로원 의관(議官) 나카무라 마사나오(中村正直)에게 문부성 안을 위촉하였다. 나카무라 안은 6월 6일에 제출되었으나 법제국장 이노우에 고와시(井上毅)가 이 안에 반대 의견을 표하여 보류되고, 야마가타의 의뢰로 이노우에가 초안을 기초하였다. 이 무렵 추밀원 고문관 모토다 나가자네(元田永孚)도 「교육대지(敎育大旨)」를 초안하였다. 모토다는 1871년 이래 메이지 천황의 시독전무(侍讀專務), 시보(侍補)를 지낸 천황 측근이었다. 6월 20일 이노우에가 초고를 제출하고, 야마가타는 29일 모토다에게 보내 수정 의견을 구했다. 이후 두 사람 사이에 수정이 거듭되어 칙어로 고쳐 10월 21일에 천황에게 내각 상주안(上奏案)으로 올렸다. 이튿날 천황이 모토다에게 하문하여 일부 수정을 거쳐 재가를 받아 30일에 내각에 내려졌다. 龍谷次郎, 2005, 「敎育勅語」, 『岩波天皇·皇室辭典』, 岩波書店, pp. 140-141; 「元田永孚」, 위의 책, pp. 144-145.

6 「교육칙어」는 완성된 뒤, 1890년 10월 30일, 궁중에서 메이지 천황이 내각총리대신 야마가타 아리토모, 문부대신 요시카와 아키마사에게 하사하는 형식을 거쳐, 문부성의 공문 문서로 「교육에 관한 칙어(敎育ニ關スル勅語)」로 이름이 붙여졌다. 1891년 '소학교 축일대제일의식(祝日大祭日儀式) 규정'이 제정되어 칙어는 축제일이나 여러 의식에서 학교장이 봉독하도록 정하였다. 龍谷次郎, 2005, 위의 책, p. 140, p. 142.

7 요시카와 아키마사 문부대신은 1890년 9월 26일 야마가타 아리토모 내각총리대신에게 제출한 「덕교(德敎)에 관한 칙유(勅諭, 교육칙어를 가리킴: 인용자)의 의(議)」에서 "대개 도덕은 국민에게 결여할 수 없음은 소금이 육(肉)에 없어서는 안 됨과 같다"라고 비유하였다. 일본 정부 문부과학성 홈페이지 '白書·統計·出版物' 메뉴의 '白書-學制百年史'의 '二 明治憲法と敎育勅語'에도 소개되어 있다. www.mext.go.jp/b_menu/hakusho/html/others/detail/1317578.htm 참조.

8 臼井勝美·高村直助·鳥海靖·由井正臣 編, 2001, 「井上哲次郎」, 『日本近現代人名辭典』, 吉川弘文館.

9 1878년 1월에 발행된 『양양사담(洋洋社談)』 제38호에 한문(漢文)으로 써서 기고한 「상고연대고(上古年代考)」는 나카 미치요(那珂通世) 역사학의 출발점으로 알려진다. 이 논문은 증편 개작하여 「일본상고연대고(日本上古年代考)」라는 이름으로 미야케 요네키치(三宅米吉)가 주관한 『문(文)』 제1권 제8호에 연재하였고, 1897년에 다시 보수(補修)하여 『사학잡지(史學雜誌)』 8, 9, 12에 실었다. 李泰鎭, 長森美信 譯, 2020, 「明治日本政府の歷史敎育政策と朝鮮史(韓國史)」, 『朝鮮學報』 第255輯, p. 34.

10 위의 논문, pp. 34-35. 전20권으로 기획된 『외교역사(外交繹史)』는 4권까지 출간하는 데 그치고 완간을 보지 못했다.

11 위의 논문, pp. 34-38.

12 이하의 나카 미치요의 이력에 관한 모든 서술은 三宅米吉, 1911, 「文學博士那珂通世傳」, 『那珂通世遺書』, 故那珂通世博士功績紀念會에 의거한다.

13 가노 지고로(嘉納治五郎)는 일본 고토칸(講道館) 유도(柔道) 창시자로서 일본의 올림픽 첫 참가를 추진하였다. 교육자로서는 1882년부터 가쿠슈인(學習院) 교두(敎頭), 1893년부터 25년간 도쿄고등사범학교(東京高等師範學校)의 교장, 부속중학교(附屬中學校) 교

장을 역임했다. 일본여자대학 창립위원으로도 참가하였다. 臼井勝美 · 高村直助 · 鳥海靖 · 由井正臣 編, 2001, 「嘉納治五郎」, 『日本近現代人名辭典』, 吉川弘文館.

14 앞의 이태진 논문(2020)은 일본국회도서관에 보존된 역사교과서 42책(일본사 15, 동양사 16, 서양사 11)을 조사하여 이 사실을 새롭게 밝혔다.

15 臼井勝美 · 高村直助 · 鳥海靖 · 由井正臣 編, 2001, 「井上毅」, 『日本近現代人名辭典』, 吉川弘文館.

16 이태진, 2022, 앞의 책, 제1부 4장 2절의 '3) 1890년 「교육칙어」 반포와 나카 미치요의 '동양사' 제안' 참조. 이노우에 고와시와의 관계는 三宅米吉, 1911, 『文學博士那珂通世君傳』, 大日本圖書株式會社에 의함.

17 본서 4장 1, 2절 참조. 각 연구소의 이사, 평의원, 연구원의 정보에 관해서는 본서 「부록: 동방문화학원 도쿄 · 교토 연구소 주요 인력 정보 모음」 참조.

18 각 평의원 개인에 관한 정보는 위키피디아를 비롯한 각종 인명 사전류에서 수집한 것을 기본으로 하되, 2000년에 동방학회가 편찬, 간행한 『동방학회상(東方學回想)』 9책(도스이쇼보刀水書房)에 오른 인물의 이력과 업적을 최대한 반영하였다.

19 李泰鎭 , 2020, 앞의 논문, pp. 26-27.

20 1872년 도쿄에서 창립한 최초의 일간신문, 지금의 『마이니치신문(每日新聞)』 도쿄지사의 전신.

21 세이세이코(濟濟簧)는 삿사 도모후사(佐佐友房, 1854~1906)가 세운 사학이다. 삿사 도모후사는 세이난전쟁(西南戰爭) 때, 사이고 다카모리(西鄕隆盛) 군에 속했다가 사죄는 면하고 옥중에서 국가 유용의 인재 양성의 중요성을 깨닫고 1879년 출옥 후 구마모토(熊本)에 도신가쿠샤(同心學舍)를 세웠다. 황실 중심의 국가주의 교육을 지향하면서 세이세이코로 이름을 고쳤다. 지금의 구마모토 현립 세이세이코고등학교(濟濟簧高等學校).

22 보신전쟁(戊辰戰爭) 중 에도(江戶)막부 지지 세력으로, 조슈 · 사쓰마 연합군과 싸운 도호쿠(東北) 지역의 무쓰국(陸奧國) 오슈(奧州) · 데와국(出羽國) 우슈(羽州) · 에치고국(越後國) 에슈(越州) 동맹. 삿 · 조의 존왕파가 메이지 천황을 추대한 데 대해 기타시라카와노미야 요시히사 친왕(北白川宮能九親王)을 도부(東武) 천황으로 추대했다.

23 도야마 마사카즈(外山正一)는 도쿠가와막부 말기에 13세 때 반쇼시라베쇼(蕃書調所)에서 영어를 배우고 16세 때 가이세이쇼(開成所)에서 교수할 정도로 외국어 능력이 탁월했다. 도쿠가와막부의 해군 현대화의 총책이던 가쓰 가이슈(勝海舟)의 추천으로 1866년 영국 유학생으로 파견되었으나 2년 만에 '왕정복고'가 일어나 귀국하였다. 신정부는 그의 뛰어난 어학 실력을 사서 1870년 소변사(少辨使) 모리 아리노리(森有禮)의 비서로 채용하여 그의 미국행을 수행하게 하였다. 도야마는 1872년 사직하고 장학금을 받아 이듬해 미시간대학교에 입학하였다. 당시 남북전쟁 후의 미국 부흥을 보면서 철학과 과학을 전공하고 1876년에 귀국하였다. 관립 가이세이(開成)학교에서 사회학을 가르치다가 1877년에 이 학교가 도쿄대학(東京大學)으로 승격하면서 일본 최초의 교수가 되었다. 재직 중에 미시간대학교에서 배웠던 진화론의 대가인 에드워드 S. 모스(Edward S. Morse)를 도쿄대학으로 초청하였다. 일본어의 로마자화를 위해 로마학회(羅馬學會)를

결성하고, 연극의 개량, 여성 교육, 공립 도서관 정비 등 서양 문물 수용에 앞장섰다. 도쿄제국대학 문과대 학장을 거쳐 총장을 역임하고, 제3차 이토 히로부미 내각(1898. 1.~1898. 6.)의 문부대신이 되었다.

24 시마다 고손(島田篁村)은 한학자로서 서민 교육을 철저하게 내세운 가이호 교손(海保漁村)의 고증 학풍의 영향을 받았다. 아사카 곤사이(安積艮齋, 1791~1861)의 에도(江戶) 사숙에서도 배웠다. 아사카의 문하에는 조슈의 요시다 쇼인(吉田松陰), 다카스기 신사쿠(高杉晉作) 등을 비롯해 문인이 2,000명에 달한 것으로 알려진다. 아사카는 주자학, 양명학 등 기타 학문을 함께 익히고 외국 사정에 밝아 많은 젊은이가 그의 사숙을 찾았다. 『해방론(海防論)』을 남겼다. 시마다 고손은 자신이 세운 쌍계정사(雙桂精舍)와 도쿄대학에서 많은 제자를 배출하고 교육행정에도 간여했다. 1884년 도쿄대학 교수로서 법(法)·이(理)·문(文) 3학부의 종리(綜理, 총장)이던 가토 히로유키(加藤弘之, 1836~1916, 제2대 제국대학 총장)에게 문학부 고전강습과(科)에 한서과(漢書課) 설치를 건의했다.

25 하마오 아라타(濱尾新)는 다지마국(但馬國, 지금의 효고현 도요카시豊岡市) 출신. 1869년 게이오의숙(慶應義塾) 입학. 1872년 문부성 입관. 1873~1874년 미국 오클랜드 병학교(兵學校) 유학. 1874년 귀국 후 가이세이학교(開成學校) 교장. 1877년 가이세이학교를 도쿄대학(東京大學)으로 개편할 때 법·이·문 3학부의 총리보(綜理補, 총장 비서)로 총장 가토 히로유키 보좌. 1885년 학술제도 조사차 유럽 각국 출장. 1889년 도쿄미술학교(東京美術學校) 창립 시 교장 대리. 오카쿠라 덴신(岡倉天心)은 당시 간사. 1890년 문부성 학무국장, 이때 핫토리 우노키치가 문부성에 취직. 농상무성 주관의 도쿄농림학교(東京農林學校)를 제국대학에 합병 추진. 이해 국회 개원할 때 칙선의원(勅選議員)이 됨. 1893년 제국대학 제3대 총장. 1897년 문부대신. 1905년 도쿄제국대학 총장 재임명.

26 1860년 항저우의 문란각(文瀾閣) 사고전서(四庫全書)가 산질(散秩)하여 정씨팔천권루(丁氏八千卷樓)의 정병(丁丙)이 이를 다방면으로 수집하여 보초(補鈔)하고, 1907년에 이를 사서 난징의 장난도서관(江南圖書館)으로 옮긴 일이 있었다. 이치무라 산지로의 여행 및 방문 시점은 사고전서의 수습이 진행 중일 때였다.

27 니쇼가쿠샤(二松學舍)는 니쇼가쿠샤대학(二松學舍大學)의 전신. 동양학 확립과 신시대에 유용한 인재 양성을 추구했다. 창설자 미지마 주슈(三島中洲)는 대심원 판사, 도쿄제국대학 교수, 궁중 고문관을 역임했다. 역대 이사장 가운데 시부사와 에이이치(涉澤榮一, 제3대), 가네코 겐타로(金子堅太郎, 제4대), 요시다 시게루(吉田茂, 제6대) 등 유명인의 이름이 보이고, 제29대 총리대신 이누카이 쓰요시(犬養毅)는 니쇼가쿠샤의 고문이었다.

28 『성당물어(聖堂物語): 유시마성당약지(湯島聖堂略誌)』(1989, 斯文會)는 우대신(右大臣) 이와쿠라 도모미(岩倉具視)가 도의가 땅에 떨어지고 민속이 경망해진 것을 고치고자 태정관(太政官) 권대서기관(權大書記官) 마타노 다쿠(股野琢), 태정관 권소서기관(權少書記官) 히로세 신이치(廣瀬進一) 등에게 그 뜻을 전하여 사제회(思齊會)와 합동하여 사문학회(斯文學會)를 만들게 되었다고 하였다(p. 35). 여기에 다니 다테키(谷干城), 시게노 야스쓰구(重野安繹), 가와다 고(川田剛), 나가미쓰(長光), 가나이 유키야스(金井之恭), 나

가마쓰 스카치(長松幹) 등이 참여하고, 지방 각지에도 널리 알려 회원을 모집하여 그 수가 1,500명에 달했다고 하였다. 메이지 천황은 지방 순행(巡幸)에서 구화주의로 전통 유교 도덕이 무너지는 것을 자주 개탄했다. 1880년 사문학회 창립은 우대신 이와쿠라 도모미가 천황의 뜻을 받들어 나선 것으로 보는 것이 타당하다. 메이지 천황의 유학(儒學)에 대해서는 笠原英彦, 2006,『明治天皇: 苦惱する「理想的君主」』中公新書 1849, 中央公論新社 참조. 1880년에 창설된 사문학회는 사문회(斯文會)의 모체가 되었다.

29 斯文會 編, 1989(平成 元年),『聖堂物語: 湯島聖堂略誌』, 斯文會, p. 34.

30 1912년부터 1919년까지 동양협회전문학교(東洋協會專門學校, 다쿠쇼쿠대학拓殖大學의 전신) 제2대 총장이었다.

31 斯文會 編, 1989, 앞의 책, p. 36.

32 위의 책.

33 위의 책, p. 41.

34 고조 데이키치(古城貞吉), 핫토리 우노키치(服部宇之吉), 가노 나오키(狩野直喜) 3명은 공교롭게도 나이가 한 살씩 차이가 난다. 고조 데이키치 1866년생, 핫토리 우노키치 1867년생, 가노 나오키 1868년생이다.

35 內藤湖南, 神田喜一郎 · 內藤乾吉 編集, 1969,『內藤湖南全集』十四, 年譜, 筑摩書房.

36 야노 진이치(矢野仁一)의 중국 근현대사 관련 저서로는 다음과 같은 것들이 있다.『滿洲における我が特殊權益』, 弘文堂書房, 1928;『近世支那外交史』, 弘文堂書房, 1930;『滿洲國歷史』, 目黑書店, 1933;『國民東洋史大綱』, 目黑書店, 1933;『現代支那槪論: 動く支那』, 目黑書店, 1936;『現代支那槪論 動かざる支那』, 目黑書店, 1936;『大東亞史の構想』, 目黑書店, 1944. 중국에 대한 강한 논조 때문에 패전 후에는 출판에 부치지 않았다고 한다.

37 야노 진이치가 1964년 미야자키 이치사다(宮崎市定), 하기와라 슌페이(萩原淳平) 등과의 대담에서 밝힌 내용이다. 그는 만주로 갔을 때 일화를 다음과 같이 소개하였다. "동문서원(同文書院) 출신의 마쓰우라 가사부로(松浦嘉三郎) 씨가 동행했다. 만주에서는 가사모리 덴한(笠森傳繁, 1887~1970,『만주개척농촌(滿洲開拓農村)』의 저자: 인용자) 씨 등이 관동군의 준수(俊秀, 엘리트: 인용자)와 하나가 되어 '왕도국가' 실현에 전념하고 있는 것을 보고 마쓰우라 씨는 매우 감격했다. 나는 마쓰우라 씨와 함께 펑톈의 랴오둥(遼東)호텔에 갇혀 관동군에 제출할 의견서 문안을 마련했다. 원래 지나(중국)에서는 '왕도국가'를 입으로 외치면서 늘 실현을 본 것이 없다. 이를 이번 만주국에서는 실현하기를 말했다. 2주간 정신없이 생각하여 내가 초고를 썼다. 마쓰우라 씨는 베이징『순천시보(順天時報)』주필이었던 명문장가로서 문장을 바르게 고쳐 정리했다. 그렇게 해서 3통의 의견서를 작성하여 참모 모리 다케시(森赳) 소좌(少佐)에게 건네주었다. 하나는「왕도국가론」, 하나는「소규모 정원제 학교론」이었다." 東方學會 編, 2000,『東方學回想』III, 刀水書房, p. 12;『東方學』第28輯(1964년 7월 발행)에 실린 좌담 기록.

38 오가와 다쿠지(小川琢治)는 관동주 근무에 이어 1907년 8월 (한국)통감부 파출소 사무관 사무를 위촉받아 1908년 2월까지 통감부 파출소 조사과장으로 활동하였다. 같은 해 12월 1일에 1907~1908년간 한국 '폭도'(의병) 진압의 공으로 훈 5등 서보장(瑞寶章)과

금 220엔(圓)을 받았다. 훈장과 상금은 통감부가 이완용 괴뢰정부를 통해 수여한 것이다.

39　이 신문 또는 잡지들은 오우치 세이란(大內靑巒)이 운영하였다. 오우치 세이란은 1890
년 '국가신도(國家神道)'이후 다나카 지가쿠(田中智學)와 함께 만세일계(萬世一系)의 황
실을 정통으로 하는 국체론을 불교계가 추인하는, 불교의 국가주의 국체론을 확립하였
다. 강석원·원영상, 2011, 「근대일본의 제정일치정책과 불교계의 수용」, 『불교학보』
57집.

40　나이토 고난의 이력에 관해서는 內藤湖南, 神田喜一郎·內藤乾吉 編集, 1969, 『內藤湖南全
集』十四, 年譜, 筑摩書房 참조.

41　『타이완일보(臺灣日報)』에 수록된 주요 기사: 「반드시 오해를 바르게 잡아야 한다」
(1897. 7. 6.), 「미즈노(水野) 전(前) 민정국장(民政局長)을 보내면서」(1897. 7. 24.), 「이
풍역속(移風易俗)의 일책(一策)」(1897. 7. 27.), 「타이완 시정(施政)의 호망(好望)」(1897.
7. 29.), 「변통 없는 일시동인(一視同仁)」(1897. 7. 31.), 「교통기관 확대의 급무」(1897.
8. 1, 3.), 「타이완 정치의 대목적」(1897. 8. 5, 7, 11, 15.), 「타이완 시정의 혁신」(1897.
8. 29.), 「노기(乃木) 총독의 책임」(1897. 8. 31.), 「타이완 병사(兵士)의 경우에 대하여」
(1897, 날짜 미상), 「메이지 31년(1898)의 타이완」(1898. 1. 4.), 「혁신잡의(革新雜議)」
(1898. 4. 2, 3, 5, 6, 8, 10, 12.) 『오사카아사히신문(大阪朝日新聞)』수록: 「타이완 수비대
(守備隊)의 실직(失職)에 대하여」(1896. 9. 4.), 『요로즈초보(萬朝報)』에 수록된 주요 기
사: 「타이완의 철도에 대하여」(1898. 5. 31.), 「대정(臺政) 근일의 실조(失措)」(1898. 12.
1, 2.), 「다시 대정의 실조에 대하여: 고토(後藤) 민정장관의 변소(辯疏)는 거짓말이다」
(1898. 12. 13.), 「세 번째 대정의 실조에 대하여」(1898. 12. 20.), 「타이완사업 공채(公
債)」(1899. 2. 13~2. 18.), 「타이완총독부 당국을 위한 모(謀)」(1899. 2. 28.), 「타이완
당국의 지위 안전책」(1899. 6. 8.) 이상 內藤湖南, 神田喜一郎·內藤乾吉 編集, 1969, 『內藤
湖南全集』十四, 筑摩書房의 저작 목록 참조.

42　內藤湖南, 1969, 앞의 책 참조.

43　나이토 고난의 교수 취임을 놓고 아키타(秋田)사범학교 졸업에 그친 그의 학력이 문제
가 되었다. 그러나 아키타현 출신 가노 고키치(狩野亨吉) 교수의 특별 추천으로 부임하
게 되었다. 『나이토 고난 전집(內藤湖南全集)』 14, 연보(年譜)에서는 1906년 12월 19월
"교토제국대학 문과대 학장 가노 고키치를 도쿄에서 면회하고, 교토(제국)대학 교수 취
임을 승낙했다"라고 적혀 있다.

44　1910년 둔황 문서(敦煌文書) 발견 초기에 조사를 위해 교토제국대학에서 나이토 고난,
오가와 다쿠지(小川琢治, 지질학), 도미오카 겐조(富岡謙藏, 고경古鏡 연구), 하마다 고사
쿠(濱田耕作, 고고학) 등과 베이징으로 간 것은 공동연구활동의 초기 사례이다. 그는 '교
다이가쿠호(京大學宝)'로 불리기까지 하였다. 1910년 가노 고키치 학장 추천으로 문학
박사학위를 받았다. 학위가 수여되자 박사학위논문에 해당하는 『청조사 통론(清朝史通
論)』을 집필하였다. 특히 야마타이국(邪馬臺國) 소재지를 둘러싼 논쟁에서는 기내설(畿
內說)을 주장하여, 규슈설(九州說)을 창도한 시라토리와 격한 논쟁을 벌였다.

45　스즈키 도라오(鈴木虎雄, 1878~1963)는 1905년 4월 이후 도쿄의 동문서원(同文書院)

교수, 도쿄고등사범학교(한문과) 강사 위촉, 1906년 9월 제국대학 문과대학 강사, 10월 메이지대학(明治大學) 강사, 1907년 고쿠가쿠인대학(國學院大學) 강사를 지냈다.

46 陶德民・藤田高夫, 2014,「内藤書簡研究の新しい展開可能性について: 滿洲建國後の石原莞爾・羅振玉との協働を例に」,『關西大學東西學術研究所紀要』, 關西大學東西學術研究所.

47 위의 논문.

48 나이토 고난은 만주국 방문을 예정하고 있는 이나바 이와키치(稻葉岩吉)에게 혼조 시게루(本庄繁) 관동군사령과 이시와라 간지(石原莞爾) 참모에게 전하기를 부탁하였다고 한다. 나이토 고난의 편지에는 황초령비(黃草嶺碑)의 궐문을 연구한 결과 보입탁본(補入拓本) 부분에서 김정희(金正喜)의 오독을 판명하여 '대희(大喜, 크게 기쁨)'하다는 내용이 함께 들어 있었다고 한다.

49 이시와라 간지의 동아연맹(東亞連盟)의 기지에 관해서는 野村乙二期, 2007,『東亞聯盟期の石原莞爾資料』, 同成社을 인용하였다.

50 이태진, 2022, 앞의 책, 7장 참조.

51 '남만(南蠻)' 연구와 관련된 신무라 이즈루의 저술은『南蛮更紗』(改造社, 1924),『典籍叢談』(岡書院, 1925),『南蛮廣記』(岩波書店, 1925),『続南蛮廣記』(岩波書店, 1925),『船舶史考』(更生閣, 1927),『南國巡禮』(梓書房, 1930),『日本吉利支丹文化史』(地人書館, 1941),『南方記』(明治書房, 1943)를 비롯해 이 외『東方言語史叢考』(岩波書店, 1927),『東亞語源志』(岡書院, 1930) 등도 유관하다.

52 motobei.hatenablog.com/entry/2019/08/21/233426 참조.

53 9장의 주 54 참조.

54 東方學會 編, 2000,『東方學回想』IV, 刀水書房, pp. 79-85에 수록된「하마다 고사쿠 박사 주요 저작 목록(濱田耕作博士主要著作目錄」에서 고적 조사 보고서류에 해당하는 것을 일본, 한국, 만몽 세 지역별로 제시하면 아래와 같다.

-**일본 13종**:『肥後における粧飾ある古墳及横穴』(1917),『宮崎縣西都原古墳調査報告』(1917),『河內國府石器時代遺跡發掘報告』(1918),『九州における裝飾ある古墳』(1919),『河內國府石器時代遺跡第二回發掘報告』(1920),『肥後國宇土郡轟村宮莊貝塚發掘報告』(1920),『薩摩國揖宿郡指宿村土器包含層調査報告』(1921),『京都及其附近發見の切支丹墓碑切支丹合字入鞍及南蠻人繪鞍』(京都帝國大學文學部考古學研究報告 第七冊, 新村出・梅原末治 共著, 1923),『近江國高島郡水尾村鴨の古墳』(京都帝國大學文學部考古學研究報告 第八冊, 梅原末治 共著, 1923),『豊後磨崖石佛の研究』(京都帝國大學文學部考古學研究報告 第九冊, 1925),『出雲上代玉作遺物の研究』(京都帝國大學文學部考古學研究報告 第十, 梅原末治・島田貞彦 共著, 1927),『肥前國有喜貝塚發掘報告』(長崎縣史蹟名勝天然紀念物調査報告 第五冊, 小牧實繁・島田貞彦 共著, 1927),『大和島庄石舞臺の巨石古墳』(京都帝國大學文學部考古學研究報告 第十四冊, 1937),『西都原古墳の調査』(日本古文化研究所報告 第十, 原田淑人 共著, 1940).

-**한국 5종**:『慶尙北道慶尙南道古墳調査報告』(朝鮮總督府 大正七年度古蹟調査報告 第一冊-梅原末治 共著, 1921),『金海貝塚調査報告』(朝鮮總督府 大正九年度古蹟調査報告 第一冊, 梅

原末治 共著, 1923),『慶州金冠塚と其遺寶』(圖版上冊·本文下冊: 朝鮮總督府古蹟調査特別報告 第三冊, 梅原末治 共著, 1924),『新羅の古瓦研究』(京都帝國大學文學部考古學研究報告 第十三冊, 梅原末治 共著, 1934),『樂浪彩篋塚遺物聚英』(平壤名勝舊蹟保存會, 梅原末治 共著, 1936).

-만몽 3종:『貔子窩』(東亞考古學發行 東方考古學叢刊 第一冊, 1929),『南山裡』(東亞考古學發行 東方考古學叢刊 第三冊, 1933),『赤峯紅山後』(東亞考古學發行 東方考古學叢刊 第六冊, 1938).

55 荒井信一, 2012,『コロニアリズムと文化財: 近代日本と朝鮮から考える』岩波新書 1376, 岩波書店.「서문」 및「제1장 제국화(帝國化)하는 일본, 그리고 문화재」 참조.

56 시라토리 구라키치(白鳥倉吉)는 가쿠슈인(學習院) 교수로서 1904년 도쿄제국대학 문과대학 사학과 교수를 겸하여, '한학·지나어학 제3강좌'를 이치무라 산지로(市村瓚次郎)와 '분담'하였는데, 오로지 한위육조(漢魏六朝) 시대의 서역사, 새외제민족문화사(塞外諸民族文化史), 만선상대사(滿鮮上代史) 및 서역사를 강하였다고 한다. 東方學會 編, 2000,『東方學回想』I, 刀水書房, p. 55.

57 「제1편 당대(唐代)에서 위구르(回鶻)의 성쇠(盛衰)」,「제2편 구성위구르(九姓回鶻)과 토쿠즈 오구즈(Toquz Oruz)와의 관계를 논함」,「제3편 위구르문자고(回鶻文字考)」 등 3편에「원조비사(元朝祕史)에 보이는 몽고(蒙古)의 문화」를 부록으로 붙였다.

58 본서 제2부 5장 1절「(6) 만주국 황제의 일본 내방과 '일만문화' 특별 학술행사」, 130-136쪽 참조.

59 白鳥庫吉全集刊行委員會, 1971,「極東史上に於ける滿洲の歷史地理」,『白鳥庫吉全集』第9卷, 岩波書店, p. 407.

10장 동방문화학원과「교육칙어」세대의 학문 세계

1 江上波夫 編, 1992,『東洋學の系譜』, 大修館書店에 수록된 다나카 마사미(田中正美)가 집필한「나카 미치요(那珂通世)」를 비롯해 모든 소개 글에서 이를 언급하고 있다.

2 東亞協會, 1908年 4月,『東亞之光』第3卷 第4號, 弘道館; 白鳥庫吉全集刊行委員會, 1971,『白鳥庫吉全集』第10卷, 岩波書店.

3 白鳥庫吉, 1928年 10月,「學習院に於ける史學科の沿革」,『學習院輔仁會雜志』第134號: 白鳥庫吉全集刊行委員會, 1971, 앞의 책, pp. 378-383.

4 가쿠슈인(學習院)은 원래 막부 말기에 교토에 창설된 도쿠가와막부 공가(公家)의 학교였다. 1842년에 공경(公卿)의 공교육을 위해 가쿠슈쇼(學習所) 제도의 논의가 결정되고, 1845년에 건물을 마련하여 1847년에 개강하면서 이름을 가쿠슈인이라고 고쳤다. 학과(교육 과목)은 유학(儒學)을 중심으로 하고 화학(和學) 곧 일본 관계를 더하는 형태였다. 1862년 무렵 존양파(尊攘派) 공경 지사가 이곳을 출입하면서 국사를 의논하였다. 1867년까지 계속되다가 보신전쟁(戊辰戰爭)으로 휴강. 왕정복고와 함께 재개의 의논이 일어나 1868년 4월 다이가쿠료다이(大學寮代)로 이름을 바꾸고, 그 실질은 간가쿠쇼(漢學所)

로 옮기고, 이듬해 고가쿠쇼(皇學所)와 함께 다이가쿠코다이(大學校代)가 되고, 1870년 8월 폐지되었다. 1877년 화족 자제의 교육을 목적으로 도쿄 간다(神田)에 가쿠슈인이 새로 개교하였다. 이때 특별히 칙유와 '가쿠슈인'이란 명칭을 천황이 내렸다. 제2차 세계대전 후, 가쿠슈인대학이 되었다. 京都大學 文學部 國史研究室 編, 1959, 『日本史辭典』(改訂增補), 創元社.

5 李泰鎭, 長森美信 譯, 2020, 「明治日本政府の歷史敎育政策と朝鮮史(韓國史)」, 『朝鮮學報』第 255輯, pp. 6-7.

6 江上波夫 編, 1992, 앞의 책, p. 4; 故那珂博士功績紀念會 編, 1915, 『那珂通世遺書』, 大日本 圖書에 수록된 三宅米吉, 「文學博士那珂通世君傳」 참조.

7 李泰鎭, 2020, 앞의 논문.

8 白鳥庫吉全集刊行委員會, 1971, 「東洋史上より觀たる日本」(1934), 『白鳥庫吉全集』 第9卷, 岩波書店, p. 263.

9 이태진, 2017, 「'한국병합조약' 진행에 관한 일본 신문의 왜곡 보도: 『도쿄니치니치신문(東京日日新聞)』의 기사를 중심으로」, 『끝나지 않은 역사: 식민지배 청산을 위한 역사인식』, 태학사.

10 金文子, 2009, 『朝鮮王妃殺害と日本人』, 高文硏; 김문자, 김승일 옮김, 2011, 『명성황후 시해와 일본인』, 태학사, 제2장 참조. 이하 미우라 고로에 관한 서술은 이 책에 주로 의거하였다.

11 프랑스파 4장군은 미우라 고로 외에 다니 다테키(谷干城), 도리이 고야타(鳥尾小弥太), 소가 스케노리(曾我祐準) 등이다.

12 김문자, 2011, 앞의 책, 「제II장 2. 이노우에 공사의 귀임과 회유책의 시작」 참조.

13 시라토리 구라키치가 쓴 「단군고(檀君考)」의 요지는 다음과 같다. 한국 문헌으로 단군 신화를 소개한 『필원잡기』 1, 『연려실기술 별집』 권 19의 「고기(古記)」, 「구사단군기(舊史檀君記)」 등은 모두 삼국시대의 기록으로 간주되며, 이 사서들이 단군이 나라를 세운 때가 중국 상고시대 요흉(高高)와 같은 시기라고 하지만, 그 시대의 역사를 전하는 중국 문헌 『상서(尙書)』, 『사기(史記)』, 『한서(漢書)』에는 관련 기록이 보이지 않고, 『위서(魏書)』에 처음 보인다. 따라서 시라토리는 『삼국유사』의 단군 설화는 "불설(佛說)에 근거한 가공의 선담(仙譚)"이라고 깎아내렸다. 『삼국사기』 고구려 본기, 장수왕 72년 동 10월 고구려는 위나라에 사신을 보내 교류하여 『위서』에 단군 시조 설화까지 실렸으니, 단군 신화는 곧 고구려에 불교가 전래한 후에 생긴 설화에 불과한 것으로 결론을 내렸다. 白鳥庫吉全集刊行委員會, 1970, 「檀君考」 「朝鮮 古傳說考」(1894. 12. 『史學雜誌』 5-12), 『白鳥庫吉全集』 第3卷, 岩波書店.

14 白鳥庫吉全集刊行委員會, 1970, 「東洋史に於ける南北の對立」(『東洋史講座 제16권, 雄山閣 藏版, 1940), 『白鳥庫吉全集』 第8卷, 岩波書店; 白鳥庫吉全集刊行委員會, 1971, 『白鳥庫吉全集』 第9卷, 岩波書店의 「朝鮮の日本に對する歷史的政策」, 「韓史槪說」, 「滿洲民族の過去」, 「我が上古に於ける韓半島の勢力論」, 「東洋史上に於ける滿鮮の位置」, 「極東史上に於ける滿洲の歷史地理」 등 참조.

15 白鳥庫吉全集刊行委員會, 1970, 「アジア諸民族史論」(『アジア問題講座』7, 1939), 『白鳥庫吉全集』第8卷, 岩波書店, pp. 221-222.

16 白鳥庫吉全集刊行委員會, 1971, 「我が國の强盛となりし史的原因に就いて」(『世界』제1호, 1904. 7.; 『學習院輔仁會雜誌』臨時號, 1907), 『白鳥庫吉全集』第9卷, 岩波書店, p. 166.

17 李泰鎭, 2020, 앞의 논문, p. 19.

18 이 교재의 저자 사이토 히쇼(齋藤斐章)는 도쿄고등사범학교 출신으로, 이 학교의 은사인 미야케 요네키치(三宅米吉)로부터 「서언(序言)」을 받았다. 그리고 도쿄제국대학 교수 겸 가쿠슈인 교수인 문학박사 시라토리 구라키치로부터 「서문(序文)」을 받았다. 사이토 히쇼는 중등학교용, 일본사, 동양사, 서양사 각 교과서의 연계관계를 중요시하여 '통합'의 뜻으로 세 편을 다 출판하였다(대일본도서주식회사大日本圖書株式會社 발행). 시라토리는 이 '통합' 시도를 높이 평가하였다. 李泰鎭, 2020, 위의 논문, pp. 18-19 참조.

19 白鳥庫吉全集刊行委員會, 1971, 「我が國の强盛となりし史的原因の就いて」, 『白鳥庫吉全集』第9卷, 岩波書店.

20 위와 같음.

21 白鳥庫吉全集刊行委員會, 1971, 「東洋史上より觀たる日本國」(『弘道』254號, 1913. 5.) 三. '言語學上より觀たる日本', 『白鳥庫吉全集』第9卷, 岩波書店, pp. 178-179. 일본어가 아시아 주위의 어떤 나라와도 친연성이 없다고 주장하면서 그것이 곧 아시아 여러 나라의 문화적 열등에 속하지 않는 주요 요인으로 보려는 의도로 보인다. 그러나 왜 일본어가 우수한지를 논한 글을 찾기는 어렵다. 『시라토리 구라키치 전집(白鳥庫吉全集)』제2권 「상대(上代) 일본어(日本語)의 문제」에 10편의 언어 관계 논문이 실리고 이 외에 논설 종류 글도 다수 보인다.

22 白鳥庫吉全集刊行委員會, 1971, 「日本民族論」(1929), 『白鳥庫吉全集』第9卷, 岩波書店.

23 위의 책, pp. 216-217.

24 白鳥庫吉全集刊行委員會, 1971, 「皇道に就いて」(1913~1914), 『白鳥庫吉全集』第10卷, 岩波書店, pp. 348-363.

25 위의 책, pp. 89-108. 이 글은 1909~1910년 무렵에 쓴 것으로 '미발표'로 표시되었다.

26 白鳥庫吉, 出雲井晶 譯, 2004, 『昭和天皇 歷史教科書 國史』, 講談社. 이 책의 번역자 서문에 다음과 같은 문장이 있다. "쇼와 천황이 황태자로서 가쿠슈인(學習院) 초등과 당시, 메이지 천황의 희망으로 노기 마레스케(乃木希典) 육군 대장이 가쿠슈인 원장이 되었다. 원장은 비가 오는 날이나, 눈이 오는 날이나, 정면 현관에서 전하를 맞이하면서 성심껏 훈육(薰育)을 다하였다. (…) 그 뒤, 초등과 졸업 후 7년간(13세부터)은 다이쇼 3년(1914)에 다카나와(高輪)의 동국어소(東宮御所) 내에 설립된 어학문소(御學問所)에서 5명의 학우와 함께 공부했다. 이른바 제왕학(帝王學)으로 훈육 연마하여 쇼와(昭和) 황제로 추앙된 것이다"(2쪽). 『昭和天皇 歷史教科書 國史』는 아래 주 28의 『昭和天皇の教科書 日本歷史』를 현대문으로 고친 것이다.

27 위의 책. 번역자 서문에 다음과 같이 번역에 나선 사연이 밝혀져 있다. "나는 쇼와 천황이 역사에 대단히 흥미를 보인, 득의의 학과라는 것, 동궁어학문소에서 시라토리 구라키

치 박사가 진심을 다해 가르친 『국사(國史)』(전5권, 시라토리 구라키치 지음)가 있다는 것을 알았다. 쇼와 천황이 배운 국사라면, 정통한 일본국 역사가 틀림이 없다. 나는 흥미진진하여 이 책(『東宮御學問所御用掛文學博士 白鳥庫吉謹撰』, 勉誠社) (번역)에 달려들었다"(3쪽).

28 東宮御學問所御用掛 · 文學博士白鳥庫吉, 2000, 『昭和天皇の敎科書 日本歷史』上 · 下(勉誠文庫 A-1, 2), 勉誠出版社. 시라토리 요시로(白鳥芳郞, 조치대학上智大學 명예교수)가 붙인 「조부(祖父) 시라토리 구라키치(白鳥庫吉)의 일본 역사(日本歷史)」에 따르면, 1971년 『시라토리 구라키치 전집』 간행 때 이 책의 존재를 알지 못했다고 한다. 그 후에 쇼와 천황의 학우 고(故) 나가즈미 도라히코(永積寅彦) 씨의 처소에 잘 보관하고 있는 것을 알게 되어 벤세이출판사(勉誠出版社)에서 내게 되었다고 하였다.

29 후루카와 다카히사(古川隆久)는 『昭和天皇: '理性の君主'の孤獨』(2011, 中公新書 2105, 中央公論新社)에서 시라토리 구라키치의 『국사(國史)』를 언급하면서 시라토리가 '실증적인 역사'를 배운 교수로서 역대 천황의 역사를 비판적으로 가르쳤다고 하였다. 시라토리가 『일본서기(日本書紀)』에 대한 비판 없이 상대(上代) 천황의 역사를 사실로 간주한 문제점에 대한 비판이 없는 평가이다. 후루카와 다카히사는 이 저서로 2011년도 산토리 학예상을 수상하였다.

30 早乙女雅博, 1997, 「關野貞の朝鮮古蹟調査」, 『精神のエクスペヂシオン』, 東京大學, pp. 55-56.

31 세키노 다다시(關野貞), 니시야마 다케히코(西山武彦) · 이타미 준(伊丹潤) 감수, 강봉진(姜奉辰) 옮김, 1990, 『한국의 건축과 예술: 도쿄제국대학 한국건축조사보고』, 산업도서출판공사.

32 다쓰노 긴고(辰野金吾)는 도쿄제국대학 공과대학 교수에서 물러난 뒤에도 중앙은행을 비롯한 수십 개의 주요 건물을 설계하였다. 퇴직은 징계가 아니라 앞으로 정부 또는 주요 기업과의 유대를 튼튼히 하기 위한 것으로 보아야 할 정황이다. 그는 1908년 대한제국의 중앙은행(지금의 한국은행) 건물도 설계한 것으로 알려지지만, 대한제국이 이미 해놓은 설계도를 부분 수정한 것으로 보인다. 이태진, 2005, 『동경대생들에게 들려준 한국사』, 태학사, 131-132쪽(일역: 鳥海隆 譯, 2006, 『東大生に語つた韓國史: 植民地支配の合法性を問う』, 明石書店, p.122).

33 김정동, 2000, 「이토 주타와 세키노 다다시의 전횡」, 『남아 있는 역사, 사라지는 건축물』, 대원사.

34 우동선, 2006, 「세키노 다다시의 한국 고건축 조사와 보존에 대한 연구」, 『대한건축학회논문집 계획계』22권 7호, 통권 213호, 대한건축학회.

35 쓰마키 요리나카(妻木賴黃) 고문의 의견에 관한 연구로는 다음을 제시하였다. 신영훈, 1976, 「일정기의 문화재 보존사업」, 『장기언 선생 회갑기념논문집』(출판사 미상), 126쪽; 早乙女雅博, 1997, 앞의 논문, p. 58.

36 러일전쟁의 일본 측 군사비는 17억 엔, 이 가운데 13억 엔이 내외채로 알려진다. 내채 6억 엔, 외채 7억 엔이었다. 1902년 1월 30일에 체결한 영일협약으로 영국 자본가들의 지

원을 받고, 미국에서는 시어도어 루스벨트(Theodore Roosevelt) 대통령이 주선하여 JP 모건 등 5대 기업이 돈을 빌려주었다. Carole Cameron Shaw (2007), *The Foreign Destruction of Korean Kingdom*, Seoul National University Press.

37 이태진, 2018, 「대한제국의 산업근대화와 중립국 승인 외교: 1902년 고종 즉위 40주년 칭경 예식과 관련하여」, 국립고궁박물관 엮음, 『대한제국, 세계적인 흐름에 발맞추다』 (왕실문화 기획총서 10), 국립고궁박물관.

38 '일선잠정합동조관' 조약문은 일본 외무성에만 보관되어 있고 한국 측에는 보관본이 없다(日本 外務省 外交史料館 所藏, 「日鮮暫定合同條款」(大朝鮮國大日本國 政府 --- 暫定合同條款」Kno. 20, 21, 韓諸 20, 21). 이 조약에 바로 후속한 1894년 8월 26일자 「대조선대일본양국맹약(大朝鮮大日本兩國盟約)」도 양국 서명자(조선 외무대신 김윤식, 일본국 특명전권공사 오토리 게이스케大鳥圭介)의 서명 필체가 동일하여 조선 측의 의사에 따른 것이라고 보기 어려운 점이 많다. 이태진 · 이상찬, 2010, 『조약으로 본 한국병합: 불법성의 증거들』, 동북아역사재단. pp. 122-123.

39 老川慶喜, 2014, 『日本鐵道史, 幕末 · 明治篇: 蒸氣車模型から鐵道國有化まで』中公新書 2269, 中央公論新社, pp. 215-216.

40 위의 책.

41 ジョン · ダウー, 大窪愿二 譯, 1991, 『吉田茂とその時代』, 中央公論新社, p. 30. 다케우치 쓰나(竹内綱)는 "1894~1895년의 일청전쟁 후 넓은 세계 창출을 위해 경성–부산 간의 경부철도 사장이 되어 해외 발전에 눈을 돌린 '대륙 경영'의 초기 주창자였으며, 이 대륙 경영의 구상이야말로 그후 수십 년에 걸친 일본 제국주의 발전에 기초가 되었던 것이다. 아시아 대륙으로의 경제적 관심의 뿌리가 여기에 있었으며, 그것은 1945년 이전에도 이후에도 요시다 시게루(吉田茂) 자신의 주요한 선입관이 되어 있었던 것이다." 다케우치 쓰나는 요시다 시게루의 양부(養父)이다.

42 大橋敏博, 「韓國における文化財保存システムの成立と展開」, 島根縣立大學, 『綜合政策論叢』 第8號(2004年 12月); 荒井信一, 2012, 「第1章 古市公威と山縣有朋」, 『コロニアリズムと文化財: 近代日本と朝鮮から考える』岩波新書 1376, 岩波書店.

43 老川慶喜, 2014, 「第6章 國有鐵道の誕生: 帝國鐵道網の形成へ」, 앞의 책, p. 201.

44 荒井信一, 2012, 앞의 책, p. 65. 출판 비용은 데라우치 총독이 내고, 배포처도 데라우치가 일일이 확인해 내외의 저명인이나 학자에게 서명본을 보냈다. 학술적인 보급보다는 일본의 조선 통치가 문화적으로도 뛰어나다고 하여 그 도달 정도를 내외에 과시하는 정치적 효과가 우선이었다. 1922년 조선총독부박물관에 부임한 후지타 료사쿠(藤田亮策)는 "그래서 박물관원이나 학무국 소속의 직원에게는 배포하지 않고, 주로 구미 각국 인에게 증정되어 제1책부터 제5책까지는 일본문[和文]의 해설 외에 영문[歐文] 해설이 있다"라고 하였다.

45 荒井信一, 2012, 앞의 책; 아라이 신이치, 이태진 · 김은주 옮김, 2014, 「제2장 학술조사라는 이름 아래 1절 세키노 다다시의 고적 조사」, 『약탈문화재는 누구의 것인가?』, 태학사.

46 荒井信一, 2012, 앞의 책, pp. 35-37.

47 위의 책, pp. 37-38.

48 위의 책, pp. 18-20.

49 위의 책, p. 62.

50 필자는 도리이 류조가 1952년에 낸 『ある老學徒の手記』(2013, 岩波書店)를 독파하였다. 그러나 이 책에 서술된 많은 사실은 자료로 활용하기 어려운 점이 많아 「도리이 류조 소전(鳥居龍藏小傳)」을 주로 활용하면서 특정한 사실을 확인할 필요가 있을 때 참고하였다.

51 향토의 선배 국학자들로 다니 센나리(谷千成), 가와다 히데카이(川田秀穎), 마사미 신이치(正見愼一) 등이 거명되어 있다.

52 모임 이름을 '도쿠시마인류학재료조사모임(德島人類學材料取調仲間)'이라고 하였다가 나중에 '도쿠시마인류학회'라고 고쳤다. 도리이 류조 집에 사무소를 두고 월례회를 가졌다.

53 진보 고토라(神保小虎) 교수는 1892년 베를린대학 유학 후 1894년 귀국, 제국대학 이과대학 조교수가 되었다. 앞서 1887년 졸업 후 홋카이도 도청 기사가 된 후, 전국 지질 광산 조사 주임이 되었다가 제국대학으로 왔다. 도리이 류조는 진보 교수가 아이누어에 정통하여 그의 강의를 자주 들었는데, 특히 홋카이도 출신 34~35세의 아이누인 바라사마레크를 불러 강의 보조로 삼고 있어서 더욱 흥미를 보였다. 진보 교수는 랴오둥 지방에는 관심이 없어서 정부의 의뢰를 도리이에게 대신해줄 것을 부탁하였다. 도리이 류조는 지질 조사와 인류학 조사를 병행하는 조건으로 수락하였다. 쓰보이 교수는 도리이 류조의 해외 조사를 수락하면서 그의 파견을 위해 히로부미관(博文館)의 오하시(大橋) 씨, 고쿠민신문사(國民新聞社)의 도쿠토미 소호(德富蘇峰) 사장, 아베 마사코토(阿部正功) 자작(陸奧國 藩主家, 인류학회 회원) 등으로부터 약간의 기부를 받았다(ja.wikipedia.org/wiki/%E7%A5%9E%E4%BF%9D%E5%B0%8F%E8%99%8E 참조).

54 본서 9장 「4. 교토연구소 평의원 인력의 주요 행적」 참조.

55 荒井信一, 2012, 앞의 책, pp. 17-19.

56 松本清張, 「解題」, 鳥居龍藏, 1976, 『鳥居龍藏全集』 第12卷, 朝日新聞社.

57 후대에 8,000년~1만 년 전에 발달한 홍산문화(紅山文化)의 대표적 유적지가 된다.

58 내몽골과 관내(關內) 사이 교역 중심지.

59 도리이 류조는 지석묘에 대한 지칭으로 영어의 '돌멘(dolmen)'을 주로 사용하였다. 그가 이를 '매장묘'라고 규정함으로써 '지석묘(支石墓)'란 명칭이 생겼다.

60 한반도 조사에 관한 보고는 『도리이 류조 전집』 제8권에 일괄 수록되었다. 에가미 나미오(江上波夫)가 해제를 붙였다.

61 무사시(武藏), 무사시노(武藏野)는 도쿄, 요코하마 일원을 가리키는 중세 이래의 지역 명칭이다. 메이지-쇼와 시기 국수주의 사조에서 주변국 선점론을 제창한 요시다 쇼인이 처형되기 전에 『유혼록(留魂録)』을 지어 "죽어서도 혼은 무사시노에 살아 있겠다"라고 하였다. 그는 존왕파로서 천황에 대한 충성의 표시로 이 말을 남겨 러일전쟁 이후 언론인 도쿠토미 소호 등에 의해 황도 사상 선양의 중심인물이 되었다. 도리이 류조의 무사시노회(武藏野會)는 이와는 무관하다. 이태진, 2022, 『일본제국의 '동양사' 개발과 천황

제 파시즘』, 사회평론아카데미의 6장 2절 '4) 『요시다 쇼인』(개정판): 황도주의 제창'
참조.

62　스와군(諏訪郡) 지역에는 조몬, 야요이 시대 이래의 고고 유적이 분포하고, 고원(高原)을
　　중심으로 집락 유적이 분포하고 있다. 시모스와(下諏訪)의 와다토게(和田峠)에서 흑요
　　석으로 제작한 석기와 조몬, 야요이 시대의 토기 파편도 출토되었다. 『도리이 류조 전집』
　　제4권 참조.

63　사쓰마(薩摩)는 가고시마현(鹿兒島縣) 내의 군(郡)으로, 현의 서쪽 해안가 지역이다. 오
　　스미(大隅)는 가고시마현의 동쪽 군이다. 메이지 시대 '폐번치현(廢藩置縣)' 이전에 각기
　　번(藩)을 이루어 사쓰마국, 오스미국이라 불렸다. 사쓰마라는 명칭은 가고시마 행정 지
　　역 전체를 의미하는 아칭(雅稱)으로 쓰이기도 한다.

64　『도리이 류조 전집』 제4권에 수록되어 있다.

65　森貞次郎, 「解題」, 鳥居龍藏, 1976, 『鳥居龍藏全集』 第4卷, 朝日新文社, p. 630.

66　위의 책, p. 631.

67　八幡一郎, 「解題」, 鳥居龍藏, 1975, 『鳥居龍藏全集』 第1卷, 朝日新聞社, p. 641.

68　위의 책, p. 642.

69　위의 책, pp. 642-643.

70　아즈마국(東國)은 상고부터 사용한 야마토 고토바(大和言葉, 일본 고유어) 곧 아어(雅
　　語)의 한 지칭이라고 한다. 아스카(飛鳥)시대 무렵에 야마토국(大和國, 지금의 나라奈良)
　　중심으로 사용한 것으로, 조몬시대부터 야요이시대에 걸친 시대의 문화원으로서 동일본
　　(東日本)을 의미한다. 에치고국(越後國), 시나노국(信濃國), 미카와국(三河國)이 해당
　　한다.

71　고대에는 전투 목적으로 조직된 집단을 '軍(이쿠사)'라고 불렸다. 율령제하의 국가 군대
　　인 군단(軍團)도 같다. 헤이안시대에 '兵(쓰와모노)'라고 불린 자들이 사적으로 형성한
　　집단이 곧 중세의 '무사단(武士團, 부시단)'이다.

72　「무사시 국명고(武藏國名考)」에서 무사시(武藏)는 상대 야요이시대 이래 반도로부터 도
　　래한 사람들이 도쿄 일원에 거주하면서 모시[苧]를 재배하여 조포(調布)로서 이름이 나
　　기까지 하여 지명이 되었다고 하였다. 즉 '무사시'는 한국어의 '모시', '모시 씨'의 표기로,
　　고대에는 '武射', '无邪志', '牟射志' 등으로 표기되다가 중세에 『무사시 국명고』에서처럼
　　일본무존(日本武尊, 야마토타케루노미코토)이 지치부산(秩父山) 위에 병갑(兵甲)을 매
　　장하였기 때문에 산 이름을 '武藏'라고 했다는 설화의 영향으로 '무사시'('武射', '无邪志',
　　'牟射志')가 '武藏'으로 바뀐 것이라고 논증하였다. 이 도래인은 일본에 말[馬]까지 가져
　　와 일본이 아시아에서 유일한 말이 있는 섬이 되었다고 하였다. 「무사시노의 고(구)려
　　인」에서는 그들을 고구려에서 온 사람들이라고 고찰하였다. 鳥居龍藏, 1975, 『鳥居龍藏全
　　集』 第2卷, 朝日新文社, pp. 36-41.

73　樋口淸之, 「解題」, 鳥居龍藏, 1975, 『鳥居龍藏全集』 第2卷, 朝日新文社, p. 611.

74　고쿠가쿠인대학(國學院大學)은 1882년 연구소로 출발하여 1904년 전문학교로 승격하
　　고 1920년 정식 대학이 되었다. 메이지 왕정복고 이후 서양 문화 수용 속에 일본의 문화

와 정신이 과소평가되는 경향을 지양하여 "외국의 장점을 찾고 우리의 부족함을 보완하는" 건학 정신을 내세웠다(ko.wikipedia.org 참조).

75 岡崎敬, 「解題」, 鳥居龍藏, 1976, 『鳥居龍藏全集』 第6卷, 朝日新文社, p. 659.

76 『도리이 류조 전집』 제9권에 대한 마모루 마사베(護雅部)의 「해제」에는 이 조사 여행을 다음과 같이 기술하였다. "1931년, 부인, 차남 류지로(龍次郎) 씨와 함께 만주를 조사하고, 1932년에는 '문부성이 만주 각지의 교재 영상 촬영대를 파견할 때', 차녀 미도리코(綠子) 씨, 류지로 씨를 데리고 '그 지도자로서 도만(渡滿)하여 각지의 고적을 촬영하면서' 만주·조선반도 북부를 조사하였다[『도설(圖說) 도리이 류조 전(鳥居龍藏傳)』]. 「만주국 편지」, 「만주국으로부터 무사시노(武藏野)로」는 이 여행지에서 고국에 보낸 박사 또는 류지로 씨의 서신이다." 「도리이 류조 소전(鳥居龍藏小傳)」(도리이 류지로 편) '저술 총목록(著述總目錄)·연보(年報)'에는 이 여행에 관한 언급이 보이지 않는다.

77 岡崎敬, 「解題」, 鳥居龍藏, 1976, 『鳥居龍藏全集』 第6卷, 朝日新文社, pp. 662-663. 한편, 도리이 류조는 『요의 문화를 탐구하다(遼の文化を探る)』(쇼카샤章華社, 1937) 서문에서 가족의 도움을 다음과 같이 술회하였다. "제2회 탐사는 나와 일가족에 의해 행해졌다. 처기미코, 딸 미도리코, 아들 류지로는 나의 조수로서 탐사 보조 역할을 했다는 것을 여기서 밝혀두고 싶다. 이 책은 나의 일기를 기초로 기술한 것이지만, 그 가운데 처의 일기를 참조한 곳이 있다. 책에 실린 사진은 모두 류지로가 촬영한 것이고, 스케치 도화는 미도리코의 손으로 그려졌다. 특히 표지 의장(意匠)은 미도리코가 몽골의 소루만하에 남아 있는 요의 능묘 안의 벽화를 토대로 도안하고, 가능한 대로 그 특색을 표현했다고 생각된다. 표지에 그린 1명의 인물은 바로 거란인을 표시하였다"(위의 책, p. 661).

78 이상의 옌칭대학 재직 시기 서술은 『도리이 류조 전집』 제6권의 오카자키 다카시(岡崎敬)가 쓴 「해제」 중 「만년의 도리이 류조와 그 업적」(658-659쪽) 참조.

79 松本清張, 「解題」, 앞의 책, p. 732.

80 메이지·다이쇼 시기 일본의 대표적인 아나키스트. 1910년 사회주의 고토쿠 슈스이(幸德秋水)가 메이지 천황을 암살할 계획을 했다고 하여 전국의 사회주의자, 무정부주의자를 체포 기소하여 사형, 유기형 판결을 내린 이른바 대역 사건(大逆事件, 고토쿠 사건幸德事件) 이후 대표적 아나키스트로 위험시되다가 간토대진재 직후 헌병대 사령부에 의해 살해되었다.

81 松本清張, 「解題」, 앞의 책, p. 732. 그런데 『도리이 류조 전집』 제8권 「해제」에서 에가미 나미오(江上波夫)는 이렇게 비판적으로 쓰고 있다. "도리이 박사의 동북아시아 탐사는, 많은 경우 일본의 대륙 진출과 밀접한 관계가 있다. 그것은 일청전역(日淸戰役, 청일전쟁) 직후의 랴오둥반도 조사, 일로전역(日露戰役, 러일전쟁) 직후의 만주 조사, 한국 통감, 일한합병(日韓合倂) 시기의 조선 조사, 시베리아 출병기(出兵期)의 동시베리아, 북가라후토(北樺太), 북만주 조사 등의 예에 잘 나타나듯이 이들 각지에서 박사의 학술조사가 적지 않게 성과를 거두었던 것도 현지에서의 일본 군관(軍官)의 강력한 후원, 협력에 의한 것이 많았다. 그것은 박사의 타이완 조사와 타이완 영유, 산둥 조사와 산둥 출병 등과의 관계를 보아도 마찬가지다. 거기에는 박사의 기회를 놓치지 않고 행동하는 기민

함, 권력을 교묘하게 이용하는 정치성이라는 박사의 일면을 보여주는 것이리라. 그런데 몽골 조사에 한해서는 무관계한, 순수학술 취지의 가족 여행이었다"(鳥居龍藏, 1976, 『鳥居龍藏全集』第6卷, 朝日新文社, p. 691). 『어느 노학도의 수기(ある老學徒の手記)』를 읽어 보아도 조사 현지에서 군대 병사 또는 장교의 도움을 받은 것은 사실이다. 그러나 앞에서 자세히 살폈듯이 조사사업 자체가 정부 또는 군부 위촉이었기 때문에 현지에서 협조를 받은 것이지 도리이 류조 개인의 처세술로 보기는 어렵다. 아마도 에가미 나미오가 1935년 이후 신진 학자로서 '일만문화협회'를 비롯한 만주 등지 조사사업에 참가하였을 때, 도리이 류조는 참가하지 않아서 비평이 많았던 것을 들었던 것으로 보인다.

11장 '쇼와유신' 세대와 어용 '동아학'

1   原田伊織, 2017, 『明治維新という過ち』, 講談社의 제1장 「'메이지유신'이라는 거짓말('明治維新'というウソ)」과 제4장 「테러를 정당화한 '미토학(水戶學)'의 광기(テロを正當化した '水戶學'の狂氣)」 중의 "'쇼와유신'이 낳은 '메이지유신'('昭和維新'が生んだ'明治維新')"참조. 저자는 메이지 시대에는 '왕정복고'란 용어가 주로 사용되고, '메이지유신'은 쇼와 시대에 만들어진 것이라고 주장하였다.

2   原田史, 2015, 『'昭和天皇實錄'を讀む』岩波新書 1561, 岩波書店, p. 10.

3   위의 책, pp. 61-63, pp. 80-82, pp. 94-96.

4   위의 책, pp. 119-122. 고쿄마에(皇居前) 광장(1967년 이후 고쿄가이엔皇居外苑)을 무대로 한 행사는 1898년 도쿄 전도(奠都, '천도'라는 뜻) 30주년 기념으로 민간의 히로부미관(博文館)이 '전도 30년 축하회'를 기획하여 열면서 천황과 황후를 초대한 것이 처음이었다. 다이쇼 시대에는 1915년부터 1917년까지 3회에 걸쳐 천황에 의한 육군시관병식(陸軍始觀兵式)이 열린 것이 전부였다. 1923년 9월 간토대지진(關東大震災)가 일어났을 때는 이재민 약 30만 명이 이곳에 텐트촌을 지어 피난하여 광장의 수용력이 증거되었다. 이후 1924년에 텐트촌은 없어지고, 도쿄시가 히로히토 황태자의 결혼식을 축하하는 '성혼봉축회(成婚奉祝會)'를 이곳에서 연 것이 계기가 되어, 광장은 쇼와 천황을 주체로 하는 '성스러운 공간'으로 변모하였다. 原田史, 2005, 「皇居前廣場」, 原田史 · 吉田裕 編, 『岩波天皇 · 皇室辭典』, pp. 334-335.

5   위의 책, p. 256.

6   동방문화학원의 도쿄 · 교토 연구소의 평의원으로 '진강'을 수행한 인물들은 아래와 같다. 도쿄연구소: 다키 세이이치(瀧精一)-미술사(1920), 핫토리 우노키치(服部宇之吉)-유교경전(1921), 이치무라 산지로(市村瓚次郎)-『논어』(1925), 시오노야 온(鹽谷溫)-『한서(漢書)』(1929), 우노 데쓰토(宇野哲人)-『한서』(1933), 이케우치 히로시(池內宏)-만선사(1944). 본서 「부록 2-1. 동방문화학원 도쿄연구소 평의원 인력 분석」 참조.
동경연구소: 가노 나오키(狩野直喜)-『상서(尙書)』(1924), 나이토 고난(內藤湖南)-『통전(通典)』(1931), 신무라 이즈루(新村出)-『국서(國書)』(1933), 스즈키 도라오(鈴木虎雄)-『한서』(1933), 하네다 도루(羽田亨)-『금사(金史)』(1936). 본서 「부록 2-2. 동방문화학원

도쿄연구소 평의원 인력 분석」 참조.

7 井畔武明·江頭彦造 編纂, 1943,『詔勅集』, 海軍機關學校를 활용하였다. 이『조칙집(詔勅集)』은 편자가 이구로 다케아키(井畔武明)·에가시라 히코조(江頭彦造)라고 명시되어 있다. 필자가 소장한 해군기관학교 간행본은 128쪽, 해군병학교 간행본은 92쪽이다. 해군기관학교는 사관양성학교로서 연혁은 다음과 같다. 1874년 요코스카에 해군병학료(海軍兵學寮) 분교로 출발. 1878년 해군병학교 부속기관학교, 1881년 해군기관학교가 되고, 1887년 폐교되었다가 1893년에 복구, 1923년 간토대진재로 소진, 1925년 교토부 마이즈루(舞鶴)로 이전 설립되었다. 1942년 11월 장교를 병과(兵科), 기관과(機關科)로 구분하던 장교제도를 개정하여 기관과 장교가 '장교'로 통합되었다.『조칙집』은 바로 이때 간행되었다(ja.wikipedia.or 참조).

8 「今上天皇陛下踐祚ニ際シ陸海軍人ニ賜ハリタル勅諭」(昭和 元年 12月 28日), 위의 책, pp. 96-97.

9 다이쇼 원년(1912) 7월 31일자로 내린 「황위 계승에 제하여 육해군인에게 내린 칙어(踐祚ニ際シ陸海軍人ニ賜ハリタル勅語)」를 가리킨다.

10 도쿠토미 소호에 관해서는 이태진, 2022,『일본제국의 '동양사' 개발과 천황제 파시즘』, 사회평론아카데미의 제2부 참조.

11 캐나다 웨슬리언 메서디스트 교회(Wesleyan Methodist Church) 선교사 찰스 에비(Charles Samuel Eby)가 1890년에 도쿄에 설립한 '혼코중앙교회(本鄕中央敎會)'를 가리키는 것으로 보인다.

12 德富猪一郎, 1933,『增補國民小訓』, 民友社, pp. 36-37.

13 京都大學人文科學研究所, 1979, 「創立期」,『人文科學研究所50年』, p. 50.

14 위의 책, p. 56.

15 東京大學東洋文化研究所 編, 1991, 「東洋文化研究所 50年 略史」,『東洋文化研究所の50年』, pp. 3-4.

16 이하 조서, 칙유의 원문은 앞의 해군기관학교 간행본『조칙집』에 수록된 것을 사용하였다.

17 原田史, 2005, 「紀元2600年」, 原田史·吉田裕 編,『岩波天皇·皇室辭典』, 岩波書店, pp. 230-231.

18 1941년 5월 1일 도쿄제국대학 총장이 밝힌 설립 이유는 다음과 같다. "지금 대동아공영권의 건설을 도모하여 동양 영원의 평화 기초를 다짐은 우리나라 부동의 방침이므로 이때 특별히 동양 문화를 근본적으로 고구(攷究)하여 우리 국책의 수행에 이바지함은 실로 긴요한 급무가 되었다"(11장 주 15 참조).

19 李泰鎭, 長森美信 譯, 2020, 「明治日本政府の歷史敎育政策と朝鮮史(韓國史)」,『朝鮮學報』第255輯.

20 위의 논문, pp. 20-24.

21 「今上天皇陛下御卽位禮當日紫宸殿ノ御儀ニ御テ賜ハリタル勅語」(井畔武明·江頭彦造 編纂, 1943,『詔勅集』, 海軍機關學校 참조). 등극 후 3년째에 고쿄마에 광장에서 즉위식을 거행

하는 것이 관례이다. 이때 교토의 천황의 정전(正殿)인 자신전(紫宸殿)의 모양을 딴 가건
물을 지어 여기서 즉위식을 거행하였다.

22 쇼와 4년(1929) 3월 육군사관학교장 하야시 나리유키(林仙之) 명의로 발행되었다. 편찬
자는 육군 교수 요다 유호(依田雄甫)로서, 메이지 42년(1909)에 편찬하여 1921년 개정
(改訂)을 거쳐 낸 것으로 소개되었다. 「예언」에 따르면 육군사관학교 예과 제2학년용으
로 편찬되었다.

23 부록 「대외전기(對外戰記)」는 '제1장 원병(元兵)의 입구(入寇), 제2장 도요토미 히데요
시(豊臣秀吉)의 조선 정벌, 제3장 메이지 27~28년 전역(戰役, 청일전쟁: 인용자), 제4장
북청 사건(北淸事件, 의화단 사건: 인용자), 제5장 메이지 37~38년 전역(戰役, 러일전쟁:
인용자)'으로 구성되어 있다.

24 '조국(肇國)'은 '첫 건국'의 뜻으로 일본 신대(神代) 역사서술에서 중요한 단어이다. 『일
본서기』에 근거하여 일본 국토의 최초의 지배자인 천황의 업적 표시에서 제1대 진무
(神武) 천황은 '처음으로 천하를 다스린 천황[始馭天下之天皇]', 제10대 스진(崇神) 천황
은 '나라를 처음 세운 천황[御肇國天皇]'이라고 하였다. 진무 천황은 규슈 쪽에서 긴키
(近畿)로 향한 동진(東進)의 업적, 스진 천황은 야마토(大和) 조정의 창건자가 아닐까 해
석하기도 한다(日本國語大辭典第二版編集委員會, 2005, 「肇國」, 『精選版 日本國語大辭典』,
小學館). 1889년 2월에 「대일본제국헌법」과 함께 공포된 「황실전범(皇室典範)」 전문(前
文)에 '조국'이란 단어가 쓰이고, 「헌법 발포의 칙어」에 "우리 조종(祖宗)이 우리 신민(臣
民) 조선(祖先)의 협력 보익(輔翼)에 힘입어 우리 제국을 조조(肇造)하였다"라고 표현함
으로써 이후 '조국'은 황도주의 표시의 대표 용어의 하나가 되었다. 이 칙어와 함께 나온
「헌법 상유(上諭)」에 메이지 천황이 "짐 조종의 유열(遺烈)을 이어 만세일계(萬世一系)
의 제위에 오르니"라고 함으로써 '만세일계' 또한 황도 표시의 주요 용어가 된다. 井畔武
明 · 江頭彦造 編纂, 1943, 앞의 책, p. 27, p. 29.

25 1941년(쇼와 16) 12월 8일자의 「미국 및 영국에 대한 선전의 조서(米國及英國ニ對スル宣
傳ノ詔書)」를 뜻함.

26 '팔굉위우(八紘爲宇)'는 진무 천황이 동진(東進)을 끝낸 뒤, "팔굉(팔방)을 차지하여 집
으로 한다[掩八紘而爲宇]"라고 한 말에서 유래한다. 동진은 규슈 쪽에서 긴키 방향으로
향하여 야마토 조정을 세우는 과정의 역사를 뜻한다. 『일본서기』 권 제3, 기미년 3월조.
1943년 해군기관학교 발행 『조칙집』에는 「제6. 진무 천황 황도 경영의 조(詔)」로 실렸
다. 이 기사는 메이지 천황의 제국헌법 반포 시기에 천황제 국가주의 체계 수립에서 "천
하를 하나의 집으로 하는 것"으로 확대하여 해석하고, 쇼와 시대에는 중일전쟁, 대동아
전쟁을 수행하면서 "전 세계를 하나의 집으로 삼는 것"으로 과장하였다. 메이지, 다이
쇼, 쇼와 3대의 조칙 가운데 이 용어를 쓴 것은 1940년(쇼와 15) 9월 27일의 「일독이 삼
국조약 체결에 관한 조서(日獨伊三國條約締結ニ關スル詔書)」에서 "대의를 팔굉에 선양하
고 건곤(乾坤, 하늘과 땅 곧 세계를 뜻함: 인용자)을 일우(一宇, 하나의 집: 인용자)로 함
은 실로 황조황종(皇祖皇宗)의 대훈(大訓)으로서"라고 서두를 연 것이 유일하다. '팔굉일
우(八紘一宇)'는 다이쇼 시기에 일련주의(日蓮主義, 니치렌주의)의 다나카 지가쿠(田中智

學)가 국체 연구에서 사용한 축약어라고 한다.

에필로그 천황제 파시즘의 행로와 함께한 도쿄·교토 제국대학의 동방학

1   이태진, 2014, 「요시다 쇼인(吉田松陰)과 도쿠토미 소호(德富蘇峰): 근대 일본 한국 침
    략의 사상적 기저(基底)」, 『한국사론(韓國史論)』 60집, 서울대학교 국사학과; (재수록)
    2017, 『끝나지 않은 역사: 식민지배 청산을 위한 역사 인식』, 태학사; (일역) 辺英浩·小
    宮秀陵 飜譯, 2015, 「吉田松陰と德富蘇峰: 近代日本による韓國侵略の思想的基底」, 『都留文
    科大學研究紀要』第80號.

참고문헌

1. 자료

京都大學百年史編集委員會 編, 1997,『京都大學百年史』部局史編 2, 京都大學後援會.

京都大學人文科學研究所, 1979,『人文科學研究所50年』(www.zinbun.kyoto-u.ac.jp/wp-content/uploads/2010/09/50years.pdf).

關野貞, 1904,『韓國建築調査報告』, 東京帝國大學 工科大學.

東京大學百年史編集委員會 編, 1986,『東京大學 百年史』部局史 4, 東京大學出版會.

東方文化學院 東京研究所, 1933. 11. 19,『東方文化學院東京研究所開所式記事』.

東方文化學院 東京研究所, 1933. 9,「東方文化學院東京研究所諸規程)」(철필 프린트본).

東方文化學院, 1948,『東方文化學院二十年史』.

外務省 文化事業部, 1934. 12,『文化事業部事業概要』, 外務省 文化事業部(日本國立國會圖書館デジタルコレクション).

井上哲次郎, 1891,『(敎育)勅語衍義』卷上, 敬業社・哲眼社(日本國立國會圖書館デジタルコレクション).

京都帝國大學人文科學研究所 編, 1941. 3,『東亞人文學報』第一卷 第1號.

東方文化學院 東京研究所, 1934. 12,「彙報」,『東方學報』第5冊.

東方文化學院, 1936. 2,『東方文化研究』6.

文部省 編, 1937,『國體の本義』, 文部省.

井畔武明・江頭彦造 編纂, 1943,『詔勅集』, 海軍機關學校.

德富蘇峰, 1916,『大正の青年と帝國の前途』, 民友社.

德富蘇峰, 1933,『增補 國民小訓』增補版, 民友社.

德富蘇峰, 1940,『滿洲建國讀本』, 日本电报通信社.

東宮御學問所御用掛・文學博士 白鳥庫吉, 2000,『日本歷史: 昭和天皇の教科書 』上・下, 勉誠文庫 A-2, 勉誠出版.

藤井惠介・早乙女雅博・角田眞宮・西秋良宏, 2005,『關野貞アジア踏査』, 東京大學出版會.

藤井惠介・早乙女雅博・角田眞宮・李明善, 2004,『東京大學總合研究博物館所藏 關野貞コレクション フィールドカード 目錄』, 東京大學總合研究博物館標本資料報告 53.

白鳥庫吉, 出雲井晶 譯, 2004,『國史: 昭和天皇 歷史教科書』, 講談社.

斯文會, 1989,『聖堂物語: 湯島聖堂略誌)』, 斯文會.

三宅米吉, 1911,『文學博士那珂通世君傳』, 大日本圖書株式會社.

阿部洋, 2004,『對支那文化事業の研究: 戰前期 日中敎育文化交流の展開と挫折』上·下, 汲古書院.
野村乙二期, 2007,『東亞聯盟期の石原莞爾資料』, 同成社.
鳥居龍藏, 2013,『ある老學徒の手記』岩波文庫 靑N112-1, 岩波書店.

2. 전집·회상록

內藤湖南, 神田喜一郎·內藤乾吉 編集, 1970-1976,『內藤湖南全集』第一卷-第十四卷, 筑摩書房.
白鳥庫吉全集刊行委員會, 1969-1971,『白鳥庫吉全集』第1卷-第10卷, 岩波書店.
山口縣敎育會編, 2002,『吉田松陰全集』1-12, 別卷, マツノ書店.
鳥居龍藏, 1975-1976,『鳥居龍藏全集』第1卷-第12卷, 朝日新聞社.

東方學會, 2000,『東方學回想』I-先學を語る(1), 刀水書房.
　　「古城貞吉先生年譜」,「白鳥庫吉博士略年譜」,「服部宇之吉博士略年報」,「狩野直喜博士年譜」,
　　「市村瓚次郎博士略曆」.

東方學會, 2000,『東方學回想』II-先學を語る(2), 刀水書房.
　　「小川琢治博士略歷」,「桑原隲藏博士略年譜」,「鈴木虎雄博士略曆」,「鈴木虎雄博士著作目錄」,
　　「塩谷溫博士略歷」,「塩谷溫博士著述目錄」,「池內宏博士略曆」,「池內宏博士著書目錄」.

東方學會, 2000,『東方學回想』III-先學を語る(3), 刀水書房.
　　「矢野仁一博士略歷」,「宇野哲人著作目錄」,「原田淑人博士略譜」.

東方學會, 2000,『東方學回想』IV-先學を語る(4), 刀水書房.
　　「濱田耕作博士略年表」,「濱田耕作博士主要著作目錄」,「小島祐馬博士略年譜」,「小島祐馬博士
　　著作目錄」,「羽田博士年譜」.

3. 저서·번역서

김문자, 김승일 옮김, 2011,『명성황후 시해와 일본인』, 태학사.
김용덕, 1991,『일본 근대사를 보는 눈』서울대학교 동양사학강의 총서 XIII, 지식산업사.
민두기, 1999,『중국의 공화혁명(共和革命)』, 지식사업사.
박영재·박충석·김용덕, 1996,『19세기 일본의 근대화』, 서울대학교 출판부.
서영희, 2003,『대한제국정치사연구』, 서울대학교 출판부.
서울대학교 동양사학연구실 편, 1989,『강좌 중국사 VII: 신질서의 모색』, 지식산업사.
세키노 다다시(關野貞), 니시야마 다케히코(西山武彦)·이타미 준(伊丹潤) 감수, 강봉진(姜奉

辰) 옮김, 1990, 『한국의 건축과 예술: 도쿄제국대학 한국건축조사보고』, 산업도서출판 공사.

아라이 신이치, 이태진·김은주 옮김, 2014, 『약탈문화재는 누구의 것인가?』, 태학사.

야마무로 신이치, 윤대석 옮김, 2009, 『키메라: 만주국의 초상』, 소명출판.

와다 하루키, 이웅현 옮김, 2019, 『러일전쟁: 기원과 개전』 1·2, 한길 그레이트북스 163, 한 길사.

유영익, 1990, 『갑오경장연구(甲午更張研究)』, 일조각.

윤해동·장신 엮음, 2018, 『제국 일본의 역사학과 '조선'』, 식민주의 역사학과 제국 2, 소명 출판.

이태진, 2005, 『동경대생들에게 들려준 한국사』, 태학사; (일역) 鳥海隆 譯, 2006, 『東大生に語つた韓國史: 植民地支配の合法性を問う』, 明石書店.

이태진, 2022, 『일본제국의 '동양사' 개발과 천황제 파시즘』, 사회평론아카데미.

江上波夫 編, 1992, 『東洋學の系譜』, 大修館書店.

見延典子, 2019, 『賴山陽と戰爭國家』, 南南社.

高橋典幸·山田邦明·保谷徹·一ノ瀨俊也, 2006, 『日本軍事史』, 吉川弘文館.

高橋哲哉, 2005, 『靖國問題』ちくま新書 532, 筑摩書房.

古川隆久, 2011, 『昭和天皇: '理性の君主'の孤獨』中公新書 2105, 中央公論新社.

關野貞, 關野博士記念事業會 編, 1941, 『朝鮮の建築と藝術』關野貞論文集 3, 岩波書店.

旗田巍, 1969, 『日本人の朝鮮觀』, 勁草書房.

吉野 誠, 2002, 『明治維新と征韓論』, 明石書店.

金文子, 2009, 『朝鮮王妃殺害と日本人』, 高文研.

金文子, 2014, 『日露戰爭と大韓帝國 』, 高文研.

大谷正, 2014, 『日清戰爭: 近代日本初の對外戰爭の實像』中公新書 2270, 中央公論新社.

藤原彰, 2006, 『日本軍事史』上卷(戰前篇)·下卷(戰後篇), 社會批評社.

老川慶喜, 2014, 『日本鐵道史, 幕末·明治篇: 蒸氣車模型から鐵道國有化までー』中公新書 2269, 中央公論新社.

立野信之, 1963, 『昭和軍閥 勃興篇』, 講談社.

笠原十九司, 2017, 『日中戰爭全史』上·下, 高文研.

笠原英彦, 2006, 『明治天皇: 苦惱する '理想的君主'』中公新書 1849, 中央公論新社.

木畑洋一, 2014, 『二十世紀の歷史』岩波新書 1499, 岩波書店.

米原 謙, 2003, 『德富蘇峰: 日本ナショナリズムの軌跡』中公新書 1711, 中央公論新社.

朴宗根, 1982, 『清日戰爭と朝鮮』, 青木書店.

保阪正康, 2005, 『昭和天皇』, 中央公論新社.

山室信一, 2001, 『思想課題としてのアジア』, 岩波書店.

山室信一, 2004, 『キメラー滿洲國の肖像』增補版, 中公新書 1138, 中央公論新社.

森岡清美, 1976, 『日本の近代社會とキリスト敎』, 評論社.

三田村泰助, 1972,『內藤湖南』中公新書 281, 中央公論新社.

小林英夫, 1997,『滿鐵: 知の集團」の誕生と死』, 吉川弘文館.

小林英夫, 2006,『滿鐵調查部の軌跡』, 藤原書店.

篠原初枝, 2010,『國際聯盟 世界平和への夢と挫折』中公新書 2055, 中央公論新社.

水野直樹・藤永壯・駒込武 編, 2001,『日本の植民地支配: 肯定・贊美論を檢証証する』, 岩波書店.

岸本美緒 編, 2006,『帝國日本の學知』, 岩波書店.

安田浩・趙景達 編, 2005,『戰爭の時代と社會: 日露戰爭と現代』, 靑木書店.

楊海英, 2015,『日本陸軍とモンゴル: 興安軍官學校の知られざる戰い』中公新書 2348, 中央公論
　　新社.

永原慶二・鹿野政直 編著, 1976,『日本の歷史家』, 日本評論社.

遠藤芳信, 1994,『近代日本軍隊敎育史硏究』, 靑木書店.

原田史, 2015,『'昭和天皇實錄'を讀む』岩波新書 1561, 岩波書店.

原田伊織, 2017,『明治維新という過ち』, 講談社.

伊藤之雄, 2009,『山縣有朋: 愚直な權力者の生涯』文春新書 684, 文藝春秋.

伊勢弘志, 2014,『近代日本の陸軍と國民統制』, 校倉書房.

財團法人 滿鐵會編, 2007,『滿鐵四十年史』, 吉川弘文館.

田中彰, 2001,『吉田松陰: 變轉人物像』中公新書 1621, 中央公論新社.

井上勝生, 2006,『幕末・維新: シリーズ日本近現代史①』岩波新書 1042, 岩波書店.

中山隆志, 2000,『關東軍』, 講談社選書メチエ 180, 講談社.

中塚明, 1968,『日淸戰爭の硏究』, 靑木書店.

中塚明, 1997,『歷史の僞造をただす』, 高文硏.

千葉功, 2012,『桂太郎: 外に帝國主義, 內に立憲主義』中公新書 2162, 中央公論新社.

河邊正三, 1980,『日本陸軍精神敎育史考』, 原書房.

韓桂玉, 1996,『「征韓論」の系譜: 日本と朝鮮半島の100年』, 三一書房.

戶部良一, 2010,『外務省革新派: 世界秩序の幻影』中公新書 2059, 中央公論新社.

和田春樹, 2009, 2010,『日露戰爭: 起源と開戰』上・下, 岩波書店.

和田春樹・水野直樹, 1996,『朝鮮近現代史における金日成』, 神戶學生・靑年センタ出版部.

荒井信一, 2012,『コロニアリズムと文化財: 近代日本と朝鮮から考える』岩波新書 1376, 岩波書店.

檜山幸夫, 1997,『日淸戰爭: 秘藏寫眞が明かす眞實』, 講談社.

Shaw, Carole Cameron (2007), *The Foreign Destruction of Korean Kingdom*, Seoul
　　National University Press.

Bix, Herbert P. (2001), *Hirohito and the Making of Modern Japan*, HarperCollins.

4. 논문

김정동, 2000, 「이토 주타와 세키노 다다시의 전횡」, 『남아 있는 역사, 사라지는 건축물』, 대원사.

문명기, 2000, 「왕정위(汪精衛) 공작, 중일전쟁 초기(1937~39) 왕정위파의 화평운동과 화평이론」, 『동양사학연구』 제71집, 동양사학회.

배경한, 1989, 「난징(南京) 국민정부(國民政府)의 성립과 그 성격」, 서울대학교 동양사학연구실 편, 『강좌 중국사 VII: 신질서의 모색』, 지식산업사.

서상문, 2020, 「시안사변과 저우언라이」(blog.daum.net).

신영훈, 1976, 「日政期의 문화재 보존사업」, 『장기언 선생 회갑기념논문집』(출판사 미상).

우동선, 2006, 「세키노 다다시의 한국 고건축 조사와 보존에 대한 연구」, 『대한건축학회논문집』 22권 7호, 통권 213호, 대한건축학회.

이승휘, 1989, 「항일전선」, 서울대학교 동양사학연구실 편, 『강좌 중국사 VII: 신질서의 모색』, 지식산업사.

이우진, 1987, 「임정의 파리강화 외교」, 『한국정치외교사논총』 3, 한국정치외교사학회.

이태진, 2014, 「요시다 쇼인(吉田松陰)과 도쿠토미 소호(德富蘇峰): 근대 일본 한국 침략의 사상적 기저(基底)」, 『한국사론(韓國史論)』 60집, 서울대학교 국사학과: (재수록) 2017, 『끝나지 않은 역사: 식민지배 청산을 위한 역사 인식』, 태학사: (일역) 辺英浩・小宮秀陵 飜譯, 2015, 「吉田松陰と德富蘇峰: 近代日本による韓國侵略の思想的基底」, 『都留文科大學研究紀要』 第80號.

이태진, 2017, 「'한국병합조약' 진행에 관한 일본 신문의 왜곡 보도: 『도쿄니치니치신문(東京日日新聞)』의 기사를 중심으로」, 『끝나지 않은 역사: 식민지배 청산을 위한 역사인식』, 태학사.

이태진, 2018, 「대한제국의 산업근대화와 중립국 승인 외교: 1902년 고종 즉위 40주년 칭경예식과 관련하여」, 국립고궁박물관 엮음, 『대한제국, 세계적인 흐름에 발맞추다』(왕실문화 기획총서 10), 국립고궁박물관.

大橋敏博, 2004, 「韓國における文化財保存システムの成立と展開」, 島根縣立大學, 『綜合政策論叢』 第8號.

陶德民・藤田高夫, 2014, 「內藤書簡研究の新しい展開可能性について: 滿洲建國後の石原莞爾・羅振玉との協働を例に」, 『關西大學東西學術研究所紀要』, 關西大學東西學術研究所.

李泰鎭, 長森美信 譯, 2020, 「明治日本政府の歴史教育政策と朝鮮史(韓國史)」, 『朝鮮學報』 第255輯.

麻生將, 2020, 「近代日本におけるキリスト教と國家神道」, 『高橋學敎授退職記念論集』, 立命館大學人文學會.

水野直樹, 1996, 「朝鮮近現代史における金日成: 解放前を中心として」, 和田春樹・水野直樹, 『朝鮮近現代史における金日成』, 神戸學生・青年センタ出版部.

塩澤裕仁・平勢隆郞, 2014,「關野貞の'支那歷代帝陵の研究'を支えた人たち－竹島卓一・荒木淸
　　三・岩田秀則」,『法政史學』79.
伊藤眞希, 2014,「華族の家庭敎育:華族男性の子育てのかかわりから」, 愛知淑德大學大學院現代社
　　會硏究科 論文.
早乙女雅博, 1997,「關野貞の朝鮮古蹟調查」,『東京大學創立百二十周年記念東京大學展'學問の過
　　去・現在・未來, 第二部精神のエクスペヂシオン』, 東京大學出版會.
河棕文, 2009,「大正デモクラシーと天皇制: 臣民・赤子・直訴を中心に」(發表文)(jww.iss.u-
　　tokyo.ac.jp/research/monthly/2009/20090714.html).

5. 사전·검색

京都大學 文學部 國史研究室 編, 1959,『日本史辭典』(改訂增補), 創元社.
臼井勝美 高村直助 鳥海靖 由井正臣 編, 2001,「嘉納治五郞」,『日本近現代人名辭典』, 吉川弘文館.
臼井勝美 高村直助 鳥海靖 由井正臣 編, 2001,「井上哲次郞」,『日本近現代人名辭典』, 吉川弘文館.
德永重康 – Wikipedia.
渡辺浩, 2005,「大日本帝國憲法」, 原田史・吉田裕 編,『岩波天皇・皇室辭典』, 岩波書店.
龍谷次郞, 2005,「敎育勅語」, 原田史・吉田裕 編,『岩波天皇・皇室辭典』, 岩波書店.
文部科學省,「學制百年史: 二 明治憲法と敎育勅語」(mext.go.jp).
原田史, 2005,「紀元2600年」, 原田史・吉田裕 編,『岩波天皇・皇室辭典』, 岩波書店.
原田史, 2005,「皇居前廣場」, 原田史・吉田裕 編,『岩波天皇・皇室辭典』, 岩波書店.
日本國語大辭典第二版編輯委員會, 2005,「肇國」,『精選版 日本國語大辭典』, 小學館.
日外アソシェーツ, 2004,『20世紀日本人名辭典』.

6. 사진 출처

京都大學 人文科學研究所 編, 1979,『人文科學研究所50年』.
고쿠가쿠인대학(國學院大學).
關野貞研究會 編, 2010,『關野貞日記』, 中央公論美術出版.
關野貞研究會 編, 2010,『關野貞日記』, 中央公論美術出版.
국제연합(United Nations).
도리이 류조 사진자료연구회·도쿄대학 종합연구박물관.
도쿄국립박물관(東京國立博物館).
東方文化學院東京研究所, 1933年 11月 19日,『東方文化學院東京研究所開所式記事』.
東方學會 編, 2000,『東方學回想』I, 刀水書房.
東方學會 編, 2000,『東方學回想』II, 刀水書房.

東方學會 編, 2000, 『東方學回想』IV, 刀水書房.

白鳥庫吉全集刊行委員會, 1970, 『白鳥庫吉全集』第4卷, 岩波書店.

산케이신문(産經新聞) 인터넷판.

슈카분슌(週刊文春) 인터넷판.

월드 히스토리 아카이브(World History Archive).

위키미디어 커먼스(Wikimedia Commons).

일본국회도서관(日本國會圖書館).

鳥居龍藏, 1976, 『鳥居龍藏全集』第7卷, 朝日新聞社.

太平洋戰爭硏究會, 1996, 『圖說 滿洲帝國』, 文殊社.

찾아보기